本书出版得到河北电力大学博士基金项目资助

刘晓东/著

刑事审判程序的经济分析

XINGSHI SHENPAN CHENGXU DE JINGJI FENXI

中国检察出版社

本书出版得到华北电力大学博士基金项目资助

序　言

自上世纪 90 年代以来，随着我国司法改革的深入，尤其是对公正与效率目标的日益重视，我国诉讼法学界日益重视对诉讼效率等问题的研究。围绕诉讼公正与诉讼效率的关系、效率与效益的联系和区别、诉讼成本与收益的关系、诉讼经济原则与诉讼及时原则等，学界推出了一系列研究成果。这些成果积极推动了我国刑事诉讼目的论、价值论等基础理论的发展。当前，随着司法公信力和司法权威问题的突显，如何处理公正、效率与权威三者关系，也引起社会各界的重视。在刑事诉讼法的再修改过程中，许多制度的改革完善均与这一问题密切相关，譬如，庭审方式的改革、简易程序的改革、证人作证问题的解决、是否引入陪审团、再审程序的完善、死刑复核程序的完善，等等。最新修正的刑事诉讼法也在诸多方面体现了公正和诉讼效率。

近年来，随着法经济学的广泛传播，经济学的诸多理论范畴不仅被引进诉讼法学界，而且产生了较为重大的影响。根据法经济学理论，法律不仅仅是一种规则体系，而且是社会的一种理性活动。包括诉讼在内的所有法律活动以及整个法律制度都要以资源的有效配置和利用为重要目标。经济分析方法为分析法律现象提供了成本——收益分析等一系列理论工具和具体方法。理查德·A. 波斯纳等学者的突出贡献在于，他们运用经济学的基本假设和基本原理分析各种法律现象。诚如理查德·A. 波斯纳告诉大家的道理："经济学思考总是在司法裁判过程中起着重要的作用，即使这种作用不太明确甚至是鲜为人知；法院和立法机关更明确地运用经济理论会使法律制度得到改善。"在大家的努力下，经济分析方法在诉讼法学研究中得到日益广泛的运用。我们欣喜地看到，在许多司法改革项目中，诉讼资源的配置及其改革日益合理。在许多诉讼效率问题的研究中，研究主题日益规范，研究方法也日益丰富、多元。

本书的知识贡献在于，以刑事审判程序的经济分析视角，运用经济学的"放大镜"检视刑事审判程序的"疑难杂症"，再结合诉讼法学原理和经济学原理及时开具"药方"，试图对"病症"实现最优化的处理。具体而言，不仅在理论层面阐述了法经济学研究基本范畴和刑事审判程序基本范畴之间的关联性，而且在应用层面对刑事审判基本原则、刑事一审程序、二审程序、再审程序进行了"法经济学思考"，提出了许多较有见地的设想。相对于传统诉讼效率论的研究而言，该书除了运用了经济分析方法外，还运用了社会学、伦理学等知识，因而在规范性、新颖性等方面颇具特色。当然，对刑事审判程序的经济分析还有待进一步深入。譬如，在分析样本上，相关的数据和个案有待进一步充实。

刘晓东是我指导的法律硕士、法学博士。他具有扎实的经济学基础以及丰富的诉讼法学专业知识。他 1991 年毕业于山东大学经济系，获经济学学士学位；1999 年进入中国政法大学研究生院研习刑事诉讼法学，于 2002 年获法律硕士学位；2004 年在中国政法大学继续攻读诉讼法学博士学位，于 2007 年 7 月到华北电力大学任教。期间，他从 1991 年至 1994 年在临沂地委党校、1994 年至 2004 年在山东理工大学均讲授经济学课程，正是这些经历使得他善于思考、精于总结。看到他在刑事审判程序的经济分析上著书立说，作为他的导师，我感到无比欣慰，同时也希望他愈加勤勉，再结硕果。

宋英辉

2014 年 6 月 1 日

目　录

第一章　刑事诉讼法学的经济分析之研究范式

第二章　刑事审判程序经济分析的基本范畴

第三章　刑事审判基本原则之经济学解析

第四章　第一审程序之经济分析

引　言

　　当下，对策法学、移植法学和引进法学已成为部门法学研究的基本模式，刑事诉讼法学的研究也概莫能外。长期以来，刑事诉讼法学研究主要是采注释式的研究方法，通过诠释法条来揭示立法的精神，造成对司法实践中的问题的解释功能退化变味，并且一不留神就滑向对策分析的心海。研究方法的改进可能是刑事诉讼法学所面临的重大课题之一。① 学者们已经注意到应当根据研究的需要启用具体的研究方法，并力求研究方法的多元化。具体说来，主要有价值分析方法、历史方法、比较方法、逻辑实证方法、经验实证方法等，这些具体的方法各有利弊。② 抛开它们的优点不谈，价值分析方法如果没有实证分析作为基础，价值评价就很难摆脱片面和肤浅的阴霾。历史方法容易被繁杂的历史事实所蒙骗，寻找制度变迁后的法律精神和理念需要聪明的才智和运气。比较方法也极易对一些问题"误读"，找不到问题背后的因素就会自说自话，甚至难逃南辕北辙的厄运。就逻辑实证方法而言，往往应用起来力不从心，显得幼稚可笑。经验实证方法也容易犯以偏概全的毛病。

　　刑事诉讼法学的功能主要体现在"解释"和"评价"两个方面，"解释"旨在描述，评价旨在规范，二者均不可偏废。解释就是作纯粹的研究，采取总结现象、发现问题、分析成因、预测未来发展动向等手段来探究未知事物的过程。③ 评价则离不开价值判断，做到价值中立是一件困难的事情，所以设定价值判断的标准十分重要。尽管如此，与对策分析得到的方案比较，通过解释和评价得到的方案会更切合实际，因为解释和评价是通过论证来进行的，论证就要有扎实的论据，要有实际的东西作为支撑，要依靠合适的标准来验证。

---

　　① 宋英辉、吴宏耀、雷小政：《证据法学基本问题之反思》，载《法学研究》2005 年第 6 期。

　　② 雷小政：《证据法的研究范式》，载宋英辉、汤维建主编：《中国证据制度的理论与实践》，中国人民公安大学出版社 2006 年版，第 43 页。

　　③ 陈瑞华：《刑事诉讼的前沿问题》，中国人民大学出版社 2005 年第 2 版，第 145 页；又见陈瑞华：《问题与主义之间——刑事诉讼基本问题研究》，中国人民大学出版社 2003 年版，第 522 页、第 526 页。

　　面对回归刑事诉讼形态和走出认识论误区的难题，采用交叉学科的研究实有必要。把其他学科的理论和方法引入刑事诉讼法学领域中来，可能会对解决刑事司法问题较有裨益。通过打通刑事诉讼法学和法学其他学科的通道，进而架起和社会学、心理学、政治学、哲学、伦理学、经济学等学科的桥梁，取这些学科之长，弥补刑事诉讼法学研究的缺憾。① 本书就是运用经济学的理论和方法对刑事审判程序进行研究的一个尝试，是否成功还等待方家的反馈指正。

---

　　① 白淑卿、宋志军：《当代中国证据法学研究范式论》，载徐静村主编：《刑事诉讼法学前沿问题研究》（第 3 卷），中国检察出版社 2005 年版。

第一章　刑事诉讼法学的经济分析之研究范式

一、法经济学的基础理论

经济学经过 200 多年的精雕细琢，奠定了稳定的科学性的学科基础，这种学科基础表现在对经济学理论基础和假设条件的一步步拓展、论证和完善之中。经济学之所以能够进入"法律帝国"，就是有赖于这些成熟的基础理论。

经济学是人类关于选择的行为的学问。① 经济理论是帮助人们了解社会、经济现象以及推动社会发展、增进人类福利的一个工具。② 经济学的理论都建立在理性这个本体的基础之上，不以理性这个本体来解释社会现象的理论不是经济学的理论。而如果以理性作为出发点来观察解释社会现象，即使所解释的现象与金钱及物质利益无关，也是经济学的理论。③ 故决策者要作出理性的选择，追求最大化。凡是涉及决策者的选择问题，都可以用经济学的方法来分析。

（一）经济学的基本假设

经济学研究问题是从"假设"开始的，假设是能够被大量社会或生活的经验所证实，同样能够被一些社会或生活的经验所证伪的概念、原则或信仰。生活中存在很多假设，人们似乎生活在假设之中或者依靠假设生活，就是因为这些假设能够被生活经验所证实。同样，在科学研究中也存在大量的假设或者说许多的科学研究就是建立在假设之上的。假设给人们的启示就是大量社会或者生活的经验能够证明某种判断是正确的，那么这样的假设就有一定的普遍正当性。当然，这样的结论并不排除这些假设会被一些社会生活的经验所"证

---

① ［美］加里·S. 贝克尔：《人类行为的经济分析》，王业宇、陈琪译，上海人民出版社 1995 年版，第 5 页。
② 林毅夫：《论经济学方法》，北京大学出版社 2005 年版，第 38 页。
③ 林毅夫：《论经济学方法》，北京大学出版社 2005 年版，第 9 页。

伪"。即使这种状况的存在不是理想的，但现实需要这种假设。①

经济学的两个最基本的假设：稀缺性和经济人。稀缺性推演出机会成本和效率理论（机会成本和效率理论见后文论述），经济人的假设中推演出约束条件下的最大化假设和稳定偏好假设，这些前提和假设构成了法经济学的理论基础。

1. 稀缺性

稀缺性是指这样一种状态，相对于人们的需求，资源总是有限的。人类的历史就是在与稀缺作抗争，到目前为止，稀缺仍然困扰着人类，人类生存条件的实质就是处理各式各样的稀缺问题。② 稀缺性是经济学分析的前提，稀缺性的存在才使效率有了意义。因为稀缺性，经济人只能追求既定约束限制条件下的最大化，机会成本对人们的选择变得至关重要。

从个人角度而言，稀缺性表明支付能力不足以满足支付欲望，意味着必须作出选择。"稀缺性与选择是所有资源分配的属性，这些资源的分配通过各种媒介进行……"③ 稀缺性问题的存在，就要求人们不得不进行选择，不得不把有限的资源有意识地、有目的地用到特定的方面。这一选择的过程就是决策的过程。选择必须寻求一个稳妥的标准，选择也必然受到约束，不能随心所欲。选择要在一定的约束条件下进行，这些约束条件既可能是物质的约束，也可能是制度的约束。由于相互性问题的存在，④ 人们选择时也必须考虑到别人的选择，这就使得稀缺性变得更加复杂。

稀缺性成为权利冲突的根源，而解决权利冲突同样受制于稀缺性。法律制度事实上是在发挥着分配稀缺资源的作用，因此，所有法律活动都要以资源的有效配置和利用为衡量尺度。

2. 经济人

经济人都是理性的最大化者的假设是现代经济理论的基石。理性设计到谁

---

① 参见王成：《侵权损害赔偿的经济分析》，中国人民大学出版社 2002 年版，第44页。

② ［美］罗伯特·H. 弗兰克：《微观经济学》，李绍荣等译，中国财政经济出版社 2005年版，第3页。

③ ［美］加里·S. 贝克尔：《人类行为的经济分析》，王业宇、陈琪译，上海人民出版社1995年版，第6页。

④ 参见科斯的论述，［美］罗纳德·哈里·科斯：《社会成本问题》，载罗纳德·哈里·科斯：《论生产的制度结构》，盛洪等译，上海三联书店、上海人民出版社1994年版，第142页。

是具体的决策者、决策者所要达到的目标、目标的限制条件、可供选择的方案，每个方案的特性、相对的成本收益是多少。

经济人的假设肇始于真实的人被真实的金钱或利益所驱动，因为真实的天性和真实的局限，作出真实的决策和发生真实的失误或错误，并为自己的行为后果真实地暗地窃喜或伤悲。

理性是任何经济学理论的共同"本体"，不管在什么社会，理性这个"本体"是相同的，但决策者所面临的约束条件、选择范围和机会成本是不同的，所做的选择就是不同的，表现出来的行为方式是不同的。①

当然，人们对于理性的认识也有分歧，起码可以区分为"绝对理性"或"无限理性"和"相对理性"或"有限理性"，所以对于理性的认识也需要作出理性的分析。新古典经济理论中的"绝对理性"依赖的限制条件十分严格，"有限理性"是人们乐于使用的概念，使用"有限理性"是为了避免"绝对理性"的严苛性。

第一，绝对理性。新古典经济理论中的理性是"绝对理性"的概念，它依赖于以下几个条件：其一，每个行为主体都有一个明确界定的效用函数；其二，决策时有完备的信息，且有选择的绝对自由；其三，所处的外部环境是完全确定的，都受预期效用最大化欲望的驱使。因为，只有在确定的情况下，它才符合通常所了解的"理性"的概念，因为它要求决策机制符合全部可供选择的决策都是已知的，而且每一个决策的所有结果都是无风险的，决策者可以对所有结果的效用排出序列或加以算计。这三个限制条件的严格性，使"绝对理性"受到批评。

经济人都能完美地处理所有与他们能得到的选择方法相关的信息，因而能够根据他们的相对"合意度"来对所有可能的结果进行排序、评级，然后偏好于能使其效用最大化的物品和活动。经济人或理性人既可能是利己主义者也可能是利他主义者。经济人作出有意图的选择，其目的都是运用有用的手段追求一贯的目标。经济人表明每一个参与市场交易的个人（企业等社会组织等，无非是"放大"了的个人），都有能力作出理性选择。

有人质疑经济人没有能力收集完整的信息，但是，信息也是一种商品，只有当信息的边际收益不小于信息的边际成本时，经济人才会花更多的时间、精力、财力去获取额外的信息，所以疏于收集信息也是理性的表现。随着信息价格的上升，疏于收集信息的程度也会提高，即经济人在这种情况下倾向于放弃对信息的进一步搜集。

----

①　林毅夫：《论经济学方法》，北京大学出版社 2005 年版，第 9 页。

即使在信息残缺或存在交易成本的情况下，也不能随意断定人们的选择是"非理智的"。因为他或她必然会考虑到获取信息所需成本或潜在的交易成本完全可能超过预期的获利数额。在这种情况下并不认为信息是完备的，也不认为不存在交易成本，而恰恰认为信息往往是残缺不全的，而获得信息是需要成本的。但是，在信息不全或存在交易成本的情况下，人们的行为不应混同于非理性或者是随意的行为。① 在经济人的效用函数中，如果"来世"被贴现的收益小于在"现世"铤而走险所得的收益时，就对经济人失去约束力。

经济人的假设不排除个人会采取非理智的行为，但是某些个体的偶然的非理智行为不会影响根本性假设所作出的经济分析的准确性，因为，从总体和一般性上衡量，人的行为是理性的；至少，即使是在非理性的行为的利益诱导之下，人们也往往被迫作出趋于理性的选择。② 经济人或者说理性人与传统法律理论上的"理智人"既有契合，也存在冲突。经济人与"理智人"的对照显示，"理智人"是指已经融入社会、乐于遵守社会的准则和习俗，其行为与社会的准则习俗要求相一致的人。法律反映了一些准则和习俗，"理智人"就会遵守。那些参与非法活动的人之所以被认为是不理智的，就是因为他们违背了现存的准则和习俗。但从经济人的角度来看，这些人的违背行为就可能是理性的，即使这些行为与社会准则发生了冲突。③

第二，有限理性。信息经济学表明：经济人的能力与其拥有的信息密切相关。人类行为是理性的，隐含的信息是完全的，尽管以此来说明问题比较有效，但是这个假设与实际情况不符合。人们面临信息不完全是常态，人们对未来是缺乏预见的，即使对已经发生的事情人们也难以得到完全的信息。信息也是稀缺的，生产和获得信息需要付出成本，由于信息不完全，人们的理性就是有限的。不确定性也影响决策主体的决策。在决策过程中，人们寻找的并非是"最大"、"最优"标准，而是"满意"标准，按照满意的标准，所有人的协议、契约或制度规范都不可能是十全十美的。④ 由此可见，法律主体的有限理性是现实存在的。

---

① ［美］加里·S. 贝克尔：《人类行为的经济分析》，王业宇、陈琪译，上海人民出版社 1995 年版，第 9 页。

② ［美］加里·S. 贝克尔：《人类行为的经济分析》，王业宇、陈琪译，上海人民出版社 1995 年版，第 10 页。

③ ［美］尼古拉斯·麦考罗、斯蒂文·G. 曼德姆：《经济学与法律》，朱慧、吴晓露、潘晓松译，史晋川审校，法律出版社 2005 年版，第 74 页。

④ ［美］西蒙：《现代决策理论的基石》，杨砾、徐立译，北京经济学院出版社 1989 年版，第 53 页。

理性是指一个人在做决策之时，在他所知的可能选择方案中，总会作出他所认为的"最佳选择"。① 这相当于西蒙所说的"有限理性"。"一个人的理性"与否是从作出选择的当事人的角度来衡量的，不是从他人或社会的角度来衡量的，即使他所作的选择关系到群体的公共事务，是否理性也是从决策者自己而非从群体的角度来判断的；"做决策之时"是就决策当时的情况而言的，以后情况发生变化了，最佳的选择也可能随之而变，但并不因此否认当时的决策是不理性的。当然，一个决策者考虑的不仅仅是即期的利益，也会根据当时的条件状况、过去的经验等对未来有所预期，而把对未来的影响也放进当时的考虑当中。"所知的可能选择方案"说明理性与否是就当时的认知而定的，决策者是比较了可供选择的方案，选择以外的方案不予以考虑。决策者的选择范围受到他自己认知的影响，决策者的预算、时间、所拥有的信息、处理信息的能力影响其方案的选择，决策者也会受到外在的相关群体、制度、政府的政策、社会价值、意识形态的影响。"所认为"说明理性是根据当事人自己对可选方案的长期短期相对成本收益的比较而言，这个比较可能会因其个人的知识信息经验积累不同或内在条件的变化而变化。②

在有限理性的条件下，信息分布不对称，追求私利的人们会利用其拥有的信息优势采取机会主义的行为，人们的机会主义倾向需要制定制度来约束。

某些参与人拥有另一些参与人不拥有的信息被称为非对称信息。由于信息的非对称性，悖逆选择或逆向选择（也被解释为事前的机会主义）就必然会在事前发生，败德行为（道德风险或道德祸因或事后的机会主义）就必然在事后出现。所以信息经济学的一个基本结论：制度规则是重要的，而且任何一种制度或政策安排，都要满足个人的"激励相容约束"③（通俗地讲，即人们常听到的上有政策，下有对策，个人目标和社会目标要协调）才是可行的。法律制度为人们提供了一个基本的行为规范，给了人们一个稳定的预期，使人们避免因信息不完全和不确定性造成损失，从而限制行为人的机会主义行为。

3. 约束条件下的最大化

所谓约束条件下的最大化，是指在预算约束所允许的范围内作出一个最佳的选择，选择上的约束可以表示为"可行集"，实现效用的最大化在可行集内

---

① 林毅夫：《论经济学方法》，北京大学出版社 2005 年版，第 9 页。

② 林毅夫：《论经济学方法》，北京大学出版社 2005 年版，第 39 页。

③ 北京大学中国经济研究中心：《经济学与中国经济改革》，上海人民出版社 1995 年版，第 324 页。

作出一个最好的选择。① 最大化的目标可以各式各样，可以选择预期效用最大化、自我利益最大化、财富最大化、收益最大化、选择风险规避、内心的满足、社会责任等等。② 经济学家贝克尔把人的最基本需求的满足作为效用最大化的目标，这样就把经济学研究的范畴扩大到社会政治范畴。③

新制度经济学对最大化的假设作出了一定的修正，加入了对最大化假设的相关约束条件的分析。在这些约束中主要是交易成本或制度的约束，而制度是由一系列正式制度、非正式制度（往往得到社会认可）及其实施机制所构成的。新制度经济学认为人们的目标是多元的，人们根据自己的价值观追求自己的利益，人们更喜欢追求效用的最大化而不仅仅是追求金钱利益的最大化，其中包含利己和利他的成分，非货币的东西如名声、尊严也是人们关心的利益。

最大化假设对决策过程产生的一个直接结果就是，只要边际收益不小于边际成本，经济人就会从事额外的活动，即使是违法犯罪的活动。因为着手从事这些活动其实就变成了比较边际收益和边际成本的问题。④ 那些从事违法行为的人和遵纪守法的人，在本质上没有什么不同，他们只是基于不同的偏好和机会成本限制，从事了非法的或合法的活动，因为这些活动能使他们的收益最大化。

但是，科斯对经济人追求效用最大颇有微词，他认为只要知道需求定理就足够了，并不需要假定人们是理性的而且追求效用之极大。诚如他所言："不管人类的选择系取决于哪些因素，就一群人而言，在绝大多数情况下，某个东西的（相对）价格上涨，对该物品的需求量就会下降。我们只要了解这么多就足够了。在这儿，价格指的并非一定是货币价格，也包括很广义的价格。"⑤

以前人们认为法官在处理案件的时候，会心系社会总福利，但是法官有时会拒绝把效用最大化当作一种激励，因为法官与自己办理的案件没有任何私人利害关系，况且现在的司法体制旨在使法官与重大的经济激励分开。但是法官也同其他人一样，也是效用最大化者。亚伦·德萧维奇曾评论美国当事人主义的对抗制，"在我们所采用的双方当事人论争的刑事诉讼制度里，所有的参与

---

① ［美］罗伯特·考特、托马斯·尤伦：《法和经济学》，施韶华等译，张军审校，上海财经大学出版社 2002 年版，第 11 页。

② 林毅夫：《论经济学方法》，北京大学出版社 2005 年版，第 28 页。

③ 林毅夫：《论经济学方法》，北京大学出版社 2005 年版，第 37 页。

④ ［美］尼古拉斯·麦考罗、斯蒂文·G. 曼德姆：《经济学与法律》，朱慧、吴晓露、潘晓松译，史晋川审校，法律出版社 2005 年版，第 74 页。

⑤ ［美］科斯：《厂商、市场与法律》，陈坤铭、李华夏译，台北远东出版公司民国 84 年（1995 年）初版，第 14 页。

者，包括刑事被告人，辩护律师、检察官、警察和法官，都在寻求他们自己和职业利益的极大化。"①

基于人是一个理性最大化者的基本假设，可推出三个经济学的基本原理：需求定理；消费者效用（幸福、欢乐、满足）最大化的假设；自愿的市场交换能使资源得到最有效率的配置。② 波斯纳围绕这一核心假设和三个基本原理对各种法律现象进行了广泛分析。这些分析最终可以简化为两个主要的命题：经济学思考总是在司法裁判过程中起着重要的作用，即使这种作用不太明确甚至是鲜为人知；法院和立法机关更明确地运用经济理论会使法律制度得到改善。③

4. 稳定偏好假设

偏好要满足完备性、自反性和传递性这三个条件。经济人都被假定为拥有一组完备的、可传递的和连续的偏好。稳定的偏好不是对具体产品或劳务的偏好，而是指选择的实质性目标，每个人都可以使用市场产品与劳务、时间和其他投入要素实现这些目标。稳定偏好假设为预见对各种变化的反应奠定了坚实的基础，避免以偏好的改变来解释事实与其预言的明显矛盾。④

从工具理性的角度出发，假定人的最基本的行为动机即偏好是不变的，变化的是达到行为目标的手段随着内在外在的环境条件的不同而变化，从而达到预测人们的行为的目的。⑤

经济人具有稳定的偏好，这也是理性的基本要求，也是最大化的基础。贝克尔说："人类行为不能被条块分割，这种条块分割认为人类行为有时基于最大化，有时不然；有时受稳定的偏好驱使，有时任随意的动机摆布；有时需要最优的信息积累，有时则没有这种需要。相反，所有人类行为均可以视为某种关系错综复杂的参与者的行为，通过积累适量信息和其他市场投入要求，他们

---

① ［美］亚伦·德萧维奇：《最好的辩护》，李贞莹、郭静美译，南海出版公司2002年版，第10页。

② ［美］理查德·A. 波斯纳：《法律的经济分析》（上），蒋兆康译，中国大百科全书出版社1997年版，第3—13页。

③ 蒋兆康："中文版序言"，参见［美］理查德·A. 波斯纳：《法律的经济分析》（上），蒋兆康译，中国大百科全书出版社1997年版。

④ ［美］加里·S. 贝克尔：《人类行为的经济分析》，王业宇、陈琪译，上海人民出版社1995年版，第8页。

⑤ 林毅夫：《论经济学方法》，北京大学出版社2005年版，第38页。

使其源于一组稳定偏好的效用达至最大。"① 稳定偏好假设，是指个人偏好的理性排序是稳定的，不会因为情绪等的因素受到影响，并且相对于同一种基本偏好，反映在不同人身上，其表现也不会有太大的差异。

（二）法经济学的基本理论

1. 理性选择理论

理性选择理论实际上是自我利益最大化理性假设的规范表述，可以等同于"经济人"假设。其基本思想是：假设行为人具有完全充分有序稳定偏好、有完备的信息和无懈可击的计算能力和记忆能力，行为人能够对各种可能的备选方案的成本收益进行比较分析，选择其中哪个净收益最大的行动方案。主要包括四个方面的内容：方法论上的个人主义、理性人、环境不相关（历史、制度、他人决策皆不相关）、均衡分析方法和效率价值观。②

理性选择理论将法律规则看成隐性价格体系，将法律规则约束下的行为选择类比于市场价格体系下的行为选择，从而使经济学的理念和分析方法适用于法律规则约束下的行为。③ 法律规则体系构成的"隐性价格体系"，法律规则下的行为人的反应就类似于市场参与人的反应，都是依据"价格体系"进行成本收益分析，法律规则成为行为人选择的不能左右的约束条件，法律规则下的行为人和经济学中的行为人具有相同的行为方式，法经济学确信法律规则下的行为选择和市场价格的行为选择具有相同的机制，应用理性选择理论对法律进行经济分析就顺理成章。法律规则下的行为人转变成为对法律规则形成的预期成本和预期收益进行比较的经济人，帕累托最优就自然成了选择的效率标准。

2. 讨价还价理论

讨价还价理论又称谈判理论，其理论来源于斯密的"看不见的手"理论，该理论是在合作博弈经济学中发展起来的一个关于当事人如何达成合作协议的

---

① 转引自钱弘道：《法学研究方法的一场革命》，载《中国社会科学院院报》2002 年 12 月 17 日。

② 魏建：《法经济学：分析基础与分析范式》，人民出版社 2007 年版，第 27 页以下。

③ ［美］罗伯特·考特、托马斯·尤伦：《法和经济学》，张军等译，上海三联书店、上海人民出版社 1994 年版，第 13 页。

理论。① 自愿交换对个人是互利的即斯密定理，可以作为谈判理论的一个基础。② 自愿合作是实现效率的最佳路径，试图克服合作的障碍，促进合作。谈判理论实际上揭示了在交易成本大于零的情况下，如何实现效率，它也是科斯定理精致化的结果。③ 该理论在法经济学的分析中得到了广泛应用，成为法经济学的一个构造范式，被广泛地应用于对具体法律制度的分析之中。谈判理论的基本规则显示，最不迫切需要交易的那一方有着最强的讨价还价的能力。④

谈判理论以价格理论为基础，认为自愿合作可以使一项资源从估价低的人手中转移到估价高的人手中，从而提高资源的使用效果，优化资源配置，同时也提高了合作双方的盈利水平。由于在谈判过程中，谈判各方的目的都是希望达成一致，进行合作，因此通过谈判以期进行合作的过程是一种合作博弈。⑤在谈判过程中，双方自愿地对交易对象、价格、数量、方式以及风险分配等进行协商，结果要么达成一致进行合作，要么达不成一致无法合作，出现的结果取决于合作风险值的大小及怎么分配合作剩余。所谓合作的风险值即合作各方进行合作的机会成本，也就是如果双方不进行合作所能够得到的收益。一般在没有替代竞争者的情况下，合作的风险值就是各方的资源禀赋状况，在有替代者的情况下则是替代竞争者的出价。合作剩余则是资源由于合作从对其评价低的地方流入到对其评价高的地方所产生的盈利水平的增加。⑥

谈判理论认为，合作成功也即合作的均衡解是多个参与谈判的人获得合作剩余的一个均等份额。谈判的过程可以分为三个步骤：首先确定风险值，不仅要明确各方的资源禀赋状况，还要明确交易双方的竞争情况，确定竞争出价；其次预测合作剩余，找出交易双方的评价差异，预测双方盈利水平提高的可能程度；最后分配合作剩余，在预测的基础上，明确各方获得的份额，分配合作

① 魏建：《法经济学：分析基础与分析范式》，人民出版社 2007 年版，第 173 页。
② 蒋兆康："中文版序言"，参见［美］理查德·A. 波斯纳：《法律的经济分析》，蒋兆康译，林毅夫校，中国大百科全书出版社 1997 年版。
③ 魏建、黄立君、李振宇：《法经济学：基础与比较》，人民出版社 2004 年版，第 72 页。
④ ［美］罗伯特·H. 弗兰克：《微观经济学》，李绍荣等译，中国财政经济出版社 2005 年版，第 220 页。
⑤ 魏建：《谈判理论：法经济学理论的核心理论》，载《兰州大学学报》（社会科学版）1999 年第 4 期。
⑥ 魏建：《法经济学：分析基础与分析范式》，人民出版社 2007 年版，第 174 页。

中的风险，履行协议获得剩余。[①] 在没有外在压力和双方势均力敌的情况下，当事人可以通过谈判找到合作均衡解，从而达致优化资源配置，提高社会福利水平的目的。

3. 法律的博弈分析理论

博弈论又称对策论，即研究决策主体的行为发生相互作用时候的决策以及这种决策的均衡问题，也即当一个决策主体的选择受到其他决策主体的影响，反过来他又影响到其他主体的决策和均衡问题。博弈论原本是数学的一个分支，之所以成为经济学的一个重要分析方法，是因为它和经济学遵循共同的理性选择的理论。博弈论研究的是在存在外部性条件下的个人选择问题。[②] 在微观经济学里，一个决策主体不用考虑自己的选择对他人的影响，也不必考虑他人的选择对自己的影响。而在博弈论中，个人的效用函数不仅依赖于他自己的选择，而且还依赖于别人的选择，个人的选择也是其他人选择的函数。博弈论作为一种数学工具和分析方法，分析法律行为比传统的新古典经济学理论有更大的优势。因为它放弃完全竞争的假设，从而对法律的解释更加贴近现实，有更好的解释力。法律的博弈分析主要研究法律规则下的行为人之间的策略行为，按照制度本身的特性来理解制度，显示了用博弈分析方法分析非市场制度尤其是法律制度的巨大优势。

博弈论研究"理性人的互动行为"，这意味着两个前提：博弈的结果是由所有人的行动共同决定的；既然每个人都是理性的，会运用他所掌握的所有知识和信息选择效用最大化的行为，那么他选择行动时必须考虑别人同样是理性的。博弈论的近期发展表明，它本质上依赖于两个东西，即在博弈模型内的博弈者的知识和技术。博弈者的技术决定了博弈的框架，即每个博弈者的策略集合，建立在策略组合上的支付函数等。在数学上，存在着无穷多种可能的博弈结构，而在社会科学意义上，选择什么样的博弈结构来解释现实中的现象，正是博弈论的学者需要着力的；而博弈是如何进行的，即什么样的博弈解是合理的，则是由博弈者的知识决定的。[③]

博弈论所研究的对策行为与法律规则下的行为人的行为模式一致，认为法

---

① ［美］罗伯特·考特等：《法和经济学》，施少华等译，张军审校，上海财经大学出版社 2002 年版，第 325 页以下。

② 张维迎：《博弈论与信息经济学》，上海三联书店、上海人民出版社 1996 年版，第 4 页。

③ 丁利：《新制度理论简说：政治学法学理论的新发展》，载《北大法律评论》，第 281—283 页。

律规则影响人们之间的行为，不同的法律规则导致人们不同的行为、不同的结果或收益。法律规则的变化会诱导人们改变自己的行为，人们会比较新旧法律制度出现的不同结果，从而会引发制度的更替。① 博弈论帮助人们寻找符合效率的法律规则，引导人们的行为互动模式，从而使法律的激励作用更加有章可循。博弈论的特点是行为的决策不仅是自身约束条件的函数，同时也是博弈他方行为的函数。而在既定的法律关系中，一方当事人的行为选择既受到自身因素的影响，也必然受到他方当事人行为的影响，并且这些行为会影响到以后的决策，所以把法律规则下的行为人的行为互动归结为对策行为就是顺理成章的事情。

博弈可划分为合作博弈和非合作博弈。两者的区别主要在于人们的行为相互作用时，当事人能否达成一个有约束力的协议：如能达成就是合作博弈；反之就是非合作博弈。合作博弈强调团体理性，强调效率和公平；非合作博弈强调理性个人的最优决策，其结果是否有效率则是不确定的。② 人们一般讲到的都是非合作博弈，它有四种不同类型的博弈，即完全信息静态博弈、完全信息动态博弈、不完全信息静态博弈、不完全信息动态博弈。与上述相对应的是纳什均衡、子博弈精炼纳什均衡、贝叶斯纳什均衡、精炼贝叶斯纳什均衡。

上面四种均衡中最为基本的是纳什均衡。所谓纳什均衡，指的是所有参与人最优选择的一种组合，在这种组合下，给定其他人的选择，没有任何人有积极性作出新的选择。纳什均衡的哲学思想是：在给定别人遵守协议的情况下，没有人有积极性偏离协议规定的自己的行为规则。换言之，如果一个协议不构成纳什均衡，它就不可能自动实施，因为至少有一个参与人会违背这个协议，不满足纳什均衡要求的协议是没有意义的。当博弈中的所有参与人事先达成一项协议，给出每个人的行为规则，在没有外在强制力约束时，如果当事人会自觉遵守这个协议，等于说这个协议构成一个纳什均衡。③

博弈论研究的均衡是行为的均衡，注重对行为的过程进行分析，不局限于得到一个结果。人们往往能说出理想的行为结果，但对于怎样得到这些结果并不清楚。博弈论通过研究人们之间的对策行为，发现参与人最优战略组合，就

---

① ［美］道格拉斯·G. 拜尔等：《法律的博弈分析》，严旭阳译，法律出版社1999年版，第15页。

② 张维迎：《博弈论与信息经济学》，上海三联书店、上海人民出版社1996年版，第5页。

③ 张维迎：《博弈论与信息经济学》，上海三联书店、上海人民出版社1996年版，第14页。

深化了对问题的认识。不仅如此，博弈追求所有参与人的均衡，在动态中寻求所有参与人"双赢"的结果。博弈论不忽视影响均衡形成的诸如信息、习惯、道德和法律等多个因素，顾及了现实中决策面临的不确定性和制度安排的多样化。博弈论坚持理性的假设，没有先验的价值判断，符合形式理性的要求，对公平和效率一视同仁。只要某个制度能使参与人在获得可欲求的结果中能保持内在一致性预期效用的最大化，这个制度就是有绩效的。博弈论克服了交易成本的不确定性，讲究合作，使其比谈判理论和交易成本理论范式更有预测力和解释力。

博弈论认为法律的作用可能在于两个方面：其一，法律可以改变博弈，包括当事人的选择空间和收益函数，从而改变博弈的均衡结果。法律通过改变支付矩阵来改变博弈。法律也可以改变当事人的选择空间，使得原来在技术上可行的选择经法律规定后就不能选择。其二，法律的作用是通过改变个人行动的预期来实现的，法律不改变博弈本身，但改变博弈的均衡结果。因为法律可以改变人们的信念和预期，从而改变均衡结果。[①]

4. 交易成本理论

交易，是指人与人之间的交互行动。[②] 人们之间的法律关系可以视为另一种形式的交易，人们之间发生的法律关系往往要伴随着交易成本的发生。交易成本是这种交互行动所引起的成本，通俗说，交易成本就是人与人之间打交道的费用。在较为狭窄的意义上，交易成本则是指达成契约和保证契约执行的费用。[③] 交易成本的来源一是找到交易对手的搜寻成本，二是讨价还价成本，三是协议达成后的履行协议的成本，特别是违约救济成本，这些成本在每一个环节都可能存在，都阻碍交易的完成。[④]

法律作为人类社会一种最基本的制度安排，其运行需要成本。在存在交易成本的情况下，判断法律制度的效率就看交易成本的大小，在既定的收益水平下，交易成本较小的法律就是实现效率可供选择的法律。法律的作用既要界定权利的边界，又要促使人们合作的交易成本最小化，并竭力降低达不成合作带

---

① 张维迎：《经济学家看法律、文化与历史》，载《中外管理导报》2001 年第 2 期。

② ［美］康芒斯：《制度经济学》（上册），商务印书馆 1962 年版，第 74 页。

③ 参见盛洪：《新制度经济学家和他们的理论——〈现代制度经济学〉前言》，载盛洪：《现代制度经济学》，北京大学出版社 2003 年版。

④ ［美］科斯：《厂商、市场与法律》，陈坤铭、李华夏译，台北远东出版公司民国 84 年（1995 年）初版，第 132 页。

来的损失。①

　　交易成本分析理论以科斯定理为主要内容。科斯借助交易成本对法律进行经济学的分析，用交易成本分析的范式来分析法律对经济的影响。法律制度在资源优化配置中有重要意义，从而将外生于经济学分析的法律成为影响资源配置的内生因素，从而使科斯定理成为法经济学的基础理论。根据科斯定理，能使交易成本最小化的法律是最好的法律。对法律的经济学分析大都是运用科斯定理。波斯纳说科斯定理是其《法律的经济分析》的"主旋律"。② 科斯定理提供了根据效率原理理解法律制度的一把钥匙，也为朝着实现效率的方向改革法律制度提供了理论根据。③ 科斯定理虽然也被应用于分析具体的法律制度，但它更主要的是作为社会学范式，指引了法经济学的研究方向，昭示其研究的方法。因此可以说，把握科斯定理是把握法经济学的关键。④

　　5. 公共选择理论

　　公共选择理论视政治为一种复杂的交易，个人的决策和选择取决于外部的约束条件。它将政治和法律决策过程内生化，使之成为社会福利函数中的一个自变量。⑤

　　公共选择理论坚持方法论的个人主义，以个人作为分析的基点，它不把"国家"、"政府"、"法院"等当作集合性的整体对待，而是直接分析其中的个人即"政治人"的行为。它依旧"秉承经济人和有限理性的假设，任何一个人，不管他是选民、政客还是法官、律师都是理性人，无论在家里还是在政府里，也无论在教堂里还是在科学活动中，永远都是效用最大化者"。⑥ 它运用成本收益分析理论，采用边际分析方法分析人的行为，"政治人"在某一事项上将比较投入产出、成本收益，来作为其采取行动和作出决策的根据。人非天使，在政治和司法活动中将会采取机会主义行为，行使权力的人将会采取"寻租"的活动。

　　法律过程中没有被动的接受者，每个行动者，如当事人、立法者、执法者

---

① 魏建：《法经济学：分析基础与分析范式》，人民出版社 2007 年版，第 23 页。

② ［美］ R. A. Posner, Economic AnalysisofLaw, Little, Brownand Company, 1977, p. 17.

③ 钱弘道：《法律经济学的理论基础》，载《法学研究》2002 年第 4 期。

④ 钱弘道：《法学研究方法的一场革命》，载《中国社会科学院院报》2002 年 12 月 17 日。

⑤ ［美］丹尼斯·缪勒：《公共选择》，王诚译，商务印书馆 1992 年版，第 5 页。

⑥ ［美］ G. J. 斯蒂格勒：《经济学家和教育》，上海三联书店 1990 年版，第 90 页。

等都希望并采取实际行动来影响法律，法律总是在各种作用下寻求均衡。

（1）立法机构如何制定法律

就立法机构而言，不将其拟人化为一个"立法者"整体，立法机构是由一群理性的个人所组成的，它不是一个内部结构和谐一致的"有机体"，也没有一个统一的"意志"。

从"政治作为交易"这一角度，可以把立法活动视为供给方（立法者）和需求方之间的一种交易，而且在供给方和需求方之间还有政客、官僚或其他政治活动者作为中介人。[①] 需求方是分散化的多个人，其利益并不一致。需求方通过院外活动来游说立法者以使某项立法通过或不通过，其出价方式是选票（合法）或贿赂（非法）。

根据寻租理论，需求方投入非生产性成本是期望从社会福利的再分配中获得超过成本份额的收益。供给方是在一定制度结构内"生产"立法的一群人，他们同需求方中的不同集团发生关系，他们之间的竞争性关系为制度结构所消解，而成为一种妥协式的合作关系。持久性的特殊利益立法，是依靠独立司法系统的行为方式来增加立法者和利益集团交易的净收益。[②]

完美无缺的法律难以制定出来，立法者是一群追求自利的理性人，立法者虽然被视为人民的代表，但人民的意志和偏好是无法被充分代表的，同时立法者们的个人理性也无法汇总为集体理性，法律所体现的往往是特殊利益，而不是普遍的共同利益。

（2）法官如何解释法律

公共选择理论认为，不能离开法律解释的主体——法官来抽象地谈论法律解释问题，法官对法律进行解释，从而自己陷入自我相关的状态，法官对法律的解释映射在法律之中，直接构成法律的一部分。

法官会根据自己所受的约束条件来选择自己的行为方式。法官不仅能够选择一定解释规则下的解释方案，而且能对解释规则本身作出选择：即使无法选择更改解释规则，也能选择规避这些规则。面对僵死的法律条文，法官即使为了正义，也往往会通过裁剪事实来"制作"案件，使之表面上看来符合法律。

---

① Mitchell, William C. and Munger, Michael C. (1991), "Economic Models of Interest Groups: An Introductory Survey", American Journal of Political Science, 35 (2), May, 512 - 46.

② Landes, William M. and Posner, Richard A. (1975), "The Independent Judiciary in an Interest - Group Perspective", Journal of Law and Economics, XVIII (3), December, 875 - 901.

"虽然法院并不造法，但在法院对其接受到的成文规定作出解释之前，并不存在现实的法律。"①

法官在解释法律时注重发现法律的动态结构，并根据具体情境，作出"填补空白式"的解释。② 法院不独立于政治过程之外，也不是对案件给出"最后说法"的唯一机构，法院也不单纯地受利益集团的支配，司法偏好并不来源于个人私利或实体性的意识形态，相反，它产生于法院所处的制度性地位及程序导致的价值。

不存在全知全能的法律解释和实施者，也没有完备的解释理论。法律的解释和实施是具体情境下各个参与者交互作用进行博弈的结果，立法者在制定一部法律时会考虑到法院将如何解释该法律，而法院在解释法律时也会考虑到立法者会有什么反应。法律解释是一个动态的过程，行政机构、立法机构和法院都起一定作用。③

6. 行为主义法经济学

行为主义经济学利用行为科学和心理学的知识，修正经济学中有关"理性人"的基本假设，然后研究在这种修正后的理性条件下市场经济中的个人的经济行为。行为主义经济学的主要贡献在于揭示了心理因素会影响和决定行为人的决策。④ 虽然波斯纳认为行为主义经济学对理性选择理论的挑战还很薄弱，⑤ 但行为主义经济学还是能给我们一些启发。

行为主义经济学仍然坚持个人主义的方法论，其基本假设为有限理性、有限意志力、有限利己主义。⑥ 行为主义经济学主要研究了偏好不是独立存在的，行为人的心理环境会影响偏好，偏好具有不稳定性，个人的偏好也是多元的而且变动不居，诸如"偏见"、"启示"形成的这些心理认知效应影响了决策。

---

① Ferejohn, John A., and Weingast, Barry R. (1992), "A Positive Theory of Statutory Interpretation", International Review of Law and Economics, 12：263－279, 263.

② Shepsle, Kenneth A. (1992), "Congress Is a 'They', Not an 'It'：Legislative Intent as Oxymoron", International Review of Law and Economics, 12：239－256.

③ Ferejohn, John A., and Weingast, Barry R. (1992), "A Positive Theory of Statutory Interpretation", International Review of Law and Economics, 12：263－279.

④ 魏建、周林彬主编：《法经济学》，中国人民大学出版社 2008 年版，第 52 页。

⑤ ［美］理查德·A. 波斯纳：《行为主义经济学》，载理查德·A. 波斯纳：《法律理论的前沿》，武欣、凌斌译，中国政法大学出版社 2003 年版，第 271—298 页。

⑥ ［美］理查德·A. 波斯纳：《法律理论的前沿》，武欣、凌斌译，中国政法大学出版社 2003 年版，第 265 页。

行为人的决策建立在一些"启示"之上，这些启示主要有代表性（repre-sentativeness）启示、可获得性启示（availability）、锚定启示（anchoring）。①

行为人的决策还受"偏见"的影响，主要的偏见有"厌恶极端偏见"（extremeness aversion bias）、"乐观偏见"（optimistic bias）、"厌恶损失偏见"、"现状偏见"（status quo bias）、"后见偏见"或"事后诸葛亮偏见"（hindsight bias）、"固执己见偏见"（anchoring）。这些"偏见"形成的认知效应如折中效应（compromise effect）、对比效应（contrast effect）、持有效应即禀赋效应（endowment effect）、决策形成效应即框架效应（framing effect）② 深刻地影响着决策人的理性判断。

行为主义法经济学以行为主义经济学为基础，应用认知效应对法律进行具体的分析，主要是克服各种偏见和启示带来的不良影响，利用各种认知效应的正向作用，构建更佳的法律制度。

如在诉讼中，"乐观偏见"让当事人感觉到自己不会不幸运，自己胜诉的概率大，能够达到自己的要求，而不对对自己不利的因素多加考量，从而态度强硬而不愿意作出妥协让步，降低了和解、调解的可能性，因此要设法消除当事人的乐观偏见。

"固执己见偏见"的自我强化让当事人对诉讼的结果没有清醒的认识，因此应在诉讼中加强双方的信息沟通，通过证据交换传递双方的信息。

"事后诸葛亮偏见"让当事人高估事情发生的概率，当事人对事情的发生负有不可推卸的责任。因此，为避免此偏见，在审判过程中，不告诉审判者当事人的实际做法，而是要求其根据法律作出自己的判断，然后进行比较，从而更客观地确定当事人的责任。

为克服"代表性启示"的消极影响，坚持无罪推定的原则，对犯罪嫌疑人不得进行有罪推定。防止根据当事人过去的行为进行当前的判断，当事人很久以前的行为与当前的行为不具"相关性"，"一日为盗"不必然是"终生为贼"。

"现状偏见"使当事人对当前的现状有更高的评价，当事人都有厌恶损失的心理，希望对确定性的收益立即拥有，把握住现在，避免引发损失，框架效应不可避免。持有效应让当事人更加看重当前拥有的东西包括权利和权力。鉴

---

① 俞飞：《当法律邂逅行为经济学——行为法经济学思想初探》，载冯玉军主编：《中国法经济学应用研究》，法律出版社 2006 年版，第 203 页。

② ［美］理查德·A. 波斯纳：《法律理论的前沿》，武欣、凌斌译，中国政法大学出版社 2003 年版，第 265 页。

于此，原告就希望马上得到而被告则不愿失去，原告希望和解、调解而被告则希望等待最后的判决，所以法律应该对被告的和解态度予以关注。

7. 法律制度变迁理论

诱致性制度变迁和强制性制度变迁是制度变迁的两种基本类型。诱致性法律制度变迁可以理解为：现行法律制度安排的变更或替代，或者是新的法律制度的创制，是由个人或一群（个）人，在响应获利机会时自发倡导、组织和实行。而强制性法律制度变迁系指由政府命令和根据法律的规定引入和实行。①

法律变迁的动力来自于法律过程的各个参与者——立法者、法官、行政官员、诉讼当事人之间的交互作用，其中任何一方的行为都不应视为"给定的"，每一方都处于一种"策略位置"，其行为取决于其他各方的行为或对其他各方将会采取的行动的推测。在法律这场 N 人参加的动态进化博弈中，最终结果必定是合作解，也就是布坎南标准的实现。②

法律变迁期望变化后的法律比原来的法律要有所改进，要以斯密定理、科斯定理、波斯纳定理和布坎南准则作为评判的标准，效率也和公平正义一样是评判的标准。

8. 福利经济学理论

经济学研究资源配置的效率，应以增进社会整体福利的最大化为己任。单个人的福利变动与别人的福利状况息息相关，根据福利相互依赖性原理，应以边际成本等于边际收益为尺度，来促进资源配置最优和社会福利的最大化。法律和政府的政策对个人和社会的福利有重要影响，庇古的福利经济学主张可以尝试利用政府干预政策和法律制度解决外部性问题。法律规则的选择只应以它对社会生活中个人福利的实际效果为依据，评价法律规则应该一律使用以福利为基础的规范评价方法。因为公平观念和福利之间的矛盾难以调和，在任何认同公平观念具有其积极价值的社会政策评价方法之下，都出现使所有人的福利境况变得更糟的情形。③ 帕累托最优是检验资源配置效率和社会福利增大与否的标准。基于帕累托最优的严苛性，卡尔多－希克斯标准（假想的补偿原则）成为另一标准。

---

① 林毅夫：《诱致性制度变迁与强制性制度变迁》，载［美］科斯等：《财产权利与制度变迁》，刘守英译，上海人民出版社 1994 年版，第 384 页。

② Hirshleifer, Jack (1982), "Evolutionary Models in Economics and Law and comments", Research in Law and economics, Vol. 4, 1 – 218.

③ ［美］路易斯·卡普洛、斯蒂文·沙维尔：《公平与福利》，冯玉军等译，法律出版社 2007 年版，第 1—12 页。

（三）法经济学的基本信条

1. 斯密定理（准则）

即"看不见的手"定理，认为自愿交换对个人是互利的。① 新古典经济学中的每个人在其本性上都是"使自我满足极大化的理性主体"，他/她们对自己的喜好和目标具有合理明确的打算，对资源配置和权利交易的每一种可能性都衡量其成本和收益，对如何选择和达到目标具有合理的解释。这种最大化行为的假定实际上就是构成经济学发展基石的"看不见的手"的原理②。

每个人都在力图应用他的资本来使其产品获得最大的价值。一般地说，他不企图增进公共福利，也不知道他所增进的公共福利为多少，他所追求的仅仅是个人的安乐，仅仅是个人的利益。在他这样做时，有一只看不见的手引导他去促进一种目标，而这种目标绝不是他所追求的东西。但是，由于追逐他自己的利益，他会经常地促进了社会利益，其效果要比他真正想促进社会利益时所得到的效果为大。

2. 规范的霍布斯定理

建构法律以使私人之间的协调失败所导致的损害最小。③ 霍布斯认为，即使谈判时没有严重的障碍，人们也很少能理性地在合作剩余的分享上达成一致，法律制度的重要性在于尽量减少合作上的分歧和失败，法律的设计应该阻止强迫性的威胁、消除破坏性的争议，最大化地降低私人合作失败造成的损失。法律消除合作的障碍并不代表合作能够顺利实现，因为还存在着阻碍合作的交易成本。

3. 边沁的最大多数人的最大幸福原理

人们具有规避痛苦和享受快乐的本性，人们根据痛苦和享乐算计幸福的数量。立法的基础是功利，立法者的任务是计算苦乐，以增进"最大多数人的最大幸福"。"最大多数人的最大幸福"原理是法律的目的和立法的标准。衡量法律制度的优劣好坏是看它是否增进最大多数人的幸福。法律制度给人们带

---

① 蒋兆康："中文版序言"，参见［美］理查德·A. 波斯纳：《法律的经济分析》，蒋兆康译，林毅夫校，中国大百科全书出版社1997年版。

② ［英］亚当·斯密：《国民财富的性质和原因的研究》（下卷），商务印书馆2002年版，第27页。

③ ［美］罗伯特·考特、托马斯·尤伦：《法和经济学》，施少华等译，张军审校，上海财经大学出版社2002年版，第82页。

来的幸福大于痛苦，这个法律制度就是有利的和有益的；反之亦然。①

政府的任务是通过赏罚来促进社会增加幸福的总量。立法所确立的惩罚体系应诱使人们作出能够给最大多数人带来最大的幸福的行动。②

4. 科斯定理

规范的科斯定理指立法以消除阻碍私人合作的障碍，也即法律要尽量消除阻碍人们之间进行合作的各种交易成本，尽量减少各种产生交易成本因素的作用。③

科斯定理有两层意思：其一，如果交易成本为零，不管怎样选择法律规则、配置权利，有效率的结果都会出现。换言之，当交易成本为零，并且个人是合作行动时，法律权利的任何分配都是有效率的。其二，如果交易成本大于零，有效率的结果就不可能在每个法律规则、每种权利配置方式下发生。

易言之，在交易成本为正的情况下，不同的权利界定和分配会带来不同效率的资源配置。"我在这篇文章（指论文《社会成本问题》）中表明的，是在交易费用为零的世界中（标准经济理论的一个假设），各方之间的谈判将会导致带来最大财富的安排，并且这与权利的初始分配无关。"④

5. 布坎南准则

主观主义契约论者的效率标准即"选择的一致性"，这个标准为法律已经给定情况下的交易过程和法律制定与司法决策过程中的效率判断提供了一种一以贯之的尺度。

在现实社会中，权力因素随处可见，完全竞争市场下的"客观"效率标准很难实现，不存在客观的、独立于交易过程和参与交易者个人主观评价的效率标准。在相互关系中所有交易者都能够作出自由的选择，并且他们各自按照自己的选择达到了一致（即形成了协议），这种交易就是有效率的。⑤

---

① ［英］边沁：《道德与立法原理导论》，时殷弘译，商务印书馆 2002 年版，第 58 页。

② ［美］亨利·威廉·斯皮格尔：《经济思想的成长》（上册），晏智杰等译，中国社会科学出版社 1999 年版，第 255 页。

③ ［美］罗伯特·考特、托马斯·尤伦：《法和经济学》，施少华等译，张军审校，上海财经大学出版社 2002 年版，第 82 页。

④ ［美］罗纳德·哈里·科斯：《论生产的制度结构》，盛洪、陈郁等译，上海三联书店 1994 年版，第 357 页。

⑤ ［美］詹姆斯·M. 布坎南：《自由、市场和国家》，吴良健、桑伍译，北京经济学院出版社 1988 年版，第 20 页。

交易总是在一定的法律规则之下发生，一致性效率判断可以上溯到对规则本身的创制和运作过程之中：如果一种规则是一致同意的结果，那么它就是有效率的，"而如果人们一致同意对规则作出变动，那就标志着，根据先前定下的一套现存规则，所达到的结果或预期会达到的结果要小于按修改过的规则来进行交易所产生的结果。因此，新的规则必定是比旧的规则更加有效率"。①

但布坎南准则也存在难以克服的缺陷：创制一般性规则的一致性实际上是没有意义的，因为在创制这些规则时，当事人拥有的信息极为有限，他们的判断在很大程度上是基于无知（指缺乏相关知识，不含贬义）的。而在具体案件中，由于法官作为权力因素的介入，当事人的自由谈判必定会受到限制，一致性要么很难达到，要么是不彻底的。

6. 波斯纳定理

"把权利初始授给那些可能最珍视这些权利的人，以此来使交易成本最小化。"② 如果交易成本过高而抑制交易，那么权利应该赋予那些最珍视它们的人。③

7. 罗尔斯的最大最小值原理

这是罗尔斯在《正义论》中提出来的，让社会上状况最差的人的福利最大化，即最大最小值规则。在罗尔斯看来，社会中的所有的自由的机会、收入、财富及自尊的基础，都应该被平等的分配，除非对一些或所有社会基本善的一种不平等分配有利于最不利者，即对社会最少受惠者的补偿必须以保证社会全体成员公平的机会为前提。在坚持机会公正平等、地位和职位开放的基础上，运用差别原则，从社会中甄别出最少受惠者，使之得到补偿，这样才能使穷人和社会不幸者的生活条件得到最大程度的改善，逐步缩小社会的不平等。

---

① Buchanan, James M. & Tullock, Gordon (1962), The Calculus of Consent: Logical Foundations of Constitutional Democracy, Ann Arbor: The University of Michigan Press.

② ［美］理查德·A. 波斯纳：《正义/司法的经济学》，苏力译，中国政法大学出版社 2002 年版，第 71 页。

③ 蒋兆康："中文版序言"，参见［美］理查德·A. 波斯纳：《法律的经济分析》，蒋兆康译，林毅夫校，中国大百科全书出版社 1997 年版，第 20 页。

（四）法经济学的主要分析方法

法经济学的方法论离不开经济学的一些理论假设和分析方法。[①]"经济学与其他社会科学最大的不同点，不在于探讨的对象，而在于分析的方法。"[②]

法经济学的方法论起码具有三个层次的内容，首先是哲学意义上的基本方法论，这一层次是法经济学方法论的原则问题，体现了法经济学的价值观，个人主义、自由主义与功利主义就是这个层次上的概念；其次是经济学的思维方式问题，具有证伪的性质；最后是技术性的方法，如边际分析方法、均衡分析方法、成本收益分析方法、个案分析方法、博弈论分析方法等等。[③]博弈论分析方法在前文中已经介绍，制度经济学的分析方法、公共选择的分析方法和实验经济学的分析方法等，可参看前文对这些理论的介绍。此外，还有一些方法如历史的方法、比较的方法、逻辑的方法、环境分析的方法乃至系统的方法等也是法经济学分析常用的方法，基于法律理论对这些方法都有很详细的解释而且也是法律从业人员已经熟悉的方法，也就略而不论。

方法论的个体主义是具体分析方法的一个总的要求，是作为法经济学研究方法的哲学基础来对待的，它与整体主义的方法论是相对应的。"作为一种分析方法的个人主义有一个简单的要求：所有的理论、所有的分析最终都被消解为个人作为决策者时所面临的考虑。"[④]法经济学遵从个体主义的方法论，从个体出发，从个人的感受和体验来看待整体问题。从每个个体的行为选择及其影响因素的视角来对最后均衡与否的结果进行评判。如对诉讼的研究，是从原告、被告、证人、司法者等人的角度，来分析他们各自选择决策的成本收益以

① 假设是能够被大量社会或生活的经验所证实，同样能够被一些社会或生活的经验所证伪的概念、原则或信仰。生活中存在着很多假设，人们似乎生活在假设之中或者依靠假设生活，就是因为这些假设能够被生活经验所证实。同样，在科学研究中也存在大量的假设或者说许多的科学研究就是建立在假设之上的。假设给人们的启示就是大量社会或者生活的经验能够证明某种判断是正确的，那么这样的假设就有一定的普遍正当性。当然，这样的结论并不排除这些假设会被一些社会生活的经验所"证伪"。即使这种状况的存在不是理想的，但现实需要这种假设。参见王成：《侵权损害赔偿的经济分析》，中国人民大学出版社 2002 年版，第 44 页。

② ［美］加里·S. 贝克尔：《人类行为的经济分析》，王业宇、陈琪译，上海人民出版社 1995 年版，第 7 页。

③ 魏建、黄立君、李振宇：《法经济学：基础与比较》，人民出版社 2004 年版，第 106 页以下。

④ Buchanan, Marginal Notes on Reading Political Philosophy Buchanan & Tullock (1962), The Calculus of Consent, Ann Arbor: University of Michigan Press, p. 315.

及影响因素，来判断行为人是否达到了最大化的目标，再看与之相关的这些人的选择所形成的整体选择结果是否实现了效率。

1. 成本收益分析方法

成本收益分析方法是法经济学最为常用的分析方法，它既包括对总量的成本收益分析，也包括对成本收益的边际分析（以边际成本等于边际收益为基本准则）。成本收益的分析方法是人类基本的思维方式，经济学只是更早地发现了这一点，并且适时地把它发展成为一种系统研究的思想和方法。

基于稀缺性，人们必须作出选择。在各种约束条件下，人们对各种备选项或各种方案计划行动的成本和收益进行分析。成本和收益之间的差额为净收益（会计学上表现为利润）。由于在法经济学的研究中，有些净收益不好数量化，有时用效用来解释，这样就不必拘泥于一个明确的数值，人们可以对效用进行比较衡量，进行大致的排序，进而权衡利弊得失，两害相权取其轻，两利相权取其重。

成本收益分析是一个评价对有限资源的使用产生影响的决策是否有效率的有效方法。在考虑一个特定政策和相关的各种选择方案中，这一分析方法能系统地确认政策的各种后果，然后运用适当的决策标准对产生的成本和收益进行评价。成本收益分析就是为各种备选方案之间的选择比较提供依据和标准，[①]比如在立法实践中，运用成本收益分析，就可以分析出每一种法律方案可能对社会造成的各种影响，包括收益成本以及净影响，并且将它们一一数量化，然后通过对这些数据指标的分析比较，立法者就能够判断出各种方案的优劣，从而作出正确的决策。

交易成本分析方法就是成本收益方法在制度分析中的一个应用。法经济学运用社会成本理论，从外部切入，分析资源配置的效率，寻找交易成本较低的权利配置方式和体现程序效率的法律。

值得注意的是，进行成本收益的计算不能用道德的标准加以衡量，它只是表达了人们追求幸福生活的愿望。得失的计算不应当被赋予沉重的伦理和道德色彩。成本收益的核算是实证的而不是规范的分析，是实然，而不是应然。

2. 规范与实证分析方法

在方法论的讨论中，规范研究和实证研究是经济学相对重要的两种基本的分析方法。规范分析研究的主要问题是"应该是什么"，涉及价值判断问题。

---

① ［美］Y. 巴泽尔：《产权的经济分析》，费方域、段毅才译，上海三联书店1997年版，第94页。

"价值问题虽然是一个困难问题，但它是法律科学所不能回避的，即使是最粗糙的、最草率的或最反复无常的关系调整或行为安排，在其背后总有对各种相互冲突和相互重叠的利益进行评价的某种准则。"① 它考察行为的后果，提出好坏优劣的评估意见，试图在理解和行动之间建立联系，规范评价意见争论不能通过对经验证据的观察彻底消除，不属于经验科学分析范畴，规范分析不能满足可证伪原则。②

实证分析方法研究的主要问题是"是什么"，不含价值判断问题，它力求描述经济现象的存在运行状态及其相互关系，并试图在它们之间建立联系，实证分析符合可证伪性原则。

区分实证和规范问题，是法经济学研究的科学分析的前提。我们对某个法律不仅要知道为何要作出这样的规定，而且还要探究这样的规定的绩效是否实现了预期的设想。区分实证方法和规范方法，有助于把法律世界是什么样子和应该是什么样子区分开来。如果只局限于分析应该是什么的问题，就会遮蔽对司法实践是如何运行的观察，可能会离真理越来越远。实证分析和规范分析的区分也是相对的，二者之间也是互相渗透的；在实践中，也不可能把这二者严格隔离起来，做到绝对价值中立更不现实。实际上，二者的一致性要求是，诚实地对待观察到的经验数据，诚实地对待分析步骤和逻辑推论产生的结果，减少随意性以提升法经济学对法律问题分析的品质。对于法经济学来说，规范研究的问题是运用经济学来研究最优的、最有效率的法律规则的制定问题；实证研究的问题主要是运用经济学来研究现实中法律规则的实际效果问题，边际分析、均衡分析、成本—收益分析等皆属实证的分析方法。

法律的规范性经济分析是对法律进行定性的分析，解决法律"应该是什么"的问题。它从一定的价值判断出发，得出法律行为的标准，并研究如何才能符合这个标准，为什么作出了选择这个法律而不是另外一个，寻求减少浪费资源体现效率的法律。这种分析方法隐含着一切现存的法律制度不是一成不变的，以法律的预期价值，譬如说帕累托最优标准，来指导影响相关的法律活动，使之接近价值目标。③

法律实证分析方法的应用是我国法学研究自身发展必须面对的一个重要问题，法学研究不应放弃理论的应用和操作研究，应注意对法律中利益关系的定

① ［美］罗·庞德：《通过法律的社会控制——法律的任务》，沈宗灵、董世忠译，商务印书馆 1984 年版，第 55 页。

② 卢锋：《经济学原理》，北京大学出版社 2002 年版，第 18 页。

③ 钱弘道：《经济分析法学》，法律出版社 2003 年版，第 54 页。

量研究、法律实施效果的测度和法律经验的归纳。"法律是什么"、"法律怎么样"就是法律的实证经济分析要解决的问题。实证分析的技术性强,主要包括理论假定、设计模型、逻辑证明、计量检验这几个环节。实证经济分析将具体的法律问题数量化,对法律进行定量的分析,对法律的分析更加精确,相对于法律的规范分析而言,更具有操作性和实用性。这个分析方法尤其适合对法律效果进行分析评估,验证是否实现了原先设定的目标、是否显现了法律的目的。

3. 边际分析方法

边际分析是现代西方经济学常用的一种分析方法,即利用边际数量分析经济变量的相互关系及其变动规律。① 约束条件下的最大化,一般是通过边际调整来实现的。给定一个初始位置,从初始位置出发作边际调整,这一调整所带来的收益是边际收益,对应的成本就是边际成本。如这一调整边际收益大于相应的边际成本,那么这一调整就能使决策者的处境变得较好,因此决策者就会继续调整,直至调整到边际收益等于边际成本时为止。成本收益分析的方法就是以边际收益等于边际成本作为最优的基本条件。世界上没有免费的午餐,一项法律只有经得起成本收益的核算评估,才称得上是一项有现实意义的规范。

4. 均衡分析方法

均衡是微积分里的一个数学问题。均衡是除非受到外力的影响,相互作用的力量维持着一种不变的格局。② 均衡指因为每一方都同时达到最大目标而趋

---

① 从数学形式上看,假定某一经济函数为 $Y = f(X)$,当自变量由 X 变为 $X + \Delta x$ 时,因变量便由 Y 变成 $Y + \Delta y$,这里的 Δx、Δy 作为 X、Y 的增量即为边际数量。边际分析可以用 $\Delta y/\Delta x$ 即两个增量的比率来表示。该比率有三种形式,即大于零、等于零和小于零,可反映自变量 X 增加一个单位时,因变量 Y 是递增、不变还是递减。以边际成本(MC)边际收益(MR)为例说明:总成本(TC)是指为生产一定量的产品对全部生产要素所支付的总成本。它包括总不变成本与总可变成本。用公式表示为:$TC\ (Q) = TFC + TVC\ (Q)$。边际成本(MC)是厂商在短期内增加生产一个单位产品时所增加的成本。边际成本用公式表示为:$MC\ (Q) = \Delta TC\ (Q)\ /\Delta Q$ 或者 $MC\ (Q) = dTC\ (Q)\ /dQ$。总收益(TR)是指厂商按一定价格销售一定量商品所获得的全部收入。其公式是:$TR\ (Q) = P$(价格)$\times Q$(销售量)。边际收益(MR)是指厂商增加一单位商品销售所增加的收入。比如说,厂商出售 Q 单位产品的总卖价为 R_Q,现在多销售一个单位产品,使销售量由 Q 增加到 $(Q+1)$,于是总卖价也由 R_Q 增加到 R_{Q+1}。那么,$(Q+1)$ 与 Q 之间所增加的那个单位产品的卖价就是:$R_{Q+1} - R_Q$。这个差额就是边际效益(MR)。$MR\ (Q) = \Delta TR\ (Q)\ /\Delta Q = dTR\ (Q)\ /dQ$。

② [美]罗伯特·考特等:《法和经济学》,施少华等译,张军审校,上海财经大学出版社 2002 年版,第 12 页。

于持久存在的相互作用形式。经济学家习惯于把每一种社会现象都描述为个人在追求最大化目标的相互作用中所达到的均衡，经济学家在分析某个问题时，最后要落实到某种稳定的均衡状态。最大化与均衡之间存在着重要的关系，最大化的行为倾向于把个体和组织放置于一种静态的均衡当中，经济人最大化的互动行为往往导致一种均衡，行为主体实现了各自的约束条件下的最大化目标，各方的要求得到满足，没有再改变这个既定状态的动力。均衡可区分为静态均衡、比较静态均衡和动态均衡，也可划分为局部均衡和一般均衡。博弈论则证明了纳什均衡、子博弈精炼纳什均衡、贝叶斯纳什均衡和精炼贝叶斯纳什均衡。法律作为一个交易规则，行为主体通过博弈获得纳什均衡，这种均衡应当在立法司法执法守法中都要体现出来，建立在均衡之上的法律才是有效率的制度。

5. 事前与事后分析方法

事后分析方法即在一个事件发生后对其考察，决定做些什么，或者如何把它妥善处理。这个方法就属于静态的分析方法。一般说来，当事情已经发生，人们在处理问题时总是采用这种方法。当接受了一个案件，人们着眼于过去，寻找解决纠纷的办法。人们尤其是当事人完全不会关心案件的裁决作出后对将来的影响，他们只关心谁会胜诉。①

传统英美法学研究主要考察已发生的事件及案例，是一种事后研究。"对法经济学家而言，过去只是一种沉没成本，他们将法律看成是一种影响未来行为的激励系统。"②

事前分析方法属于一种动态的分析方法，假设各方的行为会因为他方的行为而改变，包括法官在内。这个方法着眼于未来，向前看。法院对案子处理的裁决对将来会产生哪些效应，对类似情形中涉及的各方，他们尚未决定将来做些什么，他们将来的选择可能会受到该案法律裁决的影响。③ 对于一个案件的裁决，要首先想想哪方会胜诉，其次要想想当裁决作出后，他们会实施何种行为，尤其对于将来的当事人的影响。法院或者一方当事人既关心是否胜诉，也关心法官所做的判决，或者法官所创制的新规则，因为一方当事人可能在将来

---

① ［美］沃德·法恩斯沃思：《高手解决法律难题的 31 种思维技巧》，丁芝华译，法律出版社 2009 年版，第 5 页。

② ［美］理查德·A. 波斯纳：《法律的经济分析》（中文版序言），中国大百科全书出版社 1997 年版，第 15 页。

③ ［美］沃德·法恩斯沃思：《高手解决法律难题的 31 种思维技巧》，丁芝华译，法律出版社 2009 年第 1 版，第 5 页。

还要面对这类事情，还要处理这类事情。

而法经济学则主要做事前分析研究，它注重于随法律及其他可变因素变化的预期行为刺激，人们会根据成本收益的考虑作出决策，所以人们会对激励作出反应。法律的许多规定影响了人们的成本收益，从而改变了人们的行为。人们在不同的法律规则下，会对不同的行为作出预测，根据预期的成本收益大小选择不同的行动方案，并通过实际的结果调整自己未来的行为。这样法律就成为影响人们未来行为的激励系统，法律把权利赋予能对社会产生较大收益的人，把损失分配给能以较小的成本承担风险的人，从而起到规范引导人们行为的作用，也就实现了法律的效率。①

在法学的语境里，法律具有滞后性，表现为法律不能对未来发生的情况作出裁判，行为发生、一定的社会关系成就后，法律才对行为和社会关系进行调整。② 法律规则的作用之一是提高行为的可预测性，降低对合法性认识的不确定性。③ 法经济学不是局限于解释法律的历史，更重要的是放眼未来，对法律进行前瞻性分析，预测法律的未来的（经济）后果。④ 在审判以及裁决的过程中，尽管这两个方法会得出不同的结论，但法官往往会同时采用这两个方法，因为法官既要解决纠纷，也要顾及所作出的裁决对未来的影响，尤其是创制了一个将来供人们遵守的规则的时候。

6. 动态、静态、比较静态分析方法

静态分析是在假定其他条件不变的前提下，以某些变量为自变量，研究作为函数的另一些变量随作为自变量的变量取值的变化而变化的规律。它不考虑时间的先后顺序和前后演变关系。它假定其他因素都不变，只有一种或几种可变因素，在此前提下，孤立地研究可变因素对法律现象或其他现象的影响，并把这种影响看作是某种铁定不变的精确关系。

动态分析则是以时间为自变量，研究各种经济变量，随时间的变化而变化的规律。这是一种过程演化分析，其中不同的变量状态之间是一种生长生成、演替进化关系，有一定的时间顺序和前因后果关系。它将各种相关因素看作一个系统整体，考虑这些相关因素之间的交互作用，研究它们各自以及它们共同

---

① 魏建、黄立君、李振宇：《法经济学：基础与比较》，人民出版社 2004 年版，第 110 页。

② 魏建、周林彬：《法经济学》，中国人民大学出版社 2008 年版，第 6 页。

③ ［冰岛］思拉恩·埃格特森：《新制度经济学》，吴经邦等译，商务印书馆 1996 年版，第 71 页。

④ 钱弘道：《法律经济学的理论基础》，载《法学研究》2002 年第 4 期。

对法律现象的影响，并认为这种影响并非铁定不变，而是呈一种概率关系。

比较静态分析方法则是考虑到原初的状态和最后的状态，不考虑中间的变量变化的过程。如一个法律规定变化前是一个样态，法律规定变化了又是一个样态，中间是怎么发生变化的，是如何演变过来的在所不问，就好像本来就该如此。其实，法律制度的变化总是有一个演变的过程，不会一蹴而就。

7. 激励分析方法

激励分析方法是一种分析行为主体预期行为的分析方法。从信息经济学的角度来看，由于相互交往的各个主体的目标或利益的不一致，某个人要实现自己的目标和利益，都要受到其他人的行为或其掌握的私人信息（一方特有而他方不知道也无法验证的信息）的影响，所以就产生了激励问题。① 由于相互依赖关系的存在，相关的主体都希望从他人那里获得对自己有用的信息，都希冀影响他人的行为，以便达到自身的目标和获得自身的利益。这种企图诱导他人的信息或试图改变他人行为的机制，便是激励。当一方拥有他人不知道且难以验证的信息时，他方不给予适当的激励，是无法逼迫知情者透露真实的信息的。当一方控制着某个决策变量，而该变量又无法为他方所督察时，他方不给予适当的激励，就无法命令决策者采纳某个决策。②

人们要追求法律的最优结果，就要使参与法律活动的主体的行为符合激励原则。激励原则的基本要求是决策产生的收益大于成本。激励分析就是要找到一种状态，在这种状态下，所有的参与者都能够实现收益大于成本，只有这样，相关的参与者才有动力追求和实现法律制度要求的均衡结果。

8. 建构理论模型的方法

建构理论模型的方法属于数学方法的一种，因其具有典型性而且单说数学方法又很笼统也难以说清楚，从介绍这个方法来管中窥豹，从而体会数学方法的精妙之处。

经济模型（Economics model），是指用来描述所研究的经济现象有关的经济变量之间依存关系的理论结构。它既可以用文字来描述，也可以用数学公式来说明，还可以用几何图形来表示。经济模型的建立和求解过程，实际上就是

---

① 田国强：《激励、信息及经济机制设计理论》，载汤敏、茅于轼主编：《现代经济学前沿专题》（第 1 集），商务印书馆 1989 年版，第 195 页。

② 周惠中：《经济激励和经济改革》，载汤敏、茅于轼主编：《现代经济学前沿专题》（第 2 集），商务印书馆 1999 年版，第 195 页；另见张维迎：《博弈论与信息经济学》，上海人民出版社、上海三联书店 1996 年版，第 397—403 页；再见［美］肯尼思·J. 阿罗：《信息经济学》，何宝玉等译，北京经济学院出版社 1989 年版，第 117 页。

上面所说的演绎过程。由于任何经济现象都是由众多复杂多变的因素所决定的，因此，模型的建立必须进行合理的简化和假设，只保留反映经济现象内在的、主要的因素（如果是用数学方式建立模型，则需按照一定函数关系把筛选出来的变量编成单一方程或联立方程组）。

比如，对证据搜寻进行模型化，就是将证据搜寻视为一个成本化的过程。假设 p 等于错误结果之概率，而非正确结果的概率，则 pS 就为错误成本（即由争议标的大小所衡量的错误概率）。假设 p = 0.1，这意味着每 10 宗案件平均有 1 宗错判，如果这些案件平均的争议标的为 100000 美元，则预期错误成本就为 10000 美元。这一具体的假定（假设 pS 等于错误的社会成本）有些武断，但在一般情况下这一猜想则是合情合理的，错误结果的社会成本将会随着争议标的的金额的增加而攀升。[①]

二、法经济学范式之评述

在中英文中，"经济"最原初的意思都是节约节省的意思。[②] 法律的经济分析的主旨就是少投入（支出生产要素成本）多产出（获得收益）。在投入一定的条件下，争取更多的产出；在产出目标确定的情况下，尽量少投入。通过对投入和产出进行成本收益的计算，来选择更好的途径达到预想的目标。

人们几乎不需要法经济学就能知道，一个简单的程序和审判制度可以产生更廉价的判决，因而可以避免资源的不必要的耗费。法律的经济分析可能识别一种制度安排，一个法律原理或一种法律体系的一个法律规则是否比另一个制度、原理和规则更多或更少地具有效率，可以预见到某个给定法律安排的长期效应结果。法律的经济分析的解释力和改进力都可能具有广泛的限制，但是对正义的要求绝不能忽略所应付出的成本。[③]

法律经济学的产生基于两个前提条件：第一，法学与经济学在研究主题和价值观上有相当的共通性；第二，在分析方法上，经济学提供了一套分析人类行为完整的架构，而这套架构是传统法学所缺少的。传统主流的法学理论一直是法律的哲学，它的技术基础是对语言的分析。绝大多数法学家把实证研究想

---

① ［美］理查德·A. 波斯纳：《证据法的经济分析》，徐昕译，中国法制出版社 2004年版，第 41 页。

② 《朗文现代英汉双解词典》，现代出版社 1988 年版，第 447 页。

③ ［美］理查德·A. 波斯纳：《法律的经济分析》，蒋兆康译，林毅夫校，中国大百科全书出版社 1997 年版，第 32 页。

象成是对案件的分析，目的是力求法律解释的一致性。法律的经济分析是一个与传统法学思维不同的方向。①

法律经济学理论的核心在于：所有法律活动，包括一切立法和司法以及整个法律制度事实上是在发挥着分配稀缺资源的作用，因此所有法律活动都要以资源的有效配置和利用，即以效率为衡量标准，所有的法律活动都可以用经济学的方法来分析和指导。②

法律的经济分析借助经济学的知识，认为法律不仅仅作为一种强制性制度来分析，而应成为一种激励体系，作为一种隐含的定价体系。③ 法经济学提供了一个行为理论来预测人们对法律的变化作出反应的理论。法经济学尝试用精确的理论和经验上的可靠方法来分析评估价格对行为的反应。制裁就像是价格，可以比拟人们对制裁的反应就像对价格的反应一样，人们对严厉的法律制裁的反应会导致采取更少的会被法律制裁的行为。

对法律进行经济分析包括四个基本步骤：第一步，决策主体要有一个明确的最大化目标；第二步，决策主体找出全部有关决策者之间关系的均衡状态，即不可改变的条件；第三步，使用效率的准则来评估这一均衡；第四步，用统计学、经济计量学的理论，依靠事实检验预测的可靠性。④

法律经济分析的目的有三个：探讨法律的影响；理解法律为何如此；法律应该如何。⑤ 具体来说，可以应用法经济学预测法律制度的效果，把法律作为一个约束条件，研究受到法律影响的人的行为及其对它的作用；可寻找体现节省经济投入的法律，因为不是所有的法律都有效率，应该用经济学分析哪些法律是有效率的，哪些法律是没有效率的，为摒弃那些无效率的法律提供现实的依据；世界上存在不同的法系，对相同的法律问题解决的方式并不相同，应用经济学的方法对不同法系的法律制度比较分析，为法系的相互融合相互借鉴提供有用的根据，从而为预测法律的发展趋势提供思考。⑥

---

① 钱弘道：《从法律经济学看我国法律改革》，载《检察日报》2001 年 9 月 7 日。

② 钱弘道：《法律经济学和中国法律改革、未来中国法学》，载《法律科学》2002 年第 4 期。

③ ［美］罗伯特·考特、托马斯·尤伦：《法和经济学》，张军等译，上海三联书店 1994 年版，第 13 页。

④ ［美］罗伯特·考特等：《法和经济学》，施少华等译，张军审校，上海财经大学出版社 2002 年版，第 3 页。

⑤ 简资修：《经济推理与法律》，北京大学出版社 2006 年第 1 版，第 2 页。

⑥ 转引自卢现祥等主编：《法经济学》，北京大学出版社 2007 年版，第 18 页。

法律的经济目标是促进和实现合作。① 规范的霍布斯定理要求通过法律来尽量减少不合作造成的损失，规范的科斯定理要求法律要尽可能地降低实现合作而付出的各种成本尤其是交易成本。

法经济学就是使用经济分析的方法研究和解决法律问题。凡是理性活动都是可以用经济分析的方法加以分析和解释的。经济分析主要通过成本收益的计算，以效率为尺度，经过效用比较来确定适宜的行为方式或制度模式。通过数量分析和对行为理论的量化处理实现对理性的确定性的分析。②

法律仅仅只是许多社会应变方法之一，而且是一种极不方便又不可靠，同时还是一种比较昂贵的应变方法。③ "显然法律保障在很大程度上直接服务于经济利益，即使在情况似乎并非如此或确实并非如此时。经济利益也是影响立法最强烈的因素之一，原因在于任何为法律秩序提供保障的权威都以某种方式依赖于构成该秩序的社会群体的共识性行动，而社会群体的形成在很大程度上依赖于物质利益的配合。"④ 波斯纳的财富最大化理论或许是一种功利主义，但由于法律规定以及法院的判决将会直接影响到资源的配置，所以经济学的方法对法学的研究就有了特别的意义。"法律经济分析的焦点虽然集中于英美法系法律规则，但它的成果只要作适当的修改，同样可以适用大陆法系和其他诉讼体制。"⑤

法律不仅仅是一种规则的体系，而且是社会的一种理性活动，这种理性活动是可以进行量化处理的。法官和律师理应合理行事，并要接受人们质疑其不合理的做法。在司法裁判的过程中总是伴随着经济考量的，即使经济考量的作用不是明确地表达出来甚至鲜为人知。法院和立法机关如有意识地利用经济学的理论和方法会使法律制度得到改进。利用法经济学的理论可以帮助解释法律，优化立法、司法活动。

从法经济学的研究方法来看，它是以"个人理性"及相应的方法论的个人主义作为其研究方法的哲学基础，以经济学的"效率"作为核心概念，以

---

① 魏建：《法经济学：基础与比较》，人民出版社 2004 年版，第 31 页。

② 钱弘道：《法律经济学和中国法律改革、未来中国法学》，载《法律科学》2002 年第 4 期。

③ 转引自［美］H. W. 埃尔曼：《比较法律文化》，贺卫方、高鸿钧译，清华大学出版社 2002 年版，第 9 页。

④ ［德］马克斯·韦伯：《经济、诸社会领域及权力》，李强译，三联书店 1998 年版，第 35 页。

⑤ 转引自吴杰：《民事诉讼机制改革与完善的法律经济分析》，载《政治与法律》2000 年第 2 期。

成本—收益及收益最大化方法来对法律问题进行研究。加里·S. 贝克尔在谈到经济学成功的原因时指出，其获得成功的重要原因之一就是它很好地运用了"个人效用最大化原则、市场出清（供求均衡）原则、效率原则"这三个重要的经济学原理。① 波斯纳的研究是在这样一种意义上运用经济学的——将经济学看作是一种理性选择理论，如诉讼所要达成的理性选择，也就是以最小可能的资源花费来达到预期目标的理性选择。新制度经济学家和经济分析法学家对确保市场内各种权利之间进行充分而公平的竞争的问题的认识表述不同，效果却一致。"市场是一种制度过程，在其间个人彼此相互作用，其目的在追逐他们各自的不论哪一种目的。18 世纪哲学家伟大的发现是在适宜地设计的法律和制度中间、市场中分散的谋私利的个人的行为产生一种自发的秩序，一个分配结果的模式。它不是任何人选择的，但是它可以合适地归类为能反映参加者的价值最大化的秩序。"②

从博弈论的角度来看，法律制度的形成实际上就是行为主体、利益主体经过多次重复博弈逐步确立起来的，只有体现多元利益主体重复博弈的相对均衡的正式法律制度才是相对公正和优良的法律制度。法律具有鲜明的意识形态，法律在创设之初的选择将会影响法律变迁的惯性和法律规定的权利或权力，并进而影响一个社会的法定价值观念。拥有社会资源的人才有权力影响法律制度，而利用其为自己谋利，法律往往反映肯定当下社会资源的既定分配方式和价值观念并使之合法化。法律制度不能不反映统治者的利益，法律制度总是反映了统治者的意识形态。③ 但是，也并不能说被统治者的利益就被完全忽略不计了，被统治者和统治者的意识形态要在重叠的地方达成共识，否则整个社会就不能承受动荡不安之重。

美国的法律经济学已经深深影响了新一代法律工作者的推理方式，它对其所适用的法律的影响业已成为现实。④ 美国的法律模式由于与经济科学的联姻而获得强有力的科学正当性。经济上的主导地位并不必然是也不足以在法律上成为主导，法律上的主导必须要求经济强国有相应的法律文化，知识上的领先

---

① Douglas G. Barid: The Future of Law and Economics Looking Forward, University of Chicago Law Review, Fall 1997.

② ［美］布坎南：《自由、市场和国家》，吴良健等译，北京经济学院出版社 1988 年版，第 88 页。

③ ［美］罗宾·保罗·麦乐怡：《法与经济学》，孙潮译，浙江人民出版社 1999 年版，第 42—44 页。

④ 转引自［美］乌戈·马太：《比较法律经济学》，沈宗灵译，张建伟审校，北京大学出版社 2005 年版，第 26 页。

不可以政治或经济影响作为手段而强加，它必须由受影响国家的法律文化资源作为接受的前提条件。域外的法律提供了在复杂的经济社会中解决问题的历史经验，就像所有的人类经验一样都有正反两个方面，都有其成本与收益。如果一个国家的法律、经济、社会因为某种理由需要面对其他国家几年、几十年或几个世纪前所面临的问题，了解这些问题在不同社会中如何解决或没能解决就是非常有益的。因此，法经济学的分析工具对分析发展中国家法律制度是有用的。只要注意到法律的多样性，注意到不同的社会经济结构的不同质，起码可以成为检验理论的根据，成为检验法经济学理论的一个场地。美国法学家艾克曼（B. A. Ackerman）认为，以帕累托效率原理来解释、评论和改革法律制度这条思想路线，提供了一个分析结构，使人们能够对采用了这个法律规则而不是另一个法律规则的结果而产生的收益规模和分配进行理智的评价。这种分析是特别重要的，因为它常常揭示出，法律规则的潜在影响可能与推动制定该规则的立法机关或法院的目标（至少在表面上）大不相同。所以，只要不把经济学作为唯一的评价原则而误用，而是理智运用它，就能使人们揭开修辞学帷幕，抓住躲在法律问题背后的真正的价值问题。① "如果没有偏见的话，任何人都不会怀疑经济学的工具丰富了人们对法律知识的理解。应该留出一些空间去让每个人按照自己的希望的价值观作出自己的意识形态的选择。"②

① ［美］罗伯特·考特、托马斯·尤伦：《法和经济学》，张军等译，上海三联书店1994年版，第15页。

② ［美］乌戈·马太：《比较法律经济学》，沈宗灵译，张建伟审校，北京大学出版社2005年版，第88页。

第二章 刑事审判程序经济分析的基本范畴

在人世间，事物间互相依存，就像"蝴蝶效应"（对初始条件的敏感依赖）一样，其中一个很小的微观扰动可能会通过某种非线性的反馈系统而引发始料不及的巨大效应。① 法律关系也具有相互性的典型特征。譬如，工厂的烟尘、废水、废物给邻近的财产所有者带来的有害影响，上游造纸厂排出的污水污染了河流而致下游所养鱼类的死亡，走失的牛羊等牲畜损坏邻近土地里的庄稼，糖果制造商的机器引起的噪声和震动干扰了诊所医生使用听诊器进而影响其工作等等，诸如此类的问题都具有相互性。分析利害关系双方的互动行为，假设终局结果即均衡是由双方的行动所决定的，双方都寻求己方的效用或产出或利益或收益或利润的最大化，得到双方都满意的结果就需要双方的配合，在妥协和争斗中寻求最佳的结合点，这对于纠纷的解决而言，具有相当现实的经济学意蕴。

稀缺性是导致权利冲突的原因之一，一方付出的成本对另一方而言就是收益。解决权利冲突问题的关键在于如何避免对权利造成较严重的损害，两者相权取其轻。但对此也不能贸然作答，除非知道所欲求得到的价值是什么，以及为此所牺牲的价值是什么。公正与效率是一对孪生儿，伤害了公正也无效率可言；反之亦然。不言而喻，必须从总体的和边际的角度来看待这一问题。此

---

① "蝴蝶效应"（The Butterfly Effect）是美国麻省理工学院气象学家洛伦兹（Lorenz）1963 年提出来的。洛伦兹发现，由于误差会以指数形式增长，在这种情况下，一个微小的误差随着不断推移造成了巨大的后果。他于是这样认为"对初始值的极端不稳定性"，即"混沌"，又称"蝴蝶效应"，亚洲蝴蝶拍拍翅膀，将使美洲几个月后出现比狂风还厉害的龙卷风！其原因在于：蝴蝶翅膀的运动，导致其身边的空气系统发生变化，并引起微弱气流的产生，而微弱气流的产生又会引起它四周空气或其他系统产生相应的变化，由此引起连锁反应，最终导致其他系统的极大变化。"蝴蝶效应"在社会学界用来说明：一个坏的微小的机制，如果不加以及时引导、调节，会给社会带来非常大的危害，戏称为"龙卷风"或"风暴"；一个好的微小的机制，只要正确指引，经过一段时间的努力，将会产生轰动效应，或称为"革命"。

外，避免对一方（甲）的损害将会使另一方（乙）遭受损害。真正的问题是，是允许甲有权利去损害乙，还是乙有权利损害甲？传统的解决方法是人们一般将该问题视为甲给乙造成损害，是如何制止甲？传统的解决方法不能遮蔽人们不得不作出的选择的实质，这些办法并不是人们所需要的结果，通常人们也不满意这种结局。

诉讼参加人投入的人力、物力、财力和花去的时间在经济学上是用成本来描述的，诉讼参加人通过投入而试图得到的产出的结果是用收益来描述的。诉讼行为的投入产出关系就是成本—收益的关系，投入产出关系是一个生产函数的问题，成本—收益的关系是一个价值函数的关系，它们是同一个问题的两个方面，共同构成诉讼经济分析的基础工具。笔者以此为基础，具体探讨司法资源、程序价值、诉讼模式和刑事程序中的潜规则等几个典型问题。

一、诉讼资源

资源，利益之源泉也。法律资源是一切可以由法律界定和配置，并具有法律意义和社会意义的价值物，如权利、权力、义务、责任、法律信息、法律程序等。其中权利和权力是受社会经济的发展水平所制约的，是最重要的稀缺的法律资源。这是因为，它们可以给人们带来实际利益，是实现利益所不可缺少的手段。合理的权利和权力安排会降低交易成本。[1] 权利的合理初始界定会对法律制度运行的效率产生影响。权利的一种调整会比其他安排产生更多的价值。[2]

司法资源是保证程序公正的重要物质基础，在司法资源有限的情况下，要实现程序公正，必须对司法资源进行合理配置。

诉讼资源，这里包括人力、物力、财力和时间资源。[3] 就法院的司法资源而言，由于司法资源相对稳定，诉讼量的上升使司法机关的压力不断增加，司法资源的有限供给与需求之间的矛盾日益突出。以北京市法院系统为例，1991年至2004年，北京市法院收案量从6万余件猛增到30余万件，增长了4倍；1996年，北京市法院平均每人每年办案25件，2004年，平均每人每年办案71件，工作负荷接近原来的3倍；在北京市丰台区人民法院，2003年，审判

---

① 张文显：《法哲学范畴研究》，中国政法大学出版社2001年版，第216—217页。

② ［美］罗纳德·哈里·科斯等：《论生产的制度结构》，盛洪等译，上海三联书店1994年版，第24页。

③ 陈瑞华：《刑事审判原理论》，北京大学出版社2003年第2版，第83页。

人员每 3 天要办结 2 起案件，2004 年，每 4 天要办结 3 起案件，工作量非常大。同样的问题在公安机关与检察机关也普遍存在。[1]

"司法保障的严重滞后与司法本身的需求之间的矛盾，是我国现在面临的最大难题之一。"这是 2005 年上半年对湖南基层法院的一次统计：湖南有 34 个基层法院财政拨款人均不到 3.5 万元，最低的人均才 1 万多元，这要用于法官的工资、津贴和办案经费等项目的支出，简直就是入不敷出，捉襟见肘。湖南法院面临的情况是：大中城市法官工作严重超负荷，由于缺乏物质方面的激励机制，法院自身要求严格，导致法官宁可少办案，而不愿多办案承担风险；而偏远落后地区法院招不到人，人才断档问题突出，即使花大力培训，也是培养出一个走一个。"法官是高负荷、高风险、高诱惑、高难度职业，法官群体如果压力过大，很容易流失，因为他找别的职业很容易。"[2]

司法保障的滞后还反映在侦查取证能力上。我国在追究、控制犯罪方面的物力、人力以及人员素质条件十分有限，资源需求与资源供给之间的矛盾突出，很难采取彻底的侦查、充分的调查取证，司法系统为完成控制犯罪的使命不得不牺牲某些利益，让犯罪嫌疑人或被告人付出一定的代价包括适当抑制被告人的对抗能力，来换取控制犯罪、保护社会这一重要的利益。[3]

在审查起诉阶段，移送案卷和证据材料的方式也与司法资源问题密切相关。按照我国 1979 年刑事诉讼法的规定，检察院对符合条件的公安机关移送审查起诉及自行侦查的案件，都应当依照法定程序向法院起诉，同时向法院移送公诉书和全部案卷材料。所移送的全案证据中既包含不利于被告人的证据，也包含有利于被告人的证据。1996 年修正刑事诉讼法时，为了预防法官产生预断，在起诉时，检察院不再移送全案卷宗（2013 年 1 月 1 日实施的《刑事诉讼法》第 172 条对此予以修改，检察院提起公诉时，向法院移送全部案卷材料和全部证据）。1996 年刑事诉讼法没有明确规定对适用简易程序案件的卷证移送问题，检察机关应根据 1998 年最高人民法院、最高人民检察院、公安部、国家安全部、司法部、全国人大常委会法制工作委员会《关于刑事诉讼法实施中若干问题的规定》（以下简称《1998 六机关规定》）第 38 条规定了

---

[1] 尹铮：《当务之急：合理配置司法资源》，载《检察日报》2009 年 5 月 22 日。

[2] 刘岚：《江必新代表建议加强司法保障应体现在政府报告中》，载最高人民法院网 2006 年 3 月 8 日 9：55。江必新代表建议将"加强对司法机关的物质保障"写进政府工作报告和"十一五"规划中。

[3] 龙宗智：《刑事庭审制度研究》，中国政法大学出版社 2001 年版，第 128 页。

"全案卷证移送主义"的做法。① 1996 年刑事诉讼法第 150 条规定："人民法院对提起公诉的案件进行审查后，对于起诉书中有明确的指控犯罪事实并且附有证据目录、证人名单和主要证据复印件或者照片的，应当决定开庭审判。" 2012 年刑事诉讼法第 181 条对此予以修改，删去了"并且"之后的语句。检察机关提起公诉时，除了向法院提交起诉书外，还要向人民法院移送有关证据材料的复印件，向法院移送有关证据材料的复印件的做法，称为"主要证据复印件移送主义"。《1998 六机关规定》第 36 条规定："根据刑事诉讼法第 150 条的规定，人民检察院提起公诉的案件，应当向人民法院移送所有犯罪事实的主要证据的复印件或者照片。""主要证据"包括：（1）起诉书中涉及的各证据种类中的主要证据；（2）多个同种类证据中被确定为"主要证据"的；（3）作为法定量刑情节的自首、立功、累犯、中止、未遂、正当防卫的证据。人民检察院针对具体案件移送起诉时，"主要证据"由人民检察院根据以上规定确定。"主要证据复印件移送主义"要求检察机关必须向法院移送主要证据复印件，使得检察机关尤其是基层检察机关不得不复印大量的证据材料。

　　案卷复印件的使用提高了诉讼成本，对于财政收入较低的地方的检察院来说是难以承受的。这一问题看似不复杂，似乎只要增加一些经费就能解决，但实际上仅仅因为经费问题，而且不是花很大一笔钱的事情，就能使一个看来合理的制度难以具体实施，使一个看来合理的改革不得不搁浅。之所以有的地方检察院不复印而仍然直接送卷，一个简单的原因就是没有钱解决日复一日的复印问题。② 有学者统计，平均一件起诉案件需要复印约 60 张主要证据材料，按每张复印材料 0.1 元，一台复印机寿命 10 万张、价格 3.8 万元计算，1999 年全国起诉案件 53.9 万余件，检察机关花在复印主要证据上的费用至少高达 1552.32 万元（不包括机器维修等费用）。③ "主要证据复印件移送主义"还在司法实践中遭遇相当多的质疑：许多法官认为这是不尊重无罪推定原则，无法排除其预断；许多检察官认为这是不贯彻控辩平衡原则；辩护律师认为其阅卷权没有得到尊重；被告人认为对自己有利的证据控方不出示，法官在庭前看到的是对自己不利的证据，法官在庭前早已形成对自己不利的心证。这在诉讼投入与收益关系上，存在典型的危机。

---

① 《1998 六机关规定》第 38 条规定：对于适用简易程序审理的公诉案件，无论人民检察院是否派员出庭，都应当向人民法院移送全部案卷和证据材料。
② 龙宗智：《刑事庭审制度研究》，中国政法大学出版社 2001 年版，第 152—153 页。
③ 邓思清：《案件移送方式与程序公正》，载《法学家》2002 年第 4 期。

司法资源的充足也是实施对抗制诉讼的必要条件。① 庭审的实质化和庭审的对抗性，要求法官、检察官、律师能在有限的庭审时空条件下作出正确的判断、敏捷的反应，需要高素质司法人才的参与，然而在目前甚至今后相当长一段时间内，我国的法律人员的素质还难以达到这种高要求。对抗式庭审对物质资源的需求量较大，对取证的高要求、对证人的经济补偿、对证人和被害人的保护，都需要高额的资源投入。

为解决司法资源有限性和司法任务繁重与艰难性之间的矛盾，必须在有效地完成刑事司法的控制犯罪与保障人权之间进行权衡；在加大资源投入的情况下，还要讲究诉讼经济，对已经投入的司法资源进行合理配置优化组合，提高司法资源的投入产出率，从而提高诉讼效率。

二、刑事诉讼的投入与产出

以法经济学的观点来看，诉讼如同人们的经济活动一样是一个投入与产出的过程，开展诉讼活动要投入一定量的司法资源即人力、物力和财力，得到诉讼的产出即诉讼的结果，不管诉讼的结果是否达到参与诉讼人员的要求，诉讼的结果是否让人满意，消耗一定的经济资源是确定无疑的，即没有经济投入实现正义是不可能的。例如，被告人及其辩护人要收集对被告人有利的证据，就要花费时间和精力；花费的时间和精力是可以用货币来计量的。因为为了寻找目击证人，可能要到事发地点去询问，还可能登报寻找目击证人。其中，采用登报的方法，要拟定文稿，要向报纸的经营者交纳费用。至于通过登报的方式是否能找到目击证人，这是一个不确定的问题。不难看出，这就和企业做广告宣传自己的产品一样，实质上属于一项经济活动。

投入与产出是一个数学的函数关系，投入产出的比值关系是参与诉讼活动的人员要考虑的问题。诉讼的投入产出的数量对比会影响诉讼参加人的行为选择。

刑事诉讼的投入可以按不同的诉讼参加人来划分，警察的投入、检察官的投入、法官的投入、被告人的投入、辩护人的投入、证人的投入等等。刑事诉讼行为的投入可以按不同的货币资金的来源划分为公共投入和私人投入，表现为政府负担的费用和当事人负担的诉讼费用和其他费用等等。②

---

① 苏力：《关于抗辩制改革》，载苏力：《法治及其本土资源》，中国政法大学出版社1996年版，第166—167页。

② 马贵翔：《刑事司法程序正义论》，中国检察出版社2002年版，第34页。

政府的公共投入如公安机关、检察机关、法院的基础设施的投入，政府对指定辩护人的资金的投入，私人的投入如被告人聘请辩护律师的投入等等。诉讼的经济投入主要包括：基础设施的投入如立法机关、警察机关、检察机关、审判机关的办公场所、房屋等和机器设备等固定资产投入；刑事诉讼立法机关、警察机关、检察机关、审判机关的薪金支出及其办公经费投入；羁押监管和执行费用，如据调查，在中国大陆，一个被判处 3 年有期徒刑的人，刑期执行完毕，政府在其身上的投入不少于 50000 元人民币。① 据估计，在发达国家，一名罪犯每年消耗纳税人的资金不会少于 10000 美元。早在 1981 年，美国政府平均每年为每个罪犯就需要花费 12000 美元。② 北京市为了遣送外地囚犯，每年就需要支出 600 万—700 万元人民币。③

刑事诉讼的产出就是产生的结果，这种结果可能是好的，也可能是坏的，正如经济活动的结果一样，可能是质优价廉的产品，也可能是次品，还可能是对社会有害的产品。具体的表现形式是各种各样的，主要的产出是对犯罪嫌疑人处理的结果、对被告人裁判的结果即有罪或无罪等等，其中不乏冤假错案。刑事诉讼的产出并不能直接用货币进行计算，像通过对被告人定罪处刑，对维护健康的社会秩序，获致法的和平性的目的、伸张正义，抚慰了被害人等所起到的巨大作用，就很难用货币来衡量，实现了刑事诉讼的目的，本身就是对法治社会的一个贡献。但是，如果出现了错误的结果，就会发生国家赔偿的费用，还随之会造成对被告人的精神损害。

根据各种人力和非人力资源的投入变量组合，可以确定不同的投入变量是如何影响产出的变化的，可以较好地计算法院的工作绩效。用于固定资产以及其他有形或无形资产的投资，使法院的设备等基础设施得到改善能够使法院在较短的时间里审结更多的案件。法院预算分配的增加会带来相应结案率的提高同时减少案件审理时间。增加劳务投入以及保障法院运作所必需的物资投入，每个法官在每一个案件上花费的时间会相应减少，就会使法官拥有更多的时间去处理其他案件。高科技的应用如采用计算机软件来管理法院的各种信息，保存法院裁判规则的数据、配置案件检索系统等，会使案件的审理期限缩短。例如，北京市丰台区法院开发的文字处理软件，在 10 分钟内就可以制作一份适

---

① 陈兴良：《刑事法评论》，中国政法大学出版社 1997 年版，第 159 页。
② 参见储槐植：《关注刑法效益》，来源：http：//www．chinaiawinfo．com/fxyj/fxjz/fxhm/lect1。
③ 《北京遣送罪犯每年花费百万》，载《江南时报》2000 年 9 月 30 日第 3 版。

用简易程序审理的判决书。①

　　建立刑事诉讼投入产出的生产函数，在给定的技术和资源条件下，在短期和长期的过程中，处理的案件的数量如何随着投入的变化而变化。生产函数清楚地体现了随时间而稳步提高的技术水平的状况。其中，一定数量的生产要素的投入要尽可能获得多的产出，或者为获得一定数量的产出尽可能少投入生产要素，是提高投入产出比的两种途径。生产函数的表达式可写成 Q ＝（L，K），K 表示投入的资本，L 表示投入的劳动，Q 表示产出的数量即审理的案件数量。

　　在短期，比如在一个年度里，短期生产函数表示当其他投入固定时，某种投入增加最终将引起产出的变化。以审判为例，在某个法院的基础设施不发生变化的情况下，增加法官人数，审理案件的数量会发生变化。在短期，生产函数是受制于边际收益递减规律的，当然，边际收益递减规律也不仅仅是在短期出现这种现象，还可以用处理的案件的总数、平均每个法官处理的案件的数量、每增加一位法官增加或减少处理的案件边际数量来分析投入产出的比值关系。这些指标是经常统计的，是分析法官案件负担的一些常用的指标。如为了说明法官的工作成果，描述法官的工作效率、计算法官的工作量、发放法官的奖金补贴等都离不开这些指标。例如，美国联邦初审法官法院大约有 700 名法官，50 个州的初审法官人数约 1.6 万名，每一个法官每年解决的案件数量大约为 200 件。② 德国的法官数量为 3.5 万名，每年每个法官平均办案 100 件。③ 1992 年，我国大陆的法官是 14 万人，每个法官每年处理的刑事案件是 14 件。④ 通过这些数据就可以分析一个年度里刑事审判的绩效。

　　在长期，投入的生产要素都可能发生变化，公安机关、检察机关、审判机关的基础设施会发生变化，人员会发生变化等，那么生产函数的形式就会相应的变化。K 和 L 的变化就会影响处理的案件数量 Q。增加或减少法官的数量和基础设施，对处理案件的数量就自然发生作用。一般地说，增加了法官人数，处理的案件总数就会增加。基础设施的变化，比如配置了计算机，就会节省法官制作法律文书的时间，法官为此付出的劳动就会减少。譬如，阿根廷的司法

---

① 　郭志媛、张建英：《关于刑事简易程序的调研报告》，载《诉讼法研究》第 11 卷，第 327 页。

② 　［日］棚濑孝雄：《纠纷的解决和审判制度》，王亚新译，中国政法大学出版社 1994 年版，第 272 页。

③ 　宋冰编：《读本：美国与德国的司法制度及司法程序》，中国政法大学出版社 1998 年版，第 39 页。

④ 　贺卫方：《司法的理念与制度》，中国政法大学出版社 1998 年版，第 94 页。

机构从 1981 年起装备了计算机，用于在法官之间移送案件等工作，其最高法院以及所有的联邦法院实现了网络连接，就加快了案件审理的速度。① 在长期内，生产要素之间会产生替代的效应。法官手写判决书和用计算机处理文字的速度和效果肯定是不同的。也就是说，资本的投入和人力的投入会产生替代的结果。在长期内，规模收益的作用也是明显的。

三、刑事诉讼的成本与收益

由于存在相互性问题和外部性问题，当一个人选择某项行动时，不仅涉及自己本人的成本和收益，还可能给自己以外的其他人施加成本或带来收益，故对于成本和收益应作宽泛的理解。广义的经济学是研究人类所有的决策行为，在一个资源有限的世界中，任何一项决策都要有所取舍，都是一种选择。经济学理论一般对人们采取任何一种选择产生的多种后果分为两个基本部分：其中一部分叫做收益（含收入），当然是一种激励；另一部分叫做成本，自然是一种约束。对一部分人是收益，相应地对另一部分人就意味着是成本。② 诉讼成本和诉讼收益是衡量诉讼经济是否有诉讼效率的主要指标。

（一）诉讼成本

用货币计算的投入到刑事诉讼活动中，人力、物力、财力就是诉讼的成本，是国家专门机关、当事人和其他诉讼参与人在刑事诉讼中所投入的费用。

法律程序的社会成本在各个国家大不相同。譬如，美国的人均律师数目是日本的 29 倍，是联邦德国的 5 倍，是英格兰的 45 倍。1992 年，美国的审判庭共处理了近 1200 万宗刑事案件，120 万宗青少年案件，加上 1750 万宗民事案件，美国 100 人中就约有 8.4 份判决书，刑事民事总判决数在 1981—1992 年间上升了近 3 倍。在美国，法律诉讼是一个非常昂贵的"苹果馅饼"。③

"诉讼成本"是被广泛使用甚至是被用滥了的一个术语，但不同的人界定的内涵各不相同。"凡立言，先正所用之名以定命义之所在"。④ 俗话说"名

---

① 孙谦、郑成良主编：《有关国家司法改革的理念与经验》，法律出版社 2002 年版，第 39 页。

② 刘晓东：《简论刑事审判程序成本转嫁政策》，载《法大评论》第 4 期，中国政法大学出版社 2005 年版，第 38 页。

③ ［美］罗伯特·考特等：《法和经济学》，施少华等译，张军审校，上海财经大学出版社 2002 年版，第 363 页。

④ 马建忠：《马氏文通》正名卷之一。

不正则言不顺"，因此，结合刑事诉讼的特点，梳理有关诉讼成本的内涵和外延尤为必要。诉讼成本较为常见的分类主要有：

波斯纳从经济学的角度区分了诉讼中的直接成本和错误成本，错误成本是错误的司法判决的成本（costs of erroneous judicial decision）。直接成本（direct costs）是诉讼制度的运行成本（costs of operating the procedural system）①。刑事审判的目的就在于最大限度地减少程序的"错误成本"（英文缩写为 EC）和"直接成本"（英文缩写为 DC），用一个简单的公式表示就是：Minimize Sum（EC + DC）。为了便于分析，波斯纳在他的《法律的经济分析》（下册）这本书中还分别使用了诉讼成本（litigation costs）（第 724 页）等多个术语。②

贝勒斯给出的直接成本是指作出的判决的成本，即法律系统运作的成本，它包括公共成本和私人成本。前者如法官的薪金，陪审团、法院房舍等的费用等；后者如当事人聘请律师、取得司法鉴定的费用。并且认为就一般情形而言，随着私人成本的增加，诉诸法院的案件会随之减少，公共成本也随之减少。③ 错误成本是指错误判决的成本。④

日本学者棚濑孝雄使用了审判成本、诉讼成本与生产正义的成本这些概念。⑤ 审判成本（审判费用）等于用于审判工作的法院预算。诉讼成本（诉讼费用）等于当事人负担的成本费用。生产正义的成本是通过审判而生产正义所花费的成本。⑥

道德成本（Moral Cost，缩写为 MC），又称伦理成本，这是美国法学家德

---

① ［美］理查德·A. 波斯纳：《法律的经济分析》（下），中国大百科全书出版社 1997 年版，第 717 页、第 738 页。

② 和解成本（the costs of settlement）（第 724 页）、诉讼费用（expenditures on litigation）（第 735 页）、法律费用（legal fees）（第 738 页）、律师费（a attorney's fees）（第 745 页）、起诉费（filing fees）（第 756 页）、辩诉交易成本（bargaining costs）（第 732 页）、诉讼秩序成本（procedural cost）（第 730 页）、法律服务成本（the costs of legal services）（第 768 页）等等这些术语。请参见［美］理查德·A. 波斯纳：《法律的经济分析》（下），中国大百科全书出版社 1997 年版，第 716—768 页。

③ ［美］迈克尔·D. 贝勒斯：《法律的原则》，中国大百科全书出版社 1997 年版，第 24 页。

④ ［美］迈克尔·D. 贝勒斯：《法律的原则》，中国大百科全书出版社 1997 年版，第 23 页。

⑤ ［日］棚濑孝雄：《纠纷的解决与审判制度》，王亚新译，中国政法大学出版社 1994 年版，第 271 页。

⑥ ［日］棚濑孝雄：《纠纷的解决与审判制度》，王亚新译，中国政法大学出版社 1994 年版，第 283 页。

沃金提出道德成本理论中使用的术语。"道德成本"概念主张错误判决除带来经济成本外,还造成道德耗费。道德成本是一种同一类案件所共有的、客观的和恒定的因素。也就是说,只要是侵犯相同的权利,道德损害就相同,因此,每一类案件中道德成本是一个恒定因素。道德成本只与某些道德有关,"对无罪者治罪"比对"有罪者不治罪"的成本更高,所以,应选择防止"对无罪者治罪"错误的程序制度,实现的方法是,转移证明责任,使治罪更为困难。[①]

刑事诉讼费用也是较为常见的一个术语,刑事诉讼费用属于刑事诉讼活动中所耗费的直接成本中的一部分。关于刑事诉讼费用的范围,各国的规定不尽一致。大致可分为两大类:一是因审判机关、侦查机关、检察机关开展诉讼活动而耗费的必要开支,如调查费、鉴定费、发布诉讼文书的成本费等;二是诉讼参加人参与诉讼活动耗费的必要开支,如证人的旅途费与日薪、翻译人员的工作报酬、鉴定人的工作报酬、律师的报酬等。[②] 关于诉讼费用的范围,德国刑事诉讼法典在"程序费用"一章中作了"程序费用"和"诉讼参加人的必要开支"有区别的规定。

我国国内的学者也大都在此基础上使用直接耗费(成本)、错误耗费(成本)[③]、伦理成本[④]、刑事诉讼费用[⑤]和生产正义的成本等术语。

诉讼成本可大致分为政府方面和个人方面两部分。政府方面包括:侦查机关处理刑事案件投入的费用(含公安机关、检察机关、国家安全机关、监狱和军队保卫部门),侦查处理案件的所有费用,其项目主要有办公场所建设费用、看守所建设费用、办公经费、人员工资津贴、被羁押者的食宿费用等等;检察机关审查起诉、提起公诉、出庭支持公诉的费用,其项目主要有办公场所建设费用、办公经费、人员工资津贴等;法院审理案件的费用等,其项目主要有办公场所建设费用、办公经费、人员工资津贴等;执行机关如监狱执行判决

---

① ［美］迈克尔·D. 贝勒斯:《法律的原则》,中国大百科全书出版社1996年版,第29页。

② ［日］松尾浩也:《日本刑事诉讼法》(下卷),张凌译,中国人民大学出版社2005年版,第145页。

③ 陈瑞华:《刑事审判原理论》,北京大学出版社2003年第2版,第83页;李文健:《刑事诉讼效率论》,中国政法大学出版社1999年版,第82页的论述。

④ 宋英辉、吴宏耀:《刑事审判前程序研究》,中国政法大学出版社2002年版,第294页。

⑤ 李文健:《刑事诉讼费用刍议》,载《诉讼法论丛》第2卷,法律出版社1998年版,第202页。

的费用；法律援助的费用；错误成本，错捕错诉错判错误执行发生的国家赔偿的费用。

　　个人方面主要包括：被告人支出的费用（包括聘请律师的费用），鉴定人、证人、翻译人员的费用，当事人因侦查机关、检察机关、法院的错误而蒙受的损失等等。

（二）诉讼收益

　　收益兼有效果和利益的含义，一般指以货币或实物收益表示的成效或结果。[①] 诉讼收益则是指公正准确地处理的案件数量而取得的绩效。在刑事诉讼的制度安排中，对刑事诉讼的活动的结果可以用货币来量化诉讼收益，但利用货币衡量刑事诉讼的收益是有难度的，而使用机会成本的评价办法来描述却是可行的。诉讼收益表示了法治秩序、刑事诉讼的目的实现。[②] 政府的收益表现为妥善处理刑事案件而使社会秩序得到稳定的收益、民众个人的权利（包括被告人的收益——罚当其罪）得到保护的收益、政府和民众依法履行了各自的法律义务而使法律的权威得到尊重的收益、实现了社会公正伸张了正义的收益、对未来的犯罪行为的预防和警示的收益、民众对法律信仰的收益、民众对公平裁决的肯定性评价的收益等等。[③] 投入一定数量的诉讼成本，获得了如此之多的伦理性的收益，说明了对刑事诉讼的投入产出进行经济分析的意义。可以建立成本与收益的函数进行分析：

　　在短期内，成本分为不变成本和可变成本两部分，不变成本（TFC）在短期内不随处理案件的数量变动而变动，它代表即使一件案件不处理，总不变成本也仍然存在。可变成本（TVC）在短期内随处理案件的数量变动而变动，它代表当案件的处理量为零，总可变成本也为零。它的函数形式为：$TVC = TVC(Q)$，Q 表示产量。短期内总成本（TC）是总不变成本与总可变成本之和，可表示为：$TC(Q) = TFC + TVC(Q)$。另外还有平均成本（AC）和边际成本（MC），平均成本分为平均不变成本（AFC）、平均可变成本（AVC），$AC(Q) = TC(Q)/Q = AFC(Q) + AVC(Q) = TFC/Q + TVC(Q)/Q$。边际成本 $MC(Q) = \Delta TC(Q)/\Delta Q$ 或者 $MC(Q) = dTC(Q)/dQ$。

　　在长期内，所有的成本都是可变的。长期成本可以分为长期总成本（LTC）、长期平均成本（LAC）和长期边际成本（LMC）。长期成本函数、长

　　① 钱弘道：《经济分析法学》，法律出版社 2003 年版，第 180 页。

　　② 参见李文健：《刑事诉讼效率论》，中国政法大学出版社 1999 年版，第 82 页。

　　③ 高一飞：《刑事法的中国特色研究》，中国检察出版社 2002 年版，第 216 页。

期平均成本函数、长期边际成本函数分别为：LTC = LTC（Q）、LAC = LTC（Q）/Q、LMC（Q）= ΔLTC（Q）/ΔQ 或者 LMC（Q）= dLTC（Q）/dQ。

在分析刑事审判程序的成本时，区分短期成本和长期成本是有意义的。在一个给定的期限内，法院用于审判案件的房屋、设备等不会随所审判的案件的增加而变化，那么这部分投入就可以看作不变成本；而所使用的纸张、信封、稿纸、邮寄费、通讯费、汽油费等就会随所审判的案件的增加而变化，那么这部分投入就可以看作可变成本。而在长期内，法院的基础设施、法官人数就会变化，需要处理的案件增加，预算就应增加，在短期内不变的成本在长期内都会变动，自然所有的成本就都是可变成本。

收益从不同的角度，可以将其划分成总收益（TR）、平均收益（AR）和边际收益（MR）。总收益 TR（Q）= P × Q；平均收益 AR（Q）= TR（Q）/Q；边际收益是 MR（Q）= ΔTR（Q）/ΔQ = dTR（Q）/dQ。

不论在长期内还是在短期内，如果处理案件的边际成本等于处理案件的边际收益，就能使对案件的处理达到最优的数量。

（三）诉讼成本与诉讼收益的关系

刑事诉讼投入的生产要素是有价格的，其实就是成本问题，刑事诉讼的产出数量就是诉讼收益的问题。刑事诉讼的投入与产出反映的是生产要素数量投入与处理案件数量的技术关系，刑事诉讼的成本与收益反映的是价值衡量问题。刑事诉讼的投入与产出问题与刑事诉讼的成本与收益是同一问题的不同描述方式。

诉讼成本收益的变化有三种情形，分别为刑事诉讼程序的最优、较优和改善变化，它们都体现了诉讼经济和诉讼效率。具体来说：其一，审判机关与当事人及其他诉讼参加人的诉讼成本都降低或他们的诉讼收益都有所提高，而诉讼成本不因此增加，总收益得以提高。[①] 其二，审判机关与当事人任何一方的诉讼收益提高，而其他各方的诉讼收益与诉讼成本保持不变或审判机关与当事人任何一方的诉讼成本提高，收益也同时提高，成本提高的幅度小于其收益增加的幅度，而其他各方的诉讼收益与诉讼成本保持不变，或审判机关与当事人任何一方的诉讼成本降低，其收益也同时提高，而其他各方的诉讼收益与诉讼成本保持不变，总收益都能得以提高。[②] 其三，审判机关及当事人任何一方诉讼成本下降，而其他方的成本相对上升，成本提高一方可从中得到一定的补

---

①　李文健：《刑事诉讼效率论》，中国政法大学出版社 1999 年版，第 102 页。
②　顾培东：《社会冲突与诉讼机制》，法律出版社 2004 年版，第 105—106 页。

偿，并且受偿者认为这种补偿是足量的或有价值的，或审判机关与当事人任何一方的成本降低，而其他方的诉讼成本相应增加，但成本增加的量小于其成本降低的量，成本降低一方的收益提高，成本增加一方的收益降低，但总收益保持不变。[1]

四、程序收益与程序价值

程序价值是来源于程序本身的令人满意的东西，诉讼程序体现的独立价值是程序本身具有的内在价值，即使程序所体现的公正、尊严和参与等价值没有增进裁判的准确性，法律程序也还要维护这些价值。诉讼程序所维护的法律价值是投入的直接成本所带来的收益，直接成本不依赖于裁判的结果，诉讼程序的必要性就在于此。

程序收益是内生于诉讼程序本身的，和程序的直接成本一样并不依赖于案件适用程序后的裁判结果。[2] 不管法官对案件如何下判，程序的运行总要投入生产要素，总要投入司法资源，总要花费诉讼成本。尽管在程序运行过程中所体现的这些价值不一定确保审判结果就一定是正确的，但是诉讼程序是有助于避免或降低错误成本的，所以还是要维护这些基本的程序价值。一般而言，不同的诉讼程序会体现不同的法律价值，具有不同的程序收益。制度设计中首选的应是带来程序价值大、程序收益高的程序。不同的程序在处理案件时所产生的结果如果是一样的，具有相同的错误成本，所需要的直接成本也可能不一样，那么就要选择直接成本低的程序；即使程序的直接成本和错误成本都是一样，程序之间也有优劣之分，就要选择较优的程序，较优的程序就是程序收益大、程序价值高的程序。

适用诉讼程序就要投入直接成本，适用程序的过程和结果产生了程序收益和可能的错误成本，程序收益既在程序的运作过程中体现，也在其结果中体现。程序的结果如果是正确的，就表明错误成本是零，程序收益就等于净程序收益；如果程序的结果是错误的，产生了错误成本，那么程序净收益就等于程序收益减去错误成本。同样的直接成本带来的程序的净收益是不同的。人们希

---

[1] 此部分是阅读顾培东先生和李文健博士的著作得到启发，结合本人的体悟而写，但较他们的论述更加符合法经济学的本义。请参阅顾培东：《社会冲突与诉讼机制》，法律出版社 2004 年版，第 105—106 页。另见李文健：《刑事诉讼效率论》，中国政法大学出版社 1999 年版，第 102—103 页。

[2] [美] 迈克尔·D. 贝勒斯：《法律的原则》，张文显等译，中国大百科全书出版社 1996 年版，第 32 页。

望程序的结果都是正确的，但是这是一厢情愿的事情。然而，即使产生了错误的成本，也不能否认程序自身的独立价值，而应设计更能降低错误成本的程序。

在可能出现的判决结果中，只有"对有罪者治罪"和"对无罪者不治罪"是正确的，① 错误成本没有产生，错误成本为零。"对有罪者不治罪"和"对无罪者治罪"是错误的，产生了错误成本，错误成本大于零。不管判决结果是正确的还是错误的，法院的审判活动都要耗费司法资源，花费直接成本。没有经济投入，实现正义是天方夜谭，正所谓"不是所有的司法判决都能生产正义，但是每一个司法判决都会消耗资源"。② 可是，耗费了直接成本，却得出了错误的判决，发生了错误成本，耗费了有限的司法资源，产生了诉讼不经济的情形，显然这是一种不适当的资源消耗。这还涉及人们对于错案的理解问题，美国对错案的普遍理解是：只要判决是依据法律作出的，即使对结果感到遗憾，也不能说它是错的。法律的一个功能就是在很难判明是非曲直时作出判断。譬如，下级法院的判决被上诉法院推翻，只是意见的不同，上级法院地位较高，把它的意见强加给下级法院，而不能认为下级法院的判决是错误的，这个问题在于判决是建立在什么基础之上。③

"对有罪者不治罪"和"对无罪者治罪"这两种情形尽管都产生了错误成本，但其性质是不相同的。"对无罪者治罪"侵害了无罪则不应该治罪的原则，是一种通过正式的法律制度而产生的"恶"，虽有不可避免性，但确实侵犯了无罪之人的权利，是一种严重的侵权行为，带来了道德损害。耗费的直接成本的诉讼程序不仅可能会产生错误成本，还会带来道德成本。由于道德成本是可以包含在错误成本里面的，所以降低诉讼程序的总成本就可以不再把道德成本单独列为一项，这也是鉴于道德成本更不好进行量化的原因。

下面用数学表达式来清楚地显示上面的文字论述：

用 PB 表示程序收益，用 NPB 表示程序净收益，用 DC 表示直接成本，用 EC 表示错误成本，那么 $NPB = PB - (DC + EC)$。

当 $EC = 0$ 时，$NPB = PB - DC$

当 $EC > 0$ 时，$NPB = PB - (DC + EC)$

无论程序的结果如何，是正确的还是错误的，直接成本都要投入，但采取

---

① ［美］迈克尔·D. 贝勒斯：《法律的原则》，张文显等译，中国大百科全书出版社1996年版，第24页。

② 方流芳：《民事诉讼收费考》，载《中国社会科学》1999年第3期。

③ ［美］劳伦斯·M. 费里德曼：《法治、现代化和司法》，傅郁林译，载《北大法律评论》1998年第1卷第1辑，第306页。

降低直接成本的程序就能够提高程序收益，相应地也就提高了程序的净收益。如果能够采取减少错误成本的程序，程序收益和相应的程序的净收益就会更大，更加凸显程序的独立价值。程序法对于实体法的工具性意义是通过直接成本体现的，诉讼程序体现的独立价值就是程序收益的一部分，程序的独立价值可以认为是程序的净收益的体现。

五、诉讼效率

在汉语语境中，"效率"一词的基本内涵主要有两点："机械、电器工作时，有用功在总功中所占的百分比；单位时间内完成的工作量：工作效率/用机耕比用畜耕效率大得多。"如认为"效率是指司法审判活动中时间的节约"，就取"单位时间内完成的工作量"这层意思。① 《韦氏新世界美国英语词典》对该词的解释也有两条：（1）以最小的努力、花费或浪费生产人们所需要的效果、产品等的能力；（2）有功效功与生产该有效功所消耗的能源的比例，即产出除以投入。在英语中，与汉语"效率"对应的词是"efficiency"或"efficient"。但将"efficiency"译成汉语的"效率"或"效益"时，汉语的意思都不够贴切。在汉语中，效率表达"做事的快慢程度"，效益表达"结果的好"，这样一来就会产生混乱。如要坚持词与词的一一对应关系，"efficiency"就兼有效率与效益综合的词义。"efficiency"既意味着"过程的快"，也意味着"结果的好"。这就要注意具体应用的语境，当说办事"有效率"、"无效率"、"高效率"、"低效率"时，是取"过程的快"之意，当说"提高效益"、实现"经济效益和社会效益双丰收"时，就是取"结果的好"之意。但这两个词不能混用。

（一）效率的经济学解释

1. 效率或经济效率

经济效率即效率，又称帕累托最优或帕累托最优标准，或帕累托最优状态。帕累托最优，就是如果达到这样一种状态，不存在另外一种可以选择的状态，使得没有任何人的处境变坏，而至少有一个人的处境变得更好。也就是说，除非有人受到损害，就不可能有任何人的处境得到改善。通俗的说法就是，除非损人就不能利己，就是帕累托最优。满足帕累托最优状态就是具有经济效率的；反之，不满足帕累托最优状态就是缺乏经济效率的。比如，如果要

---

① 徐国栋：《法律诸价值及其冲突》，载《法律科学》1992 年第 1 期。

素在厂商之间的配置已经达到这样一种状态，即任何重新分配都会至少降低一个厂商的产量，那么这种状态就是最优的或是有效率的状态。同样地，如果产品在消费者之间的分配已经达到这样一种状态，即任何重新分配都会至少降低一个消费者的满足水平，那么，这种状态就是最优的或是有效率的。①

如果一种变革没有使任何人的处境变坏，而至少使其中一个人的处境变好，这种变革称为帕累托改进。如果社会没有达到帕累托效率，就存在帕累托改进。如果社会已经达到帕累托最优，就没有办法进行帕累托改进。对社会的每一人而言，帕累托改进是一件好事，因为只有人受益，而没有人受损。但帕累托最优标准不允许在个人之间的福利比较，即使两种状态都是帕累托最优，相互的转换也不一定就是帕累托改进。

哈尔多－希克思标准是克服帕累托最优标准限制的一种尝试。如果一种变革中，得益者得益可以弥补受损者所失而有余，这种变革就是潜在的帕累托改进。当然补偿实际上并不一定付出，但它在理论上是可能的。如果这个补偿是足够大、补偿实际也发生了，就变成帕累托标准了。哈尔多－希克思效率标准实际上是社会总财富的最大化标准：任何增加社会总财富的变革都是有效率的，即使有人受损。哈尔多－希克思标准或潜在的帕累托最优是大多数法律文献使用的效率标准。法经济学对效率的理解与适用是建立在帕累托效率原理基础之上的。从法经济学的角度来看，可以找到一种可行的效率的定义：从一定法律制度的观点来看，效率就是可以避免资源浪费的一切手段；就是任何降低交易成本而使法律制度更好运行的东西；就是任何法律市场中法律消费者认为使其效用达到最大的选择；就是任何不无意义地妨碍组织良好的人类社会的发展的选择；是任何"他们/她们因为拥有它而使生活更好"而"我们"也希望有的法律安排。

2. 效率与效益

效益，是指效果和利益，在我国的政治、经济、文化等领域常用这个概念，如社会效益、经济效益等。有些学者倾向于用"效益"概念来替代"效率"概念，或者把"效益"与"效率"作为同义词，视为一项价值目标和价值标准。②"效率也称作效益，指社会或个人给予应当的（劳动资源等）投入而获得收益最大化的比率。"③"'效率'与'效益'这两个概念所表示或传递

---

①　高鸿业主编：《西方经济学——微观部分》（上册），中国经济出版社1996年版，第379—380页。

②　谢鹏程：《基本法律价值》，山东人民出版社2000年版，第136页。

③　刘金国、舒国滢主编：《法理学》，中国政法大学出版社1999年版，第307页。

的价值内涵或价值目标是相同的，就如同我们谈'公正'与'效率'一样，二者是在同一意义上使用。"如果说这二者存在区别的话，那么也仅是对同一价值目标的强调面或侧重点不同。"效率侧重于强调人类社会活动的过程价值，而效益侧重于强调人类社会活动的结果价值。"① "刑事诉讼的效益在狭义上一般被称为效率，指以一定的司法投入换取尽可能多的刑事案件的处理，即提高单位时间内的有用工作量，加速刑事程序的运作效率，降低诉讼成本，减少案件积压和司法拖延等现象。从广义上讲，诉讼效益还包括其在保证社会生产方面所产生的效益，即刑事诉讼对推动社会经济发展方面的效益。"② 这些用法混淆了"视听"，不是严谨的用法。

经济效益是指经济活动中投入与产出的比较。经济活动不仅要直接消耗一定的劳动力（包括活劳动和物化劳动）、相应的自然资源，而且为了保证经济活动的持续进行，还必须占用一定的劳动和自然资源。经济活动的结果既有产品、劳务等各种形式的有用成果，同时还会产生一定量的废水、废气、废渣、噪音等等。提高经济效益就是争取以尽可能少的投入，取得符合需要的尽可能多的产出。讲求经济效益必须同时考虑三方面的内容：投入要少；产出要多；生产成果要符合社会需要。在市场经济条件下，投入与产出的比较，主要是价值形态上的比较，提高经济效益主要表现为同等条件下盈利的增加。随着现代社会的迅速发展，自然资源的节约、自然环境的保护和生态平衡问题日益尖锐，提高经济效益还有个社会效益的问题，评价经济效益要考虑劳动消耗、占用和产出的比较，自然资源消耗、占用和产出的比较，产出与对社会环境和生态平衡影响的比较，产出与控制环境污染、改善生存条件所需投资的比较。③ 经济效益不一定预示着经济效率的改善，垄断、竞争、普及新产品和专业化的例子都表明经济效益和经济效率常常以相反的方向运动。④

效益一般是指用货币收益或实物收益表示的成效或效果。⑤ "效益体现的

---

① 李文健：《转型时期的刑诉法学及其价值论》，载《法学研究》1997 年第 4 期。

② 陈光中主编：《刑事诉讼法学》，中国人民公安大学出版社、人民法院出版社 2004 年版，第 88 页。

③ 人事部人事考试中心组织编写：《工业经济专业知识与实务》（中级），1999 年第 1 版，第 40—41 页。

④ ［美］托马斯·G. 罗斯基：《经济效益与经济效率》，载《经济研究》1993 年第 6 期。

⑤ ［美］托马斯·G. 罗斯基：《经济效益与经济效率》，载《经济研究》1993 年第 6 期。

多多益善，但这个'多多'必须在人们所愿购买的范围内。"① 生产中的投入包括人的努力、机器、厂房等实物资本的使用以及像土地、矿产等自然资源的贡献，产出则是成千上万不同种类的商品和劳务。一旦社会发现一种以同样的投入可以得到更多的产品（当然其他产品并不减少）的途径，那它便提高了效率。效益意味着从一个给定的投入量中获得最大的产出，效率应该是评价效益的标准。

法律上的效益表征体现为：包括政治、经济、文化、伦理、道德等方面的效果，法治的进步、公民权利的实现以及公民义务的履行、民主政治的发展、社会秩序的和谐等。② 某项法律活动有效益时，该项法律活动不一定是有效率的，例如地方保护主义的法院判决对该地方的经济是有效益的，但对法治就是一种不折不扣的破坏，对整个司法体制的效率是个"灾难"，还会引起一系列的恶性循环。③

3. 效率与公正的关系

在汉语语境中，"公正"至少应该包含公平、正义两个含义，而公正与公平、正义在多数情况下所表达的意思大致相同，使用"公正"来表达相当于英文中的"Justice"（正义）也许更为恰当。公平的概念通常在制度意义上使用。④ 公平将灵活性引进法律制度，衡平法的产生发展就说明了这一点。⑤ 庞德认为"正义并不仅仅意味着个人的德行，也不仅仅意味着人们之间的理想关系。正义意味着一种制度，意味着对法律关系的调整和法律行为的安排，是人类对享有某些东西和做某些事情的各种要求的手段，能在最少浪费的条件下尽可能多地满足人们对物质生活的需要的机制"。⑥ 其实，可以把庞德对正义的阐释理解为一种效率问题。

没有人会对公正感到满足，每一个人都是理性的，而且一心对自己的私利

---

① ［美］阿瑟·奥肯：《平等与效率》，王奔洲译，华夏出版社 1999 年第 2 版，第 2 页。

② 李晓明、辛军：《诉讼效益：公正与效率的最佳平衡点》，载《中国刑事法杂志》2004 年第 1 期。

③ 钱弘道：《论司法效率》，载《中国法学》2002 年第 4 期。

④ ［美］乌戈·马太：《比较法律经济学》，沈宗灵译，张建伟审校，北京大学出版社 2005 年版，第 12 页。

⑤ 参见［美］乌戈·马太：《比较法律经济学》，沈宗灵译，张建伟审校，北京大学出版社 2005 年版，第 15—17 页。

⑥ ［美］罗·庞德：《通过法律的社会控制——法律的任务》，沈宗灵译，商务印书馆 1981 年版，第 106 页。

进行最大化，不能指望人们把公正的事情看成是公正的，只有对自己比较有利的事情才会被理解为公正的。① 就人之本性而言，人都是善良的，陪审员和法官的独立才能保护人的善良本性。公正是潜藏在人内心深处的一种天然的自我本性，公正来自于直觉，一种不受任何利益干扰的直觉。一个人如果不受利益的干扰，都会公正的。② 没有永恒的公正，公正总是相对的、变化发展的，公正"具有一张普洛透斯似的脸，变幻无穷，随时可呈不同形状，并具有极不相同的面貌"。③ 之所以说公正总是相对的，正是因为社会多元利益关系是在进行不断调整的。

对于大多数经济学家来说，帕累托最优不是一个价值判断，而是一个实证性的标准。然而，没有理由相信，帕累托最优所包含的价值判断比其他标准（比如公平）所包含的更少，因为根据帕累托最优原则，全社会的所有财富集于一人和社会中每一个人分得相等的一份完全可以是一样好的，难道这不是一个价值判断吗？

公正是一种主观的价值，效率则是个客观的价值。④ 在经济学中效率的概念仅指帕雷托最优和卡尔多·希克斯效率，但是却存在多种评价公正的观念。如将价值判断压缩到可能的最低水平，效率准则的要求就是应避免资源的浪费。⑤ 没有相反的迹象的话，效率应该是值得追求的。

人们认为效率和公正是两个对立的概念，一个有效率的法律解决办法可能是不公正的，一个公正的法律解决办法又可能是缺乏效率的。法律应该关注公平和正义，但是对社会整体而言，做任何事都要代价，法律工作者也不应该做没有效率的事。公平与效率远非是对立的，甚至要比初看上时有更密切的关系。⑥

法经济学的研究却表明效率和公正的一致性。很多人高估了效率与公平正义之间的冲突，实际上很多情况下效率与公平是没有冲突的，很多的公正、社

① 赵汀阳：《世界制度哲学导论》，江苏教育出版社 2005 年版，第 151 页。

② 张国香：《陪审制——见证司法公正 提升法理品格》，载中国民商法律网。

③ ［美］博登海默：《法理学：法律哲学与法律方法》，中国政法大学出版社 1999 年版，第 252 页。普洛透斯（Protous）是古希腊神话中的变幻无穷的海中老人。

④ H. L. Feldman, The Critical Discussion, in Objectivity of Legal Judgement, 92 Mich. L. 1187, 1994.

⑤ ［美］乌戈·马太：《比较法律经济学》，沈宗灵译，张建伟审校，北京大学出版社 2005 年版，第 4 页。

⑥ ［美］乌戈·马太：《比较法律经济学》，沈宗灵译，张建伟审校，北京大学出版社 2005 年版，第 2 页。

会正义是界定在效率的基础上的。① 换言之，在很多情况下，公正和社会公平的概念实际上也是一个效率的概念，"正义的第二种涵义——也许是最普通的涵义——是效率"。② 在很多情况下，对公正和社会公平的概念实际上也是一个效率的概念。法律方法和经济方法虽有差异，但常常会得出相同的结论。就同一个法律规则而言，法学家维护的是公正，经济学家维护的是效率。在绝大多数情况下，经济方法和法律方法常常是殊途同归的。③

法律分析应集中研究效率而不是争议，效率应成为法律解释的关键问题。法律解释不仅应受正义指引，它也应受效率指引。④ 一定问题的法律解决方案都会涉及公平和效率这两个方面。⑤ 程序的要义在于反思性整合，反思性整合是这样一种机制，它总是与选择性联系在一起的，它能在一定的轨道内自由表达并为与不为，为此或为彼，并导出体现整体理性的目标。程序的两个要件是过程性和交涉性。⑥ 程序是互动过程，势必会提及公正和效率问题。经济学上，"效率优先，兼顾公平"，先把蛋糕做大，然后再公平地分配之。法律是关乎权利义务的相互性的对应关系的，在这个对应的框架内理解公正和效率，可能就要换一个视角。"公正优先，兼顾效率"，这还是在管理学角度上理解程序，是站在管理者的角度看待程序。在一定程度上，程序的参与者而非主持者首先考虑的是公平和公正，而不会太去考虑费用和效率问题，但此处的"公正"是在"公正对待"这个层面上使用的，并不是在价值学意义上使用的词汇，并不涉及价值判断的问题。公正和效率应该是同一位阶的概念，二者是统一于同一过程之中的问题，尽管会有先后问题，但是先后之次序不是固定不变的，这二者的冲突还要以正义为指归，正义才是纯粹的价值学意义上的范畴，有时公正可以屈从于效率，例如韦德举例说，当法律授权某人采取行动时，如果他是唯一有资格裁决的人，那就没有办法开脱责任，他必须裁决此

① 参见张维迎：《作为激励机制的法律》，载《信息、信任与法律》，生活·读书·新知三联书店 2003 年版，第 63—178 页。

② ［美］理查德·A. 波斯纳：《法律的经济分析》，蒋兆康译，林毅夫校，中国大百科全书出版社 1997 年版，第 31 页。

③ ［美］罗伯特·考特、托马斯·尤伦：《法和经济学》，张军等译，上海三联书店、上海人民出版社 1994 年版，第 5 页。

④ ［美］乌戈·马太：《比较法律经济学》，沈宗灵译，张建伟审校，北京大学出版社 2005 年版，第 3—4 页。

⑤ ［美］乌戈·马太：《比较法律经济学》，沈宗灵译，张建伟审校，北京大学出版社 2005 年版，第 16 页。

⑥ 季卫东：《法治秩序的构建》，中国政法大学出版社 1999 年版，第 20 页。

事，即使他有利害关系也是如此。① 正义是在动态中在不平衡中实现的，绝对的公平只能导致事实上的不公平，导致正义的丧失，最终会使权利归于虚幻。

在我国大众化的语境里，效率被理解成了"快"，这是非正规经济学的理解。节省时间，就能提高速度，就会减少资源的浪费，但快速并不一定就能节约资源。一种程序进行快速而大量生产错案，显然也不符合效率的本意。所以，应从严格的学理意义上来理解效率。诸如认为"公正是上位价值，为效率而牺牲公正显然是得不偿失的"，② "'普通程序简易审'的案件用15分钟到20分钟就审完，是对效率的片面追求"。③ "某些法律和制度，不管它们如何有效率和有条理，只要它们不正义，就必须加以改造和废除。"这里"效率"二字不能用来简单地论证"在刑事诉讼中，公正与效率的关系，应当是'公正第一、效率第二'这个命题"。④

公正、效率可以视为同义语，追求效率就是实现了公正，二者无所谓主次关系和无何者优先的问题。而且，程序公正与诉讼效率并不存在矛盾。公正的程序因有利于保证裁判结果的公正性，因此从根本上说是有效率的。不能保证裁判公正的程序，即使十分简化也是没有效率的。不公正的程序不仅使诉讼当事人和审判机关的诉讼成本分担和诉讼收益的分配有失合理，而且还会降低整个诉讼的价值，尤其是对诉讼行为不能产生正确的引导和预期效应。不考虑程序的公正性，而认为程序较为复杂就是没有效率的看法，是对诉讼效率的误解。⑤

譬如，在侦查阶段要查找与收集犯罪证据，并据此查获、缉拿犯罪嫌疑人。侦查工作的头几个小时，其重要性是不可估量的，因为失掉了时间，就等于蒸发了真理。正如法国刑事侦查学家艾德蒙·罗加尔常所指出的，犯罪证据由于自然或人为的因素会很快发生变质、毁损、遗失等，侦查活动必须迅速、及时，避免延误。⑥ 获得了较为充分的证据，也为在审判阶段对被告人正确定罪量刑打下了坚实的基础，就为实现公正做好了准备。公正与效率有何冲突？法庭审理的程式正规细致，审判的节奏适当，增加了实现公正的可能性；其结果，裁判失误少，被告人服判息诉，上诉审、再审几率小。这也是说明公正与

① ［英］威廉·韦德：《行政法》，徐炳等译，中国大百科全书出版社1997年版，第111页。

② 张建伟：《刑事司法：多元价值与制度配置》，人民法院出版社2003年版，第8页。

③ 张建伟：《司法竞技主义》，北京大学出版社2005年版，第535页。

④ 陈光中主编：《刑事诉讼法学》，中国人民公安大学出版社2004年版，第88页。

⑤ 王利明：《司法改革研究》，法律出版社2001年第2版，第74—82页。

⑥ 转引自左卫民、周长军：《刑事诉讼的理念》，法律出版社1999年版，第170页。

效率的意蕴是一致的。诉讼公正，让当事人深切地感受到法律的严明和法官的中立，增强了公民对司法的信任，当事人愿意接受司法裁判，维护了司法权威，进而实现了诉讼效率。如果人们不认为司法是公正的，就会对法律产生怀疑，并转化为与司法对峙，导致裁判不能顺利执行，影响司法效率。①

司法改革的主要理由是我国存在严重的司法资源浪费问题，存在司法权、公民权利配置的不合理问题，并由此造成司法不经济和司法腐败问题。要获致司法效率的目的，应进行成本收益分析，重视司法过程中的人力资本投入，合理配置权力（利）资源。②

在刑事司法中，不能因为图快求多，草率办案而损害程序公正和实体公正，甚至发生错案现象。如果发生错案，事后加以纠正而进行损害赔偿，反而损害了效率。"当然在公正的优先地位不是绝对的，在有些情况下，不得不对公正的价值作出适当的牺牲，例如简易程序等，但这种牺牲不能过分，否则就违反司法的基本要求。"③"根据刑事诉讼各不同阶段，应适当调整对公正与效率的注意程度。在公正与效率之间，公正优位，对效率的追求不能妨碍正义目标的实现，二者的主次关系一定不能颠倒。在审判阶段以公正作为主要的主导理念，效率目标则处于相对次要的地位，在侦查阶段注重效率，侦查不能不顾及公正的要求恣意进行，对效率的追求仍应止步于程序公正的底线，保证最低限度的公正性。"④诸如此类的说法要么对效率的理解是不严谨的，仅仅认为效率就是追求快速节省时间；要么是心照不宣含混表述在不同的阶段一个优先另一个次要；要么为效率而牺牲公正等，都会使人不知所云，搞不清到底怎么抉择。

效率作为一种对法律程序具有强烈影响的法律学术范式是美国制度的特征，但它作为一种法律推理的方式却不限于普通法系，在英美法系国家也很流行。⑤在某些情况下，一定问题的法律解决方案都会涉及公平和效率这两个方面。⑥从公平转向效率为法律分析带来了一系列崭新的价值判断，效率理念作

---

① 李晓明、辛军：《诉讼效益：公正与效率的最佳平衡点》，载《中国刑事法杂志》2004年第1期。

② 钱弘道：《论司法效率》，载《中国法学》2002年第4期。

③ 陈光中主编：《刑事诉讼法学》，中国人民公安大学出版社2004年版，第88页。

④ 左卫民、周长军：《刑事诉讼的理念》，法律出版社1999年版，第169页。

⑤ ［美］乌戈·马太：《比较法律经济学》，沈宗灵译，张建伟审校，北京大学出版社2005年版，第18页。

⑥ ［美］乌戈·马太：《比较法律经济学》，沈宗灵译，张建伟审校，北京大学出版社2005年版，第16页。

为法律分析的范式应该在经济学理论的框架中加以理解。

虽然效率和财富最大化不能作为法律抉择的唯一准则，但至少可以成为一项重要准则。因为效率的提高会使社会财富增加，从而可以提高整个社会的整体福利，这也应是我们理解的公平和正义。

（二）司法效率

对于"司法"，在此仅在"审判"或"裁判"的意义使用，司法权相应地就仅指司法裁判权，[①] 与此相联系的司法效率中的"司法"，也就仅取此义。

关于司法效率的定义林林总总，把有代表性的列举如下：

司法效率是指司法资源的投入与办结案件及质量之间的比例关系。司法效率追求的是以尽可能合理、节约的司法资源，谋取最大限度地对社会公平和正义的保障和对社会成员合法权益的保护。[②]

司法效率是"解决司法资源如何配置的问题，即司法效率的核心应当被理解为司法资源的节约或对司法资源有效利用的程度。司法效率指向于包含效益内涵的对司法活动更全面更高级的评述"。[③]

司法效率"所要描述的应当是司法活动进行的快慢程度，解决纠纷数量的多少，以及在司法过程中人们对各种资源的利用程度和节省程度"。司法效率作为一个理论分析工具，其强调的是尽可能节省和充分利用各种诉讼资源，尽可能快地解决更多的纠纷。[④]

司法效率是"司法机关在诉讼活动中所投入的司法资源与所取得的成果之比例"，提高司法效率就是要求以尽可能少的司法资源换取尽可能多的诉讼成果。[⑤]

司法效率是"运用较小的司法成本获取最大的司法收益。尽量减少当事人的诉讼投入，增大当事人的诉讼收益，提高司法解决纠纷的能力，进而通过司法促进经济发展促进社会稳定"。[⑥]

司法效率又称法院的审判效率，指用恰当的制度设计（如司法地位、法

---

①　陈瑞华：《问题与主义之间——刑事诉讼基本问题研究》，中国人民大学出版社2003年版，第5页。

②　《提高司法效率维护司法公正》，上海合作组织成员国最高法院院长会议专题讨论，载中国法院网2006年9月22日10：25。

③　钱弘道：《论司法效率》，载《中国法学》2002年第4期。

④　谭世贵主编：《中国司法原理》，高等教育出版社2000年版，第58—59页。

⑤　尹世忠：《司法能力研究》，人民法院出版社2006年版，第242页。

⑥　黄竹胜：《司法权新探》，广西师范大学出版社2003年版，第99页。

官遴选制度、审判方式、诉讼程序等），通过法官、诉讼参与人乃至全社会的共同行为，来保证缩短诉讼周期、简化诉讼程序、降低诉讼费用，在维护司法公正的同时，实现诉讼成本的最小化。①

司法效率包括两个方面的内容，一方面指诉讼的高效而不迟延，另一方面指尽可能节约诉讼成本，提高诉讼效益。司法效率要求法院和法官履行司法职责时，在坚持司法公正的前提下，认真、及时、有效地工作，尽可能地缩短诉讼周期，降低诉讼成本，力求在法定期限内尽早结案，取得最大的法律效果和社会效果。②

司法效率指的是以尽量少的司法资源或曰司法成本来完成诉讼任务，实现最大的司法收益。③

从这些对"司法效率"的解释来看，都注意到了在尽可能多解决纠纷之时要节省和充分利用司法资源，降低司法运作的成本，同时还要获得司法公正的效果。

司法效率的构成要素涵盖了司法独立性、司法权界定的科学性、司法机构的精简性、司法人员的专业性、程序的简明性和终结性、诉讼的平等性和参与性以及期间的适度性和严格性。④ 如果这样来概括司法效率的构成要素，那么司法效率与诉讼效率重合的地方就很多，甚至不用做严格的区分。结合司法权的构成要素⑤和司法权的基本特征、⑥ 司法效率的构成要素来看，司法效率与诉讼效率有很多共同之处。

（三）刑事诉讼效率

诉讼效率所描述的是诉讼进行的快慢程度，解决纠纷的数量多少，在诉讼过程中人们对各种资源的利用程度和节省程度；作为一种理论分析工具，其强

---

① 刘楠：《中美法院司法效率简析》，载《社会科学》2000 年第 2 期。

② 金俊银、吕方、陈海光：《最高人民法院"公正与效率世纪主题论坛"综述》，载《法律适用》2002 年第 1 期。

③ 邓小刚：《法官与司法效率》，载《行政与法》2003 年第 3 期。

④ 谭世贵主编：《中国司法原理》，高等教育出版社 2000 年版，第 58—59 页。

⑤ 陈瑞华博士总结了八个基本要素，参见陈瑞华：《问题与主义之间——刑事诉讼基本问题研究》，中国人民大学出版社 2003 年版，第 3 页以下。

⑥ 陈瑞华博士归结为司法的独立性和司法的程序特征两大方面，司法独立又有五个方面，司法的程序特征包括六个方面，这六个方面和最低限度的程序公正的必备要素大致重合，参见陈瑞华：《问题与主义之间——刑事诉讼基本问题研究》，中国人民大学出版社 2003 年版，第 13 页以下。

调的是要尽可能地快速解决纠纷、多解决纠纷，尽可能地节省和充分利用资源。这样界定，体现了效率的可比性——多快好省充分利用的涵义。① 司法效率是解决资源如何配置的问题，即司法效率的核心内容应当被理解为司法资源的节约或对司法资源有效利用的程度。②

由于诉讼效率问题在刑事程序法中的重要性，学者也把它作为目的内容的组成部分加以探讨。③ 在价值选择中，效率当然是一个重要砝码，即使在两者统一的时候，也必须在实现诉讼目的的过程中追求诉讼效率，因而，有学者把刑事诉讼目的归纳为公正和效率。④ "判决要公正，审判过程中资源要充足，事实认定过程公平、充分，审判时间不应过长，不给当事人造成不必要的经济负担或其他困难。"⑤ 不同学者对诉讼效率有不同的理解，大致可归纳为以下几种：

诉讼效率要求自诉人对于是否诉诸刑事诉讼程序解决纠纷作出合乎经济理性的选择，要求法院在审理案件时，应注意节约司法资源；法院在作出裁判时，应注意判决对人们未来行为选择的激励作用；诉讼效率要求立法机关在程序安排和程序设计上，应当合理地选择程序规则，分配程序权利和义务，以利于社会资源配置的最优化；诉讼效率是指程序主体以最快的速度终结案件，它强调以最少的时间耗费来解决纠纷，可以用"诉讼及时"这一概念指代诉讼效率。⑥ 刑事诉讼效率可界定为：一定司法资源和社会资源的投入量与刑事案件处理之比。比率高，法律就是有效率或高效率的；比率低，法律就是低效率的。⑦

综上，刑事诉讼效率，是指在刑事诉讼中所投入的司法资源（包括人力、财力、设备等）与所取得的成果之比例。讲求诉讼效率就是要求以一定的司法资源投入换取尽可能多的诉讼成果，即降低诉讼成本，提高工效，加速诉讼

---

① 谭世贵、黄永锋：《诉讼效率研究》，载《新东方》2002 年第 1—2 期，第 32—37 页。

② 钱弘道：《论司法效率》，载《中国法学》2002 年第 4 期。

③ 樊崇义主编：《刑事诉讼法实施问题与研究》，中国人民公安大学出版社 2001 年版，第 399 页。

④ 周士敏：《审查起诉论要》，载《诉讼法论丛》第 1 卷，第 133 页。

⑤ 宋冰编：《程序、正义与现代化——外国法学家在华讲演录》，中国政法大学出版社 1998 年版，第 439 页。

⑥ 龙宗智：《刑事庭审制度研究》，中国政法大学出版社 2001 年版，第 25 页。

⑦ 张正德：《刑事诉讼法价值评价》，载《中国法学》1997 年第 4 期。

运作，减少案件拖延和积压现象。① 刑事诉讼中的效率价值主要体现在两个方面：一是刑事诉讼过程的经济合理性；二是刑事诉讼效果的合目的性。② 刑事诉讼过程中的经济合理性就是要求在司法资源有限的前提下，合理地设计刑事诉讼程序和科学地配置这些司法资源，来实现刑事诉讼目的。由于难以依靠大量增加司法资源，通过最大限度的投入来解决案件拖延或积压问题，所以要通过司法资源优化配置达到诉讼收益最大化。刑事诉讼效果的目的性体现为办结案件数量与质量的统一：一是提高结案率，要求结案的数量达到满足社会需要的预期值；二是提高结案的质量，办结的案件要从质量上满足社会的需要。③ 诉讼过程的经济合理性与诉讼结果的合目的性是刑事诉讼效率中两项基本的价值内容。刑事诉讼效率价值的内涵就是通过诉讼程序的设计和优化配置司法资源，最大程度地实现满足社会、国家和个人对正义、秩序和自由的需要的刑事诉讼目的。④

运用效率这个概念去考察刑事诉讼程序，将使我们的视野有全新的拓展。1996 年刑事诉讼法从以下几个方面体现了效率价值：一是设计了简易程序。二是强化了合议庭的职权。法律要求"合议庭开庭审理并且评议后，应当作出判决"，而且将审判委员会研究复杂、重大案件的提起权赋予合议庭。三是实现了审判重点从庭外为主到庭审为主的转变。庭前对公诉案件用程序性审查代替了实质性审查的规定；控方承担证明责任；限制法院调查核实证据等。四是第 12 条及其有关规定在一定程度上肯认了无罪推定原则。⑤

对司法资源的安排和各诉讼主体权利义务的分配，如果不能最终实现大幅度地提高效率，那么这样的制度革新就不能认为是成功的举措。为解决司法资源的有限性和司法任务繁重与艰难性之间的矛盾，必须重视司法资源的投入产出比率，同时注意有效地完成刑事司法的控制犯罪、保护社会和保护公民个人权利的任务。尤其是在目前我国司法资源严重不足的情况下，对效率的考虑有相当的意义。设置妥当的诉讼期日、对程序繁简分离、完善过滤机制、减少诉讼迟延、征缴刑事诉讼费用、革新法院的管理体制、完善刑事审判程序体系等

---

① 陈光中、汪海燕：《刑事诉讼中效率价值》，载樊崇义主编：《诉讼法学研究》第 1 卷，中国检察出版社 2002 年版，第 4 页。

② 李文健：《转型时期的刑诉法学及其价值论》，载《法学研究》1997 年第 4 期。

③ 陈光中、汪海燕：《刑事诉讼中效率价值》，载曹建明主编：《公正与效率的法理研究》，人民法院出版社 2002 年版，第 467 页。

④ 李文健：《转型时期的刑诉法学及其价值论》，载《法学研究》1997 年第 4 期。

⑤ 张正德：《刑事诉讼法价值评价》，载《中国法学》1997 年第 4 期。

问题，都是降低诉讼成本提高诉讼效率的良好途径。[1]

（四）程序公正与诉讼效率的契合

1. 程序公正的要素

众所周知，自然正义有两项基本要求：任何人不得做自己的法官和应当听取各方当事人的意见。1932 年，英国又增加了两项内容：一是争议各方都有权知晓作出裁决的理由；二是如果对负责调查的官员作出的报告提出了质询，争议各方有权得到该报告的副本。[2] 戈尔丁又把自然正义细化为九项内容：

法官在与自身有利害关系的案件中不应该做本案的法官；案件处理的结果中不应包含法官（纠纷解决者）个人的利益；法官不能有支持或反对某一方的偏见；法官对各方当事人的意见均应该给予公平的对待；法官要听取各方当事人证据和论据；法官不能单独接触一方当事人，只能在一方当事人在场的情形下，听取另一方的意见；各方当事人都能有公平的机会对另一方提出的论据和证据作出反应；案件处理的结论要以理性推演合理评判才能得出；推理要依据所有提出的论据和证据。[3]

在美国，是使用法律的正当程序作为评判程序公正的标准的，美国联邦宪法第 1—10 修正案中所包含的程序保障要求直接体现了程序公正的标准，在其后的判例中逐步确立了这些标准：如获得公正陪审团审判、被告人获得律师的有效帮助、提出对自己有利的证据和证人、获得与对方证人质证的机会等等。陈瑞华博士认为评判刑事审判程序公正的标准有程序参与原则、裁判者中立原则、程序对等原则、程序自治原则、程序理性原则、程序及时和终结原则这六个方面的内容，这也是程序公正的最低限度的标准。[4] 陈瑞华博士后来又把这六项内容修正为程序参与原则、裁判者中立原则、程序对等原则、程序合理原则、程序及时原则和程序终结原则。[5]

综合对程序公正的论述，参与、中立、平等对待、自治、合理、及时、终

---

① 刘晓东：《略论降低刑事审判程序成本的政策》，载《学海》2004 年第 4 期。

② 转引自高一飞：《刑事法的中国特色研究》，中国检察出版社 2002 年版，第 217 页。

③ ［美］马丁·P. 戈尔丁：《法律哲学》，齐海滨译，生活·读书·新知三联书店1987 年版，第 240—241 页。

④ 陈瑞华：《刑事审判原理论》，北京大学出版社 2003 年第 2 版，第 54 页。

⑤ 陈瑞华：《刑事诉讼的前沿问题》，中国人民大学出版社 2005 年第 2 版，第 241 页以下。

局，这些都是最低限度的程序公正所要求的必备要素。① 从构成程序公正的要素来分析程序公正的意蕴，也许会看得比较清晰。刑事诉讼对公正孜孜以求，公正的程序要有利于保护公民的权利，保障被告人的权利，程序公正的要素中也体现了效率，程序公正蕴含着效率的价值，公正和效率是紧密结合在一起的。

2. 程序公正的要素与诉讼效率的关系

诉讼参与人有效参与诉讼，亲自到场始终参与诉讼全过程。在诉讼过程中，诉讼参与人的人格尊严得到了尊重，诉讼参与人有充分的机会表达自己的意见和看法，消除各种疑问，参与形成最终的裁判，也表明别人，尤其是法官，十分看重他们的参与，那么，诉讼参与人往往能够心悦诚服地接受裁判的结果。如果法官依靠单独在庭审外调查取得的证据，没有双方当事人的参与，让被告人接受依据这些证据得到的裁判就有点"强加于人"。法官亲自在庭审外调查取证，越俎代庖去替检察院做工作，收集证据的动力不足，并不一定能够确保工作的效果，既耗费了有限的审判资源，提高了诉讼成本，还形成了有罪的预断和偏见，也伤害了程序公正和效率。

平等对待控辩双方，给予相同的机会，尤其对被告人及辩护人给予平等的武装，使其能够有机会和能力收集对己有利的证据，双方通过证据开示知道了对方的证据，法官对控方和辩方的意见给予相同的关注，控辩双方各显神通，也能避免错误成本的发生。被告人、被害人及其亲属在心理上就容易接受最后的处理结果，就会相应地提高审判的绩效。

理性要求法官注重独立的思考得出裁判的结论，法官依靠在庭审过程中经过合理和充分论证的证据，通过细致冷静的评议，衡量控辩双方提出的合法的有效的证据、主张和意见，制作有根据和有理由的裁判。在形成裁判的过程中，要排除不当的外力干预。在我国，案件的处理要经过请示批示，顾及多方面的意见，合议庭或独任庭的法官要向庭长汇报，要经过审判委员会的讨论，审理案件的法官的理性思考得不到展现，使庭审活动投入的成本没有发挥出应有的作用，庭审后的一系列请示汇报批示的繁杂活动又增加了诉讼投入，而且还增大了发生错误成本的风险。

自洽要求依靠程序自身的运作，各方当事人的诉讼活动都在中立的法官面前展开，通过庭审前的证据开示，双方都清楚争论的焦点，通过庭审时的交叉询问，案件的事实真相明朗的显现，法官独立判断得出裁判，法官制作出有裁

① ［美］迈克尔·D. 贝勒斯：《程序正义——向个人的分配》，邓海平译，高等教育出版社 2005 年版，第 33 页以下。

判理由和裁判的根据裁判文书；而不用再通过非庭审的途径获得裁判，自治、自治的庭审程序集中连续处理了案件，最大可能地节省了时间，在一个可预期的时限内终结了案件，较好地控制了诉讼投入，减少了诉讼成本支出，无疑提高了诉讼效率，彰显了程序公正。

审判活动如果迟延，案件处理的时间就要拉长，诉讼的直接成本就会大量增加，而且可能因证据流失、证人的遗忘而出现误差。对于被告人而言，其利益和命运处于悬挂状态，不能尽快从不确定的状态中解脱出来，被害人也得不到及时的安抚。及时结案避免了"迟来的正义不是正义"的困扰，节省了参与各方对诉讼的资源投入。不论是适用普通程序还是适用简易程序处理案件都要贯彻及时原则，以避免诉讼迟延带来的不必要的诉讼投入。但是，还要克服只是追求速度的审判，在匆忙之中展开庭审，把时间限制得很短，诉讼参与人参与诉讼的时间受到过多的限制，充分参与就做不到，法官不经过从容的、慎重的庭审和评议，不经过谨慎思考就下判，诉讼各方的利益定会受到损害，尤其是被告人，不会满意以快速的方式作出影响其生命和财产的这种决定的。一种本能感到没有被认真对待，对这样作出的裁判就不会信任，也就没有感受到公正的阳光的温暖。给各方诉讼参与人带来的经济成本和损失，都是诉讼不经济的，诉讼迟延既没有体现公正也没有体现效率。

终局性强调裁判一旦生效就具有稳定性。如果裁判没有起到定分止争的作用，还要再次审理，说明争执没有得到解决，尤其是在救济程序中，相同的争议点还会被提出来，那么在原来的审理中发生的成本就没有发挥应有的作用。根据程序终结性的要求，法院对同一个刑事案件的审判要有一个最终的确定的状态，以后对同一案件的审理要受到严格的限制，不能随意或没有限制地再行启动审判程序，尤其是对被告人不利的再审要从严控制；审判多次反复，也不容易使错误得到纠正。注重程序的终结性还有利于引导当事人在第一次审判时就倾尽全力，也避免出现那种因被告人受到"烙饼式"的反复审查而使其处于不安定的状态之中，也有利于减少被告人的成本支出，提高整个案件的诉讼收益。

3. 诉讼效率是考量程序公正的良好指标

刑事程序的目标，从经济上看是为了减少错误判决的成本和直接的程序成本，此种分析方式虽具有强烈的功利主义色彩，但它使人们能够对由于采用一个法律规则而不是另一个法律规则的结果而产生的收益的规模和分配，进行理智的评价——抓住躲在法律问题背后的真正的价值问题。法律所创造的程序规则对诉讼行为产生了隐含的费用成本，因而程序规则的过程和后果应当看作这些隐含费用的反应。受制于法律的人们的理性行为有多大范围，对法律的经济分析就有多大范围。① 因此，完全可以根据效率分析的结果确定法律程序的合理性和程序的公正性，即可以采用"交易成本"、"投入产出"、"成本收益"等经济范畴来评价诉讼程序。合理的程序尽可能减少法律实施过程中的经济资源的耗费，节约司法活动的成本。

任何一种法律程序，之所以是公正的，在很大程度上是符合效率原则的，至少和这一原则是不冲突的。具体来说：

第一，通过公正的程序进而保障公正的裁判是最有效率的。公正的程序通过限制司法的恣意和任意的裁量，确保裁判者中立的地位，诉讼参加人平等地参与诉讼并充分表达其意见，促使裁判者公开审理案件并认真听取当事人的意见、严格审慎用法，等等。这些都能有效地保证裁判结果的公正性。从社会范围来看，公正的裁判能最有效地利用资源，减少因裁判不公正而在资源使用方面的损失和浪费。公正的程序有效率，意味着程序的效率切合了公正的要求，即不能单纯从某项程序规则对某个特定当事人的诉讼活动是否具有收益来确定其合理性，而必须以该规则是否能够有助于公正地处理案件、保障裁判的公正性来考量。因为法的正当程序的设计可能使某一特定的当事人增加诉讼成本，如两审终审就比一审终审要求一方当事人支付更多的费用，在两审终审后胜诉的一方可能因再审程序将使其重新卷入诉讼并支付费用等等。尤其是法的正当程序往往要求法官为符合程序要求，必须在审判活动中投入更多的时间和精力，这就会使某些人误认为程序越简单越有效率，这显然是对程序效率价值评价发生了误解。

第二，公正的程序要求尽量减少诉讼的迟延，避免和减少当事人及法院在诉讼过程中不必要的成本支出。英国法官丹宁指出，正当程序是"指法律为了保持日常司法工作的纯洁性而认可的各种方法：促使审判和调查公正地进行，逮捕和搜查适当地采用，法律救济顺利取得，以及消除不必要的延误等等"。② 此处丹宁所说的"消除不必要的延误"便是程序的及时性。任何诉讼程序都是有时间限制的，不可能无限制进行下去。如立案、开庭审判时间、送达、上诉期限等等，都有期限的限制。时效性是程序的公正性的直接体现，因为裁判必须及时作出，诉讼必须及时终结，才充分体现了司法正义，而无故延期、久拖不决，将使当事人长期陷入花费时间和精力焦虑之中，使当事人饱受诉累之苦，付出极大的经济成本，而即使最终裁判的结果对自己有利，也可能

---

① ［美］罗伯特·考特、托马斯·尤伦：《法和经济学》，张军等译，上海三联书店1994年版，第13页。

② ［英］丹宁：《法律的正当程序》，李克强等译，法律出版社1999年版，第1页。

得不偿失。这就是西方法谚所说的"迟来的正义等于非正义"。因此，公正的程序必然要有严格的时效性，而时效性正充分体现了效率。

第三，公正的程序应尽量降低程序的成本，体现诉讼经济的品性。在诉讼活动中，诉讼参与人、法院为满足程序的要求需要支付一定的成本和费用。这些费用和成本的支出是否合理也是评价程序的公正性的一项标准。法律程序应当尽可能减少程序运作中的费用支出，以降低资源的消耗。如我国刑事诉讼法设立的简易程序，最高人民法院通过解释所作的被告人自愿认罪案件的处理，这些都极力获致诉讼的效率。程序的效率既要考虑到法院的投入是否减少的问题，还要考虑到当事人及其他诉讼参与人是否会支出不必要的费用以及整个社会成本的问题，单纯地为了减少法院的支出而违反程序（如不实行公开审判或实行先定后审、上下级法院的提前沟通），不是符合诉讼效率的做法，相反，这些违反程序的做法极可能导致冤假错案，以及产生司法不公正的问题，当事人会蒙受巨大的损失，也会使整个社会为此付出高昂的代价。

六、诉讼模式之经济分析

当下关于刑事诉讼模式的研究，以两大法系为基准，区别为当事人主义和职权主义的诉讼模式是典型的路径。这两个典型模式在实际运作中，又是相互影响相互借鉴，很难说哪一个国家就是只单纯采用其中的一个模式。的确，纵观诉讼模式的具体运作，两大诉讼模式之间也并非处于非此即彼的敌对态势，两者在秉持各自基本特色的前提下，早已存在共性并继续存在一种相互融合的趋势。① 但无论采何种诉讼模式处理案件，所花费的诉讼成本和取得的诉讼收益要匹配，其中的诉讼经济问题实在不容忽视，因为兼顾程序公正和诉讼效率方可彰显诉讼模式的价值。

（一）诉讼经济对诉讼模式选择的意义

诉讼作为解决纠纷的一种方式，其产生的多种后果可分为两个最基本部分，其中一部分是一种激励，为诉讼收益；另一部分是诉讼成本，自然是一种约束。投入诉讼的生产要素是有价格的，其实就是成本问题，诉讼的产出数量就是诉讼收益的问题。诉讼的投入与产出反映的是生产要素数量投入与处理案件数量的技术关系，诉讼的成本与收益反映的是价值衡量问题。以法经济学的视角，诉讼如同人们的经济活动一样是一个投入产出的过程，诉讼要投入一定

---

① 左卫民：《中国刑事诉讼模式的本土构建》，载《法学研究》2009 年第 2 期。

量的资源即人力、物力和财力，得到诉讼的产出即诉讼的结果，不管诉讼的结果是否达到参与诉讼的人员的要求，不管诉讼的结果是否让人满意，消耗一定的经济资源是确定无疑的事情，即没有经济投入，实现正义是不可能的。正可谓"不是所有的司法判决都能生产正义，但是每一个司法判决都会消耗资源"。①

适用诉讼程序就要花费直接成本，适用程序的过程和结果，产生了程序收益和可能的错误成本，程序收益既在程序的运作过程中体现，也在其结果中体现。无论程序的结果是正确还是错误，直接成本都要投入，但采取降低直接成本的程序，就能够提高程序收益。如果能够采取减少错误成本的程序，程序收益和相应的程序的净收益就会更大，也就更加凸显程序的独立价值。②

为实现特定的诉讼目的，应当选择成本较低的诉讼模式，所以选择诉讼模式不能不考虑诉讼经济问题。诉讼经济可理解为在既定的诉讼成本条件下，实现诉讼收益最大化；或者在诉讼收益保持不变的条件下，力求耗费最少的诉讼成本。③ 这就要求所选择的诉讼模式要符合诉讼效率的要求，以较小的诉讼成本实现较大的诉讼收益，确保资源的耗费降低到最小程度，让尽可能多的案件尽快地得到公正处理。

（二）　两种典型的刑事诉讼模式的特点

1. 当事人主义刑事诉讼模式的主要优势

关于当事人主义的含义，主要有三点理解：一是在"当事人诉讼追行"的含义上使用的概念，当事人（检察官和被告人）的诉讼活动包括当事人的各种主张、举证和陈述意见成为刑事诉讼的中心，充分平等地发挥检察官和被告人及其辩护人的作用，法院的职权活动只是补充性的；二是从强化被告人的权利、改善被告人的地位来理解，将充分保护犯罪嫌疑人、被告人的权利本身称为当事人主义；三是认为当事人主义的含义近乎等同于尊重正当法律程序。④

当事人主义诉讼模式的目标是公正的审判和力求发现案件的真相，它具有以下几个优点：其一，在法官的地位上追求超然中立。法官被动听取当事人双

①　方流芳：《民事诉讼收费考》，载《中国社会科学》1999 年第 3 期。

②　刘晓东：《刑事诉讼程序价值的成本收益分析》，载《临沂师范学院学报》2008 年第 5 期。

③　刘晓东：《简论刑事审判诸原则之经济学解析》，载《审判研究》2008 年第 4 辑。

④　［日］松尾浩也：《日本刑事诉讼法》，张凌译，中国人民大学出版社 2005 年版，第 15 页。

方所提供的证据及辩论，如此使法官获得较高的权威及威望，在许多场合被誉为"公民权利的守护者"。① 此点确为职权主义审判制度所无。② 其二，强调当事人对审判过程的参与以及对诉讼结果的影响。诉讼双方有充分的机会提供对己方有利的证据，有充分的机会为己方辩论，而且法院判决依据双方所提证据而成就，这也增强了当事人对诉讼结果的可接受性。③ 其三，当事人会感觉到其人格尊严较受尊重。④ 在审判中，由当事人主导证据调查，由当事人将证据呈现给裁判者。当事人双方有充分的机会提供对己方有利的证据、让中立的裁判者能注意到己方所提交的证据、听到双方的辩论。⑤ 因此，当事人会有被尊重的感觉，其人格的尊严较受尊重。其四，具有陪审团审判的传统，审判程序强调当事人举证和辩论的对抗性，庭审的核心机制是交叉询问制度。

当事人主义的诉讼模式短处可能不利于案件真相的发现。⑥ 以美国为例，对抗制没有将寻求真相作为诉讼的最主要目的，诸如证据法中的大量的排除规则，在许多个案中构成有效寻求真相的不和谐音符。律师的主要目的是"摧毁证人的可信性"，交叉询问制度是否真的成为"人类所发明的最伟大的调查事实的法律利器"，也让人怀疑。当事人包括检察官的主要目的在于赢得诉讼，而不在于发现真实，即使两造当事人明知证人的陈述是真实的，仍然严厉诘问证人，以期动摇证人证言的可信性，以求得胜诉。⑦ 加之很难断定陪审团是否真的适用了排除一切合理怀疑的证明标准，陪审团的裁决神秘且不可审查是否是达致真实裁决的有效方式。⑧ 故而"如果是无辜之被告，他比较喜欢在大陆法系的国家受审。如果是有罪之被告，他比较喜欢在普通法系的国家受审。大陆法系的刑事诉讼制度更能准确地区别罪与非罪"⑨。

---

① Gross, The American Advantage: The Value of Inefficient Litigation, 85, Mich. L. Rev. 734, 746, 752 (1987).

② 王兆鹏：《美国刑事诉讼法》，北京大学出版社 2005 年版，第 484 页。

③ Landsman, The Adversary System: A Description and Defense, at 44 (1984).

④ Sward, Value, Ideology and The Adversary System, 64 Ind. L. J. 301, 317 (1989).

⑤ Landsman, The Adversary System: A Description and Defense, at 46 (1984).

⑥ [日] 松尾浩也：《日本刑事诉讼法》，张凌译，中国人民大学出版社 2005 年版，第 321 页。

⑦ Jakson, Theories of Truth Finding in Criminal Procedure, 10 Cardozo L. Rev. 475, 485 (1988).

⑧ Michele Taruffo, Rethinking the Standards of Proof, The American Journal of Comparative, Law Vol. 51, 2003.

⑨ [美] 约翰·亨利·梅利曼：《大陆法系》，顾培东、禄正平译，知识出版社 1984 年版，第 153 页以下。

2. 职权主义诉讼模式的主要缺憾

职权主义是与当事人主义相对的概念，但是其内涵更为混乱，有时与指称国家追诉的职权原则混称，不过，究详其义，主要指法院负有澄清义务的调查原则，就是民事诉讼文献与实务所称的职权探知主义，主要包含国家以职权主动开启追诉犯罪和法院以职权调查证据这两点。① 相对于当事人主义，职权主义的缺点主要有：

第一，法官中立性难能坚持。在职权主义的诉讼模式中，为能使庭审顺畅进行，法官在审判前必须对案件有相当程度的熟悉，为此必须在审判前详阅卷宗，而卷宗是检察官及负责侦查的警察汇编而成的，审判前法官再阅读卷宗，有可能根据卷宗内容而于审判前形成心证，在审判中对其他证据可能视而不见，或忽略不作调查。② 法官主导审判程序的进行，法官对证人作主要的讯问，并调查与本案有关的一切事实。法官必须搜集、调查全部的证据，对被告人有利、不利的事实都需尽调查的义务。换言之，法官身兼以下三职，担当三种角色：检察官，发现对被告人不利的证据；辩护律师，发现对被告人有利的证据；裁判者，中立客观地审酌对被告人有利、不利的证据。法官能否将这三个角色发挥得淋漓尽致，殊值怀疑。③ 当法官同时扮演这三种角色时，形式上的中立性已令人生疑。就此问题，包括德国的学者亦怀疑职权主义的法官在心态上能否同时假定被告人无罪，又认定犯罪事实，及公平地筛审证据。④

第二，当事人在审判过程中并非积极参与，对案件的投入不充分。法官主导审判的进程，详尽讯问证人，替代检察官调查对被告人不利的证据，代替辩护律师调查对被告人有利的证据，诉讼参加者可能成为法庭上的被动的旁观者。因此常见出席审判的检察官不是承办该案的检察官，甚至有时辩护律师也不是全身心地投入到庭审中。⑤ 这样就会导致控方认为已经是胸有成竹，无须努力；辩护律师认为胜算的可能性小，也不再积极。从心理学的角度看，职权主义式的审判，没有陪审团的参与，法官、律师在周而复始的审判中，已经厌倦了这些程序，早已习以为常，表现的欲望已经不再强烈。职权主义的审判定

① 林钰雄：《刑事诉讼法》（上册），中国人民大学出版社 2005 年版，第 61 页。

② 王兆鹏：《刑事诉讼法讲义（二）》，台北元照出版有限公司 2002 年版，第 86 页。

③ 方金刚：《案件事实认定论》，中国人民公安大学出版社 2005 年版，第 243 页。

④ Hans – Heinrich Jescheck , Principles of German Criminal Procedure in Comparison with American Law, 56, Va. L. Rew. 239, 249 (1970).

⑤ Hans – Heinrich Jescheck, Principles of German Criminal Procedure in Comparison with American Law, 56, Va. L. Rew. 239, 249 (1970).

罪率往往非常高，只要案件起诉后，改变结果的可能性不大。即使在日本，1997 年的起诉定罪率也为 99.81%。[①]

第三，被告人在审判中的无助感，使其感受不到其人格尊严受到了尊重，这也被认为是职权主义的一大缺点。[②] 被告人面对法官，常常感到无奈、无力甚或无助，法官在审判中有时扮演如同控诉者的检察官，收集对被告人不利的证据，甚至与被告人争辩，此时，被告人或其辩护律师面对这种情形，必须小心应付，绝对不敢逆其锋。因为辩护律师知道此时诉讼的"敌手"，同时为被告人命运的裁判者，若过于激进，担心其作出不利于被告人的判决或对被告人判处较重之刑罚。虽然法官未必会如此，但制度的设计，自然会使被告人或辩护律师有所顾忌。

（三）　两种刑事诉讼模式的成本收益比较分析

当事人主义的诉讼模式比职权主义的诉讼模式对诉讼条件和诉讼资源有更高的要求，可以说是一种较为奢侈的诉讼程序。

采当事人主义诉讼模式，政府在诉讼方面的支付能力具有更高的要求，选任高素质的法官和检察官，政府要支付相对高的薪水；证人包括专家证人必须出庭，否则交叉询问就无法进行。政府要负担对出庭证人的经济补偿，承担对证人和被害人的保护责任、承担法律援助的费用。为获得当事人主义条件下的诉讼公正，政府无疑需要更多的经济投入。

律师参与当事人主义模式的诉讼成为不可替代的条件。因为在对抗制下的庭审，如果无律师出庭，仅靠被告人自行辩护，被告人将无法对抗公诉人，控辩平衡势必要落空。还要求面对强大的公诉人，律师应当是有能力的、负责任的。由于被告人需要聘请律师以及支付律师费，富裕的被告人的辩护条件无疑优于贫穷的被告人。而在职权主义诉讼模式之下，检察官负有客观义务，法官依职权进行调查，被告人的经济条件对诉讼的影响小于当事人主义条件下的要求。[③]

相比职权主义诉讼模式，当事人主义诉讼模式审判所需的时间较长，获得公正必须付出的成本相对高些。在美国联邦法院，陪审团审判相比法官主持审

---

① 王兆鹏：《路检、盘查与人权》，台北元照出版有限公司 2001 年版，第 214 页。

② 王兆鹏：《美国刑事诉讼法》，北京大学出版社 2005 年版，第 485 页。

③ 龙宗智：《刑事庭审制度研究》，中国政法大学出版社 2001 年版，第 109 页。

判的审理期间，平均要超出两倍以上。① 当事人主义的证据调查方式较职权主义证据调查方式需要更多的时间。双方当事人对证人进行询问与反询问，因每个人对同样的事实的理解程度不同，当事人为确保裁判者（有时为法官，有时为陪审团）能真切了解证人证言，常会就一个问题从各种不同的侧面反复询问证人，避免发生裁判者未彻底知晓的情形，其所耗费之时间不言而喻。② 双方当事人在提供证据和询问证人方面叠床架屋，吹毛求疵，常常使诉讼旷日持久。辩护方有时甚至有意拖延，因为拖延时间可以使证人记忆模糊，分散陪审团精力，更容易胜诉。当事人主义诉讼中当事人不可能像法官直接调查案情时那样"见好就收"，由于当事人主义审判时间耗费之多的缺点，美国学者都艳羡职权主义审判的快速。美国的刑事诉讼案件，就不得不将约90%的案件寻求采用认罪协商的方式予以解决，只有近10%的案件经由正式审判终结。美国知名刑事诉讼法学者 Alschuler 对此现象品评道："我们给10%的人凯迪拉克轿车（审判）乘坐，却要求其他人全部步行（认罪协商）。"③

当事人主义诉讼模式实行对抗制的庭审程序，控辩双方在形式上是平等武装、平等对抗，法官居中消极裁决。但在实际运作中，控辩双方的资源不均衡就会导致这种理论上的架构难以发挥应有的作用，当事人拥有的资源不均等，极易导致实质上的司法不公平。如英国上诉法院从20世纪八九十年代的大量不公正的案例中认识到：当事人拥有的资源不均衡是对抗制的一个缺陷。大多数情况是侦控机关掌握强大的资源、控方占据优势资源，为了贯彻平等对抗的原则，一个途径是通过增加控方证明责任的办法来解决这个问题，但是辩方还是难以充分与控方进行对抗，另一个解决途径是在审前进行强制性的证据开示。20世纪80年代后期，除了依靠对抗制本身来遏制司法不公之外，在审前和审判程序中也强化了法官职权和对审判结果的责任，也就是说学习了职权主义审问式庭审的经验。

（四）对诉讼模式的实验经济学之检验

实验方法，在任何学科中的优势都体现于复制性和可控性。复制性指其他研究者可以拷贝实验从而独立验证结果的能力，而控制性则指可以操纵实验的

---

① ［美］理查德·A. 波斯纳：《证据法的经济分析》，徐昕译，中国法制出版社2004年版，第55页。

② 方金刚：《案件事实认定论》，中国人民公安大学出版社2005年版，第248页。

③ Alschuler, Implementing the Criminal Defendant's Right To Trial Alternative to the Plea Bargaining System, 50 U. Chi. L. Rev. 93 I. 969 (1983).

条件以及评估各种理论和政策的绩效。实验经济学的方法论的意义有以下几个方面：当存在多种理论时，通过简单的实验可以比较和评估各种相互竞争的理论；当仅仅存在一种理论时，通过实验可以检验该理论的绩效；当不存在现成的理论时，可通过实验发现某些规律性的东西。实验经济学影响了很多社会科学的学者，其基本方法已经被管理学家、政治学家、法学家及其他社会科学学者所借鉴。如宋英辉教授在浙江省永康市指导完成的对未成年人案件的取保候审和酌定不起诉的试验改革，并取得了一系列的成果。[①] 就法学而言，很多的实验方法的文献出现在颇有影响的刊物上。[②]

美国学者在 20 世纪 70 年代进行过程序模式的实验，对两种诉讼模式的作用得出了如下结论：[③] 其一，在搜集证据发现真相方面，当证据对己方委托人不利时，当事人主义程序中的律师会更努力收集证据；当证据处于中性或对己方有利的时候，这两种模式中的律师表现差异不大。其二，在所提交的证据质量上，职权主义程序中，法官委托的律师向法官提交的是与其发现的证据分布情况相一致的证据；在当事人主义程序中，证据有利率对双方不相上下，法官收到的证据还是真实的；如有利率不均衡（即 75% 的原有证据对一方有利），法官收到的证据的分布情况对处于劣势的一方有利。其三，当事人主义更有助于减少法官的偏见。其四，当事人主义的审判程序更能体现公平。

该实验的结论也得到其他学者的附和。美国学者谢帕特和威狄玛在 1980 年的研究表明，当事人主义诉讼中的律师比职权主义诉讼中的律师更有可能劝说证人提供偏向性证言。[④] 职权主义诉讼构造的优势在于发现实体真实和防止诉讼拖延，而当事人主义诉讼优势在于能为当事人提供充分发表自己的主张和提出证据的机会，更能体现程序公平性。正是由于不同的诉讼构造存在这些差

---

① 具体可参阅宋英辉、舒瑶芝、刘晓东、雷小政：《未成年人案件取保候审、酌定不起诉问题的实证研究》，载《中国司法制度的基础理论专题研究》，第 372—416 页；宋英辉、雷小政：《取保候审条件之适用困境及制度性解决》，舒瑶芝、刘晓东：《取保候审保证人制度重构之探讨》，分别载陈光中等主编：《诉讼法理论与实践》2005 年卷，第 374—389 页；《未成年人案件特征的实证分析》，载《中国刑事法杂志》2005 年第 4 期；雷小政：《"异地取保候审"的困境及其出路》，载《原法》第 1 卷，中国检察出版社 2006 年版，第 122—130 页。

② 连鹏：《从非实验走向实验的经济学》，载汤敏、茅于轼主编：《现代经济学前沿专题》第 3 集，商务印书馆 1999 年版，第 184 页。

③ 陈敏：《程序模式的实验效应分析》，载《中外法学》1992 年第 3 期。

④ 转引自宋英辉、李忠诚：《刑事诉讼程序功能研究》，中国人民公安大学出版社 2004 年版，第 26 页。

别，单纯采取其中一个诉讼构造容易导致侵犯人权、诉讼迟延，因而，两种诉讼构造均已吸收了对方构造的一些程序，使刑事程序法呈现出更多的共同点，两种制度正从不同方向融汇成为一种大体相当的混合的刑事诉讼制度。①

（五）对我国刑事诉讼模式构建的思路展望

职权主义和当事人主义诉讼均可归类于现代型刑事诉讼类型，由于我国的刑事诉讼制度还深受实体真实探知主义、非诉讼化的裁判方式和行政化的审批制度这三个外生变量的影响，② 我国的刑事诉讼模式既不属于职权主义模式也不属于当事人主义模式，也不属于混合模式。为使我国的刑事诉讼模式呈现出人权保障优先、诉讼职能分化、运作机制理性化这些基本的现代性特征，应该借助诉讼经济的理论，找出这两种诉讼模式之间融合的新思路，通过制度设计，克服当事人主义诉讼模式中的"低绩效"问题；基于职权主义诉讼模式的"高绩效"，应促进其与其他法律价值的平衡，对收集证据发现真相能力、克服法官偏见，增强审判程序的公正性等方面尤其要格外关注。司法资源的充足是实施对抗制诉讼的必要条件，对抗式庭审对取证的高要求以及对证人的经济补偿都需要高额的资源投入。庭审的实质化和庭审的对抗性，要求法官、检察官、律师能在有限的庭审时空条件下作出正确的判断，需要高素质司法人才的参与，然而在目前甚至今后相当长时间内，我国的法律人员的素质还难以达到这种高要求。③ 因此，构建我国的刑事诉讼模式除了考虑本土主义、现实主义、合作主义、演进与建构主义、创造主义外，④ 诉讼效率也应一并考虑在内。也就是说，构建我国未来的刑事诉讼模式，不能不考虑到诉讼经济的问题。

七、刑事诉讼场域中的"潜规则"

在正式的法律制度之外存在的一些非正式的成规惯习即被称为"潜规则"，这些"潜规则"非但在正式的成文的法律制度中难寻踪迹，而且甚至是

---

① ［美］约翰·亨利·梅利曼：《大陆法系》，顾培东、禄正平译，知识出版社1984年版，第149页。

② 陈瑞华：《中国刑事司法制度的三个传统》，载《东方法学》2008年第1期。

③ 苏力：《法治及其本土资源》，中国政法大学出版社1996年版，第166—167页。

④ 左卫民：《中国刑事诉讼模式的本土构建》，载《法学研究》2009年第2期。

被禁止的。① 尽管如此，这些"潜规则"却又在实际的法律运作过程中深深地影响着司法制度的运行。这些"潜规则"在制度经济学中是用"非正式的制度"或"非正式规则"来描述的。"潜规则"是人们私下认可的行为约束，它对行为的约束，依据当事各方的造福或损坏能力，在社会行动主体的互动中自发生成，可以使互动各方的冲突减少，降低交易成本；行为不受约束，越界必将招致报复的后果，基于对这种利害的共识，强化了互动各方对彼此行为的预期的稳定性。②

（一）　刑事诉讼场域中的"潜规则"的表现形式

法律场域上的"潜规则"，游离于法律之外的规则，虽并不成文却是心照不宣的规矩。③ 这些"潜规则"摆不上台面却长期存在，人们又"自觉"遵守。"潜规则"虽形之无据，但实际操作者往往奉为圭臬，甚至连法律也要让道。司法"潜规则"是指在司法机关内部通行或者认可的但未向外界公布的办案规则与程序。④ 在静态上主要是以内部红头文件、请示、批示、指示、通知、讲话、经验总结、成例等形式表现出来；在动态上，主要表现为"暗箱操作"。"潜规则"具有秘密性、非法性、多样性的特征。"潜规则"犹如一种不成文"习惯法"，维系着某种特定的社会关系。在这种特定社会关系中，关系的参加者对这种"潜规则"均有明确的认识并自觉遵从。"潜规则"的规则是"顺我者昌，逆我者亡"。遵循"潜规则"，人们可以获取通过正常手段所不能获取的利益。如果触犯了"潜规则"，其后果与触犯显规则一样，就要受到有形的或者无形的制裁。⑤ 这些"潜规则"和正式法律规则一起，共同指导着司法人员的具体执法活动，并决定着司法实践的实际面目。

---

① 文中所指的"潜规则"不包括有益的"潜规则"，如法官有一个"潜规则"，就是要慎言，要少发表各方面的见解，但慎言不等于不走群众路线，慎言不等于不接触外界。见肖扬：《只有理解才会信服》，《法治在线》专访第 22 届世界法律大会主席肖扬，央视国际专访，2005 年 9 月 5 日。

② 吴思：《血酬定律：中国历史中的生存游戏》，中国工人出版社 2000 年版，第 268 页。

③ 钱卫清：《司法拒绝"潜规则"》，在第 22 届世界法律大会"程序公正与司法资源的合理配置专题研讨会"上的发言，载正义网 2005 年 9 月 6 日。

④ 高一飞：《黑幕下的正义——审视潜规则下异化的司法》，来源：http://www.dffy.com，2005-3-14。

⑤ 张中：《刑事诉讼关系的社会学分析》，中国人民公安大学出版社 2006 年版，第 373 页。

德萧维奇认为，美国的司法游戏实际上似乎有些规则可循，大部分刑事诉讼参与者都了解它们。虽然这些规则从来没有被印成文字，可是它们似乎主导了整个过程。和所有的规则一样，把它们简化为几个基本的条文，来概括了这个体系的实际运作。他总结了 13 条规则：① （1）事实上，几乎所有的刑事被告人都是有罪的。（2）所有的辩护律师、检察官和法官了解并且相信规则一。（3）违反宪法比合乎宪法更容易给有罪的被告人定罪，而在一些案件中，不违反宪法是不可能给有罪的被告人定罪的。（4）几乎所有的警察对于他们是否违反宪法都说了谎，而这样做是为了给有罪的被告人定罪。（5）所有的法官和辩护律师都知道规则四。（6）许多检察官毫不迟疑地鼓励警察，当他们被问到是否用违反宪法的手段给有罪的被告人定罪一事说谎。（7）所有的法官都知道规则六。（8）大多数进行审判的法官，都会假装相信明明在说谎的警察人员。（9）所有上诉法院的法官知道规则八，可是有许多法官仍会假装相信那些假装相信说谎警察的原审法官。（10）大多数的法官并不相信被告人对他们的宪法权利受到侵害的陈述，即使他们说的是真的。（11）大多数法官和检察官不会故意给他们都不相信有罪（或是较轻的罪行）的被告人定罪。（12）规则十一不适用于犯罪组织的成员、毒贩、职业杀手或潜在的告密者。（13）没有人追求正义。

我国学者们也各自总结了一些存在于中国大陆刑事司法中的"潜规则"。②陈瑞华博士总结了中国大陆司法制度存在 17 条"潜规则"，涉及审判程

---

① ［美］亚伦·德萧维奇：《最好的辩护》，李贞莹、郭静美译，南海出版公司 2002 年版，第 11 页。

② 陈瑞华博士在《程序性制裁理论》一书中总结了 17 条"潜规则"；龙宗智教授在《徘徊于传统与现代之间——论中国刑事诉讼法的再修改》论文中总结了 3 条"潜规则"；高一飞在《黑幕下的正义——审视"潜规则"下异化的司法》论文中总结了 5 条"潜规则"。范忠信：《中国司法传统与当代中国司法潜规则》，在中南财经政法大学演讲稿，载浓情中南网站。

序的"潜规则"主要有9点，① 张中博士在其博士论文中也总结了15条"潜规则"，与审判有关的"潜规则"略作文字变动抄录在此：（1）几乎所有的警察、检察官、法官以"上请"作为自己的基本工作方式；（2）法官不是不能独立审判，而是不敢或者压根就不动独立审判的念想；（3）刑事司法工作要么依靠上司，要么依靠自己，但不能依靠群众；（4）检察官的目标就是说服法官将所有的被告人定罪，力求"诉一个判一个"；（5）对大多数法官而言，真相比证据重要，领导的意见比法律重要，自己的尊严比他人的生命重要；（6）打官司与其说是"打证据"不如说是"打关系"；（7）只有那些与案件无涉的旁观者才追求正义。②

龙宗智教授总结了三条"潜规则"：利用法律禁止的非法手段获取证据并非个别现象；当被告人称自己的口供是被逼出来的时候，即使是真话，司法人员却轻率得将其视为假话；在司法实践中，对于重大案件，即使证据不足也很难作出无罪判决，不是罪疑从无，而是罪疑从轻，要是判死刑的就判成死

---

① 陈瑞华：《程序性制裁理论》，中国法制出版社2005年版，第53—62页。具体内容为：（1）通常情况下，刑事法官都倾向于追诉犯罪，并竭力避免"有罪"被告人逃脱法网；（2）一般情况下，第一审程序都是通过宣读侦查案卷笔录来进行的；（3）在被告人没有提出足够无罪证据的案件中，法庭审判属于一种对侦查、公诉结论的确认程序；（4）刑事案件往往是由一名"承办"法官进行裁判的；（5）刑事案件的结论一般不产生在法庭审判过程之中；（6）被告人在侦查和审判阶段拒不认罪的情况，会成为法院从重量刑的重要根据；（7）法官往往将"审理报告"写得非常详细，但不愿提供详细的裁判理由；（8）对于警察检察官以及初审法官所存在的程序性违法行为，刑事法官一般都置若罔闻；（9）无论警察、检察官、法官个人，还是"公检法三机关"，一般都与刑事案件的裁判结局存在一定的利害关系。对于事实不清、证据不足的案件，法院通常会作出"疑罪从轻"或"发回重审"的裁决。

② 张中博士在其博士论文《刑事诉讼关系的社会学分析》中总结了15条"潜规则"。（1）"衙门口朝南开，有理没钱莫进来。"（2）几乎所有的犯罪嫌疑人、被告人都坚信，警察、检察官和法官"穿一条裤子"，但有时他们也与警察、检察官和法官"穿一条裤子"。（6）在当事人看来，把钱花在警察、检察官和法官身上要比花在律师身上强。（7）警察、检察官可以把律师当作"敌人"，而律师只能把警察、检察官当作"朋友"。（8）警察的工作路数通常是"不破不立"，基本招数是"重捶之下出孙子"。（10）"坦白从宽，牢底坐穿；抗拒从严，回家过年。"这也许是犯罪嫌疑人、被告人用自己的肉身总结出的一条规则。（12）案件的胜诉率与律师的名气成正比，而律师的名气与律师和法官的关系距离成反比。（14）维持律师和法官的良性关系的准则是"利益均沾"。（3）（4）（5）（9）（11）（13）（15）放在正文中了。

缓。① 高一飞教授总结了 5 条"潜规则": 缺乏制约的自由裁量权; 将错就错的量刑迁就; 变相放人的监外执行; 侵犯人权的诉讼拖延; 地方性司法改革: 在"潜规则"与"显规则"之间。②

　　还有一些也还称得上是"潜规则", 譬如: (1) 一些程序被认为是一堆法律手续。许多办案人员认为, 缺可补之, 错可以改之, 无也无妨。活人不能让程序憋死, 案件只要没错, 程序上出点问题是小事, 不影响检察机关起诉, 法院判决。为了查明案件实体真实, 在程序上出点格也在所难免。(2) 多数情况下, 法院内部实行承办人制度, 由一名承办法官具体负责审理, 其他成员是友情客串者, 合议庭形同虚设。(3) 当遇有侦查人员存在刑讯逼供诱惑侦查的情况时, 法院很少直接作出排除非法证据的裁决, 而是当作对被告人酌情从轻量刑的依据。(4) 一审法院在审判中对很多影响当事人诉讼权利程序性申请大多以非正式的"口头决定"的形式作出而不是以正式的书面"裁定"的形式作出。(5) 合议庭或独任法官向庭长、院长层层请示, 尽可能地启动审判委员会讨论的决定程序, 转嫁风险规避自己的责任。在案件还处于一审阶段就向上一级法院请示报告交流对案件的看法, 致使两审终审制名存实亡, 而当事人还蒙在鼓里, 始终不明白为什么就维持了原判。(6) 法院轻易不作出因检察机关提出的证据不充分宣告被告人无罪的判决, 而是以撤回起诉的方式处理; 当发现了新证据时再以原罪名或变更为另一罪名对同一案件再行起诉, 法院也忘记过去欣然接受。(7) 当庭宣判的比例很少, 定期宣判或事先判决盛行, 法庭审理过程对裁判结论的决定作用微乎其微。(8) 第二审法院在作出"撤销原判发回重审"的裁定时, 几乎都会给一审法院附上一份书面意见, 让一审法院的法官了解原审判决在哪些事实和证据上出现的问题。(9) 司法实践中罕见第二审法院仅因一审法院的审判违反法定诉讼程序就作出撤销原判发回重审的裁定。(10) 撤回起诉往往是两全其美的好办法, 既给检察机关留足了面子, 又使法官避免了因其对案件的处理不当而遭错案追究。(11) 在刑事辩护中, 律师不轻易调查取证, 而是尽可能使用公诉机关的证据材料, 以此来绕开取证难的尴尬, 降低被怀疑作伪证的风险。③ (12) 一些侦查机关对待律师在侦查阶段会见, 采取拖阻计谋, 能阻则阻, 能拖则拖, 实在不行, 非要会见时, 一定派员在场严密监视。(13) 公检法无原则的"互相配合互相关照",

---

　　① 龙宗智:《徘徊于传统与现代之间——论中国刑事诉讼法的再修改》, 载《政法论坛》2004 年第 5 期。

　　② 高一飞:《反思司法潜规》, 载《政法学刊》2005 年第 4 期。

　　③ 张兵:《律师必然要学习的潜规则》, chineselawyer. blog. bokee. net。

法院量刑时顾及羁押时间，因诉讼拖延而导致的"量刑迁就"现象大量存在。① 量刑时"迁就"诉讼拖延，法官在审理这种案件时，其内心很清楚被告人该定何种罪，该判处多长的刑期。但是，在真正量刑时，面对诉讼拖延带来的问题，法官往往考虑执法同行的面子，有时也是考虑自己的面子。当然也是法官不愿自找麻烦、避免出现国家赔偿的情形。（14）公检法互相借用办案时间。在实际操作中，法院退查并不都是因事实不清，证据不足，有时因办案期限即将届满，案件未结，办案人员便与侦查部门商量，名义退查，实则不退案，以此赢得2个月的办案时间。公、检、法部门在移送案件时，采取顺签或倒签收案时间的办法，相互借用对方未用完的办案时间。② （15）"缓刑＝不服刑"、"假释＝提前释放"、"保外就医＝玩猫腻放人"、"暂予监外执行＝自由"的奇特现象。(16) 超期限羁押或变相超期羁押，致使犯罪嫌疑人或被告人长时间被关押。

"潜规则"的存在，是令人闭口不言、心照不宣的共谋，掩蔽了司法制度的真面目。大部分的圈内人都保持缄默，而大部分的圈外人却都蒙在鼓里，大概没有哪个圈外人能够了解这日复一日年复一年的司法运作的实际状况，也无法如实地评断。许多圈内的人不言语，因为他们和司法的黑暗内幕有着利害关系；想言语的圈内人则害怕说出来会被报复。某些成规使法律从业者无法公开评论他们的同行，在私下，圈内的人都清楚，他们只能在圈内讨论而不能公开批评。③ "公众对法院的公信力"和"法律专业的尊荣"得以维护，真可谓"圈内人心照不宣，圈外人雾里看花"。

（二）制度变迁：新规则之确立

在正式的法律文件中找不到"潜规则"的踪影甚至被公开反对的"潜规则"，事实上发挥着巨大作用，因此警惕司法"潜规则"的副作用不容忽视。"潜规则"以当事人明确的认可的隐蔽的形式存在，通过这种隐蔽，当事人将

---

① 量刑迁就是指人民法院在定罪量刑时，并不依据被告人的犯罪事实、性质、情节、社会危害程度以及法定、酌定从轻、减轻处罚的情节，而是根据被告人实际被关押时间来决定适用刑罚，如果根据被告人具有的法定、酌定从轻、减轻处罚情节，依法应判处低于实际被关押时间的刑期时，人民法院便迁就于诉讼拖延，往往以适用缓刑、免刑或者刑期与实际关押期接近的判法进行变通，而不会判处被告人少于实际关押期限的刑期。

② 高一飞：《黑幕下的正义——审视潜规则下异化的司法》，来源：http://www.dffy.com，2005－3－14。

③ ［美］亚伦·德萧维奇：《最好的辩护》，李贞莹、郭静美译，南海出版公司2002年版，第11页。

正式规则屏蔽于局部互动之外，或者将其拉入私下交易之中，凭借这种私下的规则替换，获取正式规则所不能提供的利益。① 这些背离了正义观念或正式制度的规定，侵犯了主流意识形态或正式制度所维护的利益。②

　　司法实践中，在正式法律规定之外，大量"潜规则"盛行，对"严格执法"、"依法办案"构成巨大挑战，严重损害了法律的权威。③ "潜规则"的存在导致许多法律名存实亡，渗透着权钱交易、权力滥用等现象，诱发司法滋生腐败，危害极大。④ "潜规则"使人们无法充分了解司法权力及整个诉讼程序的运作方式，无法目睹实现正义的全过程，损害了社会公众对司法的认同感和对法律的信仰。一旦制度或规则背后的各种"潜规则"对人们的行为起了支配作用，人们首先想到的不是寻求正式法律制度的救济，而是去发掘各种非正式的"关系"。⑤

　　需要特别指出的是，"潜规则"的出现大大增加资源消耗，从而降低司法的效率，危害司法公正。司法活动中不必要的请示、汇报、协调、审批等制度无疑会进一步增加司法资源的浪费、导致司法不公，产生"错误成本"，势必需要增加一次或多次司法予以救济，而每增加一次司法就意味着司法资源再增加一次耗费。

　　一个法治良善的国家，应该尽量缩小"显规则"（公开的具有形式合法性的刑事司法规则）与"潜规则"的缝隙，消解"显规则"与"潜规则"的冲突，否则不能完成权利保护寄予法制稳定、连续和可预期的期望。⑥ "潜规则"产生的原因主要有以下五个方面：一是对程序正义或形式正义的忽视。二是转型期司法权力的异化。三是实体法规定弹性过大，诸如"三年以上十年以下"之规定的法定刑幅度明显过大；又如"情节特别严重"、"数额特别巨大"、"后果特别严重"等用语都十分模糊，都给个别法官徇私枉法留下可乘之机，也为一些当事人及亲朋拉关系走后门提供了很大的空间。四是程序不公开的暗

　　① 吴思：《血酬定律：中国历史中的生存游戏》，中国工人出版社 2000 年版，第 268 页。

　　② 吴思：《血酬定律：中国历史中的生存游戏》，中国工人出版社 2000 年版，第 268 页。

　　③ 龙宗智：《徘徊于传统与现代之间——论中国刑事诉讼法的再修改》，载《政法论坛》2004 年第 5 期。

　　④ 钱卫清：《司法拒绝"潜规则"》，第 22 届世界法律大会"程序公正与司法资源的合理配置专题研讨会"上的发言，载正义网 2005 年 9 月 6 日。

　　⑤ 万毅：《被无罪推定的费迪南德评》，载北大法律信息网 2003 年 12 月 4 日。

　　⑥ 秦前红：《打击犯罪别忘了保障人权》，载《学习月刊》2005 年第 6 期。

箱操作。五是超越权限的地方性的司法改革，如辽宁省抚顺市顺城区人民检察院的《主诉检察官零口供规则》、黑龙江牡丹江铁路运输检察院推行的"辩诉交易"。① 应当说，"潜规则"大行其道，使"显规则"不起作用，其基本原因在于刑事诉讼法的一些"显规则"缺乏保障其有效实施的机制。② 内在地来看，我国刑事诉讼程序中缺失某些实体性规则或不完善，实施性规则也存在同样的问题。外在地来看，支持目前刑事诉讼法治化运行的条件并不具备，法律的运行制度环境不佳，严重影响司法运作。

"潜规则"有旺盛的生命力，在较长时间内发挥着作用，很难随着刑事诉讼法的修修补补甚至在司法制度发生根本变化的情况下还顽强的"临风玉立"。当刑事诉讼规则作了正式的修改，这些"潜规则"暂时退隐一时，新规则的冲击力要是力大无比的话，还会使某些"潜规则"产生了抗体增强了免疫力，改头换面再粉墨登场。法律改革的实质是重新配置公权力和私权利资源，是一种制度的重新安排。③ 实体性规则的缺失要依靠强制性的制度创新。同时，应明确，完整和独立的一项刑事程序规则由实体性规则和实施性规则构成。④ 设立新的诉讼制度和程序首先制定有关的实体性规则。而要使刑事程序能够操作运行，就必须有实施性规则，它体现了刑事程序规则的特点，使程序法具有了诉讼性和自治性。⑤ 实施性规则的典型构成方式，主要有程序的启动者，也是提出申请的权利的主体；被申请者及其权利；接受申请并裁决者；行为的期限和行为的方式；证明责任、证明标准和证明方式；裁决，一般包括两个方面，一是形式上的裁决，二是实质上的裁决，前者指决定行为的期限、方式是否合法；后者指决定申请的内容是否成立；救济，对裁决不服，申请人和被申请人都可以寻求进一步的救济这八个方面的内容。⑥

---

① 高一飞：《反思司法潜规》，载《政法学刊》2005 年第 4 期。

② 龙宗智：《徘徊于传统与现代之间——论中国刑事诉讼法的再修改》，载《政法论坛》2004 年第 5 期。

③ 钱弘道：《从法律经济学看我国法律改革》，载《检察日报》2001 年 9 月 7 日。

④ 实体性规则是指规定在什么条件下进行什么诉讼行为的规则，它的基本结构形式是"如果甲，那么乙，否则丙"。实施性规则，是指规定如何实现实体性规则的内容的规则，它的基本结构形式是"谁来做，怎么做"。参见锁正杰：《刑事程序的法哲学原理》，中国人民公安大学出版社 2002 年版，第 39 页。

⑤ 锁正杰：《刑事程序的法哲学原理》，中国人民公安大学出版社 2002 年版，第 38 页以下。

⑥ 锁正杰：《刑事程序的法哲学原理》，中国人民公安大学出版社 2002 年版，第 41 页。

八、刑事诉讼经济分析的权衡原理

(一) 刑事诉讼中的权衡原理

刑事诉讼中的权衡原则，是指在刑事诉讼立法和司法活动中，当两种以上的利益不能兼得或发生冲突时，国家根据一定的原则和标准，确定某一方面更为优越而放弃另外的方面。确立刑事程序中的权衡原则须依据"均衡价值观"，即充分考虑不同层次目的的要求，并在刑事诉讼目的的两个方面发生冲突时，选择两者最大限度的统一。作为权衡与选择的一般原则通常是两害相权取其轻，两利相权取其重。① 在这里是就刑事诉讼的目的进行权衡选择的，完全可以把这个思想运用到对刑事诉讼程序规则和制度的分析上来。

从法经济学的视角来看，两害相权取其轻，两利相权取其重，就是一个成本—收益分析的思路，就是顾及了效率的价值。如果按照笔者对效率公正的一致性的论述，那么权衡原则就是一个很有意义的法经济学理论分析的基础。陈瑞华博士在《对刑事诉讼法学基础理论的探索与开拓——评宋英辉著〈刑事诉讼目的论〉》一文中，认为这是第一次不仅从理论上阐释了权衡原则，而且还把它放在具体的场合下加以运用和检验，譬如对辩护律师保守职业秘密、非法证据运用以及疑难案件处理等问题进行了分析，并提出了具体的立法对策，是《刑事诉讼目的论》一书在理论上取得的较高建树。② "刑事诉讼的目的之间的冲突及其权衡是刑事诉讼法学的精髓所在"，③ 其解决之道，在于谋求调和而非片面牺牲，解决冲突并不必然选择牺牲其一而成就其他，而是在尽可能的范围之内，谋求并存的方案，在万不得已时，才容许最小限度牺牲，④ 就是要进行成本收益的分析，寻求效用最大的方案。

刑事诉讼的目的在于发现真实、实现法治秩序和维护法和平性。⑤ 发现真实在于实现实体公正，实体真实的意蕴是"毋枉毋纵，开释无辜，惩罚犯罪"，但是发现真实并对犯罪之人处以其应得的刑罚，并不意味着容许以千方百计不择手段不问是非不计代价的办法来发现真实，还要保护公民的权利，还

---

① 宋英辉：《刑事诉讼目的论》，中国人民公安大学出版社 1995 年版，第 202 页。

② 陈瑞华：《对刑事诉讼法学基础理论的探索与开拓——评宋英辉著〈刑事诉讼目的论〉》，载《中国法学》1999 年第 4 期。

③ 林钰雄：《刑事诉讼法》(上册)，中国人民大学出版社 2005 年版，第 8 页。

④ 林钰雄：《刑事诉讼法》(上册)，中国人民大学出版社 2005 年版，第 11 页。

⑤ 林钰雄：《刑事诉讼法》(上册)，中国人民大学出版社 2005 年版，第 6 页。

要遵守诉讼原则和诉讼规则，防范国家没有根据的不合比例的追诉犯罪。考量刑事诉讼法的重点是发现真相、保护人权、确保刑事诉讼顺利进行和刑事诉讼的有效性与经济性。[①]

通过诉讼程序恢复法秩序的和平性，维护法的安定性，通过合理的程序获得终局的裁判，定分止争，不能没有时间限制，已经确定的裁判不能没有既判力。这就要求在控制犯罪与保障人权的直接目的之间保持适当的平衡，[②] 在尽可能的范围内，谋求兼顾并存的方案，在万不得已之时，也仅仅容许最小的牺牲。而如何具体地调和而非片面的牺牲，就要考量诉讼的投入与诉讼的收益，使诉讼投入产出的比值合乎公正的底线。

刑事诉讼不容许以无所顾忌的方法来发现真实，因为发现真实及施加行为人应得的惩罚，仅仅是刑事诉讼的重要目的之一，现代法治国家的刑事诉讼同时追求其他的目的，尤其要符合法治程序的要求。[③] 具体言之，要区分"已经立法明确规定"和"未经立法明确规定"的情形，对于前者立法者已经形成明文规定的价值判断，司法者必须遵守，如台湾地区"刑事诉讼法"第98条之规定"讯问被告应出以恳切之态度，不得用强暴、胁迫、利诱、诈欺、疲劳讯问或其他不正之方法"即是之。台湾地区"刑事诉讼法"第155条、第156条还否定出于非自愿所得自白的证据能力，即使符合真实，也不得以此作为裁判基础。即使"已经立法明确规定"的情形，有时还要进行必要的法律解释，关于测谎催眠的运用是否属于不正之方法的争论就是一个例子。又如迟误期间的恢复原状，"恢复原状"的原因是"非因过失"，就要进行解释；尤其是因辩护人的过失而致耽误上诉时，能否认为是其本人的过失，立法无明确规定就要予以解释，台湾实务见解倾向认为辩护人的过失等同于本人的过失，这太过于强调法的安定性了。[④] 对于"未经立法明确规定"的情形，就要透过法学方法，探究建构体系中规定的原理原则，甚至于要依据"宪法"的基本价值来考量。林钰雄举了一个案例（警察利用刑讯逼供得到被告人之自白，尔后按图索骥找到赃物），来说明立法没有规定衍生证据的证据能力的问题就属于这种情形。[⑤]

---

① 陈健民：《刑事诉讼法要论》，台湾"国家"政策研究基金会2006年出版，第21页。

② 宋英辉：《刑事诉讼目的论》，中国人民公安大学出版社1995年版，第83页。

③ 林钰雄：《刑事诉讼法》（上册），中国人民大学出版社2005年版，第8页。

④ 林钰雄：《刑事诉讼法》（上册），中国人民大学出版社2005年版，第13页。

⑤ 林钰雄：《刑事诉讼法》（上册），中国人民大学出版社2005年版，第12页。

（二）权衡原理的应用举例

1. 实体公正与程序公正的权衡

就公正而言，有程序公正和实体公正之区分，这两者既有一致之处，也存在冲突的问题。对于这二者的冲突，可以用权衡原理进行分析并结合具体情形进行价值衡量取舍。实体公正关心的是最终结果，程序公正关心的是获得实体公正的过程。实现实体公正在程序设计上有很多种途径和方法，但总有一种途径和方法相对于其他途径和方法是较为可取的，就是说有一种程序花费的成本较为节省，这就告诉人们程序的选择和实体公正有密切的关系。程序公正和实体公正具有一定的替代性质，如果有一种程序更能获致实体上的公正，这种程序也是值得推崇的，这种程序也就是较为公正的。程序对于实现实体公正就不仅仅是工具意义上的，程序还有一种独特的价值，因为程序公正与实体公正休戚相关。从法经济学的视角来解读，公正的程序正是为了避免实体不公正的问题，程序上的公正力求以较低的成本来实现法院的裁判。只有通过公正的程序获得的实体公正，才是符合效率原则的。

对于实体的公正公平，仁者见仁，智者见智，寻找共识是十分困难的事情。而对于要求在一定的期限内，法院必须作出一个裁决，断不能无休无止争论不已，那么通过一个合理性的程序治理机制，作出一项裁决，这个裁决就可能容易被人们所接受。完美的程序的魅力就在于此，但是通过完美的程序获得实体的公正结果，常因程序的花费甚靡而不可欲，同时不顾及程序而只是为结果而结果，可能一时节省了费用，但后患无穷，为人们所不取。

不完美的程序是现实中的情形。在成本约束的条件下，通过可以看得见的、被人们所接受的程序，获得一个裁判，人们尽管不满意所得到的结果，但是人们预先已经认同了这个不完美的程序，对适用这个程序而得到的结果，人们已经无话可讲。切分蛋糕的人最后拿取最后剩下的那一块，人们相信操刀之人为了自己的利益，会尽可能地均匀地分割蛋糕，先拿为快的人抢占了先机，自己自由选取，乐意选择一块分量小的，那是他自己的责任，他对自己的选择自无怨恨之理。所以公正程序的选择与成本息息相关，程序公正与实体公正在权衡原则的导引下，会各得其所。

2. 刑事简易程序与普通程序的权衡

普通程序与刑事简易程序的合理搭配，也体现着权衡原则的理念。不论是职权主义诉讼模式下的普通程序还是当事人主义模式下的普通程序，与刑事简易程序如诉辩协商程序、处刑命令程序等相比而言，所经过的步骤都是较为细致和繁杂的，要求的审理期限也较长，诉讼参加人的人数较多，法官、检察官、被告人、辩护人、证人等投入的时间和精力都较多，整个诉讼活动的成本是高昂的。

由于刑事简易程序省掉了一些步骤和环节，甚至不需要经过正规的庭审，整个诉讼过程的投入就较少。但是正式的普通程序对于被告人的权利的保障确实是较为充分的，简易程序不得不减损被告人的部分权利。所以，这就要在适用普通程序和刑事简易程序之间进行权衡。对于重大的复杂的案件，就要适用普通程序，而对于案情简单的事实证据清楚的案件就可以适用刑事简易程序，为了弥补刑事简易程序所伴随的对被告人的权利的减损，就要给予被告人以适当的量刑优惠。

3. 程序直接成本与错误成本的权衡

在刑事诉讼中，直接成本的耗费是必需的，关键是其量的大小。一般而言，刑事审判的周期愈长，审判程序愈是繁琐和复杂，直接成本也就愈大。同样，错误成本也是无法避免的，由于人们认知或司法程序的局限，无论哪一个国家，也无论其刑事司法制度多么先进完善，都不能保证在刑事诉讼活动中可以避免付出错误成本的代价。无论是"对有罪者不治罪"还是"对无罪者治罪"，任何一项错误判决结果都会导致经济资源的无效使用，因而都是不应该发生的资源耗费。如果法院错误地判决一名实际无罪的人有罪，那么它在原来刑事审判中所耗费的全部资源将付诸东流，不仅如此，原审判决一旦被上级法院推翻，国家还要对那些受到错误定罪的公民给予高额经济赔偿，这无疑是对稀缺的经济资源的极大浪费。同样，如果法院经过审判没有对实际有罪的人定罪，那么审判活动也就不会有任何绩效。

就程序的直接成本与错误成本而言，也要作出适宜的权衡。程序越细致，耗费的直接成本就会越大，发生错误成本可能性相应的就会越小。直接成本与避免错误成本之间有替代关系是可以理解的，但不能由此推论出越公正的程序耗费的资源就越多，这还要看程序是如何设计的。

程序的运行要花费直接成本，公正的程序也要投入，自不待言。但问题在于设计的程序不论多么周详，通过程序得到的结果也不可避免地会出现错误，错误成本在所难免。一旦出现了错误的实体的不公正，所耗费的直接成本已经是沉没成本，不能再行收回也无法转嫁，而又产生错误成本，确实是雪上加霜。在花费直接成本的程序是铁板钉钉的情况下，尽量避免再发生错误成本的情形，还是要权衡。明知道耗费了程序的直接成本要发生，明知道程序会产生错误成本，那人们为何还要运用程序来处理纠纷，这是因为法律程序在法治社会是不能或缺的，设立法律制度不仅仅考量了成本，还考虑了法律的其他功能。这是因为法律程序中的直接成本和错误成本之和，与其他纠纷处理机制所产生的成本相比较，所花费的成本是较低的。换言之，法律程序的成本具有最小化的特点。

在某种意义上，错误成本的发生也是人们相对于直接成本进行交换计量所做的选择。法院应权衡私人利益、错误发生率与政府利益，使成本最小化，还应对这两项成本的总和予以最大限度地降低，而不能只是单独地减少其中任何一项，否则就会破坏两者间的相对平衡。如果只是尽量减少审判中的"直接成本"，将最少的人力、财力和物力投入到刑事审判活动之中，那么势必会提高裁判的错误产生比率，同样，为保裁判正确性而增加的"直接成本"也要大于因减少裁判错误而省却的"错误成本"。① 以刑事案件的处理为例，通过程序惩罚了无辜者要产生错误成本，放纵有罪者，也要产生错误成本，但惩罚无辜者要比放纵有罪者的错误成本更大。如果给无罪之人定罪处罚，威慑犯罪的作用就变小，社会整体为此付出的成本就会更大。如果再对其进行监禁，还要发生监禁的费用，因错误定罪的成本攀升得更高。开释一个有罪的人，社会整体的净成本是有限度的，这个限度是由减少惩罚犯罪的概率而引致的总的社会成本的增量决定的，被放纵的有罪之人可能会再存侥幸再行犯罪，犯罪率提高，加剧危害社会。但存在多种可能，一种较大的可能是再行犯罪，但也存在有罪之人会从此洗手从良。在这两种情形下，法律的威慑作用依然存在，不会受到影响。由于未能对有罪之人定罪，监禁的成本省掉了。由于刑法对罪犯的惩罚的可能性越小，对犯罪的惩罚的严厉性就会越大，有罪之人再行犯罪一旦被发现，法律对他的惩罚可能是会严厉一些（这要结合时效制度和禁止双重危险或一事不再理原则来判断）。

---

① 李文健：《刑事诉讼效率论》，中国政法大学出版社1999年版，第88页。

第三章　刑事审判基本原则之经济学解析

一、刑事诉讼原则概述

刑事诉讼法是国家基本法的测震器，刑事诉讼法依赖于基本法。[①] 基本法规定的原则同样适用于刑事诉讼法。因此，刑事诉讼原则作为法律原则的组成部分，体现着法律原则的一般特征，自不待言。

刑事诉讼原则的体系自身也是较为完整的系统，在其内部具有明显的层次性。德国赫尔曼教授将其分为三个层次：指导整个刑事程序的原则为第一层次，主要包括法制国家原则、"法定法官"原则、手段同等原则、诉讼义务关照原则、听取陈述原则、相应性原则、无罪推定原则、快速原则、任何人不必自我归罪原则和一事不再理原则；第二层次涉及检察院、警察地位的原则，主要有起诉原则、公诉原则、职权原则、裁量原则和客观性原则；第三层次的原则关涉开庭审判的原则，主要涵盖法官调查原则、口证原则、直接原则、证据申请原则、集中原则、审理公开原则、自由心证原则和"疑义有利于被告人"原则。[②]

澳门学者欧曼利也把刑事诉讼原则分为三个层次：其一是作为刑事诉讼原则的基石——人格尊严不可侵犯原则；其二是刑事诉讼原则的主梁——合法性原则、审检分立原则和基于无罪推定原则上的真正辩护原则；其三是在基石和主梁基础上引申出来的原则，主要有法官权限法定原则、诉讼标的约束法院原则、辩论原则、听证原则、禁止上诉加刑原则、公开原则、一事不再理原则、必要、合乎比例和补足性原则等。[③]

---

① ［德］克劳斯·罗科信：《刑事诉讼法》（第 24 版），吴丽琪译，法律出版社 2003 年版，第 13 页。

② ［德］赫尔曼：《〈德国刑事诉讼法典〉中译本引言》，载《德国刑事诉讼法典》，李昌珂译，中国政法大学出版社 1995 年版，第 11—17 页。

③ 欧曼利：《澳门刑事诉讼制度的结构及基本原则》，1995 年北京澳门过渡时期法律问题研讨会论文。转引自宋英辉主编：《刑事诉讼原理》，法律出版社 2003 年版，第 69 页。

借鉴上述的分层办法，我国的刑事诉讼原则也可大致分为三个层次：其一，具有全局性的在刑事诉讼原则体系中处于最高层次的原则，如程序法定、国家追诉、司法独立、有效辩护、参与、公开、及时、一事不再理、相应性原则和诉讼经济原则等。其二，涉及诉讼职能及其行使的基础性原则，主要包括控审分立、控辩平等对抗、证据裁判和自由心证等原则。其三，是相对具体的技术性的原则，如强制侦查法定原则、起诉便宜原则、直接言词原则、审理集中原则等。①

此外要注意的是，刑事诉讼法的原则体系自然是应该包括刑事证据法的基本原则。一般认为，刑事证据法的基本原则包含证据裁判原则、无罪推定原则、被告人不得被迫自证其罪原则、直接言词原则、证据合法原则和自由判断证明力原则。② 很显然这二者基本是重合的。

刑事证据法是以法庭审判过程为调整对象的，证据法包含的证据规则本身是属于审判程序规则的一部分，刑事证据法所包含的证据规则又区分为实体性规则和程序性规则。实体性的规则主要有两类：有关证据能力的规则和有关司法证明的范围、责任和标准的规则。证据调查方法是用来实施司法证明规则和证据能力规则的，应该属于审判程序规则的一部分，不应被视为刑事证据法所调整的范畴。所以刑事证据法的主要内容就是有关证据能力的规则和司法证明的规则。③ 刑事审判的原则和刑事诉讼的基本原则也有重叠之处，很显然还有只适用于审判程序的原则，从本论文的角度，在此仅仅对刑事审判的原则进行经济分析。

为了行文方便，这里在运用法经济学的理论对刑事审判原则进行梳理时将不再严格区分层次性顺序，而是放在一起来分析。

诉讼及时原则促使迅速审判，它们所显示的诉讼经济的意义是不言而喻的，故不再拨墨陈冗。程序参与原则和程序公开原则、平等对抗原则在论述程序公正的效率的意蕴等问题时也多有涉及，故不再重复劳动。社会参与原则在对陪审制度的经济分析时也有所论述，在此也略而不述。起诉便宜原则在论述刑事诉讼中的诉讼经济原则时也有较为详细的论述，在此也毋庸着墨。禁止不利益之变更在救济程序的章节中做了分析，在此再作"锦上添花"之功，有

———————————

①　宋英辉：《刑事诉讼原理导读》，法律出版社 2003 年版，第 188 页。

②　陈瑞华：《问题与主义之间——刑事诉讼基本问题研究》，中国人民大学出版社 2003 年版，第 376 页以下。

③　陈瑞华：《刑事诉讼的前沿问题》，中国人民大学出版社 2005 年第 2 版，第 375—376 页。

叠床架屋之嫌，导致文字之不经济。

二、刑事诉讼经济原则

（一）刑事诉讼经济原则释义

关于诉讼经济原则的表述，代表性的观点主要有以下几种：

1. 诉讼经济原则，系指于达成诉讼目的的前提下，要求迅速裁判，讲究程序之简化、合并与维持，避免程序浪费或重复之程序法上之共通原则。[1]

2. 诉讼经济，是指以较小的诉讼成本，实现较大的诉讼效益，或者说为实现特定的诉讼目的，应当选择成本最低的方法和手段。[2]

3. 刑事诉讼中的经济原则，主要是司法机关和诉讼参与人，应以尽量少的人力、物力和财力耗费来完成刑事诉讼的任务，并实现刑事诉讼的基本价值——客观公正。[3]

4. 诉讼经济原则，是指在诉讼过程中，诉讼主体以最低的成本，获取最大的法律效益，实现诉讼的目的。[4]

5. 诉讼经济原则，是指在诉讼过程中，应当尽量减少人力、物力和时间的耗费，以最低的诉讼成本取得最大的法律效益，实现诉讼目的。[5]

6. 程序的经济性，是指刑事审判程序的设计和运作应当符合经济效益的要求。[6]

综合起来，可以把诉讼经济原则表述为：在既定的诉讼成本条件下，实现诉讼收益最大化；或者在诉讼收益保持不变的条件下，力求耗费最少的诉讼成本。以较小的诉讼成本实现较大的诉讼收益，或者说为实现特定的诉讼目的，应当选择成本最低的方法和手段。这就要求刑事诉讼程序的设计和诉讼过程的运作应当符合效率的要求，确保司法资源的耗费降低到最小程度，同时使尽可能多的案件尽快地得到公正处理。

刑事诉讼过程中所耗费的司法资源涉及人力、物力和财力三种资源。在一定时期内，政府对刑事审判活动的司法资源投入一般是相对固定和有限的，只

---

[1]　林俊益：《程序正义与诉讼经济》，台北元照出版有限公司 2002 年初版，第 91 页。

[2]　徐静村主编：《刑事诉讼法学》（上册），法律出版社 1997 年版，第 117 页。

[3]　龙宗智：《相对合理主义》，中国政法大学出版社 1999 年版，第 199 页。

[4]　牟道遥：《谈诉讼经济原则》，载《政治与法律》1998 年第 5 期。

[5]　王敏远：《刑事司法中的效率及其实现》，载中国法学网 2003 年 7 月 30 日。

[6]　陈瑞华：《刑事审判原理论》，北京大学出版社 2003 年第 2 版，第 81 页。

有使这些资源得到最佳的合理配置，才能体现诉讼经济，提高诉讼效率。一项刑事诉讼程序为使司法资源的投入得到最大限度的节约而同时又使产出"成果"达到最大化，起码有三个方面需要考虑：程序的设立应保证诉讼活动迅捷有效地进行；程序应当尽量简化；程序应保证司法资源的合理配置。①

（二）刑事诉讼经济原则的理念基础

诉讼经济原则的根据在于司法资源的有限性。司法资源相对于人们的需要而言总是有限的，在刑事诉讼中，政府投入的人力、财力和物力，由于受经济发展水平、财政状况等限制，远不能满足保障人权、追究犯罪和惩治犯罪的需要。对当事人和其他诉讼参与人而言，时间和财力上的耗费越少越好。与发达国家相比，我国的司法资源、人均司法资源尚显不足，充分挖掘现有司法资源的潜力，最大限度地发挥现有司法资源的作用是当务之急。

诉讼经济原则是实现被告人获得迅速审判权利的需要。法谚曰"迟来的正义即非正义也"，由于诉讼迟延进一步增加了诉讼成本，诉讼迟延与程序改革不断循环推动，人们对诉讼迟延越来越不可容忍。刑事审判程序的设立应保证审判活动的迅速有效进行。迅速的审判，使法院得以早日对案件作出裁判，降低司法资源的投入，因而有利于社会公共利益的维护；同时它也可以使被告人等程序参与者早日脱离或减少诉累。

被告人获得迅速审判是其应有的权利。《公民权利和政治权利国际公约》第14条第三款（丙）："受审时间不被无故拖延。"美国联邦宪法第六修正补充案规定了"在一切刑事诉讼中，被告享有公正的陪审团予以迅速而公开的审判"的权利，而且美国还有专门的《迅速审判法》。英国的1998年人权法案第6条表述了"任何人有权在合理的时间内受到依法设立的独立与公正的法庭之公平与公正的审讯"。加拿大1982年宪法第11条之（二）规定被指控的人享有"在合理的时间内受审理"的权利。日本国宪法第37条规定"被告人均有接受公正的法院迅速公开审判的权利"。日本刑事诉讼法第1条明文规定："本法以在刑事案件上，于维护公共福利与保障基本人权的同时，阐明案件的事实真象，正当而迅速以实现刑罚法令为目的。"我国香港特区（下称香港）的人权法案第11条（二）（丙）规定"立即受审，不得无故拖延"。我国澳门地区（下称澳门）基本法第29条第二款规定了"澳门居民在被指控犯罪时，享有尽早接受法院审判的权利"。我国2012年修正的刑事诉讼法（下称我国新刑诉法）第2条也明确提出了刑事诉讼法的任务之一是"及时地查

---

① 陈瑞华：《刑事审判原理论》，北京大学出版社1997年版，第83页、第85页。

明犯罪事实"，"及时"字眼也体现了迅速审判的旨趣。

诉讼经济，是司法公正的需要。司法资源是保证程序公正的重要物质基础。在司法资源十分有限的条件下，要实现程序公正的要求，必须对司法资源进行合理配置优化组合。就审判而言，司法资源不合理配置的情况主要有两种：一是对所有的刑事案件平均分配司法资源，采用基本相同的程序；二是对所涉罪行较为严重、社会影响较大的案件分配较少的司法资源，采用简便迅速的程序加以处理，而对那些较为轻微、事实清楚的案件则分配较多的司法资源，采用较为复杂的程序处理。① 在这两种情况下，政府对刑事案件的审判所投入的司法资源同其产生的"成果"相比都达不到均衡的状态。案件重大复杂，公正的审判活动所产生的诉讼收益大，理应对这些案件的投入相应地增加。而对涉及轻微罪行、控方已掌握相当充分的有罪证据的案件，法院如仍按普通程序进行审理，则没有把资源花在刀刃上。

诉讼经济原则符合人权保障的要求。刑事案件增加，而政府又必须通过法定的诉讼程序来追究被告人的刑事责任，从而达到保护人权、惩罚犯罪和预防犯罪的目的；而政府投入刑事诉讼中的资源等如果受有限财力的限制，就不能满足保障人权、追究犯罪和惩治犯罪的需要，因此讲究诉讼经济是解决司法资源有限性的一个法宝。

诉讼经济也是保护被害人利益的需要。被害人一般有强烈的追诉愿望，希望看到被告人被迅速定罪并加以处罚，如果这种愿望得不到及时满足，被害人及其亲友受到的精神痛苦就无法解脱，被害人的人格尊严也就没有得到尊重，其权利和利益也就没有得到维护，也就会产生强烈的受到不公正待遇的感觉。此外，被判决有罪的被告人不仅赔偿因其犯罪行为造成被害人的直接损失，还要承担被害人参加刑事诉讼的费用，如诉讼代理费用、被害人出席法庭的误工费用、调查取证费用等，这样才能说对被害人进行了更好的保护。

诉讼经济还是实现刑事诉讼目的的需要。刑事司法活动的目的是惩治、控制刑事犯罪，维护法律秩序，保护社会安全。尽快实施犯罪侦查和指控并通过及时的审判实现国家的刑罚权，否则繁琐的程序、拖延的诉讼以及大量的资源耗费，难以实现刑事诉讼的目的。

总之，特别有必要把诉讼经济原则确立为刑事诉讼普遍适用的一项基本原则。

---

① 陈瑞华：《刑事审判原理论》，北京大学出版社 1997 年版，第 85 页。

（三） 确立刑事诉讼经济原则的考量因素

诉讼经济的实质是诉讼的投入产出比，但这与经济活动中的"投入"与"产出"不同，难以用定量方法进行精确的评价，但诉讼经济要求选择经济性的诉讼途径。达到相同的诉讼目的可以选用不同的诉讼程序，对于不同诉讼方式的投入是可以进行量化比较的。因此，诉讼经济不仅在于总体的评价，也可以实现一定程度上的比较和评价。这种评价一般应该注意以下几个因素：诉讼期限的长短、诉讼程序的繁简、自诉案件和公诉案件的适当比例、司法机关的独立程度、辩护权的有效程度、刑事诉讼费用水平等。

其一，诉讼期限的长短。诉讼期限的长短直接影响着诉讼成本的投入量，因而它与诉讼效率的高低密切相关。在其因素相对确定的情况下，诉讼期限越长，耗费的司法资源就越多。尽管不能精确地算出整个审判活动究竟需要耗费多少司法资源，但有一点是肯定的，即审判活动延续的时间越长，整个审判的成本就越高。[1]

诉讼期限的长短影响着诉讼主体在诉讼过程中的实际成本。因为人力、物力和财力的消耗总是在一定的时间和空间中花费的，花费的时间越长，消耗的经济资源就越多。就刑事审判活动而言，典型的案件审理前后涉及的诉讼参加人包括法官、陪审员、公诉人、被告人、律师、被害人、证人、鉴定人与书记员，此外，有些案件还要聘请专门的翻译人员。[2] 一个案件要牵涉如此众多的人员参加诉讼，每个人都要付出一定的时间、精力与财力才能确保诉讼活动的顺畅进行。以美国为例，粗略地概算，在美国一个典型的审判其劳动价值约每小时 400 美元，这仅仅是审判的人工成本，还不包括提供法庭场所所需的费用。[3]

因此，诉讼经济的一项基本要求就是缩短诉讼期限。诉讼期限可划分为法定的一般诉讼期限和个案的实际的期限。[4] 法定的一般期限是由诉讼阶段或环节的多少、审级制度的繁简、某些诉讼行为实施的期限等因素决定的。法定的一般期限越短，诉讼成本就越低，诉讼收益相应地就越大；反之亦然。个案的实际期限必须遵守法定的诉讼期限。如果个案的实际期限超过法定的周期，不

---

① 刘晓东：《略论降低刑事审判程序成本的政策》，载《学海》2004 年第 4 期。

② 李文健：《刑事诉讼效率论》，中国政法大学出版社 1999 年版，第 123 页。

③ ［美］罗伯特·考特等：《法和经济学》，施少华等译，张军审校，上海财经大学出版社 2002 年版，第 364 页。

④ 顾培东：《社会冲突与诉讼机制》，法律出版社 2004 年版，第 91 页。

仅有损法的权威性，而且造成诉讼不经济，[1] 所以个案的诉讼期限只能小于或等于法定的周期，而不能超过法定期限。

从诉讼经济的视角看，人们希望个案的诉讼期限越短越好。因为当个案的诉讼期限短于法定的诉讼期限，而且诉讼冲突又得到有效解决时，其有利于降低诉讼成本，这是人们所欲求的结果。而人们更关心个案的实际期限长于法定的一般期限的情况，这种情况不仅违背法定的一般期限，而且加大了诉讼成本。因而，缩短诉讼期限，就要寻找并排除导致个案实际期限超出法定一般期限的因素，仔细地考察个案实际期限的超期限运转情况，完善法定的一般期限的规定。

其二，诉讼程序的繁简。程序的繁琐必然增加诉讼成本，所以简化诉讼程序，减少普通程序中的诉讼环节，设立快速审判程序和简易程序已是刑事诉讼发展的必然趋势。从各国的司法实践看，很多国家也都实行了正当化的刑事简易程序。具体包括三种情形：一是设立专门程序，如英国、日本、德国、法国、意大利、我国大陆、澳门及我国台湾地区等国家和地区都设立了简易程序。二是减少普通程序中的诉讼环节。如英、美等国采用罪状认否程序，常常导致法官的直接定罪和处刑，从而省略了采用陪审团进行听审的程序。在德国，依照 1987 年刑事程序修正的法律，在许多环节上体现出对刑事程序运作效率的追求。譬如对不得以上诉声请不服的判决，以适当的方式通知本人即可，无需以送达方式告知；当法官、陪审官已了解文书的全部内容，且给予其他诉讼关系人阅览机会时，也可以不朗读该文书等。三是针对特定类型的案件，采用特殊程序。如意大利刑事诉讼法典第二部分第六编规定了快速审判和立即审判等特别程序。像我国台湾地区对适用简易程序的案件，请求所为之科刑判决，不得上诉，即不再允许进行第二审程序。[2]

其三，自诉案件和公诉案件的适当比例。自诉人基本上可以以一个理性人的角色来决定资源投入的数量。自诉人通过成本收益的比较，可使资源得到较为合理的配置。由于自诉案件通常允许当事人自行和解，并且经审判组织调解结案后又禁止当事人再起诉，这样就能排除第二审程序启动的可能性，也就节省了第二审程序中司法机关和当事人的投入。自诉案件通常都适用简易程序来审理，对司法机关和当事人的投入要低于普通程序。[3]

在刑事诉讼中，公诉案件需要侦查、检察、审判三机关共同投入司法资

---

①　刘晓东：《略论降低刑事审判程序成本的政策》，载《学海》2004 年第 4 期。

②　中国台湾地区"刑事诉讼法"（2003 年 2 月 6 日修正）第 455 条第 3 款之规定。

③　参见后文分析简易程序时对这个问题的分析。

源，致使个案消耗的成本一般要高于自诉案件，因为相比自诉案件的自诉人，其拥有成本控制的幅度要小得多。所以侦查、检察、审判机关在代表国家追究犯罪嫌疑人的刑事责任时，考虑修复被损害的社会价值、秩序同时，还要考虑资源的投入和诉讼成本的控制。司法机关可以将节省的司法资源投入到较为复杂的公诉案件，从而可以在整体上把司法资源配置到接近最佳状态。

其四，刑事诉讼原则的贯彻程度。如贯彻无罪推定、疑罪从无，就可以减少大量的累诉与缠诉问题。① 一事不再理原则也体现了诉讼经济的理念，确定的判决应该有既判力，维护法的安定性，裁判的权威性，实质上或裁判上的一罪的一部分，判决生效后，不应该再使其中的一部分成为审判的对象。

其五，刑事诉讼费用水平。无论哪个国家，都不能说审判是免费的。② 国家理所当然地要承担对诉讼的经济投入的主要责任，但也不一概排除当事人和其他诉讼参与人承担一部分责任。被告人或其他诉讼参与人之所以应当交纳诉讼费用，这是因为刑事诉讼活动有成本代价和效率问题。从诉讼经济的角度讲，刑事诉讼是一种由审判人员提供的劳务，其成本支付主要来自税收等其他资源，而税收是由公众提供的。如果刑事诉讼费用最终确认是由于被告人犯罪行为而引起的，或者因为其他一些诉讼参与人的过错而造成的，被告人或其他诉讼参与人理应对此负责。③ 许多国家的当事人和其他诉讼参与人在不同程度上负担相应的刑事诉讼费用，德、日、法、意大利、韩国、俄罗斯、英国、我国澳门地区的刑事诉讼的立法中都有具体的规定。④ 近年来，学者们结合刑事诉讼法修改草拟的修改建议稿不知何故没有再专门设计刑事诉讼费用的条文，

---

① 张中友：《关于建立诉讼经济学的构想》，载《检察理论研究》总第 27 期，第 55—58 页。

② ［英］亚当·斯密：《国民财富的性质和原因的研究》（下卷），郭大力、王亚南译，商务印书馆 2002 年版，第 280 页。

③ 李文健：《刑事诉讼效率论》，中国政法大学出版社 1999 年版，第 231 页。

④ 详细内容可参阅刘晓东：《简论刑事审判程序成本转嫁政策》，载《法大评论》第 4 卷，中国政法大学出版社 2005 年版，第 45—47 页。德国刑事诉讼法典第 7 编第 2 章"程序费用"、日本刑事诉讼法第 1 编第 15 章"诉讼费用"、法国刑事诉讼法典第 11 编、意大利刑事诉讼法典第 10 编第 5 章"费用"、俄罗斯刑事诉讼法典第 6 编第 17 章、韩国刑事诉讼法第 16 章"诉讼费用"、英国 1985 年犯罪起诉法第二部分"刑事案件的诉讼费用"、我国澳门地区刑事诉讼法典第 11 卷"司法税及诉讼费用之责任"。

只是在对证人的经济补偿权和执行司法协助请求的费用①设计了一些条文。②但与一些国家的立法例相比，规定的内容还太少，已拟的也还略显粗疏。

其六，诉讼迟延状况。由于诉讼迟延进一步增加了诉讼成本，诉讼迟延与程序改革不断循环推动，人们对诉讼迟延越来越不可容忍。刑事审判程序的设立应保证审判活动的迅速有效进行。美国和日本宪法均确立了刑事被告人获得迅速审判的权利。迅速的审判，使法院得以早日对案件作出裁判，降低司法资源的耗费，因而有利于社会公共利益的维护；同时它也可以使被告人等程序参与者早日脱离或减少诉累。为缓解诉讼迟延，应简化诉讼程序，改进司法组织结构，强化法官职权，完善过滤机制，倡导程序对话和合作。③

（四）刑事诉讼经济原则的体现

根据诉讼经济原则的要求，在设计和运作刑事审判程序时，应当要节省司法资源的投入，避免浪费；充分利用程序，减少程序重复的现象；治愈程序瑕疵；设立多种简易程序等。刑事诉讼经济原则的基本要求可以细化为以下几个方面：

1. 迅速审判

迅速审判，即要求以最短的时间确定国家具体刑罚权的有无及其范围，对国家而言，早日确定实现国家具体的刑罚权；对当事人而言，早日确定脱离或减少诉累。

（1）严格遵守法定期间

严格按照刑事诉讼法规定的期限完成案件的审理工作，避免延期审判的现象，是落实被告人享有接受迅速审判权利的重要举措。诉讼行为的进行，设有时间限制，以避免不当的限制和不当的迟延，使诉讼行为早日确定，使裁判尽早确定。④

---

① 《模范刑事诉讼法典》第 641 条，载陈卫东主编：《模范刑事诉讼法典》，中国人民大学出版社 2005 年版。

② 《刑事诉讼法再修改专家建议稿》第 90 条，载陈光中主编：《中华人民共和国刑事诉讼法再修改专家建议稿与论证》，中国法制出版社 2006 年版；《模范刑事诉讼法典》第 139 条、第 151 条，载陈卫东主编：《模范刑事诉讼法典》，中国人民大学出版社 2005 年版；《刑事诉讼法第二修正案》第 143 条，载徐静村等：《中华人民共和国刑事诉讼法第二修正案》（学者拟制稿），载《刑事诉讼前沿研究》第四卷，中国检察出版社 2005 年版，第 1—76 页。

③ 刘晓东：《略论降低刑事审判程序成本的政策》，载《学海》2004 年第 4 期。

④ 林俊益：《程序正义与诉讼经济》，台北元照出版有限公司 2002 年初版，第 92 页。

为最大限度地减少案件进入审判程序之前的拖延，美国《迅速审判法》给法院和检察官设置了一系列的最后时间期限，以确保被告人获得迅速审判。该法要求联邦被告人应在被逮捕的 30 天之内受到控诉；应在控诉书或公诉书被提交后的 70 天内获得审判，或者自他们在地区法院就存在争议的指控初次到庭后的 70 天内获得审判（两者选一，视哪个日期最近）。该法承认导致无法在该法所确定的时间限度内开始对被告人进行审判的事情时有发生，因某个可排除的事件所导致的任何迟延都会阻碍审判的迅速进行，该法列出了这些可排除的事件。例如，根据该法，因决定被告人是否具有接受审判的能力而进行的审讯所导致的迟延期间被认为是可排除的时间。该法对于案件在规定的时间限度内没有进入审判的情形，明确规定了诸如撤销指控等严重的惩罚，如果检察官没有遵守时间限制，法官应驳回该案。该法还要求对于被羁押的被告的审判必须优先进行。①

我国 2012 年刑事诉讼法第 198 条关于延期审理规定充分体现了这一点。第 198 条规定人民检察院应当在一个月以内补充侦查完毕。检察院建议延期审理的次数不得超过两次，如检察院未能在补充期限内申请法院恢复审理，法院即可决定检察院撤诉。②

如我国 2012 年刑事诉讼法对法院的审理期限做了相应的延长，公诉案件一审审理期间为 2 个月，至迟不得超过 3 个月。遇到第 156 条规定的情形之一的、可能判处死刑的案件或者附带民事诉讼的案件，都可以延长至 3 个月。适用简易程序审理的案件，人民法院应当在受理后 20 日以内审结；对可能判处的有期徒刑超过 3 年的，可以延长至一个半月。

再如，对法院重新计算审理期限的情形，我国 2012 年新刑事诉讼法规定了法院改变管辖权的案件和补充侦查完毕后移送法院这两种情形。先前所进行的审判行为是否一并失效，也值得探讨。对于法院没有管辖权的情况，应肯定在前法院进行的起诉不因无管辖权而失去效力，以避免有管辖权的法院所对应的检察院再行起诉程序，避免因此而延长审理。而对于补充侦查再行审理的案件，重新计算审理期限，以前所进行的审理活动如果还有效力，那么这就延长了审理期限。我国台湾地区"刑事诉讼法"第 12 条规定："诉讼程序不因法院无管辖权而失去效力。"

---

① 《美国联邦地区法院刑事诉讼流程》，徐卉译，法律出版社 2003 年版，第 46—47 页。
② 《最高人民法院关于执行〈中华人民共和国刑事诉讼法〉若干问题的解释》（最高人民法院 1998 年 9 月 2 日发布，1998 年 9 月 8 日施行）（以下简称 1998 最高院刑诉法解释）第 157 条之规定。

（2）减少审级

审级制度，虽然为当事人利益而设，但并不影响被告人防御权的行使，减少审级可减轻诉累，轻微案件减少审级更具现实性。

相互牵连案件，不同级别法院管辖的案件相互牵连的，可以由上级法院合并管辖或合并审判。[①] 这种规定从形式上看，剥夺了被告人的审级利益，但鉴于上级法院的组织严密，法官经验丰富，对被告人实质上的审级利益并无实质的损害，反能迅速审结案件，可以减轻被告人的诉累。

在我国台湾地区，对情节较为轻微的案件，如能迅速审结，对被告人也极为有利，像台湾对适用简易程序的案件，请求所为之科刑判决，"经第二审判决，则不得上诉于第三审法院"。[②] 对于再审问题，对判决的一部分要求再审，对于其他部分均构成声请再审，而经第二审法院就其在上诉审确定的部分为开始再审裁定的，其对于在第一审确定的部分声请再审，"应由第二审法院管辖之"，[③] 这就减少了一个审级，有利于迅速审结。

2. 合并处理

诉讼程序的合并适用，符合诉讼经济原则的要求。能合并在一个程序里处理的问题尽量在同一个程序里予以解决，并案可以获得事半功倍的效果。合并侦查、合并起诉、合并管辖、合并审判、追加起诉、反诉、附带民事诉讼等都能有节省的效用，本文只就审判程序牵涉到的合并处理问题予以论述。

合并审理相牵连案件的条件有三："审判权相同，诉讼程序相同，诉讼程度相同。"法院可以在审判程序开始后，依照检察院、被告人的申请或依职权裁定将互有关联的刑事案件分离或合并。如《德国刑事诉讼法典》第 237 条规定，在法院受理的数刑事案件之间有牵连之时，为了同时审理的目的，法院可以决定将案件合并。

（1）合并管辖

如案件间具有相牵连关系时，如分别由有管辖权的法院管辖或审判，徒增程序的重复，调查证据的辗转，对被告人也并非有利，我国台湾地区"刑事诉讼法"为适应诉讼经济的要求，第 6 条规定了"得合并管辖"、"得合并审判"，以收事半功倍之绩效。

所谓合并管辖即牵连管辖，对于可能由数个不同法院管辖之具有相互牵连之多数刑事案件，合并由一个法院管辖。诉讼系属前之合并管辖如下：一是

---

① 中国台湾地区"刑事诉讼法"（2003 年 2 月 6 日修正，以下均省略）第 7 条之规定。

② 中国台湾地区"刑事诉讼法"第 376 条之规定。

③ 中国台湾地区"刑事诉讼法"第 426 条第二项之规定。

"数同级法院管辖之案件相牵连者，得合并由其中一法院管辖。"① 如异其固有管辖权之相牵连案件，合并管辖后，认为无合并审判的必要，该法院可裁定将相牵连的其他案件移送固有管辖权的其他法院。二是"不同级法院管辖之案件相牵连者，得合并由其上级法院管辖"。② 之所以如此规定，乃基于上级法院的审判能力较强，由其并案审理，于被告人并无不利，反而可减少诉累，更合乎诉讼经济的要求。"数人同时在同一处所各别犯罪者，不在此限。"③ 盖因此际并无犯意联络与行为分担，没有合并程序利用可言。

在我国大陆，几个法院都有权管辖的案件，由最初受理的法院审判，也可以移送主要犯罪地的法院审判。对审判管辖不明的案件，上级法院可指定管辖，上级法院也可对一审案件提级管辖。④ 法院可在审理公诉案件时，对自诉案件一并审理。⑤ 一人犯数罪、共同犯罪和其他需要并案处理的案件，只要其中一人或一罪属于上级法院管辖的，全案由上级法院管辖。⑥

（2）合并审判

在我国台湾地区，相牵连的案件在诉讼系属后之合并审判："如各案件已系属于数法院者，经各该法院之同意，得以裁定将其案件移送于一法院合并审判之；有不同意者，由共同之直接上级法院裁定之。""已系属于下级法院者，其上级法院得以裁定命其移送上级法院合并审判……"⑦

相牵连案件，得合并审理之条件有三："审判权相同，诉讼程序相同，诉讼程度相同。"关于"诉讼程度"，是指以"于第一审辩论终结前"为合并的时机为宜。因就追加起诉及提起反诉的时机，均限"于第一审辩论终结前"。法院可以在审判程序开始后，依照检察院、被告人的申请或依职权裁定将互有关联的刑事案件分离或合并。⑧ "在法院受理的数刑事案件之间有牵连之时，尽管这个牵连并非第 3 条中所称牵连，但为了同时审理的目的，法院仍然可以

---

① 中国台湾地区"刑事诉讼法"第 6 条第二项之规定。
② 中国台湾地区"刑事诉讼法"第 6 条第三项之规定。
③ 中国台湾地区"刑事诉讼法"第 7 条第 3 款之规定。
④ 中国 2012 年新刑事诉讼法第 23 条、第 24 条、第 25 条、第 26 条。
⑤ 1998 最高院刑诉法解释第 194 条；2012 最高院刑诉法解释第 267 条规定，其中对自诉案件适用第十章的规定。
⑥ 1998 最高院刑诉法解释第 5 条；又见 2012 最高院刑诉法解释第 13 条。
⑦ 中国台湾地区"刑事诉讼法"第 6 条第二项、第三项后段之规定。
⑧ 《德国刑事诉讼法典》第 3 条，载《德国刑事诉讼法典》，李昌珂译，中国政法大学出版社 1995 年版。

决定将案件合并。"①

（3）追加起诉

刑事诉讼进行，就与本案相牵连的犯罪或本罪的诬告罪，如能利用原诉讼的同一程序，并利用原诉的资料，作为其判决的基础而同时解决时，对当事人或法院有利，并可节省司法成本。我国台湾地区的"刑事诉讼法"乃基于诉讼经济的要求，准为诉之追加，以收事半功倍之绩效，"于第一审辩论终结前，得就与本案相牵连之犯罪或本罪之诬告罪，追加起诉"，②诉的追加，系以原诉存在为前提，且其所追加者，系另一案件，此乃诉的合并，如前所述，相牵连案件在符合"审判权相同，诉讼程序相同，诉讼程度相同"三条件时，于诉的追加。《德国刑事诉讼法典》第266条第1款也作了追加起诉的规定。具体而言：

首先，限于第一审辩论终结前。追加的新诉是利用旧诉的同一程序，所以其诉讼程度应属相同，如果其诉讼程度不同，即无从利用其程序，所以规定"于第一审辩论终结前"始得诉的追加。因为在第一审辩论结束前，其审理业已成熟，适于判决，固不许其追加起诉，否则对判决必有影响，反而有悖于诉讼经济的要求。第一审判决上诉后，经第二审法院撤销发回原审法院更为审判中，业已经过一审级，故虽为第一审辩论终结前，仍不得为追加起诉。

其次，限于与本案相牵连的案件或本罪的诬告罪。由于我国台湾地区"刑事诉讼法"第7条所规定"相牵连案件"的内容互相牵连，自得凭其所调查的证据互相利用，即节省劳动费用；至于本罪的诬告罪，与本罪间关系亦具有相反，亦得利用同一诉讼程序同时求得解决，故我国台湾地区"刑事诉讼法"第265条规定的"与本案相牵连之犯罪或本罪之诬告罪"始得追加起诉，其他情形，既无法利用同一诉讼程序，也就失去了诉讼经济的效用，故也不许追加之。又如我国台湾地区"刑事诉讼法"第265条第一项所谓"相牵连的犯罪"，即系同法第7条所列的相牵连案件，且必为可以独立的新诉，并非指有方法与结果之牵连关系而言。换言之，所追加者，或追加被告人人数；或追加犯罪事实的个数，或追加案件的个数；或追加本罪的诬告罪，若非此数种情形，在立法政策的考量上，不符合诉讼经济原则，故不允许追加。至于追加自诉人，"刑事诉讼法并无规定"，追加自诉人，仍应认为"独立诉讼"。

---

① 《德国刑事诉讼法典》第237条，载《德国刑事诉讼法典》，李昌珂译，中国政法大学出版社1995年版。

② 中国台湾地区"刑事诉讼法"第265条之规定。

3. 避免重复

（1）更新审判程序

审判程序的进行，采用直接原则、言词原则，为使法官形成正确的心证，如果审判期日由于审判的法官有更换的情况，应更新审判程序。但是，更新程序显然有程序重复进行的不足，这就要采取弥补缺憾的措施。

更新程序的主要情形有：法官、陪审员更换，审理中断，程序转换即简易程序转为普通程序，由于被告人的原因而中止审理程序等。

像德国，设立候补法官，始终参与审理，一直在场，遇有合议庭中的法官不能继续参与审理时，即可由候补法官递补而无须更新审理程序。如《法国刑事诉讼法典》第 296 条规定：重罪法院的法庭在审理时除确定 9 名正式陪审员外，同时还确定一名或数名候补陪审员。候补陪审员留在庭上聆听辩论，如果正式陪审员未能坚持到重罪法庭宣示判决时，就由候补陪审员递补其职位，递补的顺序依照最初抽签的次序确定。韩国刑事诉讼法第 301 条规定了"公审开庭后更换判事时，应当更新公审程序（但只宣告判决的情况除外）"。

日本刑事诉讼规则第 213 条第 2 款规定：开庭后长时间未再开庭审理，法官可裁量法更新程序。日本刑诉法第 315 条规定如取消简易审判程序即要更新程序。韩国刑事诉讼法第 301 条之二又规定：简易公审程序决定撤销时，也应当更新公审程序，但检事、被告人或辩护人无异议的除外。

根据意大利刑诉法典第 477 条的规定，法庭审理中断的时间在任何情况下不得超过 10 日；德国刑诉法典第 229 条亦规定为 10 日；我们台湾地区"刑事诉讼法"第 293 条将这一期限规定为 15 天，逾期应更新审判。

（2）限制重复调查证据

准确性和成本是证据法要考虑的核心问题。[1] 为了控制诉讼时间和诉讼成本，在法庭上质证的证据必须与所争议的重要案件事实具有关联性，如果当事人不受任何限制的出示证据，必然造成案件审理的拖延。即使有关联性的证据，美国联邦证据规则第 303 条都规定不允许出示如果引起不公正的偏见、混淆争议或者有误导陪审团之虞证据。如通常不允许就案件的附属事实盘问证人。[2]

我国台湾地区"刑事诉讼法"第 172 条规定："当事人或辩护人声请调查之证据，法院认为不必要者，得以裁定驳回之。"所谓"为不必要者"，如明

---

① ［美］波斯纳：《证据法的经济分析》，徐昕译，法律出版社 2003 年版，第 5 页。

② 高忠智：《美国证据法新解》，法律出版社 2004 年版，第 94 页。

显与已调查证据相重复、同一证据再声请等。同法第 196 条规定："证人已由法官合法讯问，且于讯问时予当事人诘问之机会，其陈述明确别无讯问之必要者，不得再行传唤。"以免重复进行不必要的程序。

根据我国 2012 年刑事诉讼法第 189 条，审判长对控辩双方的讯问、发问的内容与本案无关的，将予以制止。审判长对与案件无关或者明显重复、不必要的证据，对方提出异议的，将不准许再行举证。不仅如此，审判长对法庭辩论中的控辩双方与案件无关、重复或互相指责的发言将予以提醒、制止。[①]2012 最高院刑诉法解释第 214 条还明确了"控辩双方的讯问、发问方式不当或者内容与本案无关的，对方可以提出异议，申请审判长制止，审判长应当判明情况予以支持或者驳回；对方未提出异议的，审判长也可以根据情况予以制止"。被告人在最后陈述中多次重复自己的意见，审判长可以制止。[②]

（3）限制第二审审理范围

我国刑事第二审为复审制，就被告人案件上诉部分，进行重复审理。二审法院要对第一审判决认定的事实和适用的法律进行全面审查，不受上诉或者抗诉范围的限制。共同犯罪的案件只有部分被告人上诉的，应当对全案进行审查，一并处理。与第一审的审理内容相同，有违诉讼经济之原则。

我国 2012 年刑事诉讼法对于二审的审理范围仍然坚持了 1996 年刑事诉讼法第 186 条的规定，未作变动，这多少有点遗憾。全面审查一审事实和法律适用问题，既难脱"不告不理"之嫌，也难以摆脱"重复追诉"之风险。

（4）严格限制二审法院不当撤销发回重审

我国 2012 年刑事诉讼法规定第二审既对事实进行认定同时对适用法律进行审查。二审法院对原判决事实不清楚或者证据不足的，应尽可能在查清事实后改判。尽量减少"裁定撤销原判，发回原审人民法院重新审判"。这样可以避免随意发回一审法院，浪费一审和二审程序。原审法院对于原判决事实不清楚或者证据不足的发回重新审判的案件作出判决后，被告人提出上诉或者检察院提出抗诉的，第二审人民法院应当依法作出判决或者裁定，不得再发回原审法院重新审判。

2012 年刑事诉讼法解决了撤销原判发回重审的次数问题，这是一个明显的进步。对于程序性违法行为以至于影响公正审判的，也未必一定要发回重审，只要没有严重影响被告人的宪法性权利，无需撤销原判发回重审。

---

① 1998 最高院刑诉法解释第 139 条、第 163 条；2012 最高院刑诉法解释第 203 条、第 233 条。

② 1998 最高院刑诉法解释第 167 条；2012 最高院刑诉法解释第 235 条。

（5）避免一事再理

从程序层面而言，一事不再理表现为对于同一案件禁止再诉，包括判决前禁止重复起诉、维护对生效实体判决的既判力。在实体层面上，一事不再理的用意在于对同一案件禁止双重处罚，即对特定被告人就其所犯特定犯罪事实，最多受一次处罚，俗称"一事不两罚"。一事不再理原则与诉讼经济原则十分契合，对于确定之裁判的既定力，基于诉讼经济的考量，实质上裁判一罪之一部分，经过本案裁判确定之后，不应使其他部分再成为审判的对象。

侦控方一旦不能在最初的追诉中证明被告人有罪，就失去了再行启动诉讼程序的可能。由于放纵犯罪带来的社会成本比冤枉无辜的社会成本要低，所以即使间或出现这种情况也具有一定的合理性。如非要穷追猛打，法的安定性受到伤害，权衡比较选择遵循一事不再理的诉讼收益还是值得的，确保审判的及时终结，省掉了再次投入的司法资源。

法院准许检察院撤诉的案件，没有新的事实和证据检察院重新起诉的，法院将不予受理。① 对于自诉案件，除因证据不足而撤诉的，自诉人撤诉后就同一事实又告诉的情形、经法院调解结案后，自诉人反悔，就同一事实再行告诉的情形，法院均应说服自诉人撤诉或驳回起诉。②

我国刑诉法及其相关的司法解释均没有彻底贯彻一事不再理原则（或禁止双重危险原则），具体表现为：

1996 年刑事诉讼法和 1998 最高院刑诉法解释的几个具体规定以及实际做法悖离了一事不再理原则的精神。主要表现为：对于检察机关提出的有罪证据不足而被宣告无罪的案件，如果其裁判生效后发现了新事实、新证据，可以重新起诉，人民法院应当受理。已经生效的裁判，在认定事实上或者适用法律上确有错误是提起审判监督程序的理由。③

2012 年刑事诉讼法第 242 条、第 243 条之规定，仍然做了与以前相类似的规定。根据 2012 最高院刑诉法解释第 357 条规定，有新的证据证明原判决、裁定认定的事实确有错误，可能影响定罪量刑的；据以定罪量刑的证据不确实、不充分、依法应当排除的；证明案件事实的主要证据之间存在矛盾的；主

---

① 1998 最高院刑诉法解释第 117 条；2012 最高院刑诉法解释第 181 条第 1 款之（五）之规定。

② 1998 最高院刑诉法解释第 188 条；2012 最高院刑诉法解释第 263 条第 1 款之（七）之规定。

③ 我国 1996 年刑诉法第 204 条、第 205 条之规定；1998 最高院刑诉法解释第 304 条、第 305 条。

要事实依据被依法变更或者撤销的；认定罪名错误的；量刑明显不当的；违反法律关于溯及力规定的；违反法律规定的诉讼程序，可能影响公正裁判的；审判人员在审理该案件时有贪污受贿、徇私舞弊、枉法裁判行为的。凡属上述九项之一的，均可启动再审程序。

其实，"当案件进入审理阶段，法院应不准许检察院将案件退回补充侦查，检察院只可在休庭或延期审理期间补充证据。法院在审理期间也不应当允许检察院撤回起诉。检察院在法庭辩论结束前可以提出变更起诉追加起诉的要求"。①

4. 设立多元化的刑事简易程序

刑事案件的形态多种多样，应该建立与之相适应的多样化的刑事司法程序，把各类案件分成若干类型，规定适应各种类型的程序，保证与各类案件实际情况相符的恰当性、公正性，从而有效迅速地处理案件。世界各国除规定一般普通的程序外，都设立有相对简化多样的程序。

刑事案件的对象是犯罪，从而将要使用刑罚这一严厉的制裁手段，因此，要求有一个慎重的严格的程序。通过严密的程序才能真正发现事实真相，但司法制度受人力、财力、物力和时间等方面因素的严重制约，所有案件一律都按严格的程序处理是不大可能的，也是不理性的。所以，既要避免对所有的案件平均分配司法资源，采用相同的程序，又要防止对所涉及的罪行严重的案件，分配较少的司法资源，采用简便迅速的程序处理。因此，要确定这样一种程序，按犯罪的性质、轻重、是否认罪等情况区别对待，与之相应地适用既简略迅速又能保证公正的程序。

对那些所涉罪行比较严重，审判的结果对公民的财产、自由甚至是生命有重大影响的案件，应该设立对抗性强、能充分体现保障权利的严密的诉讼程序，这种程序比较繁琐，消耗资源比较多；而对那些所涉罪行较轻、案情简单、证据充分而审判的结果对被告人的权利影响相对较小的案件，应设立简易程序。特别是在被告人自己认罪的情况下，应以简易迅速的程序结束案件。只有针对不同案件采用繁简不一的程序，才能充分、有效地利用司法资源，而且同时做到对人权的保障。② 故有必要根据不同类型的刑事案件，设立相应的繁简程度不一的程序，而不应对所有案件一视同仁，更不应本末倒置。

德国的审判程序除普通程序外，还有特别程序。德国的特别程序划分得十

①　陈瑞华：《问题与主义》，中国人民大学出版社 2003 年版，第 356 页以下。

②　陈瑞华：《刑事诉讼的前沿问题》，中国人民大学出版社 2000 年第 1 版，第 412 页。

分详细，包括刑罚命令程序、缺席审判程序、治安案件程序、加快程序、保安程序、自诉程序、其他人参加诉讼程序、刑事附带民事诉讼程序和少年犯程序。①

德国的处罚令程序原则上仅仅针对轻罪案件。法院得经检察机关之声请，以书面的处刑命令科处罚金及一年以下自由刑，其亦得科处具有重要法律效果之刑罚。处刑命令现今已成为处罚简单的轻微及中度犯罪时之最重要之诉讼种类。如果对众多的轻微犯罪也必须逐一进行审判程序，司法的负担将过重，这样对复杂重大的犯罪就无法有必要的时间来细心谨慎地加以澄清，为此实在无法放弃处刑命令程序。②

《德国现行刑事诉讼法典》第 417 条至第 420 条规定了简易程序。③ 这是对犯罪在某种程度上进行简易化的迅速判决。这种争议很少的迅速审判的长处是牺牲了诉讼程序的司法形式性，最常见的是对在大城市中在夜间被暂时逮捕之人，于隔日就在警察局受到判处。这种迅速程序只有对举证不复杂，而且对证据判断可为系统性调查的案件值得才推荐使用。④ 德国刑事诉讼法中的简易程序是针对那些案情简单、证据清楚明了的案件应检察机关的申请，由刑事法官、陪审法庭对其立即进行审判的诉讼程序。在德国，在 2000 年，大约 4% 的案件是通过简易程序审理的。⑤

协商性司法在德国刑事司法实践中业已是个普遍的现象。据估计，今天的德国约有 20%—30% 的案件进行过某种形式的协商。⑥ 在处刑命令程序中，检察官和辩护人就是否适用该程序以及对处罚的内容进行沟通，如果被告人认罪但对罚金的数额不满意，法官也可以对罚金的数额酌情减低，这都体现了讨价还价的色彩。即使在非处罚命令程序中也存在协商，可分为起诉协商和判刑协商。根据刑诉法典第 153 条 a 的规定，只要被指控人接受一定的条件，可对犯轻罪的人暂缓起诉，即使已经启动审判程序，法院征得检察官和被告人的同意，也可在审判终结前中止诉讼，对被告人给予暂缓起诉的待遇。有时对某些

① 程味秋主编：《外国刑事诉讼法概论》，中国政法大学出版社 1994 年版，第 159 页。
② ［德］克劳斯·罗科信：《刑事诉讼法》（第 24 版），吴丽琪译，法律出版社 2003 年版，第 603—607 页。
③ 参见《德国刑事诉讼法典》第 417 条至第 420 条，李昌珂译，中国政法大学出版社 1995 年版。
④ ［德］克劳斯·罗科信：《刑事诉讼法》（第 24 版），吴丽琪译，法律出版社 2003 年版，第 567 页。
⑤ 转引自左卫民等：《简易刑事程序研究》，法律出版社 2005 年版，第 36 页。
⑥ 转引自左卫民等：《简易刑事程序研究》，法律出版社 2005 年版，第 37 页。

重罪案件，检察官和辩护律师也可以通过协商用一个轻罪指控代替原来的重罪指控。对于重大疑难的经济犯罪、环境犯罪、税收犯罪和毒品等犯罪案件，检察官和法官会主动地与辩护人私下接触，作出减少指控、对被告人请求较轻的刑罚或可能判处刑罚的上限作出承诺，来换取被告人的自白。[①] 在公诉前，辩护人与被告人商量后如自白，检察官可以告知起诉一部分犯罪行为或向法院申请对被告人作出轻微的处罚。在中间程序阶段，法官和辩护人经常性沟通，如辩护人说服被告人供认，达成被告人自白、法官明确表示刑罚的上限的协议。在审判程序中，法官在休庭期间再次主动和辩护人协商，如被告人自白，法官基于实务的经验会给予被告人减轻三分之一的量刑，但是律师也要作出撤回某些证据申请或表示要放弃上诉权。[②]

日本的审判程序除公审程序外，还规定了简略审判程序和日本简略程序，具体包括简易审公程序、简易命令[③]、交通案件即决裁判程序、未成年人案件的刑事程序等。[④] 如在罪状承认与否程序中，被告人陈述有罪内容时，法院可以听取检察官、被告人和辩护人的意见，决定把有罪陈述的诉因交付简易程序审判，但是不能仅根据有罪陈述定罪，必须经过简易审判程序的审理。简易法院运用此程序占到 50% 左右，而地方法院适用该程序只占到 10% 左右。[⑤] 日本简略程序，又称简易程序，指简易法院根据检察官提出的资料，通过简略命令实行罚金或罚款，而不再进行审判的程序。适用此程序的案件可以减轻法院的事务性负担，由于是在现行法规定的范围内限制科刑权基础上适用的制度，对被告人也是十分有利的。该程序与交通案件有密切的关系，八成以上是处理违反道路交通法的案件。[⑥] 此程序不实行起诉书一本主义，简略命令中也不显

---

① ［德］约阿希姆·赫尔曼：《德国刑事诉讼程序中的协商》，王世洲译，载《环球法律评论》2001 年冬季号。

② 孙长永：《探索正当程序——比较刑事诉讼法专论》，中国法制出版社 2005 年版，第 527 页。

③ 宋英辉：《日本刑事诉讼法简介》，载宋英辉译：《日本刑事诉讼法》，中国政法大学出版社 2000 年版，第 20 页。

④ 程味秋主编：《外国刑事诉讼法概论》，中国政法大学出版社 1994 年版，第 195 页。

⑤ ［日］松尾浩也：《日本刑事诉讼法》上卷，张凌译，中国人民大学出版社 2005 年版，第 321 页。另见宋英辉：《关于日本刑诉法及司法实务的几个问题》，载中国诉讼法律网 2002 年 8 月 8 日。

⑥ ［日］松尾浩也：《日本刑事诉讼法》（下卷），张凌译，中国人民大学出版社 2005 年版，第 321 页。

示证据的目录。① 适用此程序的案件一般都是较轻微的，被告人也不用到庭接受审判。从日本法院办理刑事案件的实际数量来看，每年有 90% 以上的案件是按简易审判程序（简易法院根据检察官的请求，对所管辖的轻微案件不开庭审理的制度，即只进行非公开的书面审理，根据检察官提出的材料判处小额的财产刑、宣告缓刑、附加没收刑等）处理的。大部分略式请求案件是违反道路交通法、业务上过失致死致伤、药物犯罪、违反枪炮刀剑持有管理法行为、赌博的案件等。②

　　法国的审判程序分为重罪法院的审判程序、轻罪法院和违警罪法院的审判程序。法国的简易程序是根据 1972 年 1 月 3 日第 72 - 5 号法令新增设的程序，分为一般简易程序和定额罚金程序两种。③ 在意大利，除了普通诉讼程序外，又规定了特殊程序。特殊程序又可分为两种，即避免举行预审的程序（又包括直接审判程序和迅速审判程序两种）和可替代法庭审判的程序（又包括刑事命令程序、辩诉交易程序和简易审判程序三种）。④

　　美国除了普通程序以外，还有两种简易程序，即司法官审理轻微犯罪程序和辩诉交易程序。⑤ 英国除正式审判程序外，还有治安法院依简易程序进行的简易审判，治安法院就刑事案件举行第一审审判程序也就是简易审判程序，治安法官在简易审判中既决定案件的事实问题，也决定法律问题。⑥ 治安法院内设立的少年法庭是专门对未满 18 岁的未成年人犯罪案件进行审判的法庭，少年法庭的法官是从治安法官中经过特别程序专门挑选出来的，在从事对未成年人犯罪案件的审判之前还要经过一定的培训。⑦

　　我国香港特区的刑事诉讼受英国普通法传统的影响，广泛适用简易程序审理案件。除少数严重罪案移送高等法院组织陪审团审理外，轻微罪案件均由裁判司适用简易程序审判。如香港《裁判司条例》第 2 篇作了关于"简易程序治罪诉讼"的规定。⑧ 澳门地区的刑事诉讼法典也规定了三类刑事简易程序：

---

　　① ［日］山口守一：《日本刑事诉讼法》，刘迪等译，法律出版社 2000 年版，第 143 页。

　　② ［日］山口守一：《日本刑事诉讼法》，刘迪等译，法律出版社 2000 年版，第 213 页。

　　③ 程味秋主编：《外国刑事诉讼法概论》，中国政法大学出版社 1994 年版，第 128 页。

　　④ 陈瑞华：《意大利 1988 年刑事诉讼法典评析》，载《政法论坛》1993 年第 4 期。

　　⑤ 刘根菊：《确立我国式辩诉交易程序之研讨》，载《政法论坛》2000 年第 4 期。

　　⑥ 转引自陈光中等主编：《诉讼法论丛》第 2 卷，法律出版社 1998 年版，第 345 页。

　　⑦ 转引自陈光中等主编：《诉讼法论丛》第 2 卷，法律出版社 1998 年版，第 349 页。

　　⑧ 转引自柯葛壮：《刑事诉讼法比较》，福建人民出版社 1999 年版，第 162 页。

简易程序、轻微违反诉讼程序和最简易诉讼程序。我国台湾地区的"刑事诉讼法"也规定了简式审判程序和简易程序，而且台湾"刑事诉讼法"第451－1条的规定被认为是引进了认罪协商制度。

我国1996年刑事诉讼法增订了简易程序，自此我国的审判程序有了普通程序和简易程序的区分。从域外的立法和司法实践的情况来看，我国的审判程序的体系还有待继续完善，针对不同性质的案件采用不同的程序，尤其对简易程序要进一步细化。我国完全有必要在基层法院设立不同的法庭专门审理特定的案件，甚至考虑设立相应的法院如简易法院来处理某些特定的案件。

5. 要求被告人承担合理的刑事诉讼费用

（1）必要性

国家和自诉人追究被告人刑事责任，是因为被告人实施了犯罪行为，被告人承担为此所发生的费用，在一定程度上可减少国家的投入，这样也能威慑潜在的犯罪之人，让实施犯罪的人得不到经济上的好处，也符合诉讼经济原则的要求。近年学者们草拟的刑事诉讼法修改建议稿均未设计刑事诉讼费用的条文，只是对证人的经济补偿和执行司法协助请求的费用设计了一些条文。[①] 但我国2012年刑事诉讼法只规定由法院补助证人因履行作证义务而支出的交通、住宿、就餐等费用、被告人自行承担辩护费用、调查取证费用、出庭费用等自不待言，但没有要求被告人承担必要的刑事诉讼费用。

（2）2012年刑事诉讼法规定的不足

从2012年刑事诉讼法的规定来看，对于公诉案件，国家承担侦查机关、检察院、法院进行诉讼所需要的各种费用以及证人作证费用；国家还需要承担符合法律援助条件的被告人的辩护律师的费用；参加刑事诉讼的被害人，承担自己参加诉讼的费用以及聘请诉讼代理人的费用等。对自诉案件，由自诉人承担控诉费用，包括调查取证费用、自诉人出庭费用和聘请诉讼代理人的费用，国家则承担审判费用和判决执行的费用。

从这些规定来看，其不足之处在于：一是没有按照诉讼结果来合理区分政府、刑事诉讼当事人以及其他刑事诉讼参与人之间应该承担的费用。既无法有

---

① 《刑事诉讼法再修改专家建议稿》第90条，载陈光中主编：《中华人民共和国刑事诉讼法再修改专家建议稿与论证》，中国法制出版社2006年版；《模范刑事诉讼法典》第139条、第151条，载陈卫东主编：《模范刑事诉讼法典》，中国人民大学出版社2005年版；《刑事诉讼法第二修正案》第143条，载徐静村等：《中华人民共和国刑事诉讼法第二修正案》（学者拟制稿），载《刑事诉讼前沿研究》第四卷，中国检察出版社2005年版，第1—76页。

效地抑制诉讼双方尤其是控诉方任意诉讼行为和机会主义诉讼行为，从而有效地控制诉讼总成本，也无法对刑事诉讼给当事人造成的损失进行合理补偿。[①]何况根据我国《国家赔偿法》，犯罪嫌疑人、被告人被作不起诉处理或被判决无罪的，只能对因限制其人身自由或身体健康受到损害以及由此造成的物质财产损失进行赔偿，而对于聘请辩护人的费用和鉴定费用、调查取证费用、本人参加诉讼的差旅费用等都无法要求国家赔偿。

（3）未来政府、当事人和诉讼参与人各自承担的费用的情形

A. 政府

对公诉案件而言，因证据不足、有证据证明被追诉人的行为不构成犯罪或者有证据证明犯罪行为不是被追诉人所为而撤销案件、不起诉或者宣判无罪的；被告人上诉，二审法院对一审判决作出有利于被告人的改判判决的；被告人申请再审，再审法院作出有利于被告人的改判判决的；检察院提出抗诉，而二审法院或者再审法院维持原判的；在告诉才处理的案件中，法院立案审理后，被害人或者其近亲属撤回告诉的，国家不承担因此而产生的成本费用，应当由被害人或其近亲属承担；被追诉人被判决无罪的，国家除了要承担审判费用和控诉费用以外，还要承担被追诉人的辩护费用和因参加诉讼而引起的误工费用，属于国家赔偿范围的，再按照法律规定予以解决。

B. 被追诉人

被告人被判决有罪的，应承担适当的控诉费用和审判费用。被告人被判决有罪的（包括定罪免刑的情形）；犯罪嫌疑人被检察院作出不起诉决定的；因犯罪嫌疑人、被告人的故意虚假陈述而导致被追诉的，即使案件被撤销、不起诉或者被宣告无罪的；犯罪嫌疑人、被告人在诉讼过程中不正当或者不必要行为的。此外，被告人除赔偿被害人直接损失和精神抚慰金以外，还应承担被害人参与诉讼的费用。在共同犯罪的情况下，不能分清责任的，由共犯承担连带责任，但可根据共犯的罪责程度和财产状况，确定每人所承担的具体数额；能够明确分清责任的，就由该被告人独自承担有关的成本费用。

判决执行的费用，可要求被告人只承担针对财产刑执行而产生的费用。

C. 附带民事诉讼当事人

对于附带民事诉讼中的费用，包括对方的代理费用和调查取证等费用，由败诉方承担，可按民事诉讼的收费办法确定。

D. 自诉人

自诉案件中被告人被判决无罪的；被告人一审被判决有罪的，自诉人不服

---

① 吴光升：《刑事诉讼成本分担制度初探》，载《中国刑事法杂志》2007 年第 2 期。

提起上诉后，被二审法院驳回上诉的；自诉人不服而提出再审申请，再审法院裁定驳回的，被告人参加再审程序的费用由自诉人承担。

E. 其他诉讼参与人

如果证人、鉴定人、翻译人员等在刑事诉讼过程中故意作出不正当或者不必要的行为，他们承担由此而产生的费用。证人作伪证的，也必须承担因此而产生的相应费用。

F. 成本费用的确定和救济

法院在刑事诉讼结束后，以裁定的形式决定刑事诉讼成本的分担，相关人不服的，可以提出上诉。

G. 费用的支付和缓、减、免

遇有被判决有罪而经济困难的被告人，可以缓交、减交或免交。经济困难的标准可以参照法律援助制度的规定。如追缴费用对判刑人的供养人的生活有重大影响的，法院酌情减少或免除。判决未生效力前，受有罪判决的人死亡的，其遗产也不再用以支付诉讼费用。

缓、减、免对象也应当限于诉讼对方的成本费用，对于己方产生的费用不宜进行缓、减、免，这部分费用可以通过法律援助制度来解决。

法院确定了数额和承担者后，由承担者直接向已支付费用的人履行义务。承担者不履行义务时，对方当事人和法院可以将之作为一种民事债权向承担者进行追讨。

6. 提起反诉

反诉之立法目的在于便利审判。我国台湾地区"刑事诉讼法"第 338 条规定："提起自诉之被害人犯罪，而被告为其被害人者，被告得于第一审辩论终结前，提起反诉。"利用自诉程序之便利而提起反诉，至于"得提起反诉之事实"，我国台湾地区"刑事诉讼法"并无明文限制，如为一切犯罪均提起反诉，也将使原来之自诉程序受到拖累，故应"与自诉事实直接相关"为限，始得提起反诉，以杜绝滥诉，以使符合诉讼经济的要求。① 反诉的诉讼主体相同但易位。反诉人即自诉被告人，反诉被告为自诉人。反诉之立法目的在于为方便审判，故反诉与自诉之当事人，必须互为被害人，互为被告人，才符合诉讼经济之要求。反诉人必须系自诉被告人，自诉被告人以外之人不得为反诉人，盖其诉讼主体不同，诉讼关系不同，既无从互相利用，就失去诉讼经济的效用，自然无提起反诉之余地。

---

① 林钰雄：《刑事诉讼法》（下册），中国人民大学出版社 2005 年版，第 122 页。

7. 程序瑕疵之补正

在审判过程中的诉讼行为无效会影响到司法效率，一律不加区分地把审判过程中的错误均作为制裁的对象，而按严重程度不区分为绝对无效和相对无效、或者法定无效和实质无效，将不符合诉讼经济原则的宗旨。对于那些严重损害公正审判的程序错误理应不允许补正，如法庭组成人员违法、公诉人、被告人、辩护人参与诉讼程序违法等等。而对于那些诉讼行为虽有瑕疵，但没有从根本上危及审判公正的诉讼行为，经过补正与合法的诉讼行为无异，那么对于可补正的那个琐碎行为就没有必要非得采取宣告无效这样的制裁措施，如一审有的书证未予调查，在第二审履行了调查程序、裁判书中的文字错误不涉及根本问题等。

8. 变更起诉法条

具体可参阅关于不告不理原则、一事不再理原则的论述。对于刑事简易程序的问题将设专节予以分析。

（五）刑事诉讼经济原则之功能局限性

从司法运作的普遍规律来看，司法所具有的高消耗和高成本使其成了昂贵的"奢侈品"。在整个社会资源有限的情况下，为了实现社会公正，政府对司法资源的投入责无旁贷。改革开放 30 多年来，我国各级政府对于司法资源的投入超过了以往的任何时期。① 但相较于增长的刑事案件数量来看，司法资源仍然显得捉襟见肘。在司法资源有限的情况下，应当合理配置司法资源，充分挖潜现有资源的潜力，实现资源利用效果的最大化。毕竟在一个资源稀缺的社会里，浪费也是不道德的。②

但是，任何一项诉讼原则都有其适用的边界，诉讼经济原则也不例外。诉讼经济原则在刑事诉讼中运用是有限制条件的，其主要限制是要照应程序的公正与效率。诉讼经济原则也应该与刑事诉讼法的目的相契合，和其他的诉讼基本原则相协调。因此，不得以基于诉讼经济原则的要求而忽视其他刑事诉讼目的的实现。而依据一般法理，有原则就有例外。基于刑事诉讼控制犯罪与保障人权之间微妙的平衡关系，对包括诉讼经济原则在内的刑事诉讼基本原则设有

① 景汉朝主编：《司法成本与司法效率实证研究》，中国政法大学出版社 2010 年版，第 4 页。

② ［美］理查德·A. 波斯纳：《法律的经济分析》（上），蒋兆康译，林毅夫校，中国大百科全书出版社 1997 年版，第 32 页。

一些例外和限定相应的范围也是应有之义。我国台湾学者林钰雄就曾冷静地指出:"诉讼经济并非'自我目的',因此绝对不能为了诉讼经济而诉讼经济,否则,全部案件都适用简易程序或全部废除审级制度,诉讼岂非更为'经济'?"[①] 因此,在分析诉讼经济原则之效能时,不能忽视其功能局限。具体而言,诉讼经济原则在审判程序中的功能发挥受限于以下几个重要因素:

1. 事实真相之查明。诉讼经济,不能妨碍对案件真实的查明,必须遵守法律安定性与程序维持的原则,不得因要求诉讼经济而忽视刑事程序,影响被告人防御权的行使,更不可以简化程序而忽视真实的发现。

诉讼经济,并非是"越快越好",或者"越省越好"。美国学者就指出,与低效率代价惨重的教训相比,高效率的代价亦是惨重的。当法院和立法机关努力提高法院系统的效率时,他们在这一过程中可能会牺牲重要的价值。[②] 在追求诉讼经济之时,不能忽略刑事诉讼对事实真相之追求。1996 年刑事诉讼法关于审判期限的规定,基本上可以满足普通刑事案件的审理。但是,对于一些重大疑难复杂的刑事案件,如集资诈骗罪、有组织犯罪等,这种审判期限并不够用,使得司法实践中普遍存在对重大疑难复杂案件拉长审限的客观性程序违法行为。2012 年刑事诉讼法关于审判期限的修改,实际上也照应到诉讼经济原则的局限性,即没有一味求快、设计"一刀切"的审判期限,通过对死刑案件、附带民事诉讼案件以及四大类法定的重大案件规定较长的审判期限,以保证这些重大案件事实真相的查明,确保案件审理的实体和程序之公正性。

2. 人权保障目标之约束。美国弗里德曼教授就曾言:"在接受经济效率这一概念的有用性之前,有必要指出其局限性:它假设只有结果才是重要,因而排除了用一些非结果性的标准,如正义,来判断法律规则的可能性。"[③] 在分析和运用诉讼经济原则之时,无法忽视当事人的程序性权利和实体性权利之保障。比如,不得因要求诉讼经济而省却必须的程序环节,影响被告人辩护权的行使;就一事不再理原则而言,世界主要国家纷纷规定该原则存在例外情况,即在存有对被告人有利的再审事实时不能受限于生效判决既判力之约束,以免因过度保障了诉讼经济而使得保障被告人权利之正义原则跌落于底线之下。又如,在美国刑事诉讼制度中,根据《联邦刑事诉讼规则》第 8 条 (a) 项之规定,对于相同或相似性质之犯罪,可以通过合并起诉进行合并审判。但是,当

---

① 林钰雄:《刑事诉讼法》(下册),台湾图书馆 2003 年版,第 229 页。

② 宋冰编:《程序、正义与现代化》,中国政法大学出版社 1998 年版,第 444 页。

③ [美] 大卫·D. 弗里德曼:《经济学语境下的法律规则》,杨欣欣译,法律出版社 2004 年版,第 19 页。

合并审判产生"陪审团根据指控的分量或者根据已累积的证据的影响来定罪"之风险时，法官可以进行分离诉讼，以保证被告人的权利不受合并审判之削弱。

因此，在实务问题的处理上，不得以基于诉讼经济原则的要求为论据而忽视诉讼目的的实现。在例外的情况下，基于诉讼经济原则以及刑事政策的特别考量，而对刑事诉讼的各种原则设有一些例外和规定相应的范围，并应随着时代的变迁和时间的推移而修正。

三、刑事审判诸原则之经济学解析

刑事审判涉及了许多的原则，依笔者看来，这些原则里面蕴涵着诉讼经济的问题，下文以刑事诉讼经济原则为导向进行逐个分析，以期得到一些共识，从而彰显诉讼经济原则的重要性，也为把诉讼经济原则确立为刑事诉讼的基本原则提供一个解释。

（一）程序法定

科斯定理的一个主要想法就是明确的权利（力）界定，以降低交易成本，尤其通过法律的规定明确职责，分清责任，限定权利（力）行使的界限，可以减少权（力）利之间的冲突。对刑事程序法而言，确立程序法定的原则，意义甚巨。

刑事程序法定原则要求刑事诉讼程序应当由法律事先明确规定；刑事诉讼活动应当依据法律规定的刑事程序来进行。[①] 刑事诉讼关涉利益重大性的人权问题，通过刑事诉讼程序实现的是刑罚权，而刑罚权又是国家以强制力剥夺公民的财产权、自由权乃至生命权。对涉及公民基本权利的刑事程序只能由立法机关制定的法律预先规定，不得针对特定案件或者特定人员事后设立刑事程序，以保证使所有刑事案件、所有当事人受到公平的待遇。如果行政机关或者司法机关有权制定剥夺或限制公民基本权利的程序性规范，就可能导致国家行政权或者司法权的恣意与专断。事先由法律来设定刑事诉讼程序来行使国家的刑罚权，对所有的人一视同仁，人们的预期就是一样的，人们不用担心得不到法律的正当程序的善待，人们的行为就可以被正确的引导，侦查机关、检察机关、审判机关各司其职，按照法律设定的范围行使各自的职权，触犯刑法的人，在严格的刑事诉讼程序中，受到应有的平等的定罪处罚，公正以看得见的形式得到实现，诉讼的成本投入可以得到有效的控制，诉讼的收益就能够得到

---

① 宋英辉：《刑事诉讼原理导读》，法律出版社 2003 年版，第 189 页。

最大限度的实现。

尽管程序法定原则的具体表现形式各式各样，但两大法系的主要国家都在其宪法或宪法性文件中明确规定了程序法定原则。大陆法系国家的程序法定原则主要体现在有关刑事诉讼程序的成文法中，① 英美法系因为有判例法的传统，程序法定原则不仅体现在宪法或宪法性文件成文法律中，如美国联邦宪法第 14 条修正案规定了正当法律程序，还体现在有拘束力的判例中。联合国《公民权利和政治权利国际公约》第 9 条第 1 款也体现了这个原则。②

与域外的立法例相比较，中国大陆司法实践中许多涉及公民基本人权的刑事诉讼行为于法无据，譬如在侦查中存在的诱惑侦查、监听、心理测试检查等（2012 年刑事诉讼法对技术侦查措施予以规范）；一些机关或者地区脱离刑事诉讼法规定进行的"创新做法"，如辩诉交易等。还有行政机关（如国务院及公安部）制定的劳动教养程序，这些规定实际上取代了立法机关制定的刑事诉讼法，其中有些规定与刑事诉讼法明显抵触，③ 致使刑事诉讼法规定的程序得不到遵守，这种状况严重背离了程序法定原则，导致权力的滥用和专权，公民的基本人权难以得到有效保障。如此这般，增加了有限资源的投入，加大了诉讼成本，却没能提高诉讼收益。

（二）无罪推定

"在法官判决以前，一个人是不能被称为罪犯的。"④ 这个语句里就蕴涵了无罪推定的思想。任何人在未经依法确定有罪以前，应假定其无罪，这是无罪推定最基本的含义。⑤ 法律的基本要求有两项：由控诉方承担提供确实充分的证据来证明被告人被指控的犯罪事实的责任；由审判机关依照法律程序就被告人是否犯有被控犯罪行为作最后的认定。⑥ 无罪推定的原则至少包含以下四个

---

① 法国 1789 年《人权宣言》第 7 条："除非在法律规定的情况下，并按照法律所规定的程序，不得控告、逮捕和拘留任何人。"1791 年法国宪法又加以确认。

② 其内容为："每个人都享有人身自由与安全的权利，任何人不得被任意逮捕或羁押，除非依据法律所规定的理由并遵守法定的程序，任何人不得被剥夺自由。"

③ 宋英辉、罗海敏：《程序法定原则与我国刑事诉讼法的修改》，载《燕山大学学报》（哲学社会科学版）2005 年 2 月。

④ ［意］贝卡里亚：《论犯罪与刑罚》，黄风译，中国大百科全书出版社 1993 年版，第 31 页。

⑤ 宋英辉主编：《刑事诉讼原理》，法律出版社 2003 年版，第 90 页。

⑥ 卞建林：《无罪推定》，载陈光中等主编：《联合国刑事司法准则与中国刑事法制》，法律出版社 1998 年版，第 102 页。

方面的内容：犯罪嫌疑人、被告人不承担证明自己无罪或有罪的责任；证明有罪的责任由指控方承担；证明应当达到法律规定的程度，如果不能达到该程度，不能确定任何人有罪；任何部门和任何人不得在审判机构宣判被告人有罪之前预断被告人有罪。

从承担证明有罪的责任的角度来看，无罪推定不要求被告人承担证明自己有罪的责任，也就是说被告人根本不用再投入任何额外的成本提出证据来"洗白"自己，即使被告人真的实施了犯罪行为也是如此，这不但使其在心理上得到了一定的满足，符合人道，而且还大大减轻了被告人的负担。

但被告人是否有罪终究要解决，被告人不必投入成本证明自己有罪，控方却要承担这个责任，从成本转嫁的角度来看，这加大了控方的负担，控方就要为此投入资源，付出巨大的成本，并且控方还要提出确实充分的证据，达到排除合理怀疑的程度。要求控方承担如此重的证据负担，原因之一是因为政府的政治责任使然，而且政府能够通过财政预算保证控方正常行使职权；原因之二是防止政府及其代理人即控方基于经济人的动机把责任推卸给被告人，让可能受到惩罚的人自己负担额外的惩罚自己的成本。

而对于审判机关而言，毋庸承担证明被告人有罪的责任，就减轻了自己的成本负担，从而有利于保持中立的立场。法院在对被告人有罪存在合理的怀疑时，可直接作出有利于被告人的解释：判决被告人无罪。这对防止审判活动无休无止拖延下去大有裨益，同时也避免了国家司法资源和诉讼参加人财力的浪费。①

如果审判机关也要承担证明被告人有罪的责任，控方就会不认真履行自己的职责，审判机关和检察机关难免相互推诿扯皮，就会发生诉讼迟延的问题，而最后受到直接损害的是被告人的权利，间接损害的就是法治秩序。如1996年刑事诉讼法第158条规定了在法庭审理过程中，合议庭对证据有疑问的，可以宣布休庭，对证据进行调查核实。法院调查核实证据可以进行勘验、检查、扣押、鉴定和查询、冻结这些活动。法院调查取证，自然投入成本，耗费有限的诉讼资源，自己破坏中立性。如果法院让检察机关补充证据，法院就不能摆脱追诉犯罪的嫌疑，存在了有罪推定的倾向，直接违反了无罪推定的原则，为检察机关没有尽到自己的职责进行了开脱，法庭审理不得不中断，不得不延期进行，这又附带地违反了集中审理原则，侵犯了被告人享有的及时快速审判的权利。

贯彻无罪推定，疑罪从无就有了容身之地，疑罪从无可能会放纵犯罪，但

---

① 　陈瑞华：《刑事审判原理论》，北京大学出版社2003年第2版，第137页。

也确实能够使无辜的人不受刑事追究。疑罪从无所带来的错误成本要小于疑罪从有，虽然可能在个案中放纵了犯罪，但刑罚的威慑力没有受到危害，也不会产生道德损害的问题，避免政府通过强制力出人于罪的责难。

无罪推定的原则也存在例外，这是权衡利弊的结果，也是诉讼经济的要求。例外之一：法律明确规定应由被告人承担证明责任的情形或其他可反驳的法律上的推定。在我国刑事诉讼中，犯罪嫌疑人、被告人不负举证责任的例外是"巨额财产来源不明"的案件。刑法第 395 条规定："国家工作人员的财产或者支出明显超过合法收入，差额巨大的，可以责令说明来源。本人不能说明其来源是合法的，差额部分以非法所得论。"这一条文明确规定了犯罪嫌疑人、被告人对其财产或支出超过合法收入且差额巨大时的举证责任，此举对于我国目前遏制贪污、受贿之严重现象，促进人民公仆的廉洁奉公有重大意义。对于涉嫌持有型犯罪的被告人来说，被告人对于"不明知"的辩解，是一种应当承担的证明责任。例外之二：阻却违法性及有责性的事实一般应由被告人一方承担证明责任，如精神不正常、意外事件、不可抗力、紧急避险等事实。① 例外之三：被告人的某些积极抗辩主张如被告人不在现场的事实。例外之四：被告人对其主张的程序性事实要承担举证责任，以我国 1996 年刑事诉讼法的规定为例，② 像申请回避理由的事实、影响采取强制措施的事实、耽误诉讼期间的事实、犯罪已过追诉时效的事实、被告人不适宜受审的事实、需要变更执行所依据的事实等。例外之五：被告人独知的事实。③ 自诉案件由自诉人承担证明责任，反诉时由反诉人承担证明责任。

贯彻无罪推定的原则，不仅有利于保障被告人乃至所有人的人权，而且从成本转嫁模式的角度，也可以看到无罪推定对于合理配置有限的法律资源，获致诉讼经济的绩效。④ 无罪推定对于降低诉讼成本投入、提高诉讼收益有隐含的效用。

（三）司法独立

在许多西方国家，立法、行政、司法三宗权力分立相互制衡，构成了司法独立的政治基础。司法独立体现在以下几个方面：司法权不依赖不受制于行政

---

①　陈朴生：《刑事证据法》，台湾三民书局 1972 年版，第 311 页。

②　1996 年刑事诉讼法第 28 条、第 15 条、第 60 条第 2 款、第 80 条、第 219 条。

③　卞建林主编：《刑事证明理论》，中国人民公安大学出版社 2004 年版，第 223 页。

④　有关诉讼成本转嫁模式的具体分析请参见刘晓东：《简论刑事审判程序成本转嫁政策》，载《法大评论》第 4 期，中国政法大学出版社 2005 年版，第 48 页。

权、立法权；司法机关独立于其他国家权力的强制与社会权力的影响，不因其干涉而改变其依法作出的裁判；各法院依法独立行使职权，只服从法律，非依救济程序，不受上级法院及其他法院的干预；法院独享司法权，其他任何机关、团体、个人都无权行使；法官严守中立。① 从另外的角度来看，司法独立即审判独立，包括法院独立、法院内部独立、法官身份独立和裁判独立。② 司法独立使司法机关的司法活动有可能不受行政权力的干预，使立法得到有效实施。司法独立还蕴含着必须排除来自社会的一切非正当干预，在经济实力的强弱已成为市场经济社会中主体地位高下的基本依据的条件下，司法独立尤其要避免经济实力对具体审判过程的冲击和影响。司法独立一方面可以减少司法机关的错误成本，另一方面有利于消除司法黑暗，降低乃至根除诉讼活动背后权钱交易所形成的司法腐败。

市场经济的劳动分工中隐含的自由、平等、公正以及必然带来的效率是催生司法独立的原动力。市场经济的逻辑要求也会产生独立自由的交换个体和实体。市场经济的这种力量不可能不对提供解决纠纷和确立规则这种公共物品的"厂家"——法院产生同样的并且是普遍的影响。

经济学的原理几乎把效率与专业分工当作"同义词"。在一个市场经济日益发展、社会分工日益细化的社会中，职业化是促进专业化的必由之路。至少公正、专业化和职业化部分地隐含了效率。③ 而非专业化的司法也不可能有效率，可以肯定，不公正的司法就总体说来不可能是有效率的。例如，不公正的判决更可能带来上诉、申诉、上访，势必增加法院乃至其他机关的工作量；为防止不公正的司法要有更多的监督、更多的司法解释，其案例也缺乏参考意义。这一切无疑会降低司法的效率。④

在公正、专业化和职业化语境中，至少部分隐含了甚至必然要求司法的独立。专业化和职业化本身更是司法独立的一个重要知识条件。法官应依据法律，参考国内外的经验以及其他研究资料和信息，作出诚实、自信、合乎情理

---

① 郭道辉：《实行司法独立与遏制司法腐败》，载《法律科学》1999 年第 1 期。

② 陈瑞华：《刑事审判原理论》，北京大学出版社 2003 年第 2 版，第 145 页。

③ 这方面的文献非常多，可参看 Richard A. Posner, The Economics of Justice, Harvard University Press, 1981, 特别是第一编；以及，John Rawls, A Theory of Justice, Harvard University Press, 1971；John E. Roemer, Theories of Distributive Justice, Harvard University Press, 1996。

④ 请参看 Richard A. Posner, The Problems of Jurisprudence, Harvard University Press, 1990, p. 387；Richard A. Posner Economic Analysis of Law, 4th ed. Little, Brown, and Company, 1992, p. 251。

的判决。如果其他人员或机构可以指手画脚、越俎代庖，即使判决结果公正，也令人怀疑单独的法院系统和法官存在之必要。①

司法独立是一种国家权力配置的方式，是国家对其司法权优化配置的结果，体现着资源的优化配置，为法官有效地行使审判职能创造了一个制度环境和隔音空间，阻隔了行政权和立法权对审判权的不正当侵蚀，避免外界力量的干涉和影响法官行使审判职能。②

从法院独立来看，司法资源优化配置一方面是使法院在其司法权的行使方面拥有独立权，另一方面是在其司法行政事务方面摆脱行政机关和立法机关的控制。③ 尤其在财力资源上，避免了各级法院为了生计，向当事人和政府"讨饭"的滑稽局面。从法院内部独立来看，司法资源的优化配置要求担负审判职能的主体，无论是采取何种审判组织，在进行审判活动和制作司法裁判过程中具有独立性和自主性，不受法院内部力量的控制和影响。从法官身份独立来看，法官所决定的案件的结果与其本身的财富和权力无关，对法官来说，做其认为对的事情不比做其认为错的事情的成本更高，法官能够只是由他们内心的对与好来引导。④ 审判独立要求法官亲自主持庭审、审查证据、听取辩论，直接掌握第一手的资料，获得充裕的个案信息，在较短的期间内完成审判工作。避免各种各样请示汇报环节，消除审而不判、判而不审、合而不议、议而不决的现象，从而简化中间环节，避免了人、财、物的不必要的耗费，避免诉讼拖延。

不同的国家利用不同的方法来确保法官的独立。欧洲的司法体系的独立性取决于司法官僚体系与社会中的私人纠纷的隔离。美国法官的独立性的基础是当他们被任命后，政客和行政官员对他们没有影响力。⑤ 只有"法官独立"才能保证司法公正，叠床架屋式的监督制度很难保障司法公正，相反还会损害法官的独立性，最终影响司法公正。⑥

---

① 苏力：《制度改革的逻辑错位——评〈地方各级人民法院及专门人民法院院长、副院长引咎辞职规定（试行）〉》，载中国民商法律网 2003 年 1 月 19 日。

② 李文健：《刑事诉讼效率论》，中国政法大学出版社 1999 年版，第 195 页。

③ 王铁玲、陆而启：《论审判独立的公正与效率价值》，载中国民商法律网 2002 年 11 月 2 日。

④ ［美］罗伯特·考特、托马斯·尤伦：《法和经济学》，施少华等译，张军审校，上海财经大学出版社 2002 年版，第 350 页。

⑤ ［美］罗伯特·考特、托马斯·尤伦：《法和经济学》，施少华等译，张军审校，上海财经大学出版社 2002 年版，第 350 页。

⑥ 马怀德：《法官如何独立》，载正义网 2002 年 6 月 11 日。

　　为贯彻司法独立的原则，就要相应地采取一系列保障措施，如从最高法院到基层法院，其组织自成系统，与立法、行政机构分开；法官实行专职制、高薪制、审理案件时不可更换制、身份保障、退休保障制等，以便从制度上消除法官在执行职务时的顾虑，从而保障审理的公正性。① 而要防止行政对司法的干涉，关键在于建立保障司法独立的体制和制度。包括人事制度、财政供给体制、事务管辖的划分以及侵权责任制度的确立等。② 要保障司法独立，就不能让法官为了生计手捧帽子，向自己的主要的诉讼当事人（政府）乞讨。③ 谁控制法官的生活，谁就控制着法官的意志。一个随时会丢掉饭碗的人只会对端他饭碗的人负责，而不是法律。为此，应当确立法官的特殊保障制度，尤其是职务保障制。除非构成犯罪并经人大罢免程序，任何法官都不得被解除职务。④

（四）不告不理

　　不告不理原则是说侦查起诉与审理裁判分别由两个不同的机关担任，审检分立，彼此独立，各有所司，不能混同；并且"无起诉者即无审判者"，无诉即无裁判，也就是所谓的"不告不理"。⑤ 不告不理之控诉原则要求诉审同一。法院审判的对象，以检察院起诉的被告人及其犯罪事实为限，法院保持被动消极的角色，无论如何不得"主动"审判未经起诉的犯罪事实。对于检察院未指控的被告人及其罪行，法院无权进行审理和判决，即使法院在审判过程中发现检察院起诉指控的对象有遗漏，也不能脱离检察院起诉指控的被告人的罪行而另行审理和判决。此外，即使法院依据职权调查原则，也应以案件的同一性为前提，并无例外。

　　对于起诉的犯罪事实解释不能过宽，否则法院审理的范围会相应地变得宽泛，会架空不告不理的原则，使控审分离、控辩平衡都受到影响，被告人的主体地位也会受到影响，甚至会剥夺被告人的防御权，使被告人在未能进行充分准备的情况下，受到法院的突袭审判。过宽的解释也势必造成审理范围争点无法相对集中，造成诉讼拖延，追求诉讼经济的愿望就成了空中楼阁。

　　对于起诉的犯罪事实解释又不能过窄，过窄的解释会造成有些犯罪在本次追诉中无法追诉，会造成再行起诉，时过境迁会使可能容易收集的证据灭失，

---

① 龙宗智：《刑事庭审制度研究》，中国政法大学出版社 2001 年版，第 95 页。
② 龙宗智：《刑事庭审制度研究》，中国政法大学出版社 2001 年版，第 33 页。
③ ［美］欧文·R. 考夫曼：《维护司法独立》，载《法学译丛》1981 年第 3 期。
④ 马怀德：《法官如何独立》，载正义网 2002 年 6 月 11 日。
⑤ 林钰雄：《刑事诉讼法》（上册），中国人民大学出版社 2005 年版，第 212 页。

如不能弥补的话，使追求发现真实的目的无从实现。不仅如此，如果寄希望再次起诉，就会浪费有限的司法资源，也违背了诉讼经济的基本要求。当然也会给被告人及其他相关的诉讼关系人尤其是证人增加负担，尤其是碰到被告人在本次诉讼中无罪判决的情况时更显得不合理。即使在下次的审判中被告人受有罪判决，也不会使被告人从中受益，同时也耗费了审判成本。

检察院起诉范围决定了法院审理的范围和裁判的对象，也即"法院审理与判决对象及范围仅限于检察官起诉所及对象与范围"。① 起诉不仅在形式意义上决定着审判程序能否开始，而且还具体圈定了审判活动的范围和界限。"它（指法院审判）不得超越起诉书的范围，主动对未被检察官指控的人进行审判，也不得对起诉书未载明的案件事实进行调查。法院审判一旦超越了起诉的范围，就会形成一种事实上的越权。因此，在审判过程中，法庭即使发现了检察官未曾起诉的新的犯罪事实或者新的犯罪嫌疑人，也不应自行决定扩大审判范围，除非检察官以追加起诉等合法方式扩大了控诉的对象和范围。"② 譬如，德国刑事诉讼法典第 155 条在"调查范围"标题下规定："（一）法院的调查与裁判，只能延伸到起诉书中写明的行为和以诉讼指控的人员。"日本刑事诉讼法第 249 条规定："公诉的效力不及于检察官所指定的被告人以外的人。"我国台湾地区的"刑事诉讼法"对此作出了更为明确的规定，其中第 266 条规定："起诉之效力，不及于检察官所指控被告以外之人。"其第 268 条规定："法院不得就未经起诉之犯罪审判。"③ 即使在法院审理案件的过程中，当庭发生犯罪行为譬如伪证罪或杀人罪，法院也不得主动审理这些案件，这就是所谓的"无原告，即无法官"。④ 但为诉讼经济之考量，在案件同一性的范围内是可以进行审理的，但关键在于对同一性要进行界定，以免误导。如检察院以强奸罪起诉，而法院以猥亵罪名处理并无不可。

我国在审判程序中存在较为严重的控审不分的问题：一审程序中的控审不分问题主要有：

法院在审理过程中发现了新的犯罪事实后如何处理？如法官建议人民检察院补充侦查，导致法院承担了追诉犯罪的职能，模糊了审判权与公诉权的界

---

① 林山田：《论刑事程序原则》，载《台大法学论丛》第 28 卷第 2 期。

② 陈瑞华：《刑事审判原理论》，北京大学出版社 1997 年版，第 235 页。

③ 对于何谓"经起诉之犯罪"，第 267 条规定："检察官就犯罪事实一部起诉者，其效力及于全部。"因此，在我国台湾刑事诉讼法学中，关于事实同一性（即"何谓一罪"）的讨论一直占有很重要地位。

④ ［德］克劳斯·罗科信：《刑事诉讼法》（第 24 版），吴丽琪译，法律出版社 2003 年版，第 99 页。

限。"人民法院在审理中发现新的事实，可能影响定罪的，应当建议人民检察院补充或者变更起诉。"①

一审法院是否直接改变罪名？即"控此罪判彼罪"问题。法院经过开庭审理，在认定检察机关指控的罪名不成立的情况下，应判无罪，而直接以其他罪名作出有罪判决，法院就是在追诉犯罪，是在"协助控诉"、"变相追诉"，这就混淆了控诉、审判各自的职能划分，侵犯了被告人的辩护权。②

二审程序中的控审不分具体表现在以下三个方面："全面审查"式的复审、改变一审判决认定的罪名、发回重审。

再审程序中的控审不分体现于：一是法院主动启动再审程序，这是具有中国特色的制度。二是对再审案件进行全面审查而不受当事人申诉和检察机关抗诉范围的限制。对该问题较为细致的分析见一审程序、二审、再审程序中的论述。③

从诉讼经济的原理来看，不告不理之控诉原则符合劳动分工的要求，有利于实现权力制约和监督；法院不必为搜集调查证据而破费；检察院承担追诉不力的责任；对被告人而言，其防御权得到保证，不必为此增加诉讼开支。

（五）　任何人不受强迫自证其罪

任何人不受强迫自证其罪原则，包含以下含义：一是被告人没有义务为追诉方向法庭提出任何可能使自己陷入不利境地的陈述和其他证据，追诉方不得采取任何非人道或有损被告人人格尊严的方法强迫其就某一案件事实作出供述或提供证据；二是被告人享有沉默权，有权拒绝回答追诉方或法官的讯问，有权在讯问中始终保持沉默，警察、检察官或法官应及时告知犯罪嫌疑人、被告人享有此项权利，法官不得因被告人沉默而使其处于不利的境地或作出对其不利的裁判；三是犯罪嫌疑人、被告人有权就案件事实作出有利于或不利于自己的陈述，但这种陈述须出于真实的意愿，在意识到其行为后果的情况下作出，

---

① 参见 1998 最高院刑诉法解释第 178 条规定；2012 最高院刑诉法解释第 243 条：审判期间，人民法院发现新的事实，可能影响定罪的，可以建议人民检察院补充或者变更起诉。

② 参见 1998 最高院刑诉法解释第 176 条之（二）项之规定；2012 最高院刑诉法解释第 241 条之（二）：起诉指控的事实清楚，证据确实、充分，指控的罪名与审理认定的罪名不一致的，应当按照审理认定的罪名作出有罪判决。

③ 对该问题的详尽分析可参阅：宋英辉：《刑事诉讼原理导论》（法律出版社 2003 年版）第四章第三节；陈卫东、李奋飞：《刑事诉讼中的控审不分问题研究》；陈瑞华：《刑事诉讼中的重复追诉问题》，载陈瑞华：《问题与主义之间——刑事诉讼基本问题研究》，中国人民大学出版社 2003 年版。

法院不得把非出于自愿而是迫于外部强制压力所作出的陈述作为定案根据。①

该项原则实质上赋予了犯罪嫌疑人、被告人两项权利：一项是对于是否陈述享有不受强迫的权利；另一项是对是否陈述及是否提供不利于己的陈述享有选择权。

在美国，反对强迫自证其罪的权利是一项宪法性权利。除非有充分的证据证实可能之理由，否则政府不应该通过可能导致一个人被定罪判刑的强制出庭和强制开示之方式，而妨碍个人之安宁。倘若要保障个人安宁的话，政府必须从该个人以外的其他来源获取案件的初步证据。②

的确，整个社会中只有小部分人会成为犯罪嫌疑人或罪犯，废除这个特权对罪犯的唯一成本只会是使其更加难以逃脱应得的惩罚。要是仅仅这样认为，这一特权应该废除。但是废除这一特权也会导致提高错误成本，增大错误定罪的危险。如果认为只有作出自认的人才有罪，并且认为每个人都是潜在的可能被追诉的犯罪嫌疑人，那么无辜之人可能被怀疑犯罪，也许他所说的话可能被用于编织一张更加紧紧缠绕他的嫌疑之网；再或者他只是有一张令人狐疑的脸，那么就要支持这一特权。

通常认为只有犯罪的人才会作出自认，那么无辜之人为了传递自己清白的信息就会放弃这一特权，而未放弃这一特权的人就可被恰当定罪。这就是事实的审理者往往从被告人拒绝出庭作证而推定其有罪的理由。即使法庭告诉陪审团不能因为这样拒绝作证就推定其有罪，也往往无济于事。如果无辜之人同样要承担放弃这一特权的成本，那么拒绝放弃这一特权就不能被可靠地解释为一种有罪的信号。期望陪审团认真对待反对强迫自证其罪原则的法官就要有一个可信的解释，为什么无辜的人也可能会担心作证的后果。③ 下面用一个模型来说明：④

$P = P_1 X_1 + (1 - t) P_2 + t P_3 t X_2$

P 为被告人将被认定有罪的概率

P_1 是案件中其他证据 X_1 导致的有罪概率

---

① 转引自宋英辉主编：《刑事诉讼原理》，法律出版社 2003 年版，第 98 页。

② 转引自［美］理查德·A. 波斯纳：《证据法的经济分析》，徐昕译，中国法制出版社 2004 年版，第 153 页。

③ ［美］理查德·A. 波斯纳：《证据法的经济分析》，徐昕译，中国法制出版社 2004 年版，第 155 页。

④ 详细请参阅［美］理查德·A. 波斯纳：《证据法的经济分析》，徐昕译，中国法制出版社 2004 年版，第 155 页。

P$_2$是假设被告人不出庭作证将推定其有罪的概率

P$_3$是假设被告人出庭作证将推定其有罪的概率

X$_2$是被告人打算提供的证言

t 为是否出庭作证的决定

t = 1，被告人出庭作证

t = 0，被告人不出庭作证。

当 t = 1 时，P = P$_1$X$_1$ + P$_3$X$_2$，被告人不出庭作证将推定其有罪的概率为零。被告人作证，那么 P$_3$X$_2$ > 0，此时，其他证据 X$_1$ 如不能充分证明被告人有罪，被告人作出对己不利的证言，就会加重其有罪的分量；如果作出对自己有利的证言且被采信，就会对自己有利，被定有罪的可能性就大大降低。

当 t = 0 时，P = P$_1$X$_1$ + P$_2$，那么被告人不出庭作证将推定其有罪的概率 P$_2$ > 0。如果缺乏其他证据 X$_1$，被告人出庭作证与否就很关键，被告人不言语，认为其有罪的难度加大。如果其他证据 X$_1$ 充分，此时对被告人会有一个不利的有罪推定。

总之，被告人是否出庭作证，就取决于 t = 0 时即拒绝作证和 t = 1 时即出庭作证时 P$_2$ 和 P$_3$X$_2$ 两个数值的权衡。[①] 被告人不出庭作证将推定其有罪的概率如果大于被告人出庭作证将推定其有罪的概率，也许就应该出庭作证；反之，就不必出庭作证。所以是否行使这一特权，被告人要作出恰当的权衡。如果没有辩护律师的帮助，被告人做抉择也许很困难。

在诉讼实践中，追诉人为了尽快查明案情易对被追诉人施加压力，所以仅仅赋予其沉默权是不够的，还必须建立相应的制度和程序上的保障机制。为了落实这些程序保障措施，追诉人的工作量自然要加大，政府也要为此增加投入。

应确立讯问前的告知规则，例如类似于美国的米兰达规则，让受讯问人能够了解和维护其不受强迫自证其罪及保持沉默的权利。为了保障被追诉人在审前阶段的陈述确系基于其本人自愿作出，则要具体规定被追诉人作出陈述的程序条件，如包括被追诉人放弃沉默权必须是以明示的方式作出的；受讯问人表示自愿陈述时，要签署一个文字声明。为了防止追诉机关在进行讯问时强迫受讯问人陈述，许多国家规定了进行讯问时律师的在场权，规定了在羁押管理和实施讯问过程中可能发生的强制行为的抑制措施，严格限制侦查机关控制被追诉人人身自由的时间，避免侦讯机关通过长时间羁押的方法强制被羁押人陈

---

① ［美］理查德·A. 波斯纳：《证据法的经济分析》，徐昕译，中国法制出版社 2004 年版，第 156 页。

述。对被追诉人的羁押管理应由独立于追诉机关的职能部门负责。明确以强迫手段获得的陈述不得作为认定被追诉人有罪的证据，抑制侦讯官员通过强迫手段获取有罪供述的欲望。对讯问被追诉人的过程予以控制，减少讯问过程中追诉机关对被追诉人施以强制的可能。在羁押期间，被追诉人有自由会见律师的权利。①

（六）有效辩护

辩护权被确立为基本人权，在许多国家不仅是一项诉讼权利，而且上升为宪法性权利。各国刑事辩护的重点已经从泛泛地宣布被告人享有此项权利转向加强对辩护权的保障措施的建构，完善了刑事辩护职能。② "被告人有权获得辩护"是我国宪法肯认的原则，也是世界各国刑事诉讼法普遍确认的原则，是人权保障的重要内容。

霍布斯曾言权力意味着财富，权（力）利与财富金钱总是联系在一起的。③ 人权当中不言而喻包含基本生计问题，所以对于因辩护而发生的费用问题也不能避而不谈，在下文中也顺便分析律师费用的问题。由于辩护人还可以由非职业律师担任，在此仅仅分析职业律师担当辩护人的问题，其他承担辩护职责的人员以此分析为参照。

有效辩护原则要求犯罪嫌疑人、被告人在刑事诉讼过程中应当享有充分的辩护权。④ 所谓"充分"，时间上包括审前、审判和执行（含申诉阶段）这三大阶段，有辩护人提供帮助；有合格的辩护人；国家有义务保障其享有辩护权，为无资力的当事人提供政府承担费用的律师服务。有的国家还规定了强制辩护制度，如德国刑事诉讼法典第 140 条、日本刑事诉讼法第 289 条第 1 款规定不能放弃辩护权，在审理相当于死刑、无期惩役或无期监禁以及最高刑期超过 3 年的惩役或监禁的案件时，如果没有辩护人到场，不得开庭。我国 1996

---

① 宋英辉、吴宏耀：《任何人不受强迫自证其罪原则及其程序保障》，载《中国法学》1999 年第 2 期。

② 宋英辉、吴宏耀：《刑事审判前程序研究》，中国政法大学出版社 2002 年版，第 372—373 页。

③ ［英］亚当·斯密：《国民财富的性质和原因的研究》（上卷），郭大力、王亚南译，商务印书馆 1972 年版，第 27 页。

④ 宋英辉：《刑事诉讼原理导论》，法律出版社 2003 年版，第 224 页。

年刑事诉讼法第 34 条第 2 款和第 3 款也可以认为是"强制辩护"的立法例。①
我国台湾地区"刑事诉讼法"也规定了强制律师辩护制度，如第 31 条、第 37
条之规定。

　　律师提供法律帮助的益处起码有以下三点：律师具有专业知识，能够弥补
当事人法律知识、法律经验的不足，尤其是在对抗制的庭审中更是如此，避免
不当的失误，减少错误成本；当事人一般对律师持信任态度，乐于听从律师权
威性的意见和建议，会慎重考虑律师对诉讼结果的预测，这就有可能促使当事
人尽快采取合作的态度接受审判，甚至与控方成功协商，案件的处理进程有可
能加快，缩短了时间，再加上对审判结果的满意度，就降低了直接成本；律师
参与到诉讼中来，会有利于当事人积极参与诉讼，这也有助于实现公正。②

　　律师的辩护权包括的主要内容有：当事人被追诉机关讯问时的律师在场
权、会见当事人和与当事人通讯的交流的权利、律师通过阅卷和证据公开获取
案件信息的权利、律师调查取证与请求证据保全的权利③、律师在庭审中发言
的豁免权④、承担未能有效履行辩护或违法辩护的责任。

　　天下没有免费的午餐，没有永远的朋友只有永恒的利益。律师费用构成了
当事人私人成本的重要部分。⑤ 在某些西方国家（如德国、意大利、奥地利），
由于规定了律师强制代理制度，律师费用就成为当事人的一项沉重负担。德国
采用硬性律师费制，律师收费依照 1957 年的《联邦律师费条例》的规定，法
院对此没有多大自由裁量权。⑥

　　我国的当事人聘请律师的费用比较低廉，加上我国并不采取律师强制代理
制，律师费用不构成当事人费用的必要的成本。可以预料，在我国走向法治的

---

　　① 参见我国 1996 年刑事诉讼法第 34 条：公诉人出庭公诉的案件，被告人因经济困
难或者其他原因没有委托辩护人的，人民法院可以指定承担法律援助义务的律师为其提供
辩护。被告人是盲、聋、哑或者未成年人而没有委托辩护人的，人民法院应当指定承担法
律援助义务的律师为其提供辩护。被告人可能被判处死刑而没有委托辩护人的，人民法院
应当指定承担法律援助义务的律师为其提供辩护。

　　② ［美］迈克尔·D. 贝勒斯：《法律的原则——一个规范的分析》，张文显等译，中
国大百科全书出版社 1996 年版，第 52 页以下。

　　③ 宋英辉、吴宏耀：《刑事审判前程序研究》，中国政法大学出版社 2002 年版，第
397 页以下；另见宋英辉、李忠诚：《刑事程序功能研究》，中国人民公安大学出版社 2004
年版，第 87 页以下。

　　④ 樊崇义主编：《刑事诉讼法修改专题研究报告》，中国人民公安大学出版社 2004 年
版，第 213 页。

　　⑤ 青锋：《我国律师法律制度论纲》，中国法制出版社 1997 年版，第 444 页。

　　⑥ 廖永安：《诉讼费用研究》，中国政法大学出版社 2006 年版，第 119 页。

过程中，对于律师的需求会越来越强劲，律师费用也将成为当事人私人成本的重要组成部分。鉴于小时计酬制的弊端，我国在制定律师收费办法时，可以采取法定收费与协议收费相结合的方式，由司法行政部门与律师协会商定一个建议性收费标准。这是规范律师收费制度、抑制律师费用不断上升的一条途径。①

辩护律师介入的时间越早，花费的律师的时间就越多，相应地，支付给律师的费用就越多，当事人或国家承担的经济开支就越大，但对被告人的权利维护得就越好；律师会见的次数越多，给律师提供的条件越便利，相应地，需要支付的诉讼成本就越多；律师的调查取证权越大，律师可能获得的证据就越多，为此支付的成本开支就越大；确保律师的在场权，律师为当事人提供服务的时间就会增加，律师费用就会提高；保证律师的阅卷权，就要提供律师阅卷的便利条件，为此国家就要多投入资源，同时律师付出的劳动量就越大，支付给律师的酬金也就越多；辩护人的刑事豁免权，使律师不用担心为了辩护而承担责任，减轻了律师的心理压力，便于律师放开手脚去实施其辩护职责。

由于诉讼程序越来越演化为律师主导型，刑事诉讼程序的良性运作越来越依赖律师的有效参与，现代诉讼制度的发展造就了程序对律师的过分依赖。②没有律师的有效帮助，刑事被告人和被害人将在诉讼中陷于更加不利的境地，因此许多国家都致力于促进律师有效地参与诉讼，并通过完善法律制度来解决无资力聘请律师的难题。随着我国诉讼程序对抗性程度的提高，对于律师参与诉讼过程的需求越来越大，刑事法律援助是律师广泛参与诉讼的重要保障。当下，我国刑事法律援助的现状是"口惠而实不至"，如不改进，被告人的权利无法入围将来的诉讼制度而难免遭遇出局，对抗制诉讼给普通百姓带来的就是越来越多的困惑，诉讼制度的进步将黯然失色。一部分人可以先富起来，而对于司法正义的获得不能有先后之别，故要从理解律师的法律帮助是现代司法制度存续的基石的角度来把握法律援助制度。③

各国普遍规定犯罪嫌疑人没有能力聘请律师时，政府要为其免费提供律师。凡不能获得律师的被告人有权从最初在联邦治安法官或治安法庭前到案直

---

① 廖永安：《诉讼费用研究》，中国政法大学出版社 2006 年版，第 133 页以下。

② 转引自江礼华等主编：《美国刑事诉讼中的辩护》，法律出版社 2001 年版，第 274 页。

③ 陈瑞华主编：《刑事辩护制度的实证考察》，北京大学出版社 2005 年版，第 176 页。

到上诉的每个阶段，都有权获得指定律师帮助的权利，除非被告人放弃这种权利。① 美国的米兰达规则中就要求有预先告知这一项要求。《日本刑事诉讼法》第 36 条规定："被告人由于贫困或其他不能选任辩护人时，法院依据辩护人的请求，应当为其选任辩护人。"辩护人由律师中选任，费用由国家负责。由于法律援助只适用于被告人，因而在实践中为了帮助被疑人，日本律师界开展了律师值班制度。值班律师在接受申请 48 小时以内与被疑人会见，初次见面是免费的，费用由律师会支付，以后收费，但如果被疑人由于贫困无力支付辩护费用，在首次见面时，律师应告知其可以申请"刑事被疑人辩护援助基金"的援助。② 《俄罗斯刑事诉讼法典》第 16 条之 4 项规定：在本法典和其他联邦法律规定的情况下，犯罪嫌疑人和刑事被告人可以无偿得到辩护人的帮助。联合国《关于律师作用的基本原则》第 6 条规定："任何没有律师的人在司法需要情况下均可获得按犯罪性质指派给他的一名有经验和能力的律师以便得到有效的法律援助，如果他无足够力量为此支付费用，可不交费。"第 3 条规定："各国政府应确保拨出向穷人并在必要时向其他处境不利的人提供法律服务所需要的资金和其他资源，律师专业组织应该安排和提供服务、便利和其他方面进行合作。"《公民权利和政治权利国际公约》第 17 条规定："犯罪嫌疑人被拘留的，就有权获得法律援助。"此外，法国和德国在再审程序中也彻底贯彻了法律帮助权。③

在福利国家中，个人有获得法院审判以及获得律师帮助的权利。④ 《公民权利和政治权利国际公约》第 17 条第 2 款规定了"犯罪嫌疑人被拘留的，就有权获得法律援助"。《意大利刑事诉讼法典》第 98 条规定"被告人可以要求获得由国家免费提供的救助"。对于那些没有能力支付诉讼费的群体，国家或社会就应给予其经济上的帮助，使诉讼的进行成为可能。因此，20 世纪 60 年代以来的诉讼援助制度，主要系针对这类人而设。对于贫穷者的诉讼援助，始终是该制度的核心内容，这是因为各国都以受助人的财力即经济状况作为确定诉讼费用援助的依据，差别仅在于对"贫穷"的界定标准不同。在西方现行制度下，提供诉讼费用援助的主体即成本的负担者主要是国家，因而最终还是

---

① 参见《美国联邦刑事诉讼规则》第 44 条之规定，李昌林译，载《刑事诉讼前沿研究》第 4 卷，中国检察出版社 2005 年版。

② 宋英辉：《〈日本刑事诉讼法〉的"译者说明"》，载《日本刑事诉讼法》，宋英辉译，中国政法大学出版社 2000 年版，第 9 页。

③ 《法国刑事诉讼法典》第 625 条 -1；《德国刑事诉讼法典》第 364 条 a、第 364 条 b 第 1 项、第 451 条第 2 项。

④ 陈光中主编：《刑事诉讼法实施问题研究》，中国法制出版社 2000 年版，第 49 页。

一般纳税者承受了成本的转移。在某些情况下，私人慈善团体、律师协会等组织也在一定程度上承担了转嫁过来的成本。[①]

刑事法律援助是国家对某些因经济困难无力支付或特殊案件的当事人给予减、免费用提供法律帮助的一项制度。其援助的对象以犯罪嫌疑人和被告人为主，现在也开始向被害人提供。[②] 其资金来源在国外主要是由国家财政提供，其次来源于公民个人的社会团体的捐献。[③] 在我国，用于法律援助的经费主要有少量政府投入、法律援助基金支持，而更多的是要靠律师或律师事务所承担义务。在中国大陆刑事诉讼援助的主体是律师。实践中，律师承担法律援助义务的方式主要有以下几种：每年义务完成一定的法律援助工作量；每年按人头或业务收费的一定比例交纳法律援助基金；在法律援助中心建立专职律师队伍；律师事务所对经济困难的当事人自行决定减、免费用并对承办该案件的律师给予适当补偿；律师在法律援助中心轮流义务值班，等等。将诉讼援助定格为律师对当事人的法律援助，由此将当事人的私人成本转移给律师，这种规定是根据我国目前的经济发展状况作出的。与消灭贫困、解决生存权问题的经济目标相比，个人诉讼境遇的改善只能居于次要位置，至少不会成为国家优先考虑的问题。但是，当经济发展到一定水平时，国家就有能力将诉讼援助策略内化为促进贫穷当事人进行诉讼的成本政策，并自觉地承担起无资力者的诉讼费用的责任。[④] 尤其是将来制定诉讼费用援助法时，一方面要根据当事人的经济状况确定减、免或缓交诉讼费用具体标准；另一方面，对进行诉讼援助的律师提供一定的补助，费用由诉讼援助基金支付。实践经验说明，由律师向法律援助基金组织捐赠比强求律师履行义务要更有经济学意义。日本的值班律师制度值得借鉴，值班律师应在接受申请后48小时以内与被疑人会见，初次会见被疑人是免费的，律师的日津贴、交通费等由律师协会支付。值班律师在初次与被疑人会见时，应告知如果由于贫困而无力支付辩护费用，可以申请"刑事被疑人辩护援助基金"的救助。[⑤]

[①]　刘晓东：《简论刑事审判程序成本转嫁政策》，载《法大评论》第4期，中国政法大学出版社2005年版，第48页。

[②]　陈光中等主编：《联合国刑事司法准则与中国刑事法制》，法律出版社1998年版，第251页。

[③]　程荣斌主编：《中国律师制度原理》，中国人民大学出版社1998年版，第209页。

[④]　刘晓东：《简论刑事审判程序成本转嫁政策》，载《法大评论》第4期，中国政法大学出版社2005年版，第47页。

[⑤]　宋英辉：《〈日本刑事诉讼法〉的"译者说明"》，载《日本刑事诉讼法》，宋英辉译，中国政法大学出版社2000年版，第9页。

指定辩护是我国法律援助的一种形式,我国 1996 年刑事诉讼法第 34 条规定:"公诉人出庭公诉的案件,被告人因经济困难或者其他原因没有委托辩护人的,人民法院可以指定承担法律援助义务的律师为其提供辩护。被告人是盲、聋、哑或者未成年人而没有委托辩护人的,人民法院应当指定承担法律援助义务的律师为其提供辩护。被告人可能被判处死刑而没有委托辩护人的,人民法院应当指定承担法律援助义务的律师为其提供辩护。"

1996 年刑事诉讼法规定指定辩护的主要缺陷:一是只适用于审判阶段,在审判前没有法律援助的规定;二是指定条件过于狭窄,范围较小;三是在审前阶段由法院指定,而不由法律援助机构确定,可能对犯罪嫌疑人保护不力。

2012 年刑事诉讼法对辩护制度作了进一步完善:增加了指定辩护的适用对象,尚未完全丧失辨认或者控制自己行为能力的而没有委托辩护人的精神病人,可能被判处无期徒刑、死刑的没有委托辩护人的犯罪嫌疑人、被告人。在审判前阶段,公安机关和人民检察院有义务及时告知犯罪嫌疑人有权委托辩护人。法院、检察院和公安机关应当通知法律援助机构指派律师为其提供辩护。

但是还是未能确保所有的犯罪嫌疑人和被告人均能获得律师的帮助。随着我国国家财力的增强,应逐步扩大诉讼援助的对象的范围,同时结合开展诊所式法律教育活动,鼓励法律院系的学生进行法律援助,费用可由诉讼援助基金支付。

(七) 集中审理

集中审理原则,又称审判密集原则或称集中审理主义,或称为持续审理主义,[1] 是指法院开庭审理案件,应在不更换审判人员的条件下连续进行,不得中断审理的诉讼原则。该原则要求法庭对每个刑事案件的审理,除了必要的休息时间外,原则上应当是不中断地连续进行。换言之,法庭审理程序应当尽可能一气呵成,不应中断,它是直接言词审理原则的基础。[2] 集中审理并非"自我目的",刑事诉讼只有透过集中审理的方式,直接言词及自由心证等原则才有可能得以实现。如果审判程序久拖或经常中断,法官就难以通过直接审理过程对证据的调查结果获得心证基础,反而要依靠笔录作为形成心证的资料来撰写裁判文书。自由心证要仰赖于集中审理,因为只有在证据调查及辩论一举完

---

① [日] 山口守一:《日本刑事诉讼法》,刘迪等译,法律出版社 2000 年版,第 161 页。

② [德] 克劳斯·罗科信:《刑事诉讼法》(第 24 版),吴丽琪译,法律出版社 2003 年版,第 150 页、第 393 页。

成的情况下，才能确保法院确实根据当庭审理的结果所获得的新鲜的心证作为裁判的基础。

法庭审理应不中断地进行，法庭因故延期审理较长时间者，应重新进行以前的庭审。庭审结束后，应迅速作出裁判予以宣告。这不仅是提高诉讼效率、及时实现刑罚权的需要，也是保障被告人迅速审判权的必然要求。集中审理原则符合迅速审判的要求，也切合诉讼经济原则。基于集中审理的要求，尽可能在一个时间，找齐所有当事人、证人、证物，把案件一次审理终结显然比就相同的证据方法分开在不同的庭期进行，节省诉讼资源。被告人、辩护人、检察官也不必来回奔波于途、旷费时日焦躁不安等待开庭，法官也不用就一个案件在每次开庭前重复准备重新熟悉大致的案情，诉讼资源的利用就能发挥较大的作用，取得较大的绩效。

我国刑事诉讼法对集中审理未明确规定，只就审判的时间作了限制。1996年刑事诉讼法第168条规定：人民法院审理公诉的一审案件，应当在受理后一个月内宣判，至迟不得超过一个半月。具有《刑事诉讼法》第126条规定的交通十分不便的边远地区的重大复杂案件等四种情况的，经省、自治区、直辖市高级人民法院批准或者决定，可以再延长一个月。2012年刑事诉讼法第202条作了适当延长，"一个月"改为"两个月"，"一个半月"改为"三个月"。对于可能判处死刑的案件或者附带民事诉讼的案件，以及有本法第156条规定情形之一的，经上一级人民法院批准，由原来的可延长"两个月"变为可以延长"三个月"。一审的自诉案件的期限，被告人未被羁押的，应当在受理后六个月以内宣判。适用简易程序审理的案件，人民法院应当在受理后二十日以内审结；对可能判处的有期徒刑超过三年的，可以延长至一个半月。

二审案件的审理期限，1996年刑事诉讼法规定应当在一个月以内审结，至迟不得超过一个半月。需要延长的，经省、自治区、直辖市高级人民法院批准或者决定，可以再延长一个月。2012年刑事诉讼法对二审案件直接规定为"应当在二个月以内审结"。对于可能判处死刑的案件或者附带民事诉讼的案件，以及有本法第156条规定情形之一的，经省、自治区、直辖市高级法院批准或者决定，可以延长二个月。因特殊情况还需要延长的，报请最高人民法院批准。

再审案件的审理期限，1996年和2012年的刑事诉讼法均规定为：人民法院按照审判监督程序重新审判的案件，应当在作出提审、再审决定之日起三个月以内审结，需要延长期限的，不得超过六个月。接受抗诉的人民法院按照审判监督程序审判抗诉的案件，审理期限适用前款规定；对需要指令下级人民法院再审的，应当自接受抗诉之日起一个月以内作出决定，下级人民法院审理案件的期限适用前款规定。

应当说，如果依此期限审结，大致可以体现集中审理原则的要求。但在实践中，遇复杂疑难案件审结超期的情况并不少见，而时限超过并不导致原诉讼行为无效，这与集中审理原则相悖，这类问题还有待解决。

（八）直接言词

直接言词原则由直接原则和言词原则两项原则组成，直接言词原则只适用于审判阶段。① 直接原则指只能以在法庭上直接调查过的证据作为裁判基础的审判原则，是支配审判程序最为重要的原则，并与严格证明法则密不可分，其内涵可从形式的直接性和实质的直接性两个角度来理解。② 言词原则，又称为口头审理原则或口头主义，③ 是指相对书面原则而言，基于口头提供的诉讼资料进行裁判的原则。④ 它与直接审理原则关系密切，通常相提并论。直接原则强调法官的亲历性和证据的原始性，而言词原则强调与书面相对的证据提供形式。大陆法系的直接言词原则与英美法系的传闻证据法则常常作为相互对应的概念，其理论基础为：公正审判、人权保障和发现真实。

直接言词原则符合刑事诉讼诉讼经济原则的内在要求，能够提高刑事诉讼效率。直接言词原则在以下三个方面体现诉讼的经济性：其一，证人证言必须经过当庭质证，因而会在一定程度上延长诉讼时间，但由于在直接、言词审理方式下，证人须当庭提供证言，因而一旦法官或控辩双方对证言的真实性和可靠性发生疑问，即可当庭对证人进行盘问，而无须休庭进行庭外调查，这无疑有助于提高案件的审判速度。"法官若遇有疑问，即可再加以讯问或与其他共同被告或证人口头对质，除可免却误解外，并可使诉讼程序迅速进行。"⑤ 其二，控辩双方有权亲自出庭陈述主张和提出证据，有权对对方证人进行询问和盘诘并展开充分的辩论，从而以一种理性的方式说服法官和对方，这有助于使

---

① 宋英辉主编：《刑事诉讼原理》，法律出版社 2003 年版，第 286 页。

② 林钰雄：《刑事诉讼法》（下册），中国人民大学出版社 2005 年版，第 147 页；[德] 克劳斯·罗科信：《刑事诉讼法》（第 24 版），吴丽琪译，法律出版社 2003 年版，第 117 页。

③ [日] 松尾浩也：《日本刑事诉讼法》，张凌译，中国人民大学出版社 2005 年版，第 276 页、第 283 页。

④ [德] 克劳斯·罗科信：《刑事诉讼法》（第 24 版），吴丽琪译，法律出版社 2003 年版，第 130 页。

⑤ 转引自樊崇义主编：《刑事诉讼法实施问题与研究》，中国人民公安大学出版社 2001 年版，第 438 页。

败诉方从心理上接受法官的裁判，避免不必要的上诉和抗诉。其三，法官能够察言观色，从而获取正确的心证，提高刑事审判程序的事实发现能力，减少因错案而产生的错误成本和道德成本。

不同的诉讼构造和不同的诉讼模式对直接言词原则的贯彻程度存在差异。一般来说，采职权主义诉讼模式的国家，实行案卷移送制度，法官在庭前对阅卷实体审查，庭前阅卷可能建立法官的预断，虽然经庭审中的直接、言词审理，书面证言仍可能起相当的作用，因此，直接言词原则贯彻得不彻底；采当事人主义诉讼模式结构的国家，因庭前审查贯彻排除预断原则，法官心证依靠直接参与庭审听取言词作证和辩论获得，直接言词获得其功能发挥的必要基础和条件通常易于贯彻。强调犯罪控制的诉讼模式对警察和检察官的侦查取证持信任态度，重视书面证言，在许多情况下都允许以书面证言代替直接人证，实行"书证中心主义"。反之，坚持法律的正当程序，对官方调查持怀疑态度，注重直接的证人审查，这样，直接言词原则必然能够发挥其作用。

我国刑事诉讼中直接言词原则也有一些具体的表现，如被告人必须出庭（我国尚无被告人缺席审判制度）和证人作证制度。直接言词原则毕竟在我国刑事诉讼中并未明确宣示为一项基本的审判原则。院长、庭长对案件裁判实际上仍具有一定程度上的干预甚至决定的权力，审判委员会决定一部分案件，这都是以间接审代替直接审的做法。证人和鉴定人普遍不出庭，法官无从接受控辩双方的质询，这些都在无形之中消解了直接言词原则。

（九）　证据裁判与自由心证

裁判所依据的证据必须遵循证据裁判原则，其系指在诉讼中，对于案件争议事项的认定，应当依靠证据。证据裁判原则，我国台湾地区的学者又称之为"证据裁判主义"，认为是证据规定的帝王条款之一。[1] 主要包含三个方面的内容：据以作出裁判的证据的资格；需要运用证据证明的事实的范围；关于运用证据进行证明的方式。[2]

证据资格是适用证据裁判原则的前提条件。在大陆法系国家，证据资格问题由证据能力的规范调整，《德国刑事诉讼法典》第 136 条第 3 项第 2 段明确规定了证据能力禁止问题；在英美法系国家，则为证据的可采性规则所调整。

在大陆法系国家，证据能力有积极要件和消极要件两方面的要求。所谓消极要件，是指证据使用之禁止，如以强暴、胁迫等不正当讯问方法所得之证

---

[1]　林钰雄：《刑事诉讼法》（上册），中国人民大学出版社 2005 年版，第 344 页。

[2]　宋英辉、李哲：《证据裁判原则评介》，载《政法论坛》第 21 卷第 4 期。

据，不得作为证据；所谓积极要件，是指证据必须经过严格证明之调查程序后，始能终局取得证据能力，始得作为认定犯罪事实的基础。因此，牵涉本案犯罪事实的证据资料，必须未经禁止使用并且又经严格证明之合法调查程序后，才能取得证据能力，也才能作为本案裁判之基础。①

在英美法系国家，规范证据的可采性是运用普通法上早已存在诸如传闻规则、品格证据规则、任意自白规则、意见规则、最佳证据等规则。尽管在证据可采性问题上，法官的作用在不断增强，但是在法官判断某材料是否可以进入法庭调查程序时，证据规则仍是规范证据资格的主要依据。事实审理者的法官或陪审团凭理性和良知进行评判证据，证据规则实际上是法律约束法官广泛裁量权的挡土墙。②

在刑事审判中，如果没有证据，不能对有关的事实予以认定。没有证据既包括没有任何证据，也包括证据不充分的各种情形。没有任何证据，当然不能认定案件事实，证据不充分也不足以认定案件事实，证据在数量和质量上都必须满足相应的诉讼证明的需要。因此，没有证据不能认定案件事实，仅有一部分证据，或者有证据但没有达到法定要求，同样不能对事实进行认定。③

大致来说，两大法系国家普遍重视影响审判裁决的犯罪事实或者争议事实的证明，这也是证据裁判原则的必然要求。在英美法系国家，根据相关性规则，除非法律另有规定，任何与待证事实具有相关性的材料都具有证据资格。在德国，证据裁判原则所要求的事实仅指为裁判的形成所必需的事实，而不包括程序法的事实。④日本学术界的通说认为，作为证据裁判原则要求的事实，是需要运用证据加以证明的实体法事实，不包括众所周知的免证事实和诉讼法上的事实。诉讼法上的事实包括需要证实的事实、不需要证实的事实和禁止举证的事实。需要证实的事实是作为证明对象的事实；不需要证实的事实是没有必要证实的事实，是众所周知的事实和推定的事实；禁止举证的事实是禁止证明事实本身的事实，如公务秘密等。⑤

---

① 林钰雄：《刑事诉讼法》（上册），中国人民大学出版社 2005 年版，第 345 页。

② 宋英辉、吴宏耀：《外国证据规则的立法及发展》，载《人民检察》2001 年第 3 期。

③ 樊崇义、张小玲：《现代证据裁判原则若干问题探讨》，载《北京政法管理干部学院学报》2002 年第 2 期。

④ 宋英辉主编：《刑事诉讼原理》，法律出版社 2003 年版，第 306 页。另参阅［德］克劳斯·罗科信：《刑事诉讼法》（第 24 版），吴丽琪译，法律出版社 2003 年版，第 237—238 页。

⑤ ［日］山口守一：《日本刑事诉讼法》，刘迪等译，法律出版社 2000 年版，第 220 页。

在大陆法系国家，证据法理论将证明分为严格证明和自由证明。对于实体法事实，主要是与定罪量刑有关的事实，一般要求严格证明；而对于程序法事实，包括某些辅助证明的事项，或者被告人否认其罪行的证明，可采用自由证明的方式。严格证明具有硬性的形式性的要求，对于法院形成相当的限制，旷日费时，甚至于束手束脚，因而不能期待所有的争点都运用严格证明程序来完成，也仅仅适用于审判程序。自由证明相对而言，就不仅仅限于案件事实及其法律效果问题，法院就调查证据的方法和程序有较大的选择自由，法官有时可用查阅卷宗或打电话的方法来形成心证，可越过直接、言词及公开原则、传闻原则的拘束。①

"自由心证"一词属于大陆法系的概念，把"自由心证"称为"内心确信"更为贴切。② 心证是指司法官根据证据达到内心确信。自由心证，即法官对证据证明力的自由评估。③ "根据从整个审理所获得的自由的确信，法庭决定证据调查的结论。"④ 但禁止法官根据似是而非的、尚有疑虑的主观感受判定事实。⑤ 法官对证据自由判断和内心真诚确信是最基本的要求。⑥ 法国最早确立了该原则，法国刑事诉讼法典第 353 条予以明确表达，且训词以粗体大字张贴在评议室，训词语言精美含义隽永，在业界耳熟能详广为传诵。德国刑事诉讼法典第 261 条、日本刑事诉讼法第 318 条、俄罗斯刑事诉讼法典第 17 条都依葫芦画瓢予以规定。英美法系国家对证据的证明力同样是采自由评价的办法，陪审团的裁判都无需说明理由。

证据裁判主义是自由心证合理性的基石，人类扯起理性主义的大旗，认为借助于人的理性能够发现事实真相。在人类理性可能达到的范围之内，证据裁判主义是最理想的选择。但不可否认人类的理性也是有局限性的，经济学把它作为一种假设来对待。所以，证据裁判主义也并非就是一种完美无瑕的方法，事实真相也未必与依据证据重构的事实相符合，还有可能使事实上的犯罪者因证据不足而逍遥法外，还有可能因证据上的阴差阳错使无辜者身陷囹圄。

心证之自由具有"双刃剑"之特点，很有可能成为道德素质低下或无法

---

① 林钰雄：《刑事诉讼法》（上册），中国人民大学出版社 2005 年版，第 353 页。

② 宋英辉等：《外国刑事诉讼法》，法律出版社 2003 年版，第 238 页。

③ 宋英辉等：《外国刑事诉讼法》，法律出版社 2003 年版，第 50 页。

④ ［德］拉德步鲁赫：《法学总论》，米健、朱琳译，中国大百科全书出版社 1997 年版，第 123 页。

⑤ 龙宗智：《印证与自由心证——我国刑事诉讼证明模式》，载《法学研究》2004 年第 2 期。

⑥ 宋英辉主编：《刑事诉讼原理》，法律出版社 2003 年版，第 311 页。

律素养的法官玩弄司法权的魔杖，甚至将其变为滥伤无辜的屠刀。同时，素质低下的法官不仅难以驾驭繁杂的司法程序，亦缺乏公开心证理由的能力。基于此，各国的法律对法官的道德素质、法律素养、职业背景等都作出了很高的要求。①

合理性心证的过程保障——辩护制度和控诉制度是构成现代意义上的诉讼程序不可或缺的两个方面。控方总是试图以一定量的证据和相应的论证说服裁判者认定被告人有罪或罪重，控方要说服裁判者认定被告人有罪的心证达到了"排除合理怀疑"或确信的程度。辩护制度保障法官获致合理心证，辩护方揭露控方证明的疑点，削弱法官形成的有罪心证。正是在这种控辩双方对抗的过程中，法官得以逐渐认识案件的本来面目。自由心证还需要有较完备的监督机制，这是自由心证合理性的外在保障，其主要体现在公开审判、判决理由公开制度和上诉制度等几方面。

（十）禁止双重危险与一事不再理

英美法中的禁止双重危险原则与大陆法中的一事不再理原则是同源同宗，都源于罗马法，其精神与一事不再理一脉相承，但它们在各自的发展演化中也有了具体的差别。大陆法系国家普遍采用一事不再理原则。一事不再理原则窄的解释是只有在已有生效的实体裁判的前提下才发生效力，② 宽的解释是只要诉讼系属于法院，法院接受案件并对之进行了审理，就不能对该案件再行提起诉讼和进行审判。③ 一事不再理原则应当既包括对于法院生效的实体裁判的约束力，也包括对于某些特定的涉及一定实体内容的程序性裁判的约束力。④ 英美法系国家普遍采纳禁止双重危险原则，禁止双重危险原则要求，被告人不得因同一罪行而受到两次起诉、审判和科刑。美国宪法第五修正案对此做了明确的表述，禁止因为一个罪行被审判两次。被无罪开释后的再次起诉、受到有罪判决后的再次起诉和对同一犯罪的多次处罚这三种情形是绝对要禁止的。美国联邦最高法院认为禁止双重危险原则适用于所有的犯罪，而不仅仅适用于被判处死刑或者身体刑的犯罪。

---

① 汪海燕、胡常龙：《自由心证新理念探析——走出对自由心证传统认识的误区》，载《法学研究》2001 年第 5 期。

② 陈瑞华：《刑事审判原理论》，北京大学出版社 2003 年第 2 版，第 197 页。

③ 谢佑平、万毅：《刑事诉讼法原则：程序正义的基石》，法律出版社 2002 年版，第 391 页。

④ 宋英辉主编：《刑事诉讼原理》，法律出版社 2003 年版，第 153—156 页。

禁止双重危险与一事不再理的差别概括而言，一事不再理原则的着眼点在于程序的安定性，其适用的前提是法院作出生效裁判。而禁止双重危险则侧重于避免被告人因同一罪行受到双重危险，只要司法程序已经对被告人产生了"危险"，则被告人就不应受第二次"危险"。① 禁止双重危险比一事不再理要宽泛些，也就更有利于保护被告人的权利。②

刑事诉讼是确定具体刑罚权存在与否的追诉程序，刑事犯罪后，国家对于被告人立即产生刑罚权，但是仅能一次为限。就被告人的特定犯罪事实，只能受到国家一次性的追诉处罚，不能重复追诉处罚相同的犯罪事实。从程序层面而言，一事不再理表现为对于同一案件禁止再诉，包括判决前禁止重复起诉、维护对生效实体判决的既判力。在实体层面上，一事不再理的用意在于对同一案件禁止双重处罚，即对特定被告就其所犯特定犯罪事实，最多受一次处罚，俗称"一事不两罚"。一事不再理中的"事"、不"告"不理中的"告"、案件"同一性"中的"同一性"都有待于正确理解，过宽过窄的法律解释都会产生弊端，所以，在各种权衡和考量之下，刑事诉讼都必须寻求一个合乎原则但又宽严适中的解决方案。

案件"同一性"中的"同一性"的范围要与不告不"理"中的"理"的范围，要与不告不理中的"告"的范围、一事不再理中的"事"的范围等同起来。详言之，"同一性"的范围既是起诉不可分的范围，也是审判不可分的范围，更是禁止再诉的范围，案件的"同一性"的范围有多大，起诉的范围就有多大；起诉的范围有多大，审理的范围就有多大，一事不再理的范围就有多大，既判力的范围就有多大，应该一以贯之。

我国刑事诉讼法没有规定一事不再理原则（或禁止双重危险原则），许多条文规定以及实际做法与一事不再理原则的精神相背离。主要表现为：（1）对于检察机关提出的有罪证据不足而被宣告无罪的案件，如果其裁判发生法律效力后发现了新事实、新证据，可以重新起诉，人民法院应当受理。③（2）已经发生法律效力的判决和裁定，在认定事实上或者适用法律上确有错误、证据未能达到确实充分、依法应当排除或者证明案件事实的主要证据之间

---

① 宋英辉主编：《刑事诉讼原理》，法律出版社 2003 年版，第 158—159 页。

② 陈瑞华：《刑事审判原理论》，北京大学出版社 2003 年第 2 版，第 174 页。

③ 1998 最高院刑诉法解释第 304 条；2012 最高院刑诉法解释第 181 条之（四）：依照刑事诉讼法第一百九十五条第三项规定宣告被告人无罪后，人民检察院根据新的事实、证据重新起诉的，应当依法受理。

存在矛盾均是提起审判监督程序的理由。① 但是程序性违法不作为提起审判监督程序的理由，也不区分有利于被告人和不利于被告人的情况，法院作为审判机关可以主动启动不利于被告人的审判监督程序。我国关于提起审判监督程序的具体规定比较凌乱，大大增加了审判监督程序提起的随意性，不利于程序的安定性和被告人权利的保障。

侦控方一旦不能在最初的追诉中证明被告人有罪，就失去了再行启动诉讼程序的可能。由于放纵犯罪带来的社会成本比冤枉无辜的社会成本要低，所以即使间或出现这种情况也具有一定的合理性。如非要穷追猛打，法的安定性就会受到伤害，权衡比较选择遵循一事不再理的诉讼收益还是值得的，确保审判的及时终结，省掉了再次投入的司法资源。

被告人从禁止双重危险原则中得到的收益较大，尤其同"窄"的一事不再理相比较。宽的一事不再理延伸到对犯罪行为的起诉，与禁止双重危险有异曲同工的效果。鉴于我国在刑事诉讼中发生的与该原则相抵牾的情况，确立这个原则还是利大于弊的。最高人民法院刑事庭在1956年3月20日，曾经作出过的一项判决（对某一犯罪事实）以杀人罪作出的"宣告无罪判决"，再按照"疏忽大意之过失杀人"的罪名（对这一事实）提出的新的追诉不予受理②就是一个较好的例证。

---

① 参见1996年刑事诉讼法第205条规定；2012年刑事诉讼法第242条之（一）、（二）、（三）。

② 戴莹：《既判力相关问题》，载中国诉讼法律网2005年7月4日，http：//www：proceduralaw.cn。

第四章　第一审程序之经济分析

第一审程序，是法院对刑事案件的初次审理程序，具体包括开庭前的准备工作、开庭、法庭调查、法庭辩论、被告人最后陈述、合议庭评议和宣判等环节。第一审案件通常是指法院作为最初审级审理的案件，其中既包括普通刑事案件，也包括自诉案件和适用简易程序的案件。一审程序是审判的最基本和必经的程序。本论文只分析公诉案件的一审程序、简易程序、普通程序简易审和诉辩协商即辩诉交易的问题，对自诉程序和刑事附带民事程序问题不再单独予以分析论述。

在我国，一审程序中的许多规定是其他程序参照执行的标准。公诉案件和自诉案件无论适用普通程序还是适用简易程序都是从一审程序开始，法院对案件进行实体处理，对事实作出认定，对被告人作出定罪量刑的裁判。一审程序之前开展的侦查、审查起诉等诉讼活动都是为一审程序打基础、做准备的；一审程序之后的二审程序和再审程序都是对一审程序的验证和救济。一审程序直接关系着案件的处理结果和被告人的权利，关系着刑事诉讼目的的实现。一审法院的裁判，如果没有上（抗）诉，或者进行了上（抗）诉，经二审法院维持原裁判的，裁判就生效，就获得了执行的合法性。一审程序集中体现了各项刑事诉讼的基本原则。"从诉讼经济的视角看，一审程序实现了程序公正和实体公正，可以减少上诉、申诉现象的发生，对降低诉讼成本提高诉讼效率有莫大的效应。"[①] 因此，为了提高第一审程序的诉讼效率，许多国家采用了多种刑事简易程序。比如，意大利刑事诉讼法典设立了各种简化程序，以减少案件积压。中国台湾地区有简式审判、英国美国有辩诉交易制度等等，不一而足。

---

① 陈光中等主编：《刑事一审程序与人权保障》，中国政法大学出版社 2006 年版，第 4 页。

一、法经济学视角下一审程序存在的问题

(一) 陪审制之经济分析

现代陪审制度在长期的嬗变过程中，主要形成了英美法系和大陆法系两种类型的陪审制度，陪审制有陪审团制和参审制两种形式。陪审团制主要为英美法系国家采用，参审制主要流行于大陆法系国家，大陆法系国家的参审制在其创设过程中，无疑受到英美法系陪审团制度的影响。"德国的非职业法官参与诉讼的制度，的确是受到英国陪审团制度的启发。"① 尽管陪审团制和参审制在组成和程序运作上存在很大的差异 (如参与陪审的形式不同；行使的职权不同；参加诉讼的阶段不同；陪审员享有的权利不同)，但这两种陪审样式在诉讼目的和作用方面基本相同。

1. 参审制度

统计调查的数据表明，大陆法系的参审制获得了民众的广泛支持。② 在丹麦，陪审制获得了90%的非职业法官和大部分职业法官、公诉人、律师的拥护。③ 1992 年对香港公众的一项调查表明，被调查者中，愿意选择陪审团审判的人数是选择由职业法官审判人数的三倍，而且 87% 的被调查者认为，1997

---

① 转引自孙长山：《西方的陪审制度与司法公正》，http：//www. zwmscp. com/ list. asp? Unid = 3209。

② Sanja Kutnjak Ivkoic, An Inside View: Professional Judges'and Lay Judges'Support for Mixed Tribunals, Law & Policy, Vol. 25, No2, April 2003. pp. 101 – 104. 1970 年波兰的一项调查显示，90%的陪审员、70%的职业法官、65%的政府律师认为，参审制必须保留。1985 年德国的一项调查表明，65%被调查的普通民众认为，由法官与普通民众共同审判，审判更为有利。1992 年一项对瑞典和芬兰职业法官和非职业法官的调查表明，参审制受到职业法官和非职业法官的共同支持。最意味深长的是关于前南斯拉夫的两次调查。1974 年对 100 名职业法官和 196 名非职业法官调查显示，职业法官对参审制的态度并不积极，40%的职业法官认为，参审员对审判不起作用，23%的职业法官甚至认为，如果没有参审，判决将会更加正确，绝大多数被调查的职业法官主张对参审制进行改革。1983 年，对前南地区 101 名非职业法官和 30 名职业法官的调查显示，情况发生了令人惊奇的巨变。77%的职业法官认为，非职业法官的参与是有益的，其支持的理由是，非职业法官有广泛的经验，熟悉本地习俗，而且一些非职业法官对特定的案件具有专业的知识和技能。

③ Stanley Anderson, Lay Judges and Jurors in Denmark, The American Journal of Comparative Law 38, 1990, pp. 839 – 864.

年回归后，应当保留陪审制。①

　　从诉讼经济的视角来看，参审制显然优于陪审团制。陪审团制需要国家为每一个有陪审团审判的案件支付较高的诉讼成本。陪审团的组成程序繁琐，陪审员的挑选往往要占用不少时间。陪审团人员的吃住行及生活补助等，需要国家作相当支付。职业法官对陪审员的指导，也增加了程序的内容。而采用参审制，无疑将降低诉讼成本及时间耗费。② 但与陪审团制不同的是，参审制赋予陪审员或非职业法官以等同于法官的权力，由其与法官共同组成合议庭审理案件并作出必须说明理由的裁判。这种设计试图克服陪审团制度的不足，兼得保证裁判以严谨的法律和事实为基础促进司法民主之功能，果真如此，参审制较之陪审团制就更为合理。

　　应当看到，参审员不与法官分离而是与法官结合成一个整体，共同听审并作出裁决，这就避免了陪审团制下法官与陪审员因各自行使职权而难免出现的矛盾，以及因法官不能与陪审员经常沟通和对陪审员进行详尽的指导而导致陪审员作出不适当的裁决的现象。参审制的长处在于减少了在陪审团制下因陪审团的主理事实审与法官主理法律审的区分而造成程序复杂化的现象，以及组成12人的陪审团所必须支出的庞大费用。③

　　但参审员在审理案件时，会出现"搭法官便车"的现象，其对案件的决策往往来源于法官，这种"偷懒"的现象显示了参审制的不足，参审员的作用远不如在陪审团制下的陪审员的作用大。在许多情况下，参审员在诉讼中常常做了法官的陪衬。参审员是从普通民众中选拔出来的，欠缺法律知识和司法实务经验，当其与职业法官一起工作时，他们不能仅仅以自己的生活经验作为判断是非曲直的标准，而只能听从法官的指导，以法律作为判断标准。由于他们作为普通民众对职业法官的专业知识具有一种尊敬甚至敬畏的心理，有浑然不觉的趋从权威心态，所以在讨论并作出裁判时，只能听凭法官决定。④ 在有参审员组成的合议庭中，法官的意见往往占主导地位，参审员参与合议庭往往流于形式，真正在审判中起决定作用的仍然是职业法官。⑤ 另外，由于参审员参审只是其业余工作，他们不可能像职业法官那样有时间进行庭审前的活动，

---

　　① Sanja Kutnjak Ivkoic, An Inside View: Professional Judges' and Lay Judges' Support for Mixed Tribunals, Law & Policy, Vol. 25, No. 2, April 2003. pp. 101 – 104.

　　② 龙宗智：《刑事庭审制度研究》，中国政法大学出版社 2001 年版，第 405 页。

　　③ 王利明：《司法改革研究》，法律出版社 2000 年版，第 387—378 页。

　　④ 左卫民、周云帆：《国外陪审制的比较与评析》，载《法学评论》1995 年第 3 期。

　　⑤ 韩象乾、孙颖颖：《改革和完善我国陪审制管见》，载《依法治国　司法公正》，上海社会科学院出版社 2000 年版，第 1098 页。

对案情的了解不如法官，对庭审中提出的事实与证据也不可能像职业法官那样具有敏锐的判断力和分析能力，所以在审理过程中，经常附和法官的意见，很难提出自己独立的见解。所以，尽管参审制以追求诉讼民主为目的，但民众参与诉讼的作用较之于陪审制要小。①

2. 陪审团制度

陪审团制度是普通法诉讼体系中的一项重要制度，它植根于当事人主义的诉讼体制之中，与普通法特有的证据规则和诉讼程序浑然一体。陪审团从最初的法庭的证人演变成为今天具有司法权的裁决者，被认为是英国法对于人类社会的一大贡献。陪审团的重大特点，就是公民是由与他们平等的人们来审判的，其目的是要使公民受到最公正和最无私的审判，保证他们的权利不受法院专制作风的打压。② 陪审制度在美国发挥着作用，国民作为主权者直接参与司法权，扮演着极为重要的角色，美国每年有 100 万民众以陪审员身份参加案件的审理活动。③ 但是，陪审团制度的不足之处从诉讼经济的视角也很受人指责，主要有以下几点：

其一，诉讼成本高昂。通常在审判伊始，挑选陪审员要耗去大量的时间，陪审团没有裁判经验，职业法官要对其进行指导，案件审理的进程会放慢，运用陪审团并不能节省法官的时间，但法官不必实际裁决案件的事实问题或撰写司法意见又能节约一部分时间以资弥补。证据规则是为保护陪审团这些非职业人士欠缺经验而导致认知错误而设计的，所以证据规则的制定和适用也构成陪审团审判的一项成本。④ 组成 12 人的陪审团，需要支付其费用，一个案件审理完毕，陪审团所支付的各种费用也是庞大的。政府要给予陪审员补贴，尽管发放的津贴标准更多的只是象征意义，但的确增加了政府的财政负担。⑤ 香港

---

① 王利明：《司法改革研究》，法律出版社 2000 年版，第 383 页。
② ［法］罗伯斯比尔：《革命法制和审判》，赵涵舆译，商务印书馆 1986 年版，第 33 页。
③ 张建伟：《刑事司法体制原理》，中国人民公安大学出版社 2002 年版，第 320 页。
④ ［美］理查德·A. 波斯纳：《证据法的经济分析》，徐昕等译，中国法制出版社 2004 年版，第 55 页。
⑤ 张建伟：《刑事司法体制原理》，中国人民公安大学出版社 2002 年版，第 324 页。

特区政府也深感这项费用是相当沉重的财政负担。① 德国在第一次世界大战以后，改陪审制为参与制，其中一个原因也是因为政府不愿负担陪审团的庞大的开支。② 显然，只有经济发达的国家和地区可能承担如此庞大的诉讼成本，对于经济欠发达的国家和地区来说，政府承担这项庞大的诉讼成本开支可能就更困难，这也许是法治社会追求公正的代价之一。

其二，陪审团的裁决结果就是诉讼产出，就是取得的收益。陪审员不可能都是受过法律训练的人，容易受到控辩双方的诱导，更可能作出与法律规定大相径庭甚至相悖的裁决。辩方可以合理地利用程序规则获取对于被告人更有利的局面，例如行使对陪审团成员人选的"绝对否决权"以使陪审团的组成对被告人更为有利。如在强奸案中，辩方否决被抽签选中的女性陪审员，有意识地使男性陪审员占大多数，这样组成的陪审团审理强奸案，一般而言对被告人会有利些。选择陪审团成员，考虑肤色、种族、教育背景等等因素，也是见怪不怪的平常事。由于陪审员对于案件事实的认知能力、对于案件事实的判断能力的局限性，辩方更有机会说服打动陪审员，从而使其作出有利于被告人的裁决。因此，被告人在陪审团制度下，有更大的机会成功脱罪或减轻罪责，这其实也是英美法系国家刑事审判定罪率较低的一个重要原因。比如在日本，有罪的判决率是99%，而在美国只有三分之二的案件被判决有罪，③ 由此可窥一斑。

其三，陪审团作出裁决不需要说明理由，陪审团对某些案件的裁决具有不确定性，其裁决实现公正的程度备受质疑。陪审制度完全不受政府的控制有时是好事，有时又带来不良的后果。马克斯·韦伯认为陪审制度是非理性的，是因为它不给出合乎逻辑的附有理由的裁决。香港的法官也承认，对于某些由陪审团作出的裁决有时不能完全理解，甚至感到意外。④ 但是社会学的研究显示，把3000件由陪审团裁决的案件拿去问法官的意见，发现75%的案件，法

---

① 在香港，每名陪审员出庭一天的津贴为280港币，每天的出庭时间无论是几个小时还是几分钟都计为一天。刑事案件审理时间少则五六日，多则十几、二十日甚至上百日。一算可知，7名陪审员在庭审期间的津贴数目相当可观。由于陪审团成员一般为大学学历以上，现行的津贴标准更多的只是具有象征意义的补偿作用，香港特区政府对陪审员的补偿是远远不能让其满意的，即使如此仍然感到这是一项较大的财政支出项目。见张燕宁、谢平：《香港的陪审团制度》，载中国民商法律网2006年11月26日20：03。

② 王利明：《司法改革研究》，法律出版社2000年版，第374页。

③ ［美］劳伦斯·M. 费里德曼：《法治、现代化和司法》，傅郁林译，载《北大法律评论》1998年第1卷第1辑，第304页。

④ 张燕宁、谢平：《香港的陪审团制度》，载中国民商法律网2006年11月26日20：03。

官的结论与陪审团的裁决是一样的。在意见不同的案件中，显示出陪审团比法官有更多的同情心。① 最近的研究结果显示，与 30 年前做的研究又不同，现在的陪审团不再表现出这种倾向。②

其四，缺乏激励机制使被抽选的公民不主动自愿履行陪审员职责，也是影响陪审团制度有效运作的一个问题。法官杰克逊（Jackson）在一个案件中指出：“社会公众享有公正审理的权利。被告的权利是获得中立的陪审员，但他没有获得对其友好的陪审员的权利。”③ 近年来，香港遴选陪审团成员的困难不是来自控辩双方的否决权，而是被抽选的公民不愿意履行陪审员职责。④ 基于经济人的思维，做陪审员的机会成本是较高的，陪审员所获得的津贴，对于陪审员参加陪审团所耗费的时间和精力而言是远不相称的，被抽中的陪审员以各种理由向法院申请豁免，尤其是在一些冗长的案件中，这种申请豁免的现象更为严重。

陪审团制度在诉讼经济方面的优点在于：诉讼效率是评价陪审团制度的标准，从诉讼制度整体来考量是否符合诉讼经济原则，能否降低诉讼成本，作出公正的裁决。有人认为陪审制度缺乏诉讼效率有碍诉讼公正，只是看到了它的成本一面，而没有看到它对其他诉讼制度产生的成本节省的一面。美国学者 Philip. H. Corboy 指出：“陪审制度常为人所批评的是用时太长，导致诉讼的迟延。其实这种迟延审判的情形，大多是发生在社会大众所广泛注意的案件的审判。例如：案件本身含有政治因素，案件轰动社会而且复杂等情形下，才会发生。”⑤ 具体也有以下几点：

其一，在陪审团参与庭审的情况下，法官无需且无必要进行过多的庭前活动，这可减少法官审理的工作量，亦可相应地减少法官人数，为精选法官提供了保障，进而可以降低法院的费用支出。

其二，降低了对司法人员的监督成本。陪审员参与审判活动，对法官的司法活动是一种有力的事中监督，法官与素不相识的陪审员一起审判，那么法官在各种诱惑面前就要三思而行。大量研究表明，仅仅面孔陌生的陪审员的出现，就对法官构成很大的潜在威慑，法官不得不将其作出的裁判解释得入情入

---

① 转引自王利明：《司法改革研究》，法律出版社 2000 年版，第 380 页。

② ［美］劳伦斯·M. 费里德曼：《法治、现代化和司法》，傅郁林译，载《北大法律评论》1998 年第 1 卷第 1 辑，第 308 页。

③ 转引自王利明：《司法改革研究》，法律出版社 2000 年版，第 378 页。

④ 张燕宁、谢平：《香港陪审团制度浅析》，载中国民商法律网 2006 年 11 月 26 日 20：03。

⑤ Philip. H. Corboy. The Jury System In America，pp. 144 – 156.

理，为判决找出合理的解释。① 这个问题也可从反面得到揭示，在我国新一轮人民陪审员推选过程中，操作者们倾向于选任那些与地方政权保有一定关系的人员，如居委会主任、行政官员等，这其实还是试图掌控人民陪审员，以免其独立性太强"出现问题"。如长沙市天心区法院 43 名人民陪审员，有不少是人大代表、政协委员、社区基层干部。②

其三，陪审团制度有利于减少对无辜者判处有罪的可能性，有利于降低错误成本。实行陪审团制后，将事实审和法律审分开，可以极大地减少裁判失误的几率。③ 陪审团制度建立在"宁纵勿枉"的信念之上，被告人有更多的机会充分行使自己的权利，利用陪审团制度的各种规则，尽可能地为自己在诉讼中争取有利的局面，使其在面对政府的强势控告时能够在较为弱势的局面下得到较为公平的审讯。

美国有学者认为，陪审团审判给被告人提供了"一个防止腐败或者过分热心的控诉人和带有偏见的指控或性格怪癖的法官的重要保障"。④ 丹宁勋爵在谈及陪审团的历史功绩时曾说："被任命为陪审员的英国人在主持正义方面确实起到了决定性的作用。他们的同胞有罪还是无罪，总是最后由他们来决定。我相信，参加这种司法活动对于培养英国人的守法习惯所起的作用要超过其他任何活动。一位伟大的历史学家曾把它说成是有利于国家和平发展和进步的一种最强大的力量。"⑤

其四，陪审员参与案件的审理，降低了普法成本。陪审员参与司法活动，耳濡目染，对司法的运作过程和案件涉及的法律问题自然印象深刻，一次亲历的体验，对于法律制度的直观感受和受到的法制教育，是其他任何方式都难以比拟的。借助这个良好的契机，培育了千千万万公民的法律意识。这与我国刑事诉讼法一直倡导的培育公民对法律信仰的宏愿是十分契合的。

其五，适用的案件数量不是很大，对于陪审团的费用支出是一个可以控制的指标。美国使用陪审团作出裁决的案件只有 5%，而且还大多是刑事案件。⑥

---

① Sanja Kutnjak Ivkoic, An Inside View: Professional Judges'and Lay Judges'Support for Mixed Tribunals, Law & Policy, Vol. 25, No. 2, April 2003. p. 96.

② 黄娟：《任命首批人民陪审员》，载《当代商报》2005 年 3 月 29 日。

③ 苏海：《从陪审团看裁判制约》，载《探索》1995 年第 5 期。

④ ［美］John Langbein：《非职业法官与陪审团》，载宋冰主编：《读本：美国与德国的司法制度及司法程序》，中国政法大学出版社 1999 年版，第 176 页。

⑤ ［英］丹宁：《法律的未来》，刘庸安、张文镇译，法律出版社 1999 年版，第 39 页。

⑥ ［美］劳伦斯·M. 费里德曼：《法治、现代化和司法》，傅郁林译，载《北大法律评论》1998 年第 1 卷第 1 辑，第 308 页。

在香港，只有高等法院和死因裁判法庭使用陪审团审理案件，而高等法院，陪审团参与的案件主要是严重的刑事案件，香港适用陪审团审理的是罪行最严重、刑罚最严厉的刑事案件，这些案件只是很小的一部分，民事案件适用陪审团制度的数量极其罕见。

其六，提高社会公众对判决公正性的认可程度。陪审员虽然缺乏法律知识和实务经验，难能作出完美的裁判，但公正只是一个相对的概念，会随着时间的流逝而变化，公正应该是社会大众按照普通情感可以接受的事物。陪审团制度让普通公民参与审判，使裁判与普通人的良知和判断保持一致，那么普通公民作出的裁判往往易被公众所接受。法官久经"沙场"，过于专门化，可能有助于弥补法官与普通人的日常生活经验相脱节的不足，由与被告人处在相同环境之下的同侪来制衡法官的裁决，可增强裁决的公平性，对于增强公众对法律的信仰和增加对法官的信任，也大有裨益。

其七，陪审团制度还可以增强司法制度抗衡外部的压力。在陪审团组成人员的选任过程中，其组成人选主要是由当事人双方来决定的，程序的运作结果在很大程度上就是当事人选择的产物，当事人要承担自己的选择的结果。陪审团的决定，无论当事人认同与否，只要程序上无可挑剔，就只能执行之。① 如洛杉矶白人警察殴打黑人金恩的审判结果引发全城暴乱，但裁判是由双方当事人选择的陪审团作出的，所以即使举国哗然，在时任总统对司法制度提出指责之时，联邦最高法院首席大法官公开与总统唱反调，称法律不应随民情之波而逐流，总统对司法制度的批评实属不当。

其八，遏制司法腐败。② "因为陪审员的参与是对法官行为的一种重要约

---

① 　贺卫方：《恢复人民陪审员制度?》，载《南方周末》1998 年 10 月 23 日。

② 　但持相反观点的人对此深表怀疑，认为这其实只是一厢情愿的美好假设。如美国这样一个陪审制度历史悠久的国家，也有陪审员被贿赂或胁迫的问题，更遑论其他法治未受到足够尊重的国家。原因有几个：第一，陪审员是借助陪审制获得的审判权，大多数时候仍是普通民众，在防腐拒变方面没有特别之处。第二，作为非专业法官，陪审员容易被接触到，陪审员作为普通人的身份更易被当事人威胁或引诱。第三，陪审员无法得知法官的庭下活动，法律又无特别授予陪审员之监督权，仅在审判时和法官并坐，走走过场。法官既可以利用职权压制陪审员，又可能利用陪审员不精通法律的缺陷枉法裁判。尤其是我国当下的审判现状，这种担心不是多余的。第四，陪审员的存在可能会降低法官的责任心，可能导致错误。相反，不采陪审制，建立法官责任追究制，一方面可以督促法官秉公办案，另一方面又可以断绝通过陪审员导致腐败的途径。参见廖永安、李旭：《对我国陪审制的否定性评价》，载《金陵法律评论》2003 年秋季号。

束"，① 陪审制增加了审判人员的数量，很难对陪审员进行贿赂和恫吓。正如凯尔文（Harry Kalver）所指出的，要影响甚至收买 12 个人，比影响甚至收买 1 个人要困难得多。② 日本学者谷口安平教授针对中国司法腐败，民众对法官产生的不信任，建议我们"引入陪审团制度"！③

陪审团制度是否衰退？长期以来陪审团制度颇受争议，关于陪审团制度的利与弊众说纷纭，莫衷一是。然而，美国却始终对陪审团制度情有独钟，许多美国人吃惊大多数国家没有陪审制度。④ 而英国尽管早在 20 世纪 40 年代即已逐渐放弃在民事诉讼中使用陪审团制度，但重大刑事案件的审理仍然采用陪审团审判。一些原来采纳陪审团制的国家后改行参审制如德国，这似乎表明陪审制度的作用具有减少的趋势。但仍有不少国家重新采用陪审制，自 20 世纪以来，澳大利亚、新西兰及南美许多国家纷纷采纳了陪审制。⑤ 俄罗斯重新捡起了陪审团制度，2004 年日本又重采民众裁判员参与刑事审判的制度。⑥ 这些现象又似乎表明了陪审制具有加强的趋势。

以香港为例，其陪审团制度尽管碰到过种种的问题和困难，却仍发挥着重要作用。就在目前而言，陪审团制度在香港没有任何衰落的迹象，陪审团的使用频率非但没有下降，反而有上升的趋势，⑦ 尤其陪审团制度在死因裁判法庭审理中的作用有逐渐加强的态势。究其原因，主要是越来越多的死者家属对于陪审团制度抱有信心，认为陪审团裁决更为公正，从而纷纷提出书面申述，要

① 何家弘：《陪审制度改革断想》，载《中国律师》1999 年第 4 期。

② Kalven & Zeisel, The American Jury, p. 6. The University of Chicago Press, 1996.

③ 转引自陈界融：《司法文明四辨》，载《现代法学》2004 年第 2 期。

④ ［美］劳伦斯·M. 费里德曼：《法治、现代化和司法》，傅郁林译，载《北大法律评论》1998 年第 1 卷第 1 辑，第 308 页。

⑤ 王利明：《司法改革研究》，法律出版社 2000 年版，第 382 页。

⑥ ［日］松尾浩也：《日本刑事诉讼法修改的动向》，载中国诉讼法律网 2004 年 9 月 22 日。

⑦ 根据有关统计，2002 年 1 月 1 日至 9 月 30 日，香港高等法院由陪审员参与的审讯共有 97 宗，而同期，高等法院原讼法庭审理的刑事案件为 317 件。事实上，民事案件中适用陪审团制度的数量极其罕见。由此可见，高等法院管辖的刑事案件中陪审团审判的适用频率仍然较高，几乎占到 1/3。当然，相对于全香港刑事案件的总数，适用陪审团审理的案件仍然只是很小的一部分，然而这一小部分案件却是罪行最严重、刑罚最严厉的案件。在死因裁判法庭，使用陪审团进行审理的案件自 1999 年以来呈逐年上升的趋势，1999 年有陪审团参与审理的案件有 43 宗，占所有死因裁判案件的 16%；而到 2002 年，有陪审团参与审理的案件增加至 83 宗，已占所有案件的 63%。参见张燕宁、谢平：《香港陪审团制度浅析》，载中国民商法律网 2006 年 11 月 26 日 20：03。

求使用陪审团参与死因裁判。① 英国律师协会的一份调查报告称，陪审制"在本质上是独立司法程序的一部分。任何以改革为借口削弱它的企图都有可能导致陪审团制度的终结。一旦开了先例，同一情况在情节较轻的案件里会再次发生，这使对英格兰及威尔士司法独立的额外保护将受到侵害。"②

美国著名法官乔恩在总结美国的陪审制度时说："陪审制度是司法审判程序中重要的一项，比其他制度更能决定许多问题，许多对陪审制度的批评都不足以掩盖该制度的优点。陪审制度实际上并不是十全十美的，它需要法官和律师在审判过程中，投入大量的精力及工作，亦唯有在此条件之下，才能使陪审审判结果正确完美。如果律师对案件没有充分准备或法官与律师的才能不平衡，法官就必须付出加倍的工作去帮助陪审团从对案情的混淆困扰中逐渐求得公平正确的审判功能。"③

尽管陪审团的缺点很明显，但英美法系的主要国家却没有一个完全投向大陆法系职权主义诉讼的怀抱，倒是原先是大陆法系的国家如俄罗斯干脆采用了陪审团制度，日本有过采行陪审团制度不成功的教训，但近年来的司法改革又旧事重提，借鉴英美的陪审制度采行类似于德国参审制度的裁判员制度。

当然，英美法系的国家对其基本的刑事诉讼程序也大都做了不同程序的修正和调整，抑制了对正当程序过分热衷的势头，并响应增加了一些促进诉讼效率的制度性规定。

英国 1933 年颁布了《司法管理法》，对大陪审团的职责进行了严格限制。到 1948 年，大陪审团制度在英格兰和威尔士被完全废除，审查起诉的职责转由治安法官承担。④ 在美国，大陪审团制度自 19 世纪中期就受到了各方面的批评，一些州通过修改州宪法废除了大陪审团制度，如密执安州早在 1859 年就采取了以检察官代替大陪审团提出控告的制度。美国联邦最高法院也作出解释，认为联邦宪法并没有要求各州必须采纳大陪审团。此后，废除这一制度的呼声也更为强烈。现在美国仅有 16 个州和联邦司法辖区保留了大陪审团制度，有 3 个州要求只有死刑案件的起诉才经大陪审团审查。⑤

---

① 张燕宁、谢平：《香港陪审团制度浅析》，载中国民商法律网 2006 年 11 月 26 日 20：03。

② 参见李红海：《普通法的历史解读——从梅特兰开始》，清华大学出版社 2003 年版，第 136 页以下。

③ Charles W Joiner. The Jury Sestem in America, pp. 155 – 156.

④ 宋英辉等：《外国刑事诉讼法》，法律出版社 2005 年版，第 74 页。

⑤ ［美］爱伦·豪切斯泰勒·斯黛丽：《美国刑事法院诉讼程序》，陈卫东、徐美君译，中国人民大学出版社 2002 年版，第 389 页。

在美国，传统上参与案件审判的陪审团由 12 人组成，而且要求一致同意才能作出对被告人有罪的判决，但美国联邦最高法院已经承认在某些刑事审判中使用 6 名成员的陪审团，12 名成员陪审团意见不一致原则合乎宪法。当前，在英格兰和威尔士，90％的刑事案件、99％的民事案件没有陪审团参与，陪审团参与审理的民事案件主要限于欺诈和诽谤案件。在所有案件中，陪审团参与审理的大约占 5％。从审理案件的数量上看，陪审团审判不像从前那么重要了。在 1993 年，刑事法院审理案件的被告人中 65％做了有罪答辩，这意味着仅仅有大约 3 万件案件是由陪审团进行审理的，陪审团审判的权利正在逐渐被削弱。

2003 年英国刑事司法法（Criminal Justice Act 2003）在陪审团审判方面规定，对严重或者复杂的欺诈案件，控诉方可以申请在没有陪审团的参加下进行审理。该法还规定了控辩双方有权针对法官作出不使用陪审团审理的决定向上诉法院提出上诉。而且，当没有陪审团参加审理，或者没有陪审团继续进行审理时，如果被告人被判定有罪，法庭必须说明其作出有罪判决的理由。[①]

路径依赖是个关键的问题，彻底的废除或采用一项新制度，可能不如改良旧制度更方便更实际。[②] 我国对于陪审制度效率的怀疑，乃至否定思想的形成，与我国目前陪审制的不完善有很大的关系。借鉴此项制度，完善我国的陪审制度，在制度设计上，应该纳入整个司法制度的范畴内，按照统筹兼顾的方式进行考量，如何与法院组织制度、法官制度、审判程序、检察制度结合问题，而非使其游离于审判制度乃至整个诉讼制度之外。[③]

（二）制度经济学视野中的人民陪审员制度

在制度变迁的过程中，有的制度会被淘汰出局，有的会逐渐完善起来。人民陪审员制度在我国的遭遇时好时坏，与我国近代和现代的历史的复杂多变有密切关系。世界一体化的形势促使我们放眼世界，关照未来。鉴于域外陪审制度的嬗变，我国不能视而不见。一旦借鉴了该项制度，即使其在司法的实际运行过程中水土不服，路径依赖也会让我们完全弃守，感到是一件成本颇高的事

---

①　宋英辉等：《外国刑事诉讼法》，法律出版社 2005 年版，第 82 页。

②　［美］劳伦斯·M. 费里德曼：《法治、现代化和司法》，傅郁林译，载《北大法律评论》1998 年第 1 卷第 1 辑，第 307 页。

③　蒋岩波：《陪审制度效率分析》，载何勤华主编：《20 世纪外国司法制度的变革》，法律出版社 2003 年版，第 503—504 页。

情。加之我国的政治体制和意识形态的要求，① 取其长处而用之，是现实的中庸之道。以下将从三个方面来分析这项制度。

1. 人民陪审员制度的变迁

1949 年 9 月，中华人民共和国成立前夕颁布的《共同纲领》第 75 条规定："人民法院审判案件依照法律实行人民陪审员制度。"1951 年的《中华人民共和国人民法院暂行组织条例》规定了"为便于人民参与审判，人民法院应视案件性质实行人民陪审制度。陪审员对于陪审的案件，有协助调查、参与审理和提出意见之权"，并提出人民陪审员按选举原则产生。1954 年宪法将这一制度上升为一项宪法原则，1954 年宪法第 75 条确定"人民法院审判案件依照法律实行人民陪审员制度"。但此后的立法和司法解释却对陪审制作了诸多限制，1954 年《人民法院组织法》将陪审制适用范围限定在一审，并规定了"简单的民事案件，轻微的刑事案件和法律另有规定的案件除外"的"但书"。关于陪审员地位，虽然 1951 年最高人民法院就表示"我院认为人民陪审制全面实行之后，陪审员在审理与判决上和审判员的地位是完全相同的"，② 可立法上却大打折扣：如调解，最高人民法院曾指示"主持调解一般由审判员和人民陪审员共同进行为妥，至于由人民陪审员独自主持调解，是不适宜的"，③民事案件"经审判员调解成立，无须再由人民陪审员重新合议……此项调解书也无须由人民陪审员署名"。④ 审理时若审判员因故缺席，"其职务目前不由人民陪审员代行为宜"，⑤ 宣判时若陪审员因故未到，"可以由原来审判本案的审判员独自开庭宣判"等等。⑥ 这些限制和左右摇摆的规定使得陪审制度陷入进亦忧退亦难的地步。1961 年 8 月 3 日最高人民法院《关于认真贯彻执行人

---

① 《依靠群众，走群众路线，反对官僚主义》，参见张建伟：《刑事司法体制原理》，中国人民公安大学出版社 2002 年版，第 332 页的论述；另见我国 1996 年刑事诉讼法第 6 条。

② 《关于陪审员应否在判决书或调解书上署名问题的函》，最高人民法院 1951 年 3 月 27 日。

③ 《关于主持调解的审判员是否包括人民陪审员等问题的批复》，最高人民法院 1957 年 3 月 30 日。

④ 《关于经陪审合议的民事案件在审判前审判员又独自进行调解而达成协议的应否重新合议等问题的复函》，最高人民法院 1957 年 1 月 30 日。

⑤ 《关于陪审员是否可以暂时代行审判员职务问题的复函》，司法部 1956 年 6 月 30 日。

⑥ 参见最高人民法院 1957 年 2 月 5 日法研字 3417 号。在 1984 年 8 月 4 日对山东高院《关于定期宣判的案件人民陪审员因故不能参加审判时可否由审判员开庭审判问题的批复》中重申此点。

民陪审制度的复函》中提到"不少地方对陪审制度在实际上已经没有执行了"。1975 年宪法没有规定陪审制,1978 年宪法规定的是"群众代表陪审制度"。1979 年刑事诉讼法取消了陪审员预审的权力,1982 年宪法干脆取消了陪审制度,使得这项制度失去了存在的根本法律保障。但在 1983 年《人民法院组织法》修订中却保留了陪审制度,将原规定"第一审应实行陪审"的制度,修改为"由审判员组成合议庭或者由审判员和人民陪审员组成合议庭进行"一审,但陪审制不再是法院第一审程序必须贯彻的制度。有学者认为这种保留"违背了'宪法至上'的原则",尽管这一制度并不是宪法没有规定就不能存在,但在根本大法没有明确规定的情况下仍然在下位阶法中保留这一日渐式微的制度,使得陪审制接受了十分尴尬的礼遇。①

2001 年,在最高人民法院的《五年改革纲要》中,把"完善人民陪审员制度"作为审判方式改革的发展目标之一。根据最高人民法院《五年改革纲要》的部署,最高人民法院向全国人大常委会提交了《关于完善人民陪审员制度的决定(草案)的议案》,后经九届人大常委会审议,认为对人民陪审员的职责定位、任职条件等问题尚需进一步深入研讨,该草案的审议工作被搁置。2004 年 8 月 28 日《关于完善人民陪审员制度的决定》(以下在该部分简称为《决定》),在第十届全国人大常委会第十一次会议终于经过审议获得正式通过。2005 年 5 月 1 日,我国历史上第一部关于人民陪审员制度的单行法律正式实施。在其身陷困境的背景下,最高人民法院将几乎被人们遗忘的人民陪审制推向前台,大有意味。历史有惊人的重复,在一定意义上,我们正在重新演绎西方陪审制的历史。②

在我国,20 世纪 50 年代可以说是人民陪审制度的"黄金"期。当时的一些报章文章表明:普通公民参与审理案件让他们感受到了当家做主的感觉。③20 世纪 50 年代后期人民陪审制成为发动群众、积极参与阶级斗争的一种有效的工具。当时的舆论气候倡导专业法官与人民陪审员相互制衡以保护人权简直是匪夷所思的事情。"文革"期间,我国司法制度遭到严重破坏,人民陪审制

---

① 申君贵:《对我国陪审制否定性思考》,载《中国律师》1999 年第 4 期。

② 何兵:《司法职业化与民主化》,载《法学研究》2005 年第 4 期。

③ 转引自贺卫:《恢复人民陪审员制度?》,载《南方周末》1998 年 10 月 23 日。据 1956 年《新建设》的报道:辽宁凤城县的一位农民激动地说:"我下了半辈子的庄稼地,在旧社会,别说到法院工作,就是走到法院的门口,连屋里瞅都不敢瞅。这回去陪审,和法院干部平起平坐,吃饭睡觉都在一起,法庭的事,都由我们共同研究,一点没有两样的地方,真是当家做主啦。"北京的一位妇女说:"我们妇女在旧社会根本没有什么政治地位,只有翻身解放之后,才能和男子一样参加陪审工作。"

度也未能幸免。对法院实行军事管制,军人取代法官办案,并且发动群众对犯罪分子进行揭露批判,尊重法律程序成为天方夜谭。虽然在"文革"后期法院组织法仍规定了人民陪审制,然而其到底有多大的必要性,人们已经疑虑重重。改革开放以来,我国司法制度改革取得了长足进步,但陪审制度没能与时偕行,加之在司法实践中出现了许多问题,自20世纪80年代中期以来,人民陪审制可以说是每况愈下,陪审制度在我国已形同虚设,基本上处于名存实亡的境地。① 虽然在20世纪90年代初期,上海等地方的法院曾经尝试吸收高级知识分子充任人民陪审员,以更妥帖地解决某些涉及专门知识的案件,例如,处理医疗纠纷时,请医学专家担任陪审员,从而使法院的决定具有更坚实的专业基础,对当事人具有更大的说服力。然而这样的做法并没有及时形成制度(当然其合理性也有待深入的检讨)。②

2. 人民陪审员制度的现实状况

人民陪审员的成本问题不容忽视,如果要真正地发挥陪审员的作用,法院就要面对陪审员的选任、经常参与审判的现实,它会令本来就相当拮据的法院经费雪上加霜。如果法院维护此制度而不增加投入,还怕上有政策下有对策,可能会固定让几个人经常担任陪审员,让他们变成摆设不起实质性作用的"编外"法官。如果陪审员要保持独立,履行职责的同时对专业法官进行监督,但陪审员又由谁来监督?老生常谈的问题"谁来监督监督者"又出现了,故陪审员的选任与罢免程序十分关键。但也不能对陪审制在缓解司法制度所承受压力方面的作用过于乐观,人民陪审员并不单独裁判案件,而是与法官一起判断事实适用法律,混合法庭作出某些不受欢迎的裁判决时,所面临的压力也会很大。但是,试图通过选任各领域专家充任陪审员的做法也是值得商榷的,专家也有其行业利益,这里恐怕也有物伤其类的问题,当事人总会怀疑专家能否保持中立。③

3. 人民陪审制度的完善

根据《决定》要求,"人民陪审员的名额在不低于所在法院现任法官人数的二分之一,不高于所在法院现任人数的范围内确定"。2004年,北京市共任

---

① 全国人民代表大会法制工作委员会研究室编:《法制参考资料汇编》(第2辑)。

② 贺卫方:《恢复人民陪审员制度?》,载《南方周末》1998年10月23日。

③ 贺卫方:《恢复人民陪审员制度?》,载《南方周末》1998年10月23日。例如请医学专家担任医疗纠纷案件的陪审员,能否保持公正的立场就大可怀疑,反倒不如让这些专家充任专家证人,接受当事人及其律师的当庭质询,法官参考他们的意见作出裁判。

命了1332名人民陪审员。① 主要从以下七个方面完善了人民陪审员制度：
（1）第1条明确地将人民陪审员的职责定位于参加法院审判活动即行使审判权，一改以往法律没有对人民陪审员的职责作出明确界定，避免了人民陪审员职责地位模糊的状况。（2）现行人民法院组织法对人民陪审员产生方式的规定过于模糊，实务中人民陪审员的产生方式多种多样，影响了人民陪审员制度的严肃性，在一定程度上制约了这项制度的实行。"人民陪审员统一以基层人民法院院长提请同级人民代表大会常务委员会任命的方式产生"，为统一规范人民陪审员的产生方式提供了明确具体的法律依据（见《决定》第7条、第8条）。（3）现行人民法院组织法规定，人民法院审判第一审案件，可以实行人民陪审员制度，也可以不实行，存在较大的随意性，影响了人民陪审员制度的正确实施。《决定》第2条对人民陪审员参与审判案件的范围作出了规定，该条规定：人民法院审判社会影响较大的第一审刑事、民事、行政案件，应当实行陪审制；对于刑事案件被告人、民事案件原告或者被告、行政案件原告申请由人民陪审员参加合议庭审判的案件，人民法院也应当实行陪审制。但是，对于上述案件中适用简易程序审理的案件和法律另有规定的案件不实行陪审。
（4）担任人民陪审员应当具备一定的条件，特别是要有一定的文化程度，否则，可能因自身能力、水平较低而难以发挥应有的作用。《决定》第4条第1款规定了担任人民陪审员必须具备的四项条件，其第2款特别规定"担任人民陪审员，一般应当具有大学专科以上文化程度"。该规定同时也考虑到了我国地区之间的差异，为部分经济文化欠发达地区在人民陪审员任职文化条件上作适当放宽处理留下了空间，也对享有较高威望但文化程度偏低的人担任人民陪审员放宽了条件。（5）采取随机抽取的方式确定参与陪审具体案件的人民陪审员（见《决定》第14条）。改变以前在实践中的通常做法，由法院轮流指定人民陪审员参与陪审具体案件，少数法院出于方便安排陪审工作等方面的考虑，将陪审任务固定地交给少数积极性较高的人民陪审员，导致这些人民陪审员变相成为"编外法官"，失去了这项制度应有的广泛的群众基础。（6）改变由人民法院负责对人民陪审员管理、培训的做法，《决定》通过第15条、第17条规定由基层人民法院会同同级人民政府司法行政机关对本院的人民陪审员进行管理和培训。（7）长久以来，人民陪审员参加审判活动应当获得的补助缺乏明确标准，法院实行这项制度必需的经费也难以落实，这是影响人民陪审员制度有效实行的一个重要原因。"人民陪审员因参加审判活动而支出的

---

① 《人民陪审员五一后上岗，当事人可要求其参与审判》，载《新京报》2005年4月25日。

交通、就餐等费用，由人民法院给予补助。有工作单位的人民陪审员参加审判活动期间，所在单位不得克扣或者变相克扣其工资、奖金及其他福利待遇。无固定收入的人民陪审员参加审判活动期间，由人民法院参照当地职工上年度平均货币工资水平，按实际工作日给予补助"（见《决定》第18条）。"人民陪审员因参加审判活动应当享受的补助，人民法院和司法行政机关为实施陪审制度所必需的开支，列入人民法院和司法行政机关业务经费，由同级政府财政予以保障"（见《决定》第19条），这一规定为人民陪审员制度的实行提供了必要的财力基础。

（三）审判组织之经济分析

审判组织作为裁判职能的实际载体，担负着完成审判工作的具体职责。根据现行刑事诉讼法规定，除了法律规定可以独任审判的案件外，其他案件均由合议庭审判。以规范分析为指向，在我国1996年刑事诉讼法中，与审判组织界定密切相关的有第147条、第148条和第149条三个法律条文（2012年刑事诉讼法没有变化）[①]。从上述三个法律条文可以看出，我国刑事诉讼中行使审判权的法定组织主要是合议庭和独任庭两种形式。此外，审判委员会因其对部分案件具有处理决定权而在一定意义上亦可列为审判组织的一种独立形式。[②] 在诉讼经济的前提假设、实际效果上，独任庭具有天然优势，在此以问题意识为视角，把重点放在问题突出的合议庭与审判委员会的分析上。

[①] 参见我国1996年刑事诉讼法第147条规定：基层人民法院、中级人民法院审判第一审案件，应当由审判员3人或者由审判员和人民陪审员共3人组成合议庭进行，但是基层法院适用简易程序的案件可以由审判员一人独任审判。高级人民法院、最高人民法院审判第一审案件，应当由审判员3人至7人或者由审判员和人民陪审员共3人至7人组成合议庭进行。人民陪审员在人民法院执行职务，同审判员有同等的权利。人民法院审判上诉和抗诉案件，由审判员3人至5人组成合议庭进行。合议庭的成员人数应当是单数。合议庭由院长或者庭长指定审判员一人担任审判长。院长或者庭长参加审判案件的时候，自己担任审判长。第148条规定：合议庭进行评议的时候，如果意见分歧，应当按多数人的意见作出决定，但是少数人的意见应当写入笔录。评议笔录由合议庭的组成人员签名。第149条规定：合议庭开庭审理并且评议后，应当作出判决。对于疑难、复杂、重大的案件，合议庭认为难以作出决定的，由合议庭提请院长决定提交审判委员会讨论决定。审判委员会的决定，合议庭应当执行。2012年刑事诉讼法第187条、第179条、第180条没有变化。

[②] 宋英辉、李忠诚：《刑事程序功能研究》，中国人民公安大学出版社2004年版，第377页。

1. 我国的合议制存在的诉讼不经济问题

刑事审判中合议制度的创设，在制度设计上具有保障正确认定事实和适用法律、促进司法参与、强化权力制约等功能；但是，在我国司法实践中，合议制最为突出的诟病即是流于形式，在审判实践中一直践行着名为合议庭审判，实为单个法官独自办案，三人或多人署名的潜规则。确切地说，就大多数案件而言，名义上是合议庭审理案件，实则是每一个具体案件只有一位承办人，由承办人对案件的事实和法律负主要责任。从庭前准备、证据调查到案件裁决的基本意见都是由承办人一人独立完成，其他合议庭成员出席法庭，属于"友情客串"，只是为了使审判组织在形式上合乎法律的硬性规定，只是在最后评议案件时，凭阅卷和承办人的汇报意见，就承办人的裁决意见进行表态而已。

由于立法对合议庭裁决机制没有作出科学、细致的规定，加上审判过程中各种外在因素的影响，我国合议庭制度"形式主义"弊病带来了相当的负面效应：评议与庭审在时间上并不紧密相连，其间易受到外界干扰；随意性大，"估堆"情况严重；评议程序过简，合议庭既不需遵照一定规则进行"议"，也无一定之规来"评"，其评议一般就是表决过程，在很大程度上甚至可以说是审判长说服审判员或人民陪审员的过程，致使法官随意行使刑事自由裁量权，破坏了法制的统一；[1] 合议庭评议因没有法定程序、制度的制约，难以凭其独立的程序正义价值取得社会公众支持，难以抵制社会上不良之风的侵袭；原本就规定得极简单的评议内容和程序，外化在裁判文书上，则表现得更为简单扼要，不讲"法理"，引致当事人和社会公众的怀疑和不信任，还可能导致刑事案件上诉、申诉量高居不下等等。近年来，尽管大多数法院实行了审判长任职资格制和合议庭审判长负责制的改革，在一定程度上弥补了这种缺陷，但根本问题尚未获得到有效解决。

2. 审判委员会存在的诉讼不经济问题

审判委员会制度是颇具中国"特色"的制度，审判委员会作为实质意义上的一种审判组织，与西方司法独立中的法官独立具有相当程度的差距。不少人认为，在当前司法体制下，审判委员会的存在具有其相对合理性，审判委员

---

① 宋英辉、李忠诚：《刑事程序功能研究》，中国人民公安大学出版社 2004 年版，第380 页。

会的存在以及维系，某种程度上也是发挥审判职能的现实需要。① 在独任庭和合议庭的法律功能有限的前提下，设立审判委员会制度，在中庸之中寻求折中和保全，立法者确实用心良苦。但是，随着审判委员会在司法过程中的运行，其本身存在或引发了一系列问题，主要有：审判委员会讨论案件与公开审判原则相矛盾，与直接审理原则相悖离；回避是考虑到在某一特定问题上有直接利害关系的人，不会是社会利益的最好的判断者，② 但立法明文规定的回避制度对审判委员会委员形同虚设，对审判委员会委员没有具体的强制的拘束力；影响案件及时判决；不能必然保证案件的质量，审判委员会成员既不阅卷，也不参与法庭审理，仅仅通过听取承办法官的口头汇报，对案件采取讨论方式并作出决定，其作出的结论未必比合议庭更加准确，但其结论却对承办法官有拘束力，是否缘木求鱼乎；③ 人员组成不符合审判组织要求，讨论案件时缺乏具体细化的议事规则；导致"审"、"判"分离；等等。针对上述合议制以及审判委员会制度的问题，确有必要进行痛定思痛式的反思，确立以诉讼经济为指导的刑事审判评议、裁决机制。

（1）建立和完善合议庭评议裁判权，促进其独立行使审判权。

第一，参加评议裁判的人员，必须直接参加该案的全部庭审活动。④ 第二，在被告人最后陈述之后，审判长宣布休庭，合议庭全体人员退庭进行评议不间断进行，评议人员不得中途离开；评议结束后合议庭人员应立刻返回法庭，由审判长当庭向被告人公开评议结果或说明无法当庭宣判的理由。第三，对经过庭审的事实、证据逐一审核；根据已核实的证据，对案件事实作出达到法定证明标准的认定，确定案件性质和被告人触犯的罪名。在被告人犯有数罪的情况下，对各罪罪名进行逐一分析和认定；罪名确定后，应不间断地讨论对

---

① 主要的理由有以下三个方面：其一，我国目前在法院与社会之间尚不存在一个为保持司法不受各种干扰的隔离带，审判委员会可以抵御对司法的不正当干扰，克服合议庭或独任庭因在现有制度环境下难以抵御的各种困难和阻力出现的问题；其二，在我国现阶段法律适用在不同地区或同一地区的不同法院或同一法院的不同合议庭中不断表现出不一致的情况下，可以在客观上促进在一个区域、一段时间内形成相对统一的适用法律的尺度；其三，针对法官素质良莠不齐的现状，审判委员会的作用要远强于法官个人或有限几个人的单独作业、思考。

② ［英］F. A. 冯·哈耶克：《通往奴役之路》，王明毅等译，中国社会科学出版社1997年版，第78页。

③ 陈光中主编：《刑事诉讼法》，北京大学出版社、高等教育出版社2002年版，第56页。

④ 陈瑞华：《刑事诉讼的前沿问题》，中国人民大学出版社2005年第2版，第418页。

被告人适用刑罚的问题。对合议庭组成上有人民陪审员的情况，审判长应该在案件评议过程中，从事实和法律的角度向其讲明案件的评议内容和重点，对关系到被告人定罪量刑的关键问题，尤其要事先向其详细阐述相关的法律条文。① 第四，设计秘密评议和无记名投票裁决的规则；评议裁决人员要保守秘密；规定哪些问题应由 2/3 多数决定，哪些问题应由 1/2 多数决定，对未达到多数的，应再行评议、表决等。② 第五，裁判文书必须对裁决结果从法律上进行较为详细的解释和说明。事实上，许多国家都要求裁判文书必须对裁决结果的理由和依据进行说明。例如，在法国和德国，都明确规定判决必须说明理由，不讲明判决理由的为绝对上诉理由。在俄罗斯，刑事诉讼法甚至明文规定判决书必须载明判决制作的时间（法定评议每项问题解决以后）、判决制作的地点（评议室）等具体事项。③

　　刑事审判合议庭的具体裁决过程对社会公众应具有保密性，但合议庭裁决机制应向社会公开。合议庭具体裁决过程因为涉及合议庭成员的诸多个人情况，如个人观点和主张、人身安全保护等，而属于审判活动中的秘密；合议庭裁决机制则是向诉讼参加人以及社会公众明示的一种议事决策规则，其本身即是为了向社会昭示程序的公正，没有必要遮遮掩掩。

　　（2）调整完善审判委员会制度，促进其案件处理程式化。

　　尽管从我国法院工作体制和法官现状来看，现阶段审判委员会仍有予以保留之必要，但是审判委员会无论从自身组成还是从科学发挥其职能作用方面，都应加以调整完善。从完善刑事诉讼法的角度看，在条件成熟时，应当废止审判委员会决定案件的职权。对于重大、疑难案件，可以通过扩大合议庭的人数，取代审判委员会讨论、决定案件的做法。在开庭前审查中发现案件重大、疑难的，应当组成区别于审理普通案件合议庭人数更多的合议庭。④ 在这方面，法国等国家采取重罪案件合议庭的组成形式，可以由 5 人、7 人或 9 人组成，可以借鉴。结合深化审判方式改革，应当强化合议庭职能，减少审委会决定案件的数量，将其控制在个别案件上。为此，必须严格限制审判委员会讨论案件的具体范围，尽可能地把刑事案件都交由合议庭进行审理和裁判，实现合

---

① 宋英辉、李忠诚：《刑事程序功能研究》，中国人民公安大学出版社 2004 年版，第 381 页。

② 参见《俄罗斯刑事诉讼法典》第 301 条，载《俄罗斯刑事诉讼法典》（新版），黄道秀译，中国政法大学出版社 2006 年版。

③ 参见《俄罗斯刑事诉讼法典》第 304 条，载《俄罗斯刑事诉讼法典》（新版），黄道秀译，中国政法大学出版社 2006 年版。

④ 陈光中主编：《刑事诉讼法实施问题研究》，中国法制出版社 2000 年版，第 6 页。

议庭审判合一和责权合一。实行审判委员会成员听审制度，并且执行回避制度，实现审判委员会处理案件公开化。凡是需要由审判委员会讨论决定的案件，在对案件再次开庭审理时应要求审判委员会成员到庭参加旁听，对于没有参加旁听的成员，不允准参加审委会对该案的处理程序，以确保审判委员会成员准确充分了解案情，并在此基础上形成内心确信。制定统一、规范的审判委员会议事规程，明确规定审判委员会讨论案件的法定人数、议事规则及严格、科学的回避制度等，① 使审判委员会的活动规范化、程式化和制度化。

（四）庭前审查程序之经济分析

庭前审查程序是法庭审判程序之前的一种准备程序或预备程序，是第一审程序的一个组成部分。从各国刑事诉讼法规定来看，绝大多数国家都在刑事诉讼中设置了庭前审查程序。庭前审查程序运作绩效对正式开庭审判程序有重要影响。它在一定程度上反映了一国对其司法资源配置、诉讼格局、审判模式和法官体制的价值取向。

1. 庭前审查程序的意义

（1）对刑事案件进行"过滤"，根据案件的不同情况，对案件予以分流处理，实现司法资源的合理配置。② 庭前审查程序的设置，为庭审程序提供了一道较为坚实的"过滤网"，通过这一程序滤去部分案件，使符合法定条件的案件进入庭审。刑事案件的具体情况千差万别，如果所有案件都按照同样的审判程序进行处理，必然会造成司法资源的无谓耗费。因此，应根据案件的不同情况，对案件进行包括选择管辖法院和审判程序的分流处理，从而合理配置诉讼资源，使不同案件均得到相对优化的处理。例如，在英国预审程序中，如果被告人作出了有罪答辩，法官对被告人可以直接量刑。③ 在美国的预审时的罪状认否程序中，如果被告人作出了有罪答辩，案件就不正式审理，直接进入量刑

---

① 根据 1998 最高院刑诉法解释第 23 条规定、2012 最高院刑诉法解释第 32 条的规定，审判委员会委员也属于回避人员之列，当事人及其法定代理人有权申请其回避。司法解释虽作了如此明确之规定，但从现实角度讲，由于审判委员会讨论案件的活动属于法院内部工作，并且其工作一般处于保密状态，因此，当事人及其法定代理人往往无从得知与案件有关的审判委员会的工作情况、人员组成情况等，因而也就无法有效行使对这部分人的回避申请权。

② 宋英辉、陈永生：《刑事案件庭前审查及准备程序研究》，载《政法论坛》2002 年第 2 期。

③ ［英］麦高伟等主编：《英国刑事司法程序》，姚永吉等译，法律出版社 2003 年版，第 294 页。

程序。①

（2）保证审判程序启动的正确性，减少发生错误成本的可能性。通过对起诉案件进行审查，防患于未然，避免不必要的资源耗费。在英国，对于按照公诉书起诉的可诉罪案件，治安法官进行预审，确定控方提出的指控证据是否充分，是否确有必要将案件移送刑事法院审判。治安法官如果认为起诉方提供的证据在形式上能够证明案件成立，即可作出将案件移送刑事法院审判的决定；否则，在认为指控证据不充分的情况下，可以作出撤销案件的决定，并将被告人立即释放。② 在德国，对检察官提起公诉的案件，法院并不立即命令开庭审判，而是启动中间程序（类似于庭前准备程序），由庭审法官对案件进行审查，以决定是否进入法庭审判程序。③

（3）通过公开、适当的排除、保全证据，为庭审发现事实真相提供可靠的证据形式上的来源，以保证庭审连续顺畅。通过证据开示和律师阅卷，让控辩双方了解对方的证据情况，防止法庭审判中的"奇袭"，避免庭审拖延、中断。④ 对案件处理具有决定性意义的证据进行必要的检验，排除不具有可采性的证据。⑤ 在庭前审查程序中，针对那些由于客观原因确实难以获取的证据和对因特殊情况无法在法庭上作证的证人，法庭可以依据申请或者依职权，在控辩双方均在场的情况下，对这部分证据进行认定和保全，固定证据。例如，在德国，对因患病、虚弱、路途遥远或其他不能排除的障碍，证人、鉴定人等不能亲自参加法庭审判活动的，法院可以在庭前审查程序中决定由受命或受托法

①　宋英辉、孙长永等：《外国刑事诉讼法》，法律出版社 2005 年版，第 184 页；另见美国《联邦刑事诉讼规则》第 11 条。

②　王以真主编：《外国刑事诉讼法学》（新编本），北京大学出版社 2004 年版，第107 页。

③　[德] 克劳斯·罗科信：《刑事诉讼法》（第 24 版），吴丽琪译，法律出版社 2003年版，第 377 页。

④　许多国家都建立了证据公开制度。在英美法系国家实行证据开示制度，在大陆法系国家实行阅卷制度。如美国联邦刑事诉讼规则第 16 条、法国刑事诉讼法典第 281条、德国刑事诉讼法典第 222 条、日本刑事诉讼规则第 178 条之六和之七都对相关制度作出了规定。

⑤　例如，在英国，被告人若有不在犯罪现场的证据，必须在庭前"答辩和指导的听审"程序中提出并接受审查。在美国，被告人有不在犯罪现场、精神病鉴定或专家关于被告人精神状况的证词、基于公共特权行为的证据时，根据检察官的申请，法官可以命令对这些证据进行审查。又如，在英国，如果辩护方未在预审程序中将其不在犯罪现场的证据提供给治安法官和控诉方，该证据在正式审判时不得使用。在美国，辩护方在庭前审查程序中可提出"证据禁止"的申请，要求排除控方非法审讯、搜查、扣押、窃听所得的证据。

官对其进行询问。① 在日本，法庭可以在正式审判期日以前询问证人。②

（4）为正式法庭审判整理和明确争执点，确定法庭审理的对象和范围，以提高诉讼效率和达致诉讼经济之目标。在英国，控辩双方应在庭前"答辩和指导的听审"程序中，提交记载有关争议问题的书面材料。③ 在美国，通过刑事诉讼中的审前会议，整理和明确控辩双方争议所在，包括发生争议的事实和证据等事项。④ 在日本庭前准备活动中，也含有明确起诉书记载之诉因、整理诉讼争点的内容。⑤

（5）为正式法庭审判做好相关的准备工作，缩短审理时间，减少资源投入。具体工作有：文书送达，包括向被告人送达起诉书副本、向有关人员送达出庭通知书、传票、确定和公布庭审日期等；权利告知，包括告知被告人有权选任法庭辩护人、被害人有权获得代理人帮助等；收集、统计控辩双方提交的书面材料、制作法庭审判所需要的书面文件等。

2. 我国庭前审查程序存在的诉讼不经济的问题

庭前审查因有重要性，因此不能将之摒除。从诉讼经济原则考虑，我国采用类似于"程序性审查"的方式。⑥ 实行日本式的起诉状一本主义、英美式或法德式庭前审查模式中的专门法官预审程序，都缺乏体制和制度性支撑。因而我国刑诉法肯认了庭审法官对检察院移送审判的案件进行程序性审查，为了避免庭前审查替代法庭审判或成为法庭审判的预演彩排，防止庭审法官先入为主、先断后审、庭审走过场等现象发生，又限制了庭审法官接触案件的范围。

在我国，庭前审查程序作为法庭审判之准备程序，是第一审程序的组成部分。1996 年刑事诉讼法第 150 条规定，法院对提起公诉的案件进行审查后，对于起诉书中有明确的指控犯罪事实并且附有证据目录、证人名单和主要证据复印件或者照片的，应当决定开庭审判。2012 年刑事诉讼法第 181 条只要求

---

① 参见《德国刑事诉讼法典》第 223 条，载《德国刑事诉讼法典》，李昌珂译，中国政法大学出版社 1995 年版。

② 《日本刑事诉讼法》第 158 条、第 281 条，载《日本刑事诉讼法》，宋英辉译，中国政法大学出版社 2000 年版。

③ 参见王以真主编：《外国刑事诉讼法学》（新编本），北京大学出版社 2004 年版，第 109 页。

④ 宋英辉、孙长永等：《外国刑事诉讼法》，法律出版社 2005 年版，第 187 页。

⑤ 宋英辉：《日本刑事诉讼法简介》，载《日本刑事诉讼法》，宋英辉译，中国政法大学出版社 2000 年版，第 15 页。

⑥ 有学者不认为我国庭审审查制度是程序性审查，参阅樊崇义主编：《刑事诉讼法实施问题与对策研究》，中国人民公安大学出版社 2001 年版，第 444 页。

"起诉书中有明确的指控犯罪事实的，应当决定开庭审判"。法院决定开庭审判后，应当进行一系列开庭前的准备工作，1996 年刑事诉讼法第 151 条对此作了简单的规定。①

法官在开庭前召集控辩双方，对案件的程序性争议问题集中听取意见，将有利于确定庭审的主要争议、有利于确定庭审重点、把握庭审重点问题，这对提高庭审的效率、保证庭审质量有重要的意义，遵循了诉讼经济原则的要求。

法院对提起公诉的案件进行审查的期限，计入其审理期限。②

庭前审查程序的功能在我国的司法实践中也有所体现，但是，从立法的本意和期望并结合庭前审查程序功能的分析来看，我国庭前审查程序也表现出了诸多不尽如人意的地方，主要表现在：

（1）无法防止庭审法官产生片面性的预断。庭前审查的主体是进行庭审的法官，法官通过庭前审查活动必然产生预断。刑事诉讼法和有关司法解释对同时承担庭前审查职能和法庭审判职能的法官提出了不合常理的非分要求。③法官在庭前审查中接触案件主要证据复印件或照片后，肯定形成一定的判断或有所记忆，要求法官在案件正式进入审判前保持"头脑真空"是痴人说梦，除非将预审法官与庭审法官截然分开。由于"主要证据"只是控方证据的一部分，法官审查这部分证据时接触到的仅仅只是控方的观点和主张，这显然是不利于辩护方的，因为信息获取的单面性必然导致法官预先片面性认知。

（2）庭前审查的内容不确定和不全面。我国刑事案件庭前审查区别于英美式和法德式庭前审查模式的一个明显之处，就是立法者试图将该审查之内容

---

① 参见我国 1996 年刑事诉讼法第 151 条之规定。（一）确定合议庭的组成人员。（二）将人民检察院的起诉书副本至迟在开庭 10 日以前送达被告人。对于被告人未委托辩护人的，告知被告人可以委托辩护人，或者在必要的时候指定承担法律援助义务的律师为其提供辩护。（三）将开庭的时间、地点在开庭 3 日以前通知人民检察院。（四）传唤当事人，通知辩护人、诉讼代理人、证人、鉴定人和翻译人员，传票和通知书至迟在开庭 3 日以前送达。（五）公开审判的案件，在开庭 3 日以前先期公布案由、被告人姓名、开庭时间和地点。上述活动情形应当写入笔录，由审判人员和书记员签名。

② 参见《1998 六机关规定》第 37 条规定，《2012 六机关规定》第 25 条规定；1998 最高院刑诉法解释第 118 条亦作了同样规定。

③ 例如，根据 1998 最高院刑诉法解释第 118 条规定，庭前审查的任务之一是确定案件是否适用普通程序或简易程序。而根据 1996 年刑事诉讼法第 174 条规定，公诉案件适用简易程序的条件为：（1）依法可能判处三年以下有期徒刑、拘役、管制、单处罚金的案件；（2）事实清楚、证据充分；（3）经人民检察院建议或同意。显然，要确定案件"事实清楚，证据充分"并可适用简易程序进行审判，法官不对案件进行实体审查是不可能作出判断的。

限定为与控方起诉相关的程序问题而不包括实体问题，以防止法官先入为主。但是从司法实践来看，对"主要证据"的确定及复印件移送制度的规定和掌握上，① 检察机关与法院存在分歧，检察机关移送的主要证据复印件可能较多也可能较少，这就使得法院在庭前审查的内容和范围上处于不确定状态。法院依据1996年刑事诉讼法第150条赋予的权力，要求检察机关移送其认为的主要证据复印件或照片。法官对起诉书是否附有主要证据复印件或照片进行形式审查，也同时对其内容进行了实体性审查。因为如果只进行形式审查，则难以确定检察机关是否对符合要求的主要证据复印件或照片进行了移送，无法确定还需补足的主要证据复印件范围。

（3）没有设立证据开示制度，庭审流于形式走过场，庭前审查程序难咎其责。没有在庭前对控辩双方的证据进行相互的交换，证据的争点不固定，庭审无法通过审核证据查清事实，法官还是在庭审后依靠阅卷作出判决，庭审就成为一种装饰，无疑是浪费了有限的司法资源。律师取证困难，但又无法通过控方得到证据信息，证人出庭率不高，辩方的质证不能通过交叉询问得到实现，庭审的对抗性得不到保障，庭审突袭的现象时有发生，平等对抗被消解。庭审要么草草结束，要么被拖长，无法实现诉讼经济。

（4）未考虑到多方参与，只关注了法院一家的审查活动，没有顾及控辩双方在庭前程序中的参与，与诉讼参与的基本原则相悖，也就难以实现程序公正。

（5）没有充分发挥庭前程序对案件的程序分流、实现过滤的功能。

3. 我国庭前审查程序的完善

把刑事案件庭前审查程序设立为独立的一项程序并设立预审法官。庭前审查的性质是确定案件是否应交付正式审判和经过何种程序进行审判，而不涉及被告人的行为构成何罪或应负何种刑事责任等问题。如我国正在试行普通程序简化审理方式改革，在被告人同意的情况下，检察机关可以建议对被告人认罪案件进行普通程序简化审理，对建议的提出时间出现了"庭审中"和"提起

---

① 根据《1998 六机关规定》第 36 条规定，主要证据包括：（1）起诉书中涉及的法定证据种类中的主要证据；（2）同种类多个证据中被确定为主要证据的。如果某一种类证据中只有一个证据的，该证据即为主要证据；（3）作为法定量刑情节的自首、立功、累犯、中止、未遂、防卫过当等证据。1998 最高院刑诉法解释第 116 条第 2 款亦作出了同样的规定。根据 1996 年刑事诉讼法第 150 条规定，法院只有在检察机关移送了上述证据复印件或照片的情况下，才能决定对案件开庭审判。

公诉时"两种表述。① 实际上，检察机关的这种建议和法院的决定完全可以在庭前审查程序中解决。

改革庭前审查方式，建立庭前预备会议制度。法院在决定开庭后，合议庭召集控辩双方举行庭前预备会议，处理以下事宜：决定适用何种程序、是否开庭审判以及是否需要改变管辖；确定案件是否公开审理、是否有回避情形、是否需要对被告人变更强制措施；受理对被告人进行精神病鉴定的申请；协商开庭的日期；了解控辩双方进行证据交换的情况，解决控辩双方因此发生的争议，整理控辩双方的争点；确定庭审证据调查的范围、顺序；决定是否允许公诉人提出新证据、是否同意辩护人关于调取、保全有关证据的申请；解决非法证据的排除问题等等。②

2012 年刑事诉讼法第 182 条完善了开庭前的准备程序，审判人员在开庭以前，可以召集公诉人、当事人和辩护人、诉讼代理人，对回避、出庭证人名单、非法证据排除等与审判相关的问题，了解情况，听取意见。2012 最高院刑诉法解释第 183 条还规定可以召开庭前会议的四种情形：当事人及其辩护人、诉讼代理人申请排除非法证据的；证据材料较多、案情重大复杂的；社会影响重大的；需要召开庭前会议的其他情形。该解释第 184 条规定了了解情况、听取意见的具体情形，特别强调了对有异议的证据要重点调查，对无异议的证据在庭审举证质证时可以予以简化。而且还可以就被害人或者其法定代理人、近亲属提起的附带民事诉讼问题进行调解。

此外，在庭前会议上同时进行证据开示，也是应有之义。

（五）证据开示制度之博弈分析

根据法律辞典解释，证据开示其最初的含义是："了解原先所不知道的，揭露和展示原先隐藏起来的东西。"③ 在庭前审查程序中，"它是一种审判前的程序和机制，用于诉讼一方从另一方获得与案件有关的事实情况和其他信息，

---

①　参见 2003 年 3 月 14 日最高人民法院、最高人民检察院、司法部《关于适用普通程序审理"被告人认罪案件"的若干意见（试行）》（以下简称《"被告人认罪案件"的若干意见》）第 2 条、第 3 条。

②　陈光中等主编：《刑事一审程序与人权保障》，中国政法大学出版社 2006 年版，第 87—88 页。

③　Black's Law Dictionary, Abridged Sixth Edition by The Publish's Editorial Staff. 1991, p. 322. 中文译名《布莱克法律辞典》第 6 版。

从而为审判做准备"。①"刑事诉讼中的证据开示作为一种搜集证据的方法，是审判前控辩双方进行的信息交换。"②

庭前证据的信息披露，主要有两种形式：在具有职权主义传统的国家，如法、德，证据信息的透露和提供往往是通过案卷移送制度实现的；在具有当事人主义传统的国家，如英、美，证据信息的透露和提供是通过证据开示制度来进行的。采混合式诉讼模式的一些国家如日本、意大利等均肯定并实行证据开示制度。我国当下还是通过单向的律师阅卷制度以及询问犯罪嫌疑人的方式实现的。

随着我国刑事诉讼制度不断模仿当事人主义诉讼模式，庭审日益向对抗式靠拢，加之围绕律师阅卷权等问题产生了很大的争议并直接影响了司法实践，关于审前证据信息交换的改革问题已成为我国刑事诉讼所面临的一个十分突出的关涉诉讼公正和诉讼效率的迫切问题，是采证据开示制度还是继续沿用律师阅卷的方式，是费尽思量的问题。我国刑事诉讼改革坚持吸收对抗制合理因素的大方向是可行的，对抗制诉讼模式所具有的对被追诉者权利的呵护、对被追诉者诉讼主体地位的肯认、对诉讼民主价值的体悟、世界各国的诉讼模式的转换及有关刑事司法国际准则的影响，令我们没有理由不坚持 1996 年刑事诉讼法修正的方向。

关于证据开示制度，无论是建立刑事证据开示制度的必要性，还是关于该制度的构想，还是设立该制度的原则问题，抑或从实证的角度的具体实验革新，都已经作出了全面的论述。这里仅从诉讼经济的角度来论述这个问题。

在法经济学者看来，无论刑事诉讼程序本身，还是证据，抑或是其中控辩双方，本质属性都是一种资源，其中证据作为资源的最大证明价值是为裁判者提供事实的根据。控辩双方通过围绕证据资料争辩、反驳实现诉讼结果的优化选择是其参加诉讼的目的所在。证据开示作为一项广泛运用的制度性司法运作方式，其创生和运行体现了这种"对话"和"优化选择"，证据开示各要素之间相互作用构成了一个博弈系统，以探求其博弈均衡解。③ 据统计，自 2004 年 8 月至 2005 年 1 月，山东省寿光市法院共审理各类刑事案件 130 件，其中

---

① 　转引自王泽群、雷小政：《证据开示制度及其博弈分析》，载《甘肃社会科学》2004 年第 3 期论文辑刊。

② 　[美] Ellen Hochstedler Steury Nancy Frank：《美国刑事法院诉讼程序》，陈卫东、徐美君译，中国人民大学出版社 2002 年版，第 402 页、第 403 页。

③ 　王泽群、雷小政：《证据开示制度及其博弈分析》，载《甘肃社会科学》2004 年第 3 期论文辑刊。

适用普通程序并经过证据开示程序的案件 97 件。在这 97 起案件中，做到当庭审结、一次开庭成功的达到 91.2%，案件审理周期由原来的平均 27.6 天缩短至 20.1 天，这与"一步到庭"、"直接开庭"时的欲速则不达、经常需要休庭评议或者进行二次开庭形成了鲜明的对照。更为关键的是，试行证据开示程序的 97 起案件，控辩双方全部服判，无一上诉或抗诉。①

我国庭审取对抗式庭审之长处，很大一个问题就是增加了诉讼成本，我国的司法资源本来就非常有限，但对抗式庭审所要求配套的交叉询问等规则一旦真正运转，必然引起司法资源的短缺和诉讼成本的直线上升。在引进对抗式庭审程序的同时，必须要引进与之配套的庭前证据开示制度。证据开示制度的好处主要有：

1. 发现案件的事实真相，提高裁判的准确率，降低错误成本。正如美国最高法院法官威廉·布伦南所言：审判必须强调对事实的探求，而不应是竞技。对抗式诉讼要求控辩双方势均力敌。"被告人诉讼地位的先天不足和控诉方力量的先天强大，如果任其发展，将形成代表国家的强大的司法机关对犯罪嫌疑人、被告人个人的以强凌弱的局面，于是弥补这种控辩力量的先天失衡就显得十分必要。"② 如果没有证据开示，审判简直就成了漫无目的的戏闹，辩方只有在审判前了解其在审判中必须面对的控方证据以及控方侦查时发现的其他证据来源，才有可能全面整理有助于发现真相的所有证据。③

2. 通过证据开示，控辩双方分别掌握了对方有可能在庭审中陷己方于困境的证据，迫使其评估其面对的诉讼风险，双方也在预测着己方的胜诉几率，掂量本方的谈判筹码。可以说证据开示催化了控辩双方合作与协商，由证据开示走向辩诉交易便是一件水到渠成的事情。反过来，辩诉交易的成功实践又促进着证据开示制度的成长，因为辩诉交易中所要求的基本诚信，是促成控辩双方公平诚实地进行证据开示的内在动力。美国历史上证据开示制度由单向开示走向双向开示的历程，实际上也是一个辩诉交易制度不断发展和完善的过程。④

3. 证据开示使双方当事人知悉对方已掌握的证据情况，充分准备控诉和辩护，明确争点，对于没有争议的事项不必一一举证、质证，不用再践行繁琐的证据调查程序；当证人因故不能出庭时，证据开示可以起到保全审理时不能

---

① 陈卫东：《从实践出发的刑事诉讼法学》，载中国民商法律网。
② 陈娅：《建立我国刑事证据开示制度的思考》，http://www.357.cn。
③ 转引自汪建成：《建立刑事证据开示制度势在必行》，载中国民商法律网。
④ 汪建成：《证据开示的范围》，载《法制日报》1999 年 12 月 12 日理论版。

出庭的证人证言的作用，加快日后法庭审判的进程；通过控辩双方之间相互展示证据材料，在双方相互知悉对方手中所持有的证据的分量之后，容易取得共识或某种程度的妥协，使当事人能从现实角度考虑诉讼的结局，促使有罪的人认罪从而简化审理程序。①

4. 证据开示有助于实现诉讼的快捷流畅，节省投入的司法资源。证据开示避免了庭审时诉讼当事人为了解和把握各种突然出现的情况往往要求中断开庭以核实有关情况，从而实现集中审理，防止诉讼拖延。②

从美国证据开示制度演进的历程来看，从单行道逐渐转变为双行道，即从单方开示变成双方开示，从仅仅要求控诉方对辩护方开示证据，演变成辩护方也要向控诉方开示证据。要求控诉方先向辩护方开示证据，而后才是辩护方向控诉方开示证据，并且不止进行一次。控诉方要向辩护方开示对被告人有利和不利的证据，即使其不打算在庭审时出示的证据也要开示，但不要求辩护方首先向控诉方开示所有的证据。

证据开示涉及双方当事人提供和透露与案件有关的证据和信息的方法和步骤，其方式要么是单向要么是双向；顺序要么是控诉方先进行，要么是辩护方先进行；开示的内容要么是隐藏一部分要么是全部。从博弈论的视角来看，双方选择何种战略影响到双方的收益，即双方的战略组合构成双方博弈的战略空间，由此双方从博弈中获得其想要的收益或达到的效用，最后达到一个稳定的纳什均衡。

不论在质上还是在量上证据都是稀缺性的，并且控诉方和辩护方在证据信息上是不对称的，所以证据开示是一种不完全的动态信息博弈，要达到最高的均衡状态即精炼贝叶斯纳什均衡才算完美。证据开示需要一种良好的制度性的司法运作方式来实现证据信息传递和交换，这种要求是很高的，否则就达不到制度设计的目标。各国不断完善证据制度的情况就印证了这一点。

在证据开示中，双方为获得预期的收益，要采取可能又可行的战略。证据开示博弈的收益："防止预断"、"提高追诉犯罪的能力"、"诉讼成本"、

---

① 宋英辉、李忠诚：《刑事程序法功能研究》，中国人民公安大学出版社 2004 年版，第 123 页。

② 龙宗智：《刑事庭审制度研究》，中国政法大学出版社 2001 年版，第 173 页。

"诉讼效率"、"有效辩护"。① 不同的战略组合会获得不同的收益。剔除对双方不利的战略组合，得到较优的战略组合，从而实现均衡的结局。但任何一方如果只从自己的收益最大化来考虑，想得到证据开示博弈占优解是不现实的，得到一个纳什均衡解也不容易，因为纳什均衡解是在完全信息状态下取得的静态的结果，证据开示是一个动态的双向信息交流的过程，而且双方还都试图只想收获而不愿意付出。最后可能得到的一个均衡就只能是博弈精炼贝叶斯均衡解。贝叶斯法则隐含地引导博弈双方通过证据信息的传递，观察其证据能力和证明能力以及法庭采纳这些证据的可能性，经过仔细的分析判断，不断更新他们的诉讼行为决策理念，以此不断调整诉讼行为决策理念，指导证据的进一步收集和开示。在准确的分析判断下，通过各种渠道获取对方的证据信息，阻止对方了解自己的真实意图，把不确定性推给对方，由此获得有利于己方的机会。辩护方在法官的必要帮助下，让控方把不准备在庭审时使用的证据尤其是对被告人有利的证据拿出来，辩护方在特殊情形下可以作出积极的有罪答辩或者说自愿供述，那么"双赢"的结果最后就是在信息不完美的情况下，在双方相互试探的动态过程中，得到精炼贝叶斯均衡。

　　笔者在此对律师阅卷作一简单分析，以彰显证据开示的优越之处。通常认为，追求诉讼经济的目标，决定了律师必须全面阅卷。现代刑事诉讼，既追求司法公正、正义，也要注重诉讼经济、诉讼效率。如果律师不能全面阅卷，不掌握控方手里的有利于被告人的证据，让律师再重新全面调查取证既无可能，也无必要，只会造成延期审理、诉讼拖延，有违诉讼经济之要求。② 但是，以

---

　　① 该部分请阅读王泽群、雷小政：《证据开示制度及其博弈分析》，载《甘肃社会科学》2004 年第 3 期论文辑刊。控诉方可选择以下战略：A 隐藏自己的证据并力求获知辩护方所有证据；B 出示自己的部分证据并力求获知对方所有证据；C 完全出示自己的所有证据，并要求辩方也如此行事；D 出示所有证据（能够证明被追诉人有罪或者无罪、犯罪情节轻重的全部证据）而对方出示特定的部分证据（无罪、罪轻或者减轻、免除刑事责任的证据，排除对可能导致被追诉人定罪或者加重其刑事责任的证据）。对于辩护方来说，可选择以下战略：a 隐藏自己的证据并力求获知控方的所有证据；b 出示特定的部分证据（无罪、罪轻或者减轻、免除刑事责任的证据，排除对可能导致被追诉人定罪或者加重其刑事责任的证据）并力求获知控方的所有证据；c 完全出示自己的所有证据，并要求控方也如此行事；d 自己出示所有证据而对方出示特定的部分证据。控辩双方在具体的个案中将选择一个具体的战略，各战略之间相互作用，形成一组组的战略组合，并组成了控辩双方博弈的战略空间。

　　② 樊崇义主编：《刑事诉讼法实施问题与研究》，中国人民公安大学出版社 2001 年版，第 111 页。

阅卷权的方式获取证据信息，只是控方单向地向辩护方进行证据信息披露。阅卷权的立法基点在于保障犯罪嫌疑人的辩护权，并不着眼于整体的诉讼结构，因而在制度功能上难免具有片面性。被告方获取证据信息的权利备受关注，但检控方从犯罪嫌疑人获取证据信息的权利却无从解决。仅就被告方获取证据信息而言，律师阅卷分散于各个诉讼程序当中，分别依赖于不同阶段的不同诉讼主体，大多数情况下完全依赖于具有追诉倾向的侦查机关和检察机关，这不仅缺乏审判机关的监控，而且缺乏切实的救济措施和惩罚措施。因此可以说，阅卷权对辩方信息的获取虽有制度性根据，但缺乏制度性保障，使得律师阅卷的实际效果大打折扣。更为糟糕的是，随着我国公诉案件庭前审查方式的转变，起诉不再移送案卷，辩护方的阅卷权实际上已近于落空（好在 2012 年刑事诉讼法第 172 条又重新规定了检察院在提起公诉的时候，将全部案卷材料和证据全部移送受诉的人民法院），因此辩护方的阅卷权不如证据开示更有绩效。

（六）庭外调查证据之经济分析

根据我国 1996 年刑事诉讼法第 158 条（2012 年刑事诉讼法第 191 条未作修改）的规定，法庭审理过程中，合议庭对证据有疑问的，可以宣布休庭，对证据进行调查核实，可以进行勘验、检查、扣押、鉴定和查询、冻结。在必须进行庭外调查的情况下，法官也必须通知控辩双方同时到场参与，并允许双方提出问题和发表意见，这实际上等于在法庭之外举行特别的"法庭审判"。但是虑及辩护方处于较弱小的劣势地位，法官应对其举证证明法定事实时给予必要的协助。例如，被告人提出了正当防卫的辩护理由，并举出一定的证据或者证据线索，法官就不能仅仅对其证据加以审查，而应采取积极手段调取那些未被提到法庭上的证据，从而对正当防卫是否成立进行积极的调查。又如，辩护方认为检控方的某一证据属于非法证据，并要求法官将该证据排除于法庭之外，那么法官就要审查该辩护方提出的证据，同时也要对该证据进行必要的调查，甚至可以要求检控方提供用以说明其证据合法性的材料。再如，对于检控方提出的"巨额财产来源不明"的指控，被告人只要对财产的来源作出了合乎情理的说明和解释，那么法官就不应要求其将财产的合法性证明到过高的标准，而应对被告人的说明进行积极的调查核实。[1]

但是，法官自行收集证据会增加其诉讼投入，而且其绩效未必显著。影响法官收集证据的因素有：法官和司法辅助人员的数量、法官的薪水、对法官的激励、法官遴选的制度等。证据搜寻的数量将取决于法官和司法辅助人员的数

---

[1]　陈瑞华：《刑事诉讼中的司法证明规则》，载《法学论坛》2003 年第 4 期。

量。倘若支付给法官高薪，法官搜寻证据的成本也可能会相当高昂。基于法官的选任、训练和经验，法官即使是有效的证据搜寻人，因为难以评价法律上的事实发现，或者难以就有益的证据发现对法官予以表彰，也难以就错误的发现批评法官，因此法官竭尽全力收集证据的激励具有有限性。纠（审）问制下的司法调查过程具有隐秘性，如同美国的大陪审团程序，这就存在法官在一宗案件中作出迎合大众的裁判而不顾及正义的危险。① 双方当事人委托的律师进行证据搜寻，会产生超过抵消收益以上的更多收益。② 市场机制诱导律师比法官更有动力更有成效去收集证据。竞争不仅引导每一方付出更大的努力寻找支持己方的证据，而且也可以促使当事人投入更多的资源去发现对方当事人证据上的漏洞，从而收集最优的证据。③ 因此，赋予律师更大的取证权可能会更好一些。

（七）交叉询问制度之经济分析

1. 交叉询问的基本内容

交叉询问制度最集中地体现了英美诉讼对抗制的特点，被誉为有史以来为发现真实所发明的最伟大的利器。不管是刑事案件还是民事案件，在通常的诉讼程序，只要有证人出庭，都将进行对证人的交叉询问或交互询问（我国台湾地区称之为交互诘问）。交叉询问是一种专业性很强的法庭技术，所以一般对证人交叉询问都是由律师参与进行的。

在刑事案件的庭审中，审判一开始由检察官向法官或陪审团做开始陈述，次由辩护律师陈述。之后首先由检察官举证证明被告人所犯之犯罪事实，其方法是传唤证人，由检察官对其"主询问"，采取一问一答的形式。然后由被告人的律师对该证人进行"反询问"。最初询问证人的检察官还可以对证人进行"再主询问"，"再主询问"之后，实施"反询问"的被告人的律师实施"再反询问"。④ "主询问"有两个必须同时达到的目标：有说服力，并且是完整的，让人相信，并能成立刑事案件或民事案件所有必要的构成要件。一个完整

---

① ［美］理查德·A. 波斯纳：《证据法的经济分析》，徐昕译，中国法制出版社2004年版，第48页。

② 苏力：《关于抗辩制改革》，载苏力：《法治及其本土资源》，中国政法大学出版社1996年版，第167页。

③ ［美］理查德·A. 波斯纳：《证据法的经济分析》，徐昕译，中国法制出版社2004年版，第57页。

④ 王兆鹏：《美国刑事诉讼法》，北京大学出版社2005年版，第17页。

的"主询问"是必要的，但还不足以让当事人一方胜诉，重中之重还必须让陪审团或法官"相信"。①

"主询问"应当遵循以下规则：（1）只能是与案件有关的事实。（2）在"主询问"时，一般情况下不得进行诱导性询问，但也不是绝对的。如美国联邦证据法则第 611 条（c）明确规定了允许对证人诱导性询问。（3）"主询问"不得以导致答复的问题为依据等等。

在"主询问"中，通过对己方证人的主询问也可以将对方的证人击倒，使对方所提供的证人不能作证或使其证言失去效力。在美国著名的辛普森案件中，为辛普森辩护的律师团提出的证人劳拉·麦尼金女士的证词就使控方的主要证人福尔曼警探的证言丧失了可信性。劳拉·麦尼金女士的证言充分证实了福尔曼具有强烈的种族歧视倾向，因此，白人警官福尔曼作为黑人被告辛普森的控方证人的意义丧失殆尽。审理该案的伊藤法官在裁决证人劳拉·麦尼金女士所提供的录音磁带的效力时指出，福尔曼警官在交叉询问中曾证实自己没有使用过有某种特定的种族主义问题的用语，但劳拉·麦尼金女士的证言却否定了此点。②

"反询问"主要有四个基本目标：其一，通过反询问，打击证人的可信度，使陪审团或法官不相信证人，通过询问以否定证人的作证资格；其二，打击证人证词的可信度，发现证人证言的破绽，以达到证言无效或使陪审团或法官对该证言持有怀疑的目的；其三，导出有利的证词，从反询问中发现或找出有利于己方的事实。精明的律师往往能够从对方的证人证词中发现对己方有利的证言，变被动为主动；其四，作为最终言词辩论的一部分，利用反询问来发表对己方有利的言词辩论，但这种情况依法是不允许的，对方会向法官提出异议。不过，律师还是把它当作一种策略来使用，这是碰运气的侥幸得逞的事情，一旦成功，从该证人获得有利的证词，借此引导陪审团到对己方有利的方向。③

"反询问"与"主询问"的不同之处在于，"反询问"中询问可以更多地提出诱导性问题，因为反询问具有更强的证伪性，诱导性询问就具有证伪的作用。如林肯对目击证人的经典询问，就彻底摧毁戳穿了证人的谎言。④

---

① ［美］Briain Kennedy：《证人询问的技巧》，郭乃嘉译，郭兆诚审校，台北元照出版有限公司 2002 年版，第 2 页。

② 林顿编著：《世纪审判》，吉林人民出版社 1996 年版，第 297—300 页。

③ ［美］Briain Kennedy：《证人询问的技巧》，郭乃嘉译，郭兆诚审校，台北元照出版有限公司 2002 年版，第 29 页。

④ ［美］弗兰西斯·威尔曼：《交叉询问的艺术》，周辛、陈意文译，红旗出版社 1999 年版，第 2 页。

交叉询问中的盘问对象不仅包括一般的证人，也包括专家证人（类似于我国的鉴定人）。专家证人利用自己的专业知识和经验对专门问题陈述意见和观点。专家证人的证词就比一般证人的证词对陪审团的陪审员具有更大的影响作用。当事人聘用专家证人的目的是利用专家证人所具有的知识和经验在诉讼中就案件所涉及的专业问题提供有利于自己的证词。在诉讼中，为了胜诉，双方当事人都可能聘请专家证人，以确定案件所涉及的专业性问题。例如，在枪击案件中，双方都有可能聘请具有专门知识的弹道专家。

法官在法庭中处于中立的地位，不能直接询问证人。法官的作用主要有两个方面：其一，控制当事人双方的询问，防止当事人滥用询问权。判断哪些询问，证人是应当回答的，哪些是可以不回答的。当对方当事人对一方当事人所提出的问题表示反对时，法官应对该异议作出口头裁决，表明该反对成立或不成立。其二，对正当询问证人无正当理由拒绝回答时，法官将对证人给予制裁。①

虽然交叉询问如此重要，但是要让其顺利展开，还需要有配套的制度环境。一是要有大量优秀律师和检察官的积极参与，二是要有确保证人出庭接受质证的规则。②

2. 交叉询问制度的诉讼效率优势

由于没有考虑到交叉询问的威慑力，交叉询问的重要性往往为人所误解，其社会价值也容易被低估。交叉询问能够摧毁一位证人的可信性，有可能被交叉询问摧毁的证人不会被传唤作证，或者预期交叉询问人将反复盘问的事实，可能在主询问中承认此点，试图拔去交叉询问者的针刺。③ 英美法庭的"交互询问"制度即便存有依靠辩术技巧的不足，其严格的运作程序也是令世人所仰止的。

大陆法系国家通常是让证人从要证事实的叙述开始加以展开的。只是在叙述完了以后，如有必要，法官、当事人及律师采用一问一答的方式进行询问。④ 如果法官径直询问证人，往往要求证人对所感知的事实进行全面陈述。由于证人不知哪些事实对于法官裁判更具有价值，因而在叙述时往往事无巨细，无论是与定罪量刑有关的还是无关的，无论是重要的还是不重要的都统统

---

① 张卫平：《交叉询问制：魅力与异境的尴尬》，载《中外法学》2001 年第 3 期。

② 贺卫方：《法庭辩论的价值》，载《人民法院报》2002 年 12 月 6 日。

③ ［美］理查德·A. 波斯纳：《证据法的经济分析》，徐昕译，中国法制出版社 2004 年版，第 52 页。

④ ［日］三月章：《民事诉讼法》，弘文堂 1982 年第 2 版，第 471 页。

进行详尽而具体的叙述，这必然造成审判的拖沓冗长。而在英美法系的交叉询问制度下，法庭询问是采用一问一答的方式进行的，证人回答受到控辩双方提问的限制，因而通常能够按照案件证明的需要，明确而具体，从而避免对与案件无关的问题进行叙述而造成的诉讼拖延。虽然在交叉询问制度下，控辩双方可能会为了模糊对本方不利的诉讼争点而在细节上进行纠缠，但可以通过法官的介入来加以避免。① 在某些疑难案件的审理中，律师对证人的询问对于揭露事实真相有巨大作用。实际上，司法体系能够使纠纷和案件得以公正地解决并进而妥帖地保护人权，在很大程度上正是依赖法庭程序的设计，尤其是两造之间唇枪舌剑的辩论，有助于证词谬误的揭露，有助于避免产生冤狱。不仅仅事实方面的争议，法律条文含义的解释方面的争议也经常需要通过辩论而获得解决。②

有学者比较了德国证人询问与日本证人询问的情况：德国证人询问的时间耗费只有日本的四分之一或五分之一；在发现案件真实方面，职权询问比交叉询问更有优越性，但易产生让证人代替当事人进行法庭辩论的现象；当事人在交叉询问中容易通过诱导性询问给予证人不正当的暗示；交叉询问有可能造成当事人与法官之间对案件问题认识的错位和差异；律师参与诉讼提高了纠纷解决的成本。③

交叉询问是一种不完全信息条件下的动态博弈过程，因而成为法庭审判中特别是当事人主义模式下的庭审中最为精彩和最扣人心弦的时刻。控辩双方虽然经过此前的证据开示，掌握了对方的主要证据信息，但在细节之处，不通过策略性询问还是不可能完全知晓的，因此通过交叉询问尤其是反询问，就会不断有出人意料的情形发生，新的证据信息可能会使控辩双方逐渐走向某一个动态的均衡点，而均衡状态恰好可能最接近事实真相，这或许是其魅力受到人们青睐的原因之一。

---

① 樊崇义主编：《刑事诉讼法实施问题与研究》，中国人民公安大学出版社 2001 年版，第 485—486 页。

② 贺卫方：《法庭辩论的价值》，载《人民法院报》2002 年 12 月 6 日。

③ 转引自张卫平：《交叉询问制：魅力与异境的尴尬》，载《中外法学》2001 年第 3 期。

3. 我国的交叉询问程序之创建

根据 1996 年刑事诉讼法第 156 条规定（2012 年刑事诉讼法第 189 条），①
由过去法官主导型询问到现行刑事诉讼法规定的控、辩双方主导询问，弱化了
法官司法调查权，重新定位了法官的角色。现行刑事诉讼法对询问证人的程序
和方法进行了重大调整，但并没有明确规定交叉询问程序。1998 最高院解释
第 146 条反而规定了"不得以诱导方式提问"（2012 最高院解释第 213 条仍旧
如此规定），这就与交叉询问大异其趣。其实，询问证人，各方主询问时不得
提出诱导性问题，不得要求证人发表结论性意见。

引入交叉询问规则，询问证人包括询问控诉方证人和询问辩护方证人。应
先询问控方证人，后询问辩方证人。询问证人应个别进行。每个证人在接受询
问之前，由法官告知其要如实回答询问及"有意作伪证或者隐匿罪证要负的
法律责任"。②

关于交叉询问的具体程序，首先由公诉人向法官申请询问本方证人。法官
许可并传证人到庭后，由法官告知证人作证义务及作伪证的法律责任。公诉人
开始主询问。公诉人主询问完毕，由辩护方进行反询问。反询问前，辩护方应
向法官提出请求，由法官许可。反询问后，公诉人可以再主询问，辩护方也可
以再反询问。被害人、诉讼代理人在公诉人主询问之后询问证人。对控方证人
进行交叉询问后，开始对辩方证人实施交叉询问，即由辩护人主询问，控诉人
反询问，其方法与对控方证人进行交叉询问相同。被告人在辩护人主询问后实
施询问，被害人、诉讼代理人在公诉人反询问后进行询问。被害人陈述时，应
由公诉人主询问，辩护人与被告人反询问。交叉询问可以通过控辩双方的反复
性询问，使案情逐渐明朗化，但也容易发生在案件枝节问题或与案件无关问题
上的纠缠，因此需要法官不断引导。当发问的内容与案件无关时，法官应异议
的请求立即制止。同时在必要的时候，如有控、辩各方未询问清楚、询问有遗
漏、证人之间作证内容有矛盾等情况时，法官有权询问证人，而不受控、辩各
方询问内容的限制。法官认为有重要证人未到庭时，可以自行传唤到庭进行询

---

①　我国 1996 年刑事诉讼法第 156 条规定的内容：证人作证，审判人员应当告知他要
如实地提供证言和有意作伪证或者隐匿罪证要负的法律责任。公诉人、当事人和辩护人、
诉讼代理人经审判长许可，可以对证人、鉴定人发问。审判长认为发问的内容与案件无关
的时候，应当制止。审判人员可以询问证人、鉴定人。

②　我国刑法第 305 条规定：在刑事诉讼中，证人，鉴定人、记录人、翻译人对与案
件有重要关系的情节，故意作虚假证明、鉴定、记录、翻译，意图陷害他人或者隐匿罪证
的，处三年以下有期徒刑或者拘役；情节严重的，处三年以上七年以下有期徒刑。

问。对鉴定人的询问大致与询问证人的方法相同，应同时进行。

（八）证人出庭作证之经济分析

1. 证人出庭率低迷的原因分析

证人出庭率低迷，其危害明显。首先，证人不愿意出庭作证，书面证言代替证人出庭作证的现象普遍存在，是困扰刑事审判的一个突出问题。其次，证人不出庭，直接剥夺了被告人的对质权，致举证流于形式，质证无法展开，法官不能通过庭审查证言的真伪，尤其是控方与辩方提供的证言相互矛盾时，法官认证困难。最后，证人不出庭，庭审只能走过场。法官在庭审前不能看到移送的全部案卷，仅仅凭公诉人在庭审时宣读的证人证言、鉴定结论、讯问笔录、勘验笔录作出裁判，审判的质量不可避免地存在很大隐患。为了保障裁判的质量，法官不得不依赖"庭下默读审判"，对抗式的庭审革新再次流于形式。[①] 司法公正与效率成为可望而不可即的彼岸。证人出庭率低迷的原因主要有以下几个方面：

（1）立法上的原因。过于原则化的规定，加之法律规定相互冲突，缺乏实施性规则，增加了实际操作的难度。1996 年刑事诉讼法第 47 条和第 157 条存在冲突。第 47 条规定："证人证言必须在法庭上经过公诉人、被害人和被告人、辩护人双方讯问、质证，听取各方证人的证言并且经过查实以后，才能作为定案的根据。"而第 157 条规定了"对未到庭的证人的证言笔录、鉴定人的鉴定结论、勘验笔录和其他作为证据的文书，应当当庭宣读"。法律没有明确规定在何种情况下证人可以不出庭作证，那么第 157 条就成了证人不出庭作证，当庭宣读证人证言的立法根据。同样，1998 最高院解释第 141 条之规定也没有明确哪些人可以不出庭，如不出庭其证言又很关键怎么办的问题。[②] 更何况"其他原因"这四个字，就成了一切证人不出庭的借口。另外，应当出庭却不出庭的法律后果是什么也很含糊。1996 年刑事诉讼法第 49 条（2012 年刑事诉讼法第 61 条未作修改）规定："人民法院、人民检察院和公安机关应当保障证人及其近亲属的安全。对证人及其近亲属进行威胁、侮辱、殴打或者

---

① 陈瑞华：《问题与主义之间》，中国人民大学出版社 2003 年版，第 416 页。

② 1998 最高院刑诉法解释第 141 条规定："凡是知道案件情况的人，都有作证的义务。生理上、精神上有缺陷或者年幼，不能辨别是非、不能正确表达的人，不能作证人。""证人应当出庭作证。符合下列情形，经人民法院准许的，证人可以不出庭作证：（一）未成年人；（二）庭审期间身患严重疾病或者行动极为不便的；（三）其证言对案件的审判不起直接决定作用的；（四）有其他原因的。"

打击报复，构成犯罪的，依法追究刑事责任；尚不够刑事处罚的，依法给予治安管理处罚。"但对证人如何保护？具体措施是什么？同样是不明确的。如等到事发后通过治安管理处罚或追究刑事责任的办法而不是防患于未然，那么人们没有必要拿自己的人身安全作儿戏。对证人如何进行经济补偿，同样也没有明确规定。

从实体性规则和实施性规则的角度来看，应着力完善实体性规则，并制定相应的实施性规则。1996 年刑事诉讼法第 47 条和第 48 条规定了证人应当出庭作证的实体性规则，但缺失相关的实施性规则。要从立法上解决这个问题，就必须制定相应的实施性规则，其大致包括以下几个方面的内容：证人出庭的申请权，权利人包括控辩双方，即各自请求本方的证人出庭；被请求人是请求人认为其应当出庭作证的人，他享有抗辩权，以说明自己没有作证义务；裁决者，应当是审理该案的法院，它应当就证人是否应当出庭作证作出裁决，并可以根据实体性规则对证人予以处罚；证人的救济权，如果不服裁决，可寻求救济。①

（2）法官和检察官观念上的原因。一些法官图办理案件的便利，偏爱使用书面证人证言，不喜欢证人出庭作证。书面证言简便易行，在庭审宣读时法官可以掌控法庭审理活动，避免庭审活动的不稳定性。证人出庭作证，在庭审时说什么有不可控性，这一点是出庭担当公诉人的检察官十分关心的，一旦证人在公开的庭审时说出了与开庭前不一致的证言，那么公诉的质量和效果就要受到影响，所以检察官也并不积极主动地贯彻证人出庭作证的制度。② 法律所设想的法官检察官应从维护法律的角度来履行自己的职责，实际上只是一厢情愿。检察官从自己处理案件的工作的方便角度来适用法律，恐怕不是观念上的原因，而是经济人的基本冲动使然，法官、检察官也在寻求"私利"，利用法律规定的缺失和不完善的条件，实现自己职业上的效用最大化。

（3）证人方面的原因。法律仅仅规定凡是了解案情的人都是证人，任何人都有义务出庭作证是不够的，这只是"纸面上"的法律。证人不履行法律设定的义务，恐怕也不仅仅是法治观念淡漠能够解释的，也不是传统观念中的讨厌诉讼的观念在作祟。③ 固然证人因怕得罪人、怕打击报复、少惹是非、劳神费力等原因不愿意出庭作证，但公安检察机关的人员都不把证人出庭作证当

---

① 锁政杰：《刑事程序的法哲学原理》，中国人民公安大学出版社 2002 年版，第 48 页。

② 龙宗智：《刑事庭审制度研究》，中国政法大学出版社 2001 年版，第 249 页。

③ 熊国选：《刑法刑事诉讼法实施中的疑难问题》，中国人民公安大学出版社 2005 年版，第 403 页。

回事，证人又何必没事找事！有什么样的政府，即有什么样的人民。公安检察机关的人员既然可以拿到书面证言，软硬兼施地让证人出庭作证也不是什么难事。① 加之 1996 年刑事诉讼法没有明确规定对证人的补偿制度，完全可以是个很好的挡箭牌。司法人员可以用这个理由不积极履行职责促使证人出庭作证，证人也可以用这个理由搪塞出庭作证的义务。

（4）证人权利与义务的不协调性。权利和义务要相称，公民出庭作证既是义务也享有权利，不能只强调义务不讲权利，是权利就要求有对价的支持。何况证人不是诉讼当事人，他与案件的诉讼利益无涉，证人作证的行为说到底是一种利他的行为。而人又是自利的，泛泛的道德说教是不能够让所有人信服的。当为生存生计而劳作的压力不消除的时候，给予经济的激励就不能认为是庸俗的觉悟不高的表现。国家财政没有充分的财力，尽力而为即可，人们也没有想通过出庭作证发财致富。

（5）传统诉讼文化的消极影响。人无不生活在历史文化传统的枷锁之中，受到传统文化的影响是自然的事情。"每一个社会每一种法律体系都是其历史的囚徒。即使周遭的世界已经变化，传统仍有效果。"② 但一定要传统文化对证人不出庭作证来负责任，未必能让人心悦诚服。崇尚"无讼"影响人们的言行，以至于证人缺乏作证的积极性。③ 传统观念中的厌讼、贱讼的观念，影响了证人出庭作证。④ "在诉讼活动中通知证人到案难，到案后说实话难，再通知证人到法庭上接受质证就更难"的"三难"现象，⑤ 一定与此有关联，但未必一定如此。孔子确实说过"听讼吾犹人也，必也使无讼乎"，但这句话也不是最高指示。官方典籍中也有"刑为盛世所不能废，而亦盛世所不尚"之类的说法。⑥ 但也有人表达过相反的意思，如清朝人崔述的言论："自有生民以来，莫不有讼也。讼也者，事势所必趋也，人情断不能免也，传曰饮食必有讼。""两争者，必至之势业，圣人者其然，故不责人之争，而但讼其曲

---

① 顾永忠：《关于证人出庭作证问题的思考》，载陈光中主编：《诉讼法理论与实践》，上海社会科学出版社 2000 年版，第 176 页。

② ［美］H. W. 埃尔曼：《比较法律文化》，贺卫方、高鸿钧译，清华大学出版社 2002 年版，第 67 页。

③ 王进喜：《刑事证人证言》，中国人民公安大学出版社 2002 年版，第 12 页。

④ 熊国选：《刑法刑事诉讼法实施中的疑难问题》，中国人民公安大学出版社 2005 年版，第 403 页。

⑤ 樊崇义主编：《证据法学》，法律出版社 2001 年版，第 83 页。

⑥ 《四库全书总目提要·政法类》。

直。"① 从浩瀚的古籍中找到这些不难，难的是是否能够解决我们的问题。自北宋中期始，在江南商品经济发达的地方，人们好讼成风，"健讼"、"嚣讼"、"兴讼"之类的记载就屡见于官方文件和私人的著作中。当时江南民间专有人教授诉讼之学，教讼学讼已蔚然成风。而且以地处的江西地区好讼之习由来已久。这种情况延续到明清而依然如故。② 清代的中国社会是很健讼的。③ 中国的小民百姓还是颇为"好讼"的，物资匮乏生活窘迫，面对实际利益的纠纷人们还是斤斤计较的。中国与西方的民众对诉讼态度的差异远没有那么大，中国民众虽然没有西方的"权利"观念，但也不妨碍为了实际的眼前蝇头小利，为了做人的面子（面子与尊严等同乎？）而听讼。④

　　当下的人们不愿意涉入诉讼中，也许是小民百姓已经亲身体认了政府官员的法外行政，对法律不信任缘故，这是其一。⑤ 其二是诉讼的费用人们承担不起。对于标的大的民事经济行政纠纷，人们也愿意发动诉讼，但对于大量的轻微的民事行政案件，人们通过诉讼程序主张权利的成本收益不匹配，人们会自动放弃之。刑事诉讼方面的活动国家投钱投物力投人力富有成效毋庸多言，但对于证人出庭的费用，政府指示人们尽义务却不给予适当的补偿，也就不要责怪小民法制观念陈旧了。依法经济学的观点来看，这正是小民百姓借助于直接的经验而作出的理性选择，成本收益的权衡算计是内化于人们的思维中的，不用经过系统的经济学的大学本科教育。司法终归是一种昂贵的奢侈的解决途径，讲究复杂的程序，要经过细致的运作过程，需要专门知识和稍有资产这些基本条件，以高度简化为生活目标的普通百姓对此望而却步，望法院而兴叹，默默走开是应该得到同情的无奈之举。因此，只责怪传统法律文化而不从社会经济条件的制约因素上找原因是理论不成熟的表现。如果中国的司法公正值得人们信仰，如果法律能够成为解决特定纠纷的成本可以接受的利器，如果经济资力不再困扰人们负担诉讼成本的难题，如果法律能够有效地保障中下层民众的切身利益，人们的选择就不是孔子的话可以左右的了。所以，也许广为传播

---

①　《无闻集·讼也》。

②　郭东旭：《论宋朝法律文化特征》、《论宋朝的讼学》，载《宋朝法律史论》，河北大学出版社 2001 年版。

③　[美] 欧中旭：《千方百计上京城》，载高道蕴等主编：《美国学者论中国法律传统》，中国政法大学出版社 1994 年版。

④　徐忠明：《比较视野中的中国传统法律文化之特点——张中秋〈中西法律文化比较研究〉读后》，载《比较法研究》2000 年第 2 期。

⑤　黄海滨：《传统法律文化与司法建设》，载汪习银主编：《司法权论》，武汉大学出版社 2006 年版，第 311 页。

的《增广贤文》中的"衙门口朝南开，有理没钱莫进来"这样的言论对人们的影响更大。我们从善良的角度来理解这句俗语，不涉及对政府的不信任的问题，那么经济财力就是影响人们选择的因素。

2. 证人出庭作证的主要对策

（1）强化证人作证义务

从法理上讲，证人出庭作证是我国公民的一般义务，针对证人的强制措施是不得已而为之的权宜之策，① 而且宜采取间接向当事人施加压力促使诱导其作证的立法方式。②

证人作证的义务主要有到场义务、宣誓或具结义务、真实陈述义务。③ 在德国，证人有到场、宣誓和陈述证言三项义务。④ 法国刑事诉讼法典第 110 条规定：如证人没有按期到庭，预审法官可对拒绝出庭的证人采取传讯措施，由警察强制其到庭，可并处第五级违警罪的罚款。证人还应不迟延地被直接带到采取措施的法官所在的地方。日本刑事诉讼法第 150 条、第 151 条规定：被传唤的证人无正当理由不到场者，法官可裁定处以 10 万日元以下的罚金或者拘留，并可以命令赔偿由于其不到场产生的费用。该法第 160 条、第 161 条还分别规定了拒绝作证应受到的罚金，赔偿由于拒绝作证而产生的费用、承担被处罚金拘留的后果。意大利刑事诉讼法典第 198 条第 1 款规定，经法官传唤证人有义务出庭，并且有义务如实回答法官的发问。俄罗斯联邦刑事诉讼法典第 56 条第 6 项规定：证人无权在被传唤时不到案，如无正当理由不到案，可以对其拘传。证人不得故意作虚假陈述或拒绝陈述，否则要承担刑事责任。澳门刑事诉讼法典第 118 条规定了"据实回答向其提出之问题"是证人的一般义务。根据澳门刑事诉讼法典第 342 条的规定，即使具有拒绝作证特权的人，自愿作证也要如实提供证言。如作伪证构成妨碍司法公正的犯罪，最高可处 3 年以下徒刑的刑罚。

证人有作真实证供的义务，所有的证人包括有可能拒绝作证特权者，一旦证供，必须对自己的证词负责。如发现有作伪证者，则将受到惩罚。在英国，"任何人没有正当理由而违反证人令或者不遵守要求其出庭的传票，即构成藐

---

① 胡夏冰：《为什么强制证人到庭作证》，载《法学评论》2002 年第 3 期。

② 王亚新、陈杭平：《证人出庭作证的一个分析框架》，载《中国法学》2005 年第 1 期。

③ 王进喜：《刑事证人证言》，中国人民公安大学出版社 2002 年版，第 58—65 页。

④ ［德］克劳斯·罗科信：《刑事诉讼法》，吴丽琪译，法律出版社 2003 年版，第 242—257 页。

视法庭罪"。①《香港诉讼证据条例》第 9 条规定：在任何诉讼案件中被传作证的任何人，都不能以没有以犯罪能力或利益为由免除作证责任。第 35 条规定：凡经法庭传唤强制出庭作证而拒绝到案时，可按简易程序审判罚款或监禁。第 36 条规定，在民刑事诉讼或其相关事件诉讼中，由法庭审问证人，发觉经过宣誓程序之证人有故意作伪证之行为成立罪状者，依法得以藐视法庭罪论，处以 3 个月徒刑或罚款。②

我国 2012 年刑事诉讼法及相关司法解释对证人出庭制度做了进一步的完善。

其一，强制出庭。经人民法院通知，证人没有正当理由不出庭作证的，人民法院可以强制其到庭。但是被告人的配偶、父母、子女除外。2012 最高院刑诉法解释第 208 条规定了"强制证人出庭的，应当由院长签发强制证人出庭令"。

证人没有正当理由拒绝出庭或者出庭后拒绝作证的，予以训诫，情节严重的，经院长批准，处以十日以下的拘留。被处罚人对拘留决定不服的，可以向上一级人民法院申请复议。复议期间不停止执行。③

控辩双方对证人证言有异议且该证人证言对定罪量刑有重大影响，法院又认为证人有必要出庭作证的，证人应当出庭提供证言，无正当理由，可强制其到庭。警察就其执行职务时目击的犯罪情况亦应作为证人出庭作证。控辩双方对鉴定意见有异议且法院认为鉴定人有必要出庭的，鉴定人应当出庭作证。经人民法院通知，鉴定人拒不出庭作证的，鉴定意见不得作为定案的根据。④

其二，真实提供证言。法庭查明证人有意作伪证或者隐匿罪证的时候，应当依法处理；证人作证，审判人员应当告知他要如实地提供证言和有意作伪证或者隐匿罪证要负的法律责任。⑤

（2）完善证人免予作证的特权

从诉讼经济的角度考虑，为减少证人出庭作证的成本支出，法律应当界定证人不必出庭作证的具体情形。因客观原因无法出庭作证的，可寻求替代的办法。这些情形大致有以下几种：证人已经死亡的；证人下落不明的；自然无法

---

① ［英］J. W. 塞西尔·特纳：《肯尼迪刑法原理》，王国庆等译，华夏出版社 1987 年版，第 619 页。

② 转引自甄贞主编：《香港刑事诉讼法》，河南人民出版社 1997 年版，第 145 页。

③ 2012 年刑事诉讼法第 188 条。

④ 2012 年刑事诉讼法第 187 条。

⑤ 2012 年刑事诉讼法第 59 条、第 189 条。

出庭作证；庭审期间患有重病或精神病或伤残无法出庭的人；年迈体弱或行动不便的人；证人路途遥远；交通不便的；在国外的人；遭遇自然灾害或由于不可抗力无法出庭的人；因工作处于特殊岗位确实在庭审时无法离开的人；控辩双方对证人证言没有异议或一致同意证人不出庭的，等等。对于上述这些不能出庭作证的情形，当事人提出申请的，法庭应尽可能在公诉人、自诉人、辩护人在场的情况下，到证人的住所或某一方便的场所听取证言，或者采取变通方式，借助技术手段如可视技术让作证人员远距离作证。在英国，"由于被告人服罪或由于证人的证据只具有形式证据的性质，这些证据有可能是审判所不需要的，则证人可以在一定条件下被要求出庭作证，否则不必出庭。如果没有通知证人出庭，他们的证言应当当庭宣读"。[①] 如根据法庭审判情况不需要证人出庭作证，如法国刑事诉讼法典第452条第2款、第536条的规定，在轻罪和违警罪的审判中，法庭可以允许证人用书面证词不用亲自到庭作证。

不仅如此，法律还要对包括亲属关系特权、职业特权、证人豁免权、公共利益豁免等的免予作证的特权予以规定。免予作证的特权作为证人作证制度的例外，是基于功利主义的公共政策要求。利益权衡原则是法律规定证人免予作证的特权的理论基础。[②] 珍惜审判也要珍视人们生活中的其他价值。人们不是为了作证而生活，某些特权对保护一些基本的社会关系如诚实、信任、信息沟通对于整个社会至关重要。[③] 我国自古就有"亲亲相隐"的制度，从汉朝到清朝，容隐制的范围呈不断扩大的趋势，民国时期的刑事诉讼法律中仍有这种规定。

亲属关系特权：这是基于个人原因可以拒绝作证。由于当事人是自己的亲属、邻居、老乡、同学、战友、同事、领导或者有一定关系的朋友等等，考虑到日后的相处，不愿得罪人或者怕得罪人，不愿意出庭作证，就要通过拒绝作证特权来解决这个问题。根据澳门刑事诉讼法典第121条的规定，基于一定的亲属关系，有拒绝作证的权利。嫌犯的直系血亲尊、卑亲属、兄弟姐妹、二亲等内之姻亲、配偶、收养之人、与嫌犯在类似状况下生活之人，有权拒绝回答婚姻或同居存续期间所发生的事实。此类人的拒绝作证是绝对的，有关当局收集其证言前必须提醒此项规定，否则所作证言无效。澳门的亲属免证权是较为宽泛的立法例之一，其可能与澳门的人文传统有关系。澳门的人文关系既十分

---

① ［英］J. W. 塞西尔·特纳：《肯尼迪刑法原理》，王国庆等译，华夏出版社1987年版，第619页。

② 王进喜：《刑事证人证言》，中国人民公安大学出版社2002年版，第85页。

③ 高忠智：《美国证据法新解》，法律出版社2004年版，第124页。

尊崇从中国古代延续至今的家庭价值观，但又有新的内涵，在澳门葡人与华人很早就通婚，葡人、华人和土生葡人都珍爱所建立的家庭婚姻关系。① 即使是"同居存续期间所发生的事实"也不例外，这也与大陆社会发展的情况相契合，当下很多人恋爱一段时间就同居了，法律顾及这些情况是难能可贵的。法律的规定如果不与社会的实际情况相一致，那么法律就可能不被遵守。德国刑事诉讼法典第 52 条也作了这方面的规定。

职业特权：根据澳门刑事诉讼法典第 122 条的规定，对于律师、医生、新闻工作者、信用机构成员、宗教司祭或各教派司祭及法律容许或规定须保守职业秘密的其他人，得推辞就属于职业秘密的事实提供证言。但对其推辞的正当性发生怀疑时，司法当局有权依法调查。德国刑事诉讼法典第 53 条也详细列举了因职业原因拒绝作证的各种人员。

证人豁免权：这是基于不被强迫自证其罪原则规定的证人的拒绝证言权。证人如果作证将导致个人负刑事责任，就可以不作证。如德国刑事诉讼法典第 55 条的规定、《香港诉讼证据条例》第 10 条和第 65 条的规定②、澳门刑事诉讼法典第 119 条第二项的规定。当然，还要解决证人作证改变证言受到追究刑事责任的问题，对于证人在被暴力威胁非法限制人身自由或非法压力下提供的不真实的证言，不得追究其刑事责任。③

公共利益豁免：《香港立法局（权力及特权）条例》第 14 条规定：被合法命令出席立法局及任何委员会作证者，除另有规定，否则不得出示有关载有海陆空军事事宜、香港安全有关之函件，亦不得向立法局或任何委员会提取。属于这类秘密的还有陪审团评议情况、破案线索的来源等。但在有的情况下，当法庭认为遵守这一规定会造成不公平时，也可以采取秘密取证的方式或其他方式获得证据，判例对此的解释是在这种情况下使无辜者免予惩罚比保守秘密更重要。④ 德国刑事诉讼法典第 54 条也规定了法官公务员的免予作证的许可。

我国 2012 年刑事诉讼法第 188 条只是规定了被告人的配偶、父母和子女可以不出庭作证，但没有规定他们享有拒证权。

辩护律师对在执业活动中知悉的委托人的有关情况和信息，有权予以保密。但是，辩护律师在执业活动中知悉委托人或者其他人，准备或者正在实施

---

① 周士敏：《澳门刑事诉讼制度论》，国家行政学院出版社 2001 年版，第 101 页。

② 转引自甄贞主编：《香港刑事诉讼法》，河南人民出版社 1997 年版，第 142 页。

③ 熊国选：《刑法刑事诉讼法实施中的疑难问题》，中国人民公安大学出版社 2005 年版，第 408 页。

④ 转引自甄贞主编：《香港刑事诉讼法》，河南人民出版社 1997 年版，第 144 页。

危害国家安全、公共安全以及严重危害他人人身安全的犯罪的，应当及时告知司法机关。① 律师法第 38 条要求律师保守对执业中知悉的国家秘密、商业秘密，不得泄露当事人的隐私。律师应当对执业中知悉的委托人和其他人不愿泄露的情况和信息予以保密。但对委托人或者其他人准备或者正在实施的危害国家安全、公共安全以及严重危害他人人身、财产安全的犯罪事实和信息除外。

（3）解决证人作证的费用补偿问题

证人作证可能要付出一些成本，包括作证的机会成本、可能受到的威胁和报复，证人的收益包括作证的经济补偿、当事人的报酬和心理的慰藉。② 证人因出庭作证的经济损失享有经济补偿权，这是证人的一项基本权利，③ 因此，刑事诉讼法应明确规定证人出庭的经济补偿权。具体补偿的项目应包括证人出庭作证时的交通费、误工费、住宿费及生活费等。④ 证人可以预先请求给付上述费用，因无正当理由拒绝作证或者被采取司法处分后被迫作证或者作虚假陈述的除外，如已经预先支付的，应当返还。

德国刑事诉讼法典第 71 条规定了"对证人要依照《证人、鉴定人补偿法》予以补偿"。日本刑事诉讼法第 164 条规定："证人可以请求交通费、日津贴费及住宿费。但没有正当理由而拒绝宣誓或者拒绝提供证言的，不在此限。""已经预先接受交通费、日津贴费或者住宿费的证人，没有正当理由而不到场，或者拒绝宣誓或提供证言的，应当将所接受的费用返还。"

香港《高等法院条例》第 34 条规定：按察司所受理的任何诉讼中，证人出庭作证，按察司依法下令核准费用给与所有出庭证人作为他们费事费时之费用及补偿。没有收到这笔费用，不出庭也不会被处罚款。⑤ 澳门刑事诉讼法典第 299 条规定："一、如证人及鉴定人被指定，而指定之人未承诺在听证时带同证人及鉴定人到场者，则须通知该等证人及鉴定人到场。二、应出席听证之上款所指之人或其代位人之声请，法官得对该等人裁定给予一定金额，该金额系按训令所核准之收费表计得，作为补偿该等人已作之开支；裁定给予之金额算入诉讼费内。三、对于裁定给予上款所指金额及就其金额之数目而作之裁

① 2012 年刑事诉讼法第 46 条规定。

② 吴丹红：《证人制度的经济学分析》，载《证据学论坛》第 8 卷，中国检察出版社 2004 年版。

③ ［德］克劳斯·罗科信：《德国刑事诉讼法》，吴丽琪译，法律出版社 2003 年版，第 258 页。

④ 樊崇义主编：《刑事诉讼法实施问题与研究》，中国人民公安大学出版社 2001 年版，第 164 页。

⑤ 转引自甄贞主编：《香港刑事诉讼法》，河南人民出版社 1997 年版，第 142 页。

判，不得提起上诉。"台湾地区"刑事诉讼法"第 194 条规定："证人得请求法定之日费及旅费。但被拘提或无正当理由，拒绝具结或证言者，不在此限。前项请求，应于讯问完毕后者十日内，向法院为之。但旅费得请求预行酌给。"

在我国，由于涉及三个诉讼阶段，哪个机关支付证人的费用就成了"扯皮"的问题。事实上，公安机关、检察机关、人民法院都是财政全额拨款，由国库开支，吃的是财政饭，花的是纳税人的钱。从政府财政的角度看，没有区别。但公检法基于单位的具体利益的考虑，都会尽可能地减少自己的经费支出。在侦查阶段、审查起诉阶段和审判阶段，传唤证人到场所需要的费用，应当分别由相应的传唤机关承担。①

关于审判阶段证人补偿费用的支付主体问题主要有两种态度，一种态度是由控辩双方各自支付己方证人的费用，检察机关应当负责将证人带到法庭并承担证人的费用，辩护方证人则由辩护方负责带到法庭并承担证人的费用。② 另一种认为对证人补偿的费用由法院支付。证人毕竟是依照法院的命令出庭作证的，应当由法院代表国家支付。对于控辩双方要求传唤到庭的证人，应当由控辩双方提出申请，法院发出出庭通知书，如果不到庭由法院负责强制到庭或给予处罚，如果出庭则由法院负责经济补偿。③

控辩双方各自支付己方证人的费用，政府支付的钱就会减少，被告人的负担就相应加大，如果被告人这一方无力支付证人的费用，证人作证势必受到影响。至于控辩双方各自负担证人的费用，有贿买证人的嫌疑，证人的可信性受到影响，是不必要过于担心的，实施交叉询问可得到真相，证人要承担作伪证的法律责任，这两点能阻挡证人的不真实的证言。

最高人民法院《关于民事诉讼证据的若干规定》第 54 条第 3 款提供了一个较好可借鉴的立法例。该条规定："证人因出庭作证而支出的合理费用，由提供证人的一方当事人先行支付，由败诉一方当事人承担。"基于刑事诉讼维护公共利益的特点，刑事诉讼中的证人的费用由国家财政预算列支，专款专用，由法院代表国家统一支付为宜，不宜转嫁给被告人一方。政府负担证人的费用，财政支出会增加，但对证人出庭作证是大有裨益的。证人无须担心自己的经济补偿问题，辩护方就不会因为经济的原因担心公正的问题。对证人的补

---

① 张建伟：《刑事司法多元价值与制度配置》，人民法院出版社 2003 年版，第 142 页。

② 刘玫：《"一国两制"下香港刑事诉讼制度若干问题研究》，载樊崇义主编：《刑事诉讼法专论》，中国方正出版社 1998 年版，第 567 页。

③ 郑旭：《刑事证据规则》，中国政法大学 2000 年博士学位论文，第 65 页。

偿数额太高，累加的总量太高，财政负担增大，测算适合的数额就显得十分必要。证人出庭是尽公民的义务，得到经济补偿体现的是权利，权利与义务基本相称即可，只要对证人及其近亲属的安全保障到位，弥补了证人的食宿费，按照当地居民的平均收入来支付误工收入是能够使证人满意的。

有工作单位的证人作证，所在单位不得克扣或者变相克扣其工资、奖金及其他福利待遇。

2012 年刑事诉讼法第 63 条规定："证人因履行作证义务而支出的交通、住宿、就餐等费用，应当给予补助。证人作证的补助列入司法机关业务经费，由同级政府财政予以保障。有工作单位的证人作证，所在单位不得克扣或者变相克扣其工资、奖金及其他福利待遇。"2012 最高院解释第 207 条明确规定人民法院应当给予补助"证人出庭作证所支出的交通、住宿、就餐等费用"。

（4）细化对证人保护的具体措施

采用一切可行的手段保护证人是法庭的职责，法律强迫证人作证而当其受到潜在或现实的侵害时又不能及时予以救济，那么法律诉讼就会一钱不值。[①]证人保护是证人作证制度中不能缺失的一环，证人在履行作证义务后如不能享有其权利的相应保障，证人会对司法制度丧失信心从而使更多的人回避出庭作证，这就会使依赖证人证言的现代刑事审判面临因无人作证的不良境地。这种有违证人权利义务对等的法律会引起证人更大程度的抵触。为此，世界各国纷纷制定专门的证人保护法或在刑事诉讼法中增订有关证人保护的条款。[②]

对证人及其近亲属的安全进行保护，从根本上来说这是个经济承受力问题，如果国家财政不紧张，加大人力物力的投入就可以解决。证人作证，怕打击报复，其人身安全可能会有潜在的危险，如果不能确保证人及其近亲属的安全，证人出庭是有顾虑的，这是人之常情，所以在立法上就要对保护证人的措施给予明确规定。譬如香港在 1995 年为配合强令证人出庭作证就设立了证人保护小组，该小组由 34 名经特别训练的全职人员组成，另外还有额外的 64 人作为辅助人员。保护的具体措施包括提供一个紧急电话号码、提供一间 24 小时由警方特殊保护的安全居所等，还关照到证人的个别情况和特殊需要，时刻应付证人可能受到的任何威胁。还成立了保护证人上诉委员会，处理由于证人

---

① ［英］丹宁：《法律的正当程序》，李克强等译，法律出版社 1999 年版，第 25 页。
② 宋英辉等：《我国证据制度的理论与实践》，中国人民公安大学出版社 2006 年版，第 240 页。

所获得的保护安排或被拒绝保护而提出的申诉并作出裁断。① 英国为尽早地确定易受伤害的证人，在警察和刑事司法系统使用了风险评估的办法，把从原来只向刑事法院提供证人服务扩展到向治安法院提供证人服务。英国司法改革报告建议：任命一名独立的被害人和证人的特派员捍卫被害人和证人的利益；为容易受到伤害和恐吓的证人提供更多的方式，如事先预制录像证据、通过电视连接来保护证人作证、在证人席周围设立警戒幕等；改变刑事司法制度的工作办法满足被害人和证人的需求、赋予不满意的证人和被害人向国会巡视官提出控诉权利和机会、改善被害人和证人与警察法院打交道时所受到的不公的境遇、改进对证人的服务和支持如给证人发传呼机、提供不同的等候室、厕所及餐饮设施为被害人证人提供在线服务等等。②

我国也可以考虑采用：不公开证人的住址和就职的单位、对证人及其亲属的人身和住宅采取专门的保护措施、在证人作证时采取使证人的外貌、声音、身份不暴露的技术手段，甚至在证人作证后为其变更姓名居住地等办法。只要有充分的司法资源，这些问题可以解决。

根据 2012 年刑事诉讼法第 62 条，对危害国家安全犯罪、恐怖活动犯罪、黑社会性质的组织犯罪、毒品犯罪等案件作证的人有了一些具体的保护措施。证人、鉴定人、被害人因在诉讼中作证，本人或者其近亲属的人身安全面临危险的，法院、检察院和公安机关应当采取以下一项或者多项保护措施：不公开真实姓名、住址和工作单位等个人信息。2012 最高院刑诉法解释第 210 条又规定：对证人、鉴定人如实作证的保证书不得公开，在判决书、裁定书等法律文书中可以使用化名等代替其个人信息；采取不暴露外貌、真实声音等出庭作证措施；禁止特定的人员接触证人、鉴定人、被害人及其近亲属；对人身和住宅采取专门性保护措施；其他必要的保护措施。证人、鉴定人、被害人认为因在诉讼中作证，本人或者其近亲属的人身安全面临危险的，可以向人民法院、人民检察院、公安机关请求予以保护。法院、检察院、公安机关依法采取保护措施，有关单位和个人应当配合。

重视证据开示制度对证人出庭作证的作用，通过庭前证据开示，控辩双方对证人证言没有异议或一致同意证人不出庭的，证人可以不再到庭作证。控辩双方虽然对某证人证言有不同意见，但该证言对案件审判不起决定作用，经法

① 刘玫：《"一国两制"下香港刑事诉讼制度若干问题研究》，载樊崇义主编：《刑事诉讼法专论》，中国方正出版社 1998 年版，第 566 页。

② 最高人民检察院法律政策研究室编译：《所有人的正义》，中国检察出版社 2003 年版，第 28—44 页。

官同意，该证人也可以不出庭作证。对一些可能判重刑尤其可能判死刑的案件，即使控辩双方对证人证言没有异议，由于涉及被告人的根本利益，证人还是要出庭作证。对适用简易程序审理的案件，对证人出庭作证可以从宽处理。

总之，我国尽快在刑事诉讼中建立一套完整的证人证言规则实在很有必要。不仅如此，也要着手在深层次上解决我国可能面临的观念上和制度上的障碍，如改变"以卷宗为中心"的审判方式、去除检控方对证人的恣意追诉现象、放松法官对诉讼程序的绝对控制、尊重公正审判的价值，① 从而让未来确立的证人证言规则发挥应有的作用，从而一劳永逸地解决证人出庭作证的难题。

二、普通程序简易审之经济分析

当下，我国正处于社会转型时期，刑事案件大幅攀升，案件的复杂程度提高，法院的案件负担加重，诉讼拖延严重，简易程序的适用与普通程序的适用不匹配，刑事司法制度中缺乏多样性的程序解决不同类型的案件，司法机关为摆脱办案效率低下受抨击的不利境地，除了强调简易程序的适用外，在地方司法机关试点的基础上，试图在普通程序的第一审程序上进行某种程度的简易化"制度创新"，期望在公诉案件的审理方式上有所作为，推出了普通程序简易审，并出台司法解释来予以规范，以提高司法效率。从合理配置司法资源、彰显刑事诉讼经济原则角度考量，普通程序简易审的初衷无可厚非。根据北京市海淀区人民法院的统计：被告人认罪或者对指控的事实基本没有异议的案件，占全部普通刑事案件的 50%—60%。上海市基层人民法院调查显示：约65%—70% 的案件符合适用简易程序的条件或属于被告人认罪的案件；湖南省大部分基层人民法院受理的刑事案件中，40%—50% 是被告人认罪的案件，个别法院被告人认罪案件的比例达 70% 左右。②

（一）普通程序简易审的实际运作程式

简化审理的通常方式：第一，审判长宣布开庭；传被告人到庭；审判长宣布案件的来源、起诉的案由；审判长宣布合议庭组成人员、书记员、公诉人、辩护人、鉴定人和翻译人员的名单；审判长告知当事人、法定代理人在法庭审

---

① 陈瑞华：《问题与主义之间》，中国人民大学出版社 2003 年版，第 420—427 页。
② 熊国选：《刑法刑事诉讼法实施中的疑难问题》，中国人民公安大学出版社 2005 年版，第 334 页。

理过程中依法享有的诉讼权利。第二，公诉人宣读起诉书；有附带民事诉讼的，再由附带民事诉讼的原告人或者其诉讼代理人宣读附带民事诉状。第三，讯问被告人对被指控的犯罪事实及罪名的意见，核实其是否自愿认罪和同意适用本意见进行审理，是否知悉认罪可能导致的法律后果。第四，被告人可以不再就起诉书指控的犯罪事实进行供述。公诉人、辩护人、审判人员对被告人的讯问可以简化或者省略。第五，控辩双方对无异议的证据，可以仅就证据的名称及所证明的事项作出说明。合议庭经确认公诉人、被告人、辩护人无异议的，可以当庭予以认证。对于合议庭认为有必要调查核实的证据，控辩双方有异议的证据，或者控方、辩方要求出示、宣读的证据，应当出示、宣读，并进行质证。第六，法庭辩论，控辩双方主要围绕确定罪名、量刑及其他有争议的问题进行辩论。第七，被告人最后陈述。[①]

简化审理的主要内容仅限于法庭对被告人的讯问和无异议证据的出示、质证、认证等，法庭调查、法庭辩论基本环节没有省略，基本上还保持了普通程序的完整性。适用简化审理需要注意的几个问题：核实被告人的身份可以灵活处理。被告人的身份及自然状况，经过侦查、审查起诉、法庭准备这些诉讼环节，已经多次核实，而且在公诉人宣读起诉书时还要当庭宣告。加之除了被告人年龄等情况可能影响对其定罪量刑外，法庭在核实身份时可以采取简要的方式进行，对被告人，问及起诉书上已载明的姓名年龄民族籍贯家庭成员等情况是否属实即可。这样可以节省一点时间，也不违背刑事诉讼法的规定。

审判长告知当事人、法定代理人在法庭审理过程中依法享有的诉讼权利这个环节不能省略。事实上，告知诉讼权利也不会花去多少时间，而且切实保护当事人的权利是彰显司法文明体现司法公正的基本要求。法庭调查中的举证质证程序要根据案件的具体情况灵活处理。控辩双方对无异议的证据，可以仅就证据的名称及所证明的事项作出简要说明，合议庭可以当庭予以认证。对于新出示的证据，控辩双方应当宣读出示主要证据，对于其他证据可以简要概括出示，以保持程序的完整。

对于简化审理的案件，法院应尽可能做到当庭宣判。这类案件本来就是事实清楚、证据确实充分，法院又庭前阅卷，是完全有条件当庭宣判的。调查显示当庭宣判率很高，有的法院达到了100%，即使有的法官不知道有这个规定。[②] 这样做会避免对案件的不当干扰，也体现了诉讼及时和集中审判的原

---

① 参见《关于适用普通程序审理"被告人认罪案件"的若干意见（试行）》第 7 条之规定。

② 左卫民：《简易刑事程序研究》，法律出版社 2006 年版，第 230 页。

则，对减少当事人的诉累，抚慰被害人、彰显司法公正，提高诉讼效率大有裨益。

法院对自愿认罪且经审理认定其行为构成犯罪的被告人，要尽可能地酌情从轻处罚。实行量刑折扣，兑现承诺，也是对被告人减损其权利的一种激励一种安慰，对未来的被告人也是一种诱导，也能体现对被告人从宽处罚的刑事政策，也有利于被告人从内心深处服判接受改造，为其回归社会做好了铺垫。

对这类案件在制作裁判文书上可以适当简化。根据被告人认罪案件的特点，考虑到被告人对被指控的事实没有异议，为避免重复，对"起诉书指控事实"、"被告人及其辩护人的辩护意见"和"证据的具体内容"，可以略去不再予以表述。《法院刑事诉讼文书样式（样本）》也对法院刑事诉讼文书增添了样式4。

转化为普通程序的情形：根据《"被告人认罪案件"的若干意见》，在对被告人认罪案件审理的过程中，发现有不符合本意见规定的适用情形时，应当决定停止适用本意见审理而重新适用普通程序审理。[1] 但语焉不详，即该意见本身并没有作出相应具体的规定，这不能不说是个不足之处。

在司法实践中，对于如何转化如何计算审理期限就因规定的不明确引起了争议。一种看法是，应当以简易程序转化为普通程序审理为范本，决定中止审理，审理期限重新计算。另外一种看法认为普通程序的简化处理仍然属于普通程序，只是在庭审方式上简化了某些环节，公诉人有出庭支持公诉，不涉及再行准备的问题，与简易程序转化为普通程序有本质区别。一旦有需要转为普通程序审理的情况，当庭决定转为普通程序审理即可，不应当重新计算审理期限。[2] 这种说法倒是坚持了诉讼经济原则。

（二）实施普通程序简易审的预设条件

普通程序简易审的变革前提是已经存在了一个完整的精细的符合公正审理的基本要求诉讼程序。鉴于过于繁杂的法的正当程序，司法资源消耗过大、诉讼迟缓，使刑事司法制度的正常运转出现问题，在保证不减损被告人权利的基础上或对其权利有所置换的情况下，才寻求旨在追求诉讼效率建立在权利保障基础上的简易审程序。

英美法系国家实行陪审团审判和交叉询问制度，为了组成合格的陪审团，

---

① 《关于适用普通程序审理"被告人认罪案件"的若干意见（试行）》第11条。

② 熊国选：《刑法刑事诉讼法实施中的疑难问题》，中国人民公安大学出版社2005年版，第358页。

控辩双方往往需要对候选陪审员进行反复的挑选和询问，仅组成陪审团往往就需要花费几天，甚至几十天时间；在法庭交叉询问过程中，控辩双方为了最大限度地使证人透露出有利于本方而不利于对方的事实和证据，往往需要对证人进行反复的询问和盘诘，甚至争论不止。因而英美法系的普通审判程序经常要连续不断地进行几天、几十天，甚至几百天时间。美国著名的世纪大审判辛普森案件挑选陪审团用了23天（1994年10月12日至11月3日），法庭审判用了9个多月（1995年1月24日至1995年10月3日），其间除节假日外，基本上没有中断。

大陆法系国家陪审制的适用范围也非常广泛。在德国，州法院审理的所有案件都必须有陪审员参加，地方法院审理的绝大部分案件也必须有陪审员参加。在法国，所有法定刑为5年以上徒刑或苦役的重罪案件都必须适用陪审制。并且法国陪审庭的组成非常复杂，必须由3名法官和9名陪审员组成。大陆法系国家还实行比较严格的直接言词原则，证人、被害人、鉴定人等除有极其严格的法定情形外必须出庭作证，接受控辩双方的盘问，在这种情况下，大陆法系国家庭审过程普遍较长。

从普通程序的立法建构及实际运作来看，我国刑事案件普通程序本来就比几乎所有法治发达国家都更为简单和粗疏。我国合议庭的组成非常随意，既可以有人民陪审员参加，也可以没有陪审员参加，且司法实践中经常没有人民陪审员参加。此外，我国法庭审理并不严格遵守直接言词原则，证人、鉴定人极少出庭作证，也未建立起严格的交叉询问制度，对证人、鉴定人的询问基本上是直接询问，运作非常简单。所有这些导致我国法庭审判程序极其简略，不论从庭审的复杂程度还是从庭审需要的时间来看，我国的普通程序审理的案件绝大多数都在一个半天审完，很多审判员甚至在一个半天可以开庭审完两个适用普通程序的案件，涉及对被告人的终身自由甚至生命等根本性权利进行剥夺的刑事案件往往也只需要一两个小时、三五个小时，顶多几天时间即可审理完毕。即使是杀人这样的重大案件在一个半天审完也不是个别的事。

（三）简易审的诉讼经济之考量

不论从庭审的复杂程度还是从庭审需要的时间来看，我国的普通审判程序已几乎与法治先进国家的简易性审判程序相差无几。在我国，没有完善的庭前准备程序、尚未建立证据开示制度，既不严守直接言词原则也未真正运作交叉询问机制，也不采强制律师辩护制度，辩方缺乏同控方平等对抗的资源，在这种情况下，是否有必要将普通程序审理环节作进一步简化，的确值得斟酌。

1. 谁应享有程序选择权

在实际的司法活动中，法院主动决定适用简易审的情况不多见，多数是检察院向法院提起公诉时主动书面建议法院适用，也有少数被告人主动要求适用该程序的。[①]

检察官对适用这个程序具有积极性，因为在庭审时可以略去对被告人的讯问和对无争议证据的质证，从而可以减轻公诉人的负担。检察院主动提起适用简易审程序的，法院必须经过阅卷、征求意见、写作书面决定、送达决定等步骤。看起来一个简单审的决定适用程序，其实包含的步骤不少，而且还一个都不能少。实际上，既然检察院建议适用这个程序审，法院就无需再征求检察院的意见，难道检察院还会出尔反尔，因此再次确认纯属多此一举。法院向被告人送达起诉书副本时，即可征求被告人是否同意的意见，此时就能得到被告人同意与否的答复，如同意就记录在案，以后也不再做书面通知而直接按照简易审的程序准备庭审。要求法院再给被告人一个书面通知还有必要否？精细的操作是否一定是这样而不是更合理的做法，这值得深究。

法院为何不主动决定适用简易审程序（法院中立性暂且不论）？检察院没有主动提起，则不一定是检察院的疏忽，而更大可能是检察院认为此案件不宜适用，如果法院执意为之，法院可能是自讨苦吃，检察院如不积极配合，还要再征求被告人的意见，征求完意见后还要书面通知他们，这套做法很繁琐。法院多在开庭时征求检察院和被告人的意见，记录在案了事。法院如在开庭时征求检察院和被告人的意见，一旦决定适用简易审，法官就不用作简易审的那些准备工作，而检察官在庭前准备的负担没有减轻，但在庭审时由于被告人认罪，检察官也有减少劳神累力的意外收获。

被告人的程序选择权应该予以落实。被告人为自己的利益而选择对自己明显不利的简易审程序的权利应该受到尊重。法院对是否适用简易审有最后的决定权，检察院向法院建议适用简易审的建议之前，在审查起诉阶段和被告人达成适用简易审的"共识"，法院在开庭之前要确认被告人是否同意适用简易审，在开庭时还要再次询问被告人而且要以其当庭的意思表示为准。很显然已经处处显示了无法绕开这个问题，何况在最高检公诉厅下发的通知中也明确要求"被告人及其辩护人主动提出适用简易审程序的，检察院认为符合规定应当同意并向法院建议适用"，既然实际上已有了这个权利，还有必要不明确，来个犹抱琵琶半遮面？

---

① 左卫民等：《简易刑事程序研究》，法律出版社 2005 年版，第 222 页。

2. 自愿还是无奈

在侦查阶段普遍存在刑讯逼供这一公开秘密的情况下，侦查人员采用"疲劳战"、"车轮战"、骗供、诱供、逼供（"两规两指"？）等非法方法获取被告人口供的现象比较普遍。犯罪嫌疑人一旦被拘留或逮捕之后，就与外界失去联系，完全处于被控制状态，因此被告人作有罪供述是否出于自愿实难判断。

在缺失自白任意性规则的情况下，在只有17%左右的被告人有律师为之辩护的条件下，被告人实际上很难对检察机关指控的事实和罪名作出正确的理解，从而按照其本来意思同意简易审。这些问题在这个试行的意见中是觅不到答案的。[①] 如何清醒地答辩才最有利于自己，如何保证他或她的认罪是自愿而不是无奈之举呢？

因为大多数被告人的法律知识水平很低，他们对公诉人提出的指控理解不清，或者对于其作出的有罪答辩的后果缺乏准确全面的认识。[②] 调研显示，在司法实践中，法院在送达起诉书副本时顺便询问被告人是否同意适用简易审的程序时，并不刻意去询问被告人是否知道这样做的法律后果。[③] 有的被告人错误理解坦白从宽，对从宽的期望值过高，而在判决后感到失望，再提起上诉。一审无争议，二审期间展开诉讼对抗，但由于二审系终审，且诉讼条件不同，即使是开庭审理，也难以充分保障被告人的权利，这也就使一审简易审提高诉讼效率的目的没有达到。

3. 庭前阅卷与先定后审

"对于决定适用本意见审理的案件，人民法院在开庭前可以阅卷。"这样规定是否会造成先定后审？如何阅卷？都是庭前阅卷存在的问题。有人认为，鉴于侦查阶段刑讯逼供现象时有发生，又没有证据开示制度，法官庭前阅卷可防止冤假错案发生的可能性；有助于把不符合简化审理的案件排除在外，防止在开庭审理后变更程序，延误诉讼；还有助于兼顾当下法官素质普遍不高的现实和地区差异情况。法官庭前阅卷，便于其了解案件完整情况，可以理清争议焦点，利于有效组织庭审活动。还有人认为，在被告人认罪和案件事实清楚、证据确实充分的情况下，允许法官庭前阅卷，不必担心可能出现"先入为主"

---

① 张建伟：《司法竞技主义》，北京大学出版社 2005 年版，第 223 页。

② 史卫忠：《关于适用普通程序审理"被告人认罪案件"的若干意见（试行）》、《关于适用简易程序审理公诉案件的若干意见》的理解与适用，载《人民检察》2003 年第 6 期。

③ 左卫民：《简易刑事程序研究》，法律出版社 2005 年版，第 225 页。

的危险，因为这种"预断"是符合被告人尽快摆脱诉累和获得从轻处罚的利益的。[①] 由于这种规定具有选择性，根据案件具体情况的不同和法官个体素质的差异，法官在庭前也可以不阅卷，这样预断就不会产生，也符合现行刑事诉讼法的精神。

阅卷地点和方式要灵活，它并不意味着必须在提起公诉时要把全部案卷移送法院，法官也可以到检察机关阅卷。既可以查阅全部卷宗，也可以查阅部分卷宗。

法官庭前阅卷的规定，改变了刑事诉讼法在庭前只能进行"程序性"审查的规定，把本来只保留在简易程序中的全案移送的做法全部搬到了普通程序中来，实际上是恢复了在普通程序中的案卷移送制度。

4. 轻视程序价值的又一表现

有人认为，普通程序简易审是认为程序可有可无的思维惯习发生作用的必然结果。刑事审判走过场搞形式的问题还没有解决，现在就连过场形式都不顾及了，显然是轻视程序价值的又一表现，只是不自觉而已。不仅如此，只要被告人认罪就不进行法庭调查和法庭辩论，也是漠视实体公正的表现。这种制度创新根本就不是依据程序经济原理进行的，也曲解玷污了诉讼效率的美名。

5. 重罪审理程序的遮羞布

我国大陆的基层法院审理的大多数案件都能涵盖在这类案件之中，这个意见对中国基层法院的案件审理会有极大的影响。[②] 对可能判处无期徒刑的案件，从司法实践来看，事实简单清楚、符合简化审理条件的，是可以适用该意见的，这样可以缓解中级人民法院目前所承受案件压力过大的问题。[③] 由于简易程序适用于判处 3 年以下有期徒刑的案件，人们又在习惯上认为只有 3 年有期徒刑以上的案件才是重罪案件，那么普通程序简易审，就可以认为是对重罪案件的简易刑事审判程序，可能处于合法性的考虑，官方并没有明确宣示。[④] 世界多数国家认为判处 1 年的刑罚就是重罪案件，普通程序简易审涵盖了几乎除适用死刑刑罚案件以外的所有案件，是不是不审慎？

---

① 史卫忠：《关于适用普通程序审理"被告人认罪案件"的若干意见（试行）》、《关于适用简易程序审理公诉案件的若干意见》的理解与适用，载《人民检察》2003 年第 6 期。

② 左卫民：《简易刑事程序研究》，法律出版社 2005 年版，第 215 页。

③ 熊国选：《刑法刑事诉讼法实施中的疑难问题》，中国人民公安大学出版社 2005 年版，第 351 页。

④ 左卫民：《简易刑事程序研究》，法律出版社 2005 年版，第 215 页。

6. 是否限制了辩护权的行使

侦查机关在讯问犯罪嫌疑人时，现行刑事诉讼法规定不允许律师在场，为避免冤假错案的发生，防止被告人受侦查机关的威胁、引诱、欺骗甚至刑讯逼供而非自愿认罪，确保被告人有罪答辩的真实性和自愿性，"人民法院在决定适用本意见审理案件前，应当向被告人讲明有关法律规定、认罪和适用本意见审理可能导致的法律后果，确认被告人自愿同意适用本意见审理"。①"对适用本意见开庭审理的案件，合议庭应当在公诉人宣读起诉书后，询问被告人对被指控的犯罪事实及罪名的意见，核实其是否自愿认罪和同意适用本意见进行审理，是否知悉认罪可能导致的法律后果。"②"适用本意见审理案件，应当严格执行刑事诉讼法规定的基本原则和程序，做到事实清楚、证据确实充分，切实保障被告人的诉讼权利。"③ 被告人的各项诉讼权利如申请回避权、辩护权、申请新的证人鉴定人到庭作证权和最后陈述权不因简化某些诉讼环节省却，要保障被告人不弃守这些基本的权利。

但是，普通程序简化审没有相应保证被告人行使辩护权的装置。这类案件的被告人一般都可能被判处三年以上有期徒刑，罪行一般都比较严重，这种简化审程序的做法实际上大大限制被告人的辩护权，剥夺了被告人的质证权，使得辩护律师在法庭上除对量刑发表几句无关痛痒的意见外，几乎不能有其他的作为。由于贫困等原因，许多被告人请不起律师，但又不一定符合法律援助的条件，在这种情况下简化法庭调查和法庭辩论，被告人的辩护权难以得到保障。将普通程序简化审后，庭审时间大大缩短了，十几分钟就审理一起案件，当事人可能还来不及开口说话，还没搞清究竟是怎么回事，案件已经审结。④十几分钟就决定了被告人可能被判三年以上乃至十几年有期徒刑甚至无期徒刑的命运，这很难说是实现了司法公正和效率。所以，要是极力推广采用普通程序简易审，就要充分考虑保障被告人的诉讼权利，赋予被告人程序的选择权、

---

① 《关于适用普通程序审理"被告人认罪案件"的若干意见（试行）》第4条之规定。

② 《关于适用普通程序审理"被告人认罪案件"的若干意见（试行）》第7条之规定。

③ 《关于适用普通程序审理"被告人认罪案件"的若干意见（试行）》第8条之规定。

④ 1999年下半年以来，一些地方的司法机关相继开始了对被告人认罪审理方式改革的探索，从一些试点的情况看，对被告人认罪案件的审理方式合理简化后，审判效率显著提高，案件庭审时间普遍由过去的2至3个小时，缩短到1个小时左右，当庭宣判率达到70%左右。由于被告人对司法机关认定的犯罪事实没有异议，上诉率也很低，基本没有抗诉，或改判、发回重审的情况。见史卫忠：《〈关于适用普通程序审理"被告人认罪案件"的若干意见（试行）〉、〈关于适用简易程序审理公诉案件的若干意见〉的理解与适用》，载《人民检察》2003年第6期。

程序的知悉权和律师帮助权。① 法院对是否适用简易审的程序有最后的决定权，检察院在决定向法院建议适用简易审之前，在审查起诉阶段就和被告人多次过招，此时就已经和被告人达成适用简易审的"共识"，法院在开庭之前要确认被告人是否同意适用简易审，在开庭时还要再次探知被告人的意思而且要以其当庭的意思表示为准。似乎是对被告人的程序选择权不规定就显示了打击犯罪的决心，而实际上已经处处显示了无法绕开这个问题，既然实际上已有了这个权利，还有必要不明确吗？

7. 是否遵循了刑事诉讼经济原则

出台《"被告人认罪案件"的若干意见》的直接动因是解决刑事案件数量的快速增长与有限的审判资源之间的矛盾。② 从试点法院的情况看，在对被告人认罪案件的审判方式进行合理简化后，案件庭审时间普遍由过去的 2 到 3 小时缩短到 1 小时左右，当庭宣判率达到 70% 左右。被告人的上诉率也很低，基本没有抗诉和改判发回重审的情况。③ 根据调查的实证看，此举节约了庭审时间，审判期限有所缩短。适用简易审的案件，被告人上诉抗诉的少、改判的少、没有发重审再审的情况④。从这些调查的结果看，的确是有绩效的。适当简化普通程序中的某些诉讼环节同时依法充分适用简易程序，更合理地配置现有的诉讼资源，做到繁简分流，确实是提高诉讼效率的理想选择。⑤

适用简易审整体上减少了因诉讼而产生的直接成本。由于被告人作了有罪供述，事实清楚、证据确实充分，案件审理进程加快了，降低了追诉成本，法院把节约的人力、物力、财力投入到重大、疑难、复杂、有影响的案件中，从而实现司法资源的合理配置。对当事人而言，可以减少参与诉讼活动的时间，以及诸如聘请律师之类的人力资源；可以降低包括鉴定人、证人、翻译人员在内的诉讼参与人为参与诉讼活动而支出的差旅费、食宿费、误工费等。

实行程序简化审可以有效地控制伦理成本。鉴于刑事诉讼程序并非是一种

---

① 姚建涛：《再析我国简易审制度》，载《临沂师范学院学报》2006 年第 2 期。

② 参见《关于适用普通程序审理"被告人认罪案件"的若干意见（试行）》（以下简称《"被告人认罪案件"的若干意见》）和《关于适用简易程序审理公诉案件的若干意见》。

③ 熊国选：《刑法刑事诉讼法实施中的疑难问题》，中国人民公安大学出版社 2005 年版，第 334 页。

④ 左卫民：《简易刑事程序研究》，法律出版社 2005 年版，第 235 页。

⑤ 熊国选：《刑法刑事诉讼法实施中的疑难问题》，中国人民公安大学出版社 2005 年版，第 334 页。

纯经济性质的活动，其诉讼成本的消耗不仅包括物质性的支出，而且包括精神性的支出。只要诉讼发生，伦理成本也即产生。对被告人而言，在法律的生效判决作出之前，他的自由财产乃至生命等实体权益处于待定状态，其本人处于犯罪嫌疑人或被告人的地位，这会影响他的名誉，也就意味着伦理成本的支出。而简易化审理方式的采用，通过尽早结束其受追诉的状态而将被告人的伦理支出最小化。与此同时，对于被害人乃至社会公众而言，犯罪之人及时被定罪科刑有利于尽快恢复受损的社会秩序，坚固了司法机关的权威性，实现司法公正从而降低整个社会付出的伦理成本。

错误成本真的降低吗？一般而言，刑事判决结果会出现两种错误，即对事实上无罪的人定罪和对事实上有罪的人宣告无罪。无论哪一种错误的判决结果都会导致资源的无效使用，产生错误成本。错误成本的产生主要源于审判机关对案件事实的认定错误或适用法律错误。在一定范围内采取简易化审理方式，可以降低错误成本。从理论上说，被告人作有罪供述，证据确实，简易化审理，也可以保证查明案件真相，增强被告人的服判程度，减少了上诉抗诉再审可能性。

对某一具体案件而言，刑事审判启动得越晚，证据就越有可能灭失。随着时间的流逝，证人对案件事实的记忆会逐渐模糊甚至消失，对案件事实的描述也会越来越不准确。因此，适当加快诉讼过程有利于及时查明案件真相，从这个角度看，采用普通程序简化审有利于及时查明案情，减少错案发生的可能性。刑事判决结果会出现对事实上无罪的人定罪和对事实上有罪的人宣告无罪两种错误，而无论哪一种错误的判决结果都会导致经济资源的无效使用，产生错误成本。以被告人作有罪供述，且事实清楚、证据确实充分为前提的简易化审理，可以在保证查明案件真相的基础上，增强被告人对案件判决的合意，避免错误裁判，减少错误成本。这在理论上倒是可以这样论证。但普通程序简易审，在法庭调查、法庭辩论等庭审环节上做文章进行简化，把案件含糊了结，容易使本来就很"简易"的普通程序几乎化为乌有。这样的简易审"不仅在程序上有剥夺被告人辩护权之嫌，而且在实体上有可能发生错判或出现量刑偏差"。①

不仅如此，如要求法官在庭审前就确认被告人有罪，是否违反无罪推定的原则，是否容易再次强化有罪推定的思维定势，是否违反了直接言词原则、不被强迫自证其罪原则，是否侵犯了被告人的基本诉讼权利如与不利于自己的证

---

① 陈光中、汪海燕：《刑事诉讼中的效率价值》，载曹建明主编：《公正与效率的法理研究》，人民法院出版社 2002 年版，第 476 页。

人对质的权利，是否与控审分立原则相冲突等。如果从诉讼效率与诉讼公正相契合的角度来理解，而不是单纯把诉讼效率理解为从快，那么简易审就不是符合经济原则的最优的选择。

8. 自我授权之嫌疑

有人认为《"被告人认罪案件"的若干意见》的立法根据是刑事诉讼法第155条、第156条、第160条，为"被告人认罪案件"审理简化提供了制度变迁的空间。对"被告人认罪案件"简化审理，不是再创立一种新的审理程序，而是在法律规定的已有的普通程序框架内，在保障被告人的诉讼权利和审理程序的完整性的前提下，针对被告人认罪这一情形，在审理方式上的灵活处理。[①] "我国刑诉法就一审普通程序的规定具有比较原则的特点，法律规定了一审程序的基本步骤，但一般未限定具体的操作方式。因此，采用不同的具体处理方式（即简易审），并不违反法律的规定。"[②] 现行刑事诉讼法对刑事公诉案件的第一审只规定了普通程序和简易程序两种程序，并没有适用范围属于普通程序而庭审过程又与简易程序颇为类似的所谓简易审。该意见可以认为是在现行刑事诉讼法没有明确规定的情况下所作的有益尝试，可以说是一种制度创新的做法。

对法律制度创新的前提条件必须是依法合乎理性地进行，司法实践中的任何活动都必须以遵守法律为前提，这才是符合法治的要求。"一切有权力的人都容易滥用权力，这是一条万古不变的经验"，任何国家机关必须遵循"法律授权"的原则。普通程序简易审的这种改革做法，无疑是以违背现行有效的程序法为条件的。我国立法机关掌握着改变法律规定的积极权力，审判机关只有执行法律并为了满足这一功能才有解释法律的消极权力，审判机关、检察机关都没有改变法律规定或另起炉灶的权力。普通程序简易审的做法是没有法律依据的，是在与现行有效的法律直接冲突中进行的，司法机关根据自己的价值判断甚至是出于便利的考虑，突破了司法者的界限，变成了既执法又立法的角色，使国家权力的界限模糊不清，破坏了国家权力配置的格局。[③] 司法机关为自己创设一些法律没有授予的权力，长此以往，就会养成一种自己决定是否遵守法律的惯习，就会擅自抛弃或突破自认为的"不合理或过时的法律"。如果允许司法人员放弃现行法律去寻找所谓"活的法律"，那么必将导致司法人员

---

① 熊国选：《刑法刑事诉讼法实施中的疑难问题》，中国人民公安大学出版社2005年版，第336页。

② 龙宗智：《论刑事案件普通程序简易审》，载《人民检察》2001年第11期，第7页。

③ 张建伟：《司法竞技主义》，北京大学出版社2005年版，第538页。

恣意造法、法律虚无主义的盛行。①

三、简易程序之经济分析

（一）简易程序运作情况的实证分析

从我国来看，适用简易程序的案件呈逐年增加的趋势，但是增幅不大且忽高忽低。从下表的数据可以看到这个结果。

表一②

年份	全国审结的刑事案件数	适用简易程序审理的案件	简易程序审理的案件数占审结的刑事案件数比率
1998	480374	92394	19.23%
1999	539335	115687	21.45%
2000	560111	128259	22.9%
2001	623792	136558	21.89%
2002	628949	212397	33.77%

从学者们抽样调查和司法实务部门的反馈看，我国的简易程序还存在诸如总体适用率还较低、法官庭审前的工作量大，法官预断无法避免、公诉人不出庭、法官裁判中立原则遵循不彻底、被告人的权利保障急需解决等等问题。

1. 适用简易程序的比率有待提高

从我国整体来看，适用简易程序的案件是逐年增加的，从接受调查的这几

---

① 王超：《论隐形程序》，载《中国刑事法杂志》2002 年第 1 期，第 88—94 页。

② 数据来源：熊国选：《刑法刑事诉讼法实施中的疑难问题》，中国人民公安大学出版社 2005 年版，第 333 页。

个基层法院的数据来看，也是同样的趋势。① 这种吻合的增加趋势显示了简易程序同普通程序相比有其巨大的比较优势，体现了诉讼经济的要求，显示了司法机关通过适用该程序寻求解决案件负担和降低审判成本的愿望。但是，仍然存在简易程序适用率低的问题，其原因有如下几点：其一，审判期限的限制。大量附带民事诉讼的案件不能适用简易程序审理。像故意伤害、交通肇事等案件，庭审前法官需要通知双方当事人进行庭审前的调解等大量工作，法官往往在 20 天内难以完成，甚至根本不可能完成，这类符合简易程序审理的案件就会因为附带民事诉讼的问题而不得不适用普通程序。如 2005 年北京市共有 1516 名被告人适用简易程序审理，仅仅占可适用简易程序案件总人数的 14.45%，占故意伤害案件总人数的 61.98%，简易程序在故意伤害案件中还有 40% 的适用空间。② 其二，被告人不认罪的限制。被告人不认罪的原因很多，但与没有明确的量刑激励机制不无关系。法院对于自愿认罪的被告人酌情从轻处罚，没有确定性，既然法院在实践中确实会从轻处罚，立法应明确之，改"酌情"为"应当"，以打消被告人的顾虑，被告人得到量刑的好处就有可能认罪。其三，宣告刑或法定刑的理解问题。不把 3 年有期徒刑理解为法定刑，就会限制简易程序的适用，检察官理解为宣告刑，法官理解为法定刑，检察官的建议法官就不会接受。另外，如果检察官理解为法定刑，就不会建议适用简易程序。

2. 适用简易程序的案件类型偏少

1997 年，北京市高级人民法院对北京市九个基层法院适用简易程序的情况随机调查的结果显示，从适用简易程序的刑事案件类型来看，主要集中在盗

---

① 丰台区法院适用简易程序的情况：2000 年到 2006 年平均适用该程序的案件比例为 35.3% 左右，昌平法院 2002 年到 2005 年 8 月平均适用简易程序的案件比例为 41.7% 左右，海淀区法院适用简易程序的情况：1997 年到 2003 年平均适用该程序的案件比例为 47.95%。见郭志媛、张建英：《关于刑事简易程序的调研报告》，载《诉讼法研究》第 11 卷，第 306 页、第 308 页、第 307 页。左卫民教授在我国西南地区 S 省的调研显示：S 省省会城市的 W 区的 W 区法院 1998 年到 2004 年 6 月平均适用该程序的案件比例为 49% 左右。S 省省会城市的郊区县级市 P 市法院 2001 年到 2004 年上半年平均适用简易程序的案件比例为 45.59% 左右。见左卫民等：《简易刑事程序研究》，法律出版社 2005 年版，第 163—164 页。

② 艾建国等：《轻刑视野中的刑事司法政策与诉讼机制》，载《宽严相济刑事政策与和谐社会——"以检察实践为主要视角"理论研讨会论文集》2006 年 11 月 9—10 日，北京师范大学，第 160 页。

窃、伤害、销赃等非暴力犯罪和非公职人员犯罪案件之中。① 这一情况与简易
程序刚刚适用，法官对这种程序不太熟悉不无关系，但也显示出基层法院法官
对这种程序在暴力犯罪和经济犯罪案件中能否普遍适用的怀疑和担心。② 将近
10 年过去了，适用简易程序的案件的类型发生了变化，案件的类型增加了，
主要是侵犯财产罪、妨害社会管理秩序罪和侵犯公民人身权利和民主权利罪，
危害公共安全罪，严重的犯罪如放火罪案件、个别贩毒案件、抢劫案件也适用
了该程序。贪污贿赂罪和渎职罪没有适用该程序。③ 但是抽样调查北京市基层
法院适用简易程序的案件：在北京市盗窃案件位列榜首，轻伤害案件居于第二
位，④ 其次是抢劫案件，位列第三。轻伤害案件属于常见多发性案件，这类案
件数量大，民间纠纷引发的居多，许多案件发生在熟人之间，双方是同事、邻
里或是亲友关系，容易由日常矛盾纠纷或一时冲动而引发，相当数量的被害人

---

① 1997 年北京市九个基层法院上半年适用简易程序最多的是盗窃案件，共 103 件，
占 45.4%、故意伤害案件 56 件，占 24.7%；私藏枪支案件 16 件，占 7%；销赃案件 9 件，
占 4%，其他各种案件 43 件，占总数的 18.9%。参见陈瑞华：《刑事诉讼的前沿问题》，中
国人民大学出版社 2000 年第 1 版，第 425 页。

② 陈瑞华：《刑事诉讼的前沿问题》，中国人民大学出版社 2000 年第 1 版，第
425 页。

③ 丰台区法院 2004 年的 500 个适用简易程序案件的类型主要是侵犯财产罪、妨害社
会管理秩序罪和侵犯公民人身权利和民主权利罪，其中盗窃案件占 41%，故意伤害案件占
9%、引诱容留介绍卖淫罪占 8.8%。但严重的犯罪如放火罪案件、个别贩毒案件也适用了
该程序。昌平区法院 2004 年的 269 个适用简易程序案件的类型主要是侵犯财产罪、妨害社
会管理秩序罪和侵犯公民人身权利和民主权利罪、危害公共安全罪，其中盗窃案件占
43.9%、故意伤害案件占 16.4%、交通肇事案件占 12.3%。但个别贩毒案件适用了该程
序。从抽取的样本看贪污贿赂罪和渎职罪没有适用该程序。参见郭志媛、张建ález：《关于
刑事简易程序的调研报告》，载《诉讼法研究》第 11 卷，第 312 页、第 314 页。S 省省会
城市的 W 法院 2001 年的 318 个适用简易程序的公诉案件的类型主要是侵犯财产罪，占
79%，其中盗窃案件占 56.2%；妨害社会管理秩序案件占 16.2%。从抽取的样本看，贪污
贿赂罪和渎职罪没有适用该程序，但 2001 年 12 个贩毒案件、6 个抢劫案件适用了该程序。
S 省省会城市的县级市 P 市法院 2001 年适用简易程序的 72 个公诉案件的类型主要是侵犯
财产罪 86%，其中盗窃案件占 69%，但 1 个贩毒案件、4 个抢劫案件适用了该程序。参见
左卫民等：《简易刑事程序研究》，法律出版社 2005 年版，第 164—165 页。

④ 2003 年 7 月—2006 年 6 月，北京市检察机关受理公安机关移送起诉的故意伤害案
件 10749 件 12874 人，分别占受理移送起诉案件总数的 19.0% 和 15.6%。审查提起公诉
10829 人，占受理伤害案件总人数的 84.1%，不起诉的 326 人。见张新宪、彭天广：《树立
新的执法理念，正确办理轻伤害案件》，载《宽严相济刑事政策与和谐社会——"以检察
实践为主要视角"理论研讨会论文集》2006 年 11 月 9—10 日，北京师范大学，第 299 页。

也有一定的过错。①

　　盗窃案件适用该程序为何居于首位？具体原因有以下几个方面：

　　第一，对刑法规定的理解不到位。刑法第 264 条前段规定"盗窃公私财物，数额较大或者多次盗窃的，处 3 年以下有期徒刑、拘役或者管制，并处或者单处罚金"，1998 年 3 月 17 日的《最高人民法院关于审理盗窃案件具体应用法律若干问题的解释》（下文中简称《最高院关于审理盗窃案件的解释》）对此细化规定为"个人盗窃公私财物价值人民币 500 元至 2000 元以上的，为数额较大"，同时该条规定各省、自治区和直辖市再规定各自的标准，如北京市的盗窃罪数额较大的标准为 1000 元，浙江省为 2000 元。

　　第二，量刑的起点低，对未成年人的利益没有做到切实的保护，鉴定价格的方法存在问题。盗窃案件适用简易程序的多，与这类犯罪发生的多有很大关系，但其他因素的影响也不可忽视。在小额盗窃案件中，犯罪主体未成年人的比例较大，② 对未成年人没有贯彻从轻的原则，那么这类案件进入诉讼就必然增加。典型个案如下：③

　　刘某到某煤矿更衣室内准备换衣服下井时，趁着室内无人，从已下井的丁某放在更衣室内的上衣口袋里，偷得海尔牌 T6000 型手机 1 部，手机套 1 个，手机卡内有储值 70 元，共计 1080 元，后刘某被判处拘役四个月，被处罚金 1000 元。

　　1080 元与北京市的盗窃罪数额较大的标准为 1000 元仅仅相差 80 元。如果 1100 元的手机，被告人在审理期间提出重新鉴定，那么诉讼风险可能就由检察机关承担。这个案件事实清楚、证据充分、适用法律正确、程序适当。但从价格鉴定方法本身的计算空间、刘某的人身危险性、社会危害性、诉讼成本、刑罚的目的这些方面来考虑，采取治安处罚也就达到了目的，有必要侦查起诉审判吗？从房山区的这 58 件案件来看，作撤案处理的 5 件没有一件涉及未成年人，12 件 13 个未成年人全部被起诉，且均被判处了刑期长短不等的刑

---

　　① 　张新宪、彭天广：《树立新的执法理念，正确办理轻伤害案件》，载《宽严相济刑事政策与和谐社会——"以检察实践为主要视角"理论研讨会论文集》2006 年 11 月 9—10 日，北京师范大学，第 300 页。

　　② 　参见张笑英：《从建设和谐社会角度看，宽严相济刑事政策在处理小数额盗窃案中的运用》，载《宽严相济刑事政策与和谐社会——"以检察实践为主要视角"理论研讨会论文集》2006 年 11 月 9—10 日，北京师范大学，第 336—337 页。

　　③ 　张笑英：《从建设和谐社会角度看，宽严相济刑事政策在处理小数额盗窃案中的运用》，载《宽严相济刑事政策与和谐社会——以"检察实践为主要视角"理论研讨会论文集》2006 年 11 月 9—10 日，北京师范大学，第 336—337 页。

罚或单处了罚金。从盗窃案件情节轻微的角度来看，15 件 15 人的犯罪对象仅为一部手机，占全部小额盗窃案件的 25.9％ 和 21.1％，占五分之一强。价格鉴定的方法存在问题，一部手机鉴定的价格为 1900 元，其余 14 部均在 1500 元以下，其中 6 部还在 1100 元以下。1100 元与 1000 元仅仅差 100 元？①

　　第三，考核机制的问题。公安机关把达到一定的立案数作为考核工作业绩的一项重要指标，检察机关在考核中，把撤案数量、不起诉数量作为考核指标，不能突破一定的比例，否则要扣分。法院对检察机关的起诉必须接受，所以法院也只能对公诉的事实清楚证据确实充分的案件进行定罪处罚。

　　法谚曰"法律不应理会顾及琐细之事"，适用刑法的代价较其他法律是十分昂贵的，非万不得已就不要动用刑罚的手段。德国耶林认为，刑罚的界限应该是内缩的，刑罚应该是国家为保护法益与维持法秩序的最后的手段，能够以其他手段获致同样的目的时，就要放弃刑罚的手段。② 故应转变倚重刑罚打击遏制犯罪的乐观想法，对于轻罪采取较为宽缓的处理方式。《最高院关于审理盗窃案件的解释》第 6 条第 2 项规定："盗窃公私财物虽已达到'数额较大'的起点，但情节轻微，并具有下列情形之一的，可不作犯罪处理：已满 16 周岁不满 18 周岁的未成年人作案的；全部退赃、退赔的；主动投案的被胁迫参加盗窃活动的；没有分赃或获赃较少的其他情节轻微、危害不大的。"这款规定体现了刑法的谦抑性。

　　正确理解法律规定的条件，尽量缩小范围，公检法机关要建立科学性强的考核指标体系。对公安机关而言，不要用立案的数量指标来作为考核工作成绩的主要指标，较多的立案未必就是好事。对检察机关而言，放弃不起诉的案件和撤销案件的限制比率，对不同类型的犯罪设立不同的比率，对检察官的起诉裁量权用其他办法来约束。对法院而言，要注重保护被告人的辩护权，发挥律师的作用，律师对于价格鉴定的结果仔细辨析，必要的时候法院应主动以职权再行鉴定，做到科学地确定财物的真实价值。对于盗窃罪数额的起刑点，结合经济发展的状况，通货膨胀率的变化，与时偕行地变动起刑点。对于小数额盗窃案件不作犯罪处理，公安机关不立案、检察机关拒绝受案、法院不作犯罪处理三道关口，步步分流案件。

　　学者们实证调查的数据分析，适用简易程序的案件所涉及的犯罪性质大多

---

　　① 参见张笑英：《从建设和谐社会角度看，宽严相济刑事政策在处理小数额盗窃案中的运用》，载《宽严相济刑事政策与和谐社会——以"检察实践为主要视角"理论研讨会论文集》2006 年 11 月 9—10 日，北京师范大学，第 336—337 页。

　　② 陈兴良：《宽严相济刑事政策研究》，载《法学杂志》2006 年第 1 期。

数是较为轻微的犯罪类型，对于重罪名案件适用该程序的数量较少，但也确实存在对抢劫罪、放火罪、走私贩卖运输制造毒品的重罪适用了该程序，因此对于适用简易程序的案件，也并非一定要以犯罪行为涉及的犯罪性质来予以限制，只要证据清楚，即使处罚较重，也不应排除适用该程序。从接受调查的基层法院看，对涉及贪污贿赂罪和渎职罪的案件都没有适用该程序，这说明了什么问题？根据刑法的规定，可以作出轻罪不起诉决定的，共涉及 7 类 221 项罪名，但在司法实务中仅仅在轻伤害案件、未成年人犯罪案件等少数案件中适用，足以说明不起诉的空间还很大。

3. 简易程序的启动主体情况及其分析

从公诉案件简易程序的启动方式来看，既有人民检察院建议适用的，也有法院提出适用意向而检察院同意适用的，"人民检察院建议适用的与法院提出适用意向而检察院同意的案件数量不相上下"。① "多数案件是检察院建议适用的，少数的案件是法院自行决定适用的。"② "从司法实践的情况来看，各地检察机关与法院在适用简易程序问题上存在的分歧极小，两者对简易程序的适用行使否决权的现象也不多见。以北京市为例，基层法院提出适用简易程序意向的，检察机关几乎全部同意；检察机关建议适用而法院未同意的，则仅有两起。"③ 其原因是法院和检察院两机关协调得好，这是三机关遵从刑事诉讼法中要求的相互配合的例证还是其他原因，要是两机关协调得不好，情况又当如何？

检察院对适用简易程序的审查很严格，使本来应该适用该程序的案件适用了普通程序。适用简易程序均征求被告人及其辩护人的意见，由检察院建议适用法院同意的，法院应该征得被告人及其辩护人的同意。实务中，法院很少征求被告人及其辩护人的意见，在有辩护人的情况下，可能就只征求辩护人的意见。检察院没有建议适用简易程序而法院认为可以适用该程序的，法院既要征求检察院的意见还要征求被告人及其辩护人的意见，由于法律没有规定法院征求意见的方式和不征求被告人及其辩护人意见的后果，所以只要检察院同意并移送了全案的卷宗和证据材料后，法院往往决定适用简易程序，并不刻意征求被告人及其辩护人的意见，但法官一般会在出庭通知上告诉被告人的律师将适

---

① 陈瑞华：《刑事诉讼的前沿问题》，中国人民大学出版社 2000 年第 1 版，第 425 页。

② 丰台区法院 40% 左右的案件是检察院建议适用的，60% 左右的案件是法院自行决定适用的；昌平区法院的大部分适用简易程序的案件是检察院建议适用的。参见郭志媛、张建英：《关于刑事简易程序的调研报告》，载《诉讼法研究》第 11 卷，第 306 页、第 308 页。

③ 陈瑞华：《刑事诉讼的前沿问题》，中国人民大学出版社 2000 年第 1 版，第 425 页。

用简易程序审理。但法律没有被告人不同意就不能适用简易程序审理的规定。在开庭时，独任审判员要确认被告人是否自愿认罪，是否继续适用简易程序。调查的情况显示，法官只会询问被告人对起诉书指控的事实的意见而不会询问被告人对适用法律的意见，即使被告人对主要事实否认，法官也仍然适用简易程序。①

何谓"被告人自愿认罪"？这关系到适用简易程序的关键问题。调查显示，法官认为被告人在庭审时表示认罪就表明被告人是自愿认罪，法官不会审核被告人在庭前自愿认罪的问题。② 法官认罪掌握的标准是，认为被告人对起诉书上指控的主要事实的承认，但被告人回答起诉书上的指控属实并不能说明被告人就自愿认罪。对被告人对事实提出的异议，法官会界定这种异议是对主要事实的异议还是对非主要事实的辩解，当被告人只是对量刑情节提出不同意见时，法官就可能告诉他这是对非主要事实的认识，对定罪不影响；当被告人提出的异议涉及了定罪的问题，法官会找出卷宗中的证据回应被告人的辩解，除非被告人坚持无罪的事实主张，法官才会宣布将案件转为普通程序。总之，被告人没有启动简易程序的权利。

4. 简易程序庭审运作的情况及其分析

据调查，北京市基层法院运用简易程序审理的案件的过程大都不超过30分钟。而且，绝大数简易审判都以当庭宣判而告结束。当然，有些地区的基层法院依照简易程序审理的每件只需要10分钟左右。③ 尽管适用简易程序审理案件的庭审时间比较短，但基本步骤并不比普通程序少。简易程序也还要同普通程序一样经过开庭程序、法庭调查、法庭辩论、最后陈述、裁判这些基本步骤。

完整的宣布开庭这项活动（宣布开庭，核对被告人身份、宣布案由、宣布审判员书记员公诉人辩护人等人的名单、告知被告人各项诉讼权利）就要花去4分钟的时间，要是庭审的时间只需要十几分钟的话，后面的步骤自然是十分简单的。要是碰到共同犯罪的案件，花掉的时间会更多，那么简易程序所用的时间不会比普通程序节省多少。法官在实务中采取了变通的方式，只通过讯问被告人的名字和年龄来确认其身份，如果犯罪涉及特定主体的话，就再对

---

① 左卫民等：《简易刑事程序研究》，法律出版社2005年版，第177页、第182页、第194页。

② 左卫民等：《简易刑事程序研究》，法律出版社2005年版，第195页。

③ 中国政法大学刑事法律中心：《福建省武夷山市、厦门市刑事证据法问题调查报告》，第10页。

被告人的身份进行具体确认。

法庭调查阶段，如果公诉人不出庭，法官还要宣读起诉书，或许只是摘要式的宣读指控的事实和罪名部分，宣读后询问被告人对起诉书的意见，是否与其收到的相一致，有无异议。在询问被告人时，是否自愿认罪，是否同意适用简易程序审理，并要告知有关法律规定及可能导致的法律后果。

尽管有"被告人自愿认罪，并对起诉书所指控的犯罪事实无异议的，法庭可以直接作出有罪判决"的规定，但很少有法院在此时省略后面的法庭调查、法庭辩论，直接听取被告人的陈述，径行作出判决，调研的结果没有发现这样的做法。①

所有的简易程序几乎没有证人出庭，法官更不会主动传唤证人到庭，只是宣读侦查机关的笔录。证据的出示是很花费时间的，法官只是拣选主要的证据宣读，迅速完成质证的步骤。法庭辩论由于公诉人不出庭，就演变成了法官听取被告人及其辩护人的陈述。被告人最后陈述是必不可省的步骤，法官也要求被告人不要重复，其实被告人也没有什么好说的，早就自愿承认了自己的犯罪事实，顶多是要求法官从轻发落而已。判决一般是当庭作出，判决书可以简化制作。

5. 被告人的辩护人参与适用简易程序案件的分析

被告人虽然在公诉案件移送审查起诉之日起，随时可以委托辩护人。但在审查起诉阶段聘请律师的比例很低，不到5%。② 被告人一般是在案件起诉到法院后才聘请辩护人或由法院指定辩护。法律规定被告人的辩护人可以不出席适用简易程序的庭审，而是在庭审前提交辩护意见。调查显示，适用简易程序审理的案件中有辩护人的被告人的比例不大，其中指定辩护又占了很大的比例。③

在普通程序审理的案件，被告人有辩护人的比例都不高的情况下，要求适

---

① 郭志媛、张建英：《关于刑事简易程序的调研报告》，载《诉讼法研究》第11卷，第326页；左卫民等：《简易刑事程序研究》，法律出版社2005年版，第196页。

② 左卫民等：《简易刑事程序研究》，法律出版社2005年版，第185页。

③ 对丰台、昌平两个法院随机抽样调查显示，适用简易程序审理的案件中有辩护人的被告人的比例：昌平法院、丰台法院各平均为17.7%、29.2%，其中指定辩护又占了一定的比例。见郭志媛、张建英：《关于刑事简易程序的调研报告》，载《诉讼法研究》第11卷，第319页。S省省会城市的W区法院，有辩护人的被告人的比例为24.05%，县级市P市法院为14.90%，其中指定辩护又占了很大的比例。见左卫民等：《简易刑事程序研究》，法律出版社2005年版，第172页。

用简易程序的被告人要有辩护人的帮助,这是个悖论。但是,适用简易程序的被告人的权利明显受到了限制,牺牲简易程序中的被告人的权利来加快审理的进程,对这些被告人是不公平的,不能仅仅因为在量刑上可以酌情减轻或从轻就算对这些被告人作了交待,因为适用普通程序审理的很多被告人的判刑情况是同样的。何况在普通程序简易审的案件中,被告人也会受到量刑上的优惠处理,故不能用适用普通程序简易审中被告人辩护人不普遍的情况来类比,也不宜用中国目前的律师资源的状况来说明简易程序中的被告人就一定不能提高指定辩护的比例。① 一定要苛求的话,就要赋予在任何程序中被告人都拥有辩护人帮助的权利。

6. 公诉案件公诉人出庭的情况及其分析

简易程序公诉人大多不出庭,② 有的个案法院向检察院下达出庭通知书,检察院也仍不派员出庭。③ 公诉人出庭,应对被告人及其辩护人,才达到庭审对抗、法官中立的要求,而公诉人不出庭支持公诉,在普通程序中应该由公诉人履行的职责不得不由法官替代履行,法官就集控诉审判于一身,法庭辩论就演变为被告人及其辩护人向法官陈述了。法官不会和律师辩论,只是听取辩护律师和被告人的意见,一旦牵扯到争议较大的问题如罪名的变更问题,法官可能就将案件转为普通程序审理,这就产生了诉讼不经济问题。

7. 适用简易程序案件的量刑、当庭判决和审理期限情况

适用简易程序的案件量刑大多数是三年以下的有期徒刑,一年以下的有期徒刑、拘役、管制和单处罚金的比例较高,非监禁刑的平均比例也徘徊在

---

① 郭志媛、张建英:《关于刑事简易程序的调研报告》,载《诉讼法研究》第11卷,第317页。

② 昌平、丰台法院适用简易程序审理的案件无一公诉人出庭,见郭志媛、张建英:《关于刑事简易程序的调研报告》,载《诉讼法研究》第11卷,第317页。S省省会城市的W区法院和县级市P市法院历年来适用简易程序审理的案件只有2件有公诉人出庭。见左卫民等:《简易刑事程序研究》,法律出版社2005年版,第170页。

③ 左卫民等:《简易刑事程序研究》,法律出版社2005年版,第170页。

20%—30% 之间。① 被告人大多被从轻处理，从轻的幅度大致为 2—3 个月。②

　　调查显示，目前我国司法判决的一个特征即当庭判决率高，维持在 80%—90% 之间；上诉率低，不超过 5%；几乎没有抗诉案件。③ "绝大多数简易审判都能当庭宣判，运用简易程序进行审判的案件，被告人提出上诉的为数极少。"④ 从 2005 年对北京的几个区法院的调查来看，适用简易程序审理的案件的审结期限在 15 天以内。⑤ 法院从案件受理到宣判所花费的时间不仅一般

---

　　① S 省省会城市的 W 区法院和县级市 P 市法院量刑情况：2001—2003 年，适用简易程序的 30 个公诉案件中，实际量刑为一年以下有期徒刑、拘役、管制和单处罚金的比例为 75%，判处 1 年到 3 年之间有期徒刑的比例为 25%，三分之一为非监禁刑。见左卫民等：《简易刑事程序研究》，法律出版社 2005 年版，第 166 页。昌平法院 2004 年适用简易程序审理的案件中涉案人数 349 人，判处有期徒刑的比例为 52.1%，判处拘役的比例为 17.2%，判处缓刑的比例为 27.5%，判处罚金的为 2.9%，判处监禁刑的比例为 69.3%，判处非监禁刑的比例为 30.4%。随机抽取昌平法院 2002、2003 年适用简易程序审理的案件各 30 件，判处监禁刑的比例为 78.9%、62.5%，判处非监禁刑的比例为 21.1%、37.5%。对丰台法院随机抽取 2002、2003、2004 年适用简易程序审理的案件各 30 件，判处监禁刑的比例为 79.4%、84.8%、97.7%，判处非监禁刑的比例为 20.6%、15.2%、2.3%。见郭志媛、张建英：《关于刑事简易程序的调研报告》，载《诉讼法研究》第 11 卷，第 328 页。

　　② 艾建国等：《轻刑视野中的刑事司法政策与诉讼机制》，载《宽严相济刑事政策与和谐社会——"以检察实践为主要视角"理论研讨会论文集》2006 年 11 月 9—10 日，北京师范大学，第 156 页。

　　③ 1997 年上半年，北京市第二中级人民法院的调查数据表明，在 227 件适用简易程序的案件中，仅有 5 件提出上诉，占 2.2%，检察机关没有一件提出抗诉。见耿景仪：《刑事简易程序的适用及问题研究》，载陈光中、江伟主编：《诉讼法论丛》第 1 卷，第 139 页。2005 年，丰台区法院的简易程序审理的案件约有 98% 都做到了当庭宣判，多数被告人认罪服判，很少被告人上诉。见艾建国等：《轻刑视野中的刑事司法政策与诉讼机制》，载《宽严相济刑事政策与和谐社会——"以检察实践为主要视角"理论研讨会论文集》2006 年 11 月 9—10 日，第 157 页。2005 年对北京的几个区法院的调查来看，适用简易程序审理的案件当庭宣判的比例在 80%—90%。但是海淀区法院基于采取"一审多助多书"的独任审判组织形式的改革，并不当庭宣判。这些接受调查的法院的上诉率没有超过 5%。见郭志媛、张建英：《关于刑事简易程序的调研报告》，载《诉讼法研究》第 11 卷，第 321 页。S 省省会城市的 W 区法院和县级市 P 市法院适用简易程序审理的案件绝大多数都是当庭宣判了。而且检察机关没有一件提出抗诉。即使被告人上诉了，也没有被上一级法院改判或发回重审的情况。见左卫民等：《简易刑事程序研究》，法律出版社 2005 年版，第 208 页。

　　④ 陈瑞华：《刑事诉讼的前沿问题》，中国人民大学出版社 2000 年第 1 版，第 428 页。

　　⑤ 郭志媛、张建英：《关于刑事简易程序的调研报告》，载《诉讼法研究》第 11 卷，第 327 页。

没有超过刑事诉讼法规定的 20 天最高期限，而且有不少案件在 15 天内审结。① 这说明简易程序确实提高了诉讼收益、减少了案件积压、缩短了案件结案期限。

8. 简易程序转为普通程序之原因

调研表明，由简易程序转为普通程序的比例不超过 10%。② 案件在简易程序规定的 20 天的期限内不能审结而转为普通程序的不多见。司法实践中，法院在当事人对罪名提出异议时，才将案件转为采用普通程序审理。有的法院还将对被告人宣判缓刑的情形列为改采普通程序的条件。原因有几个：

一是被告人对主要事实提出异议，但何谓"主要事实"有时比较模糊，没有界定清楚，法官往往是看它对定罪量刑是否有重大影响。对罪名提出异议涉及到对案件的性质的把握，由于公诉人不出庭支持公诉，被告人及其辩护人无法与公诉人进行法庭辩论，法官碍于与被告人及其辩护人进行辩论产生不中立的问题，为了避免被告人上诉或检察机关抗诉的情况出现，法院就会转为普通程序审理。

二是在法院的司法运作过程中，宣判缓刑的案件要经过本院审判委员会的讨论决定，独任法官为了避免这个不必要的麻烦，就干脆转为普通程序审理，而刑事诉讼法规定适用简易程序的案件包括判处缓刑的情况，这是与法官不独立密切相关的问题，与对轻微犯罪行为人判处缓刑符合刑事政策、讲求诉讼经济是不搭界的问题。

三是在法院向被告人送达起诉书副本时，往往还没有聘请律师作为辩护人，当律师介入后律师发现此案不宜适用简易程序审理，由于法官不能单方面接触一方当事人及律师，律师在庭审前与法官的沟通渠道不畅如没有证据开示的程序可资利用，一旦在开庭后提出异议，法官也只能考虑转为普通程序审理。如此这般，简易程序的经济性就无从体现。

9. 自诉案件适用简易程序之状况

调研显示的数据说明，自诉案件适用了简易程序的比例极其少见。③ 这些

---

① 陈瑞华：《刑事诉讼的前沿问题》，中国人民大学出版社 2000 年第 1 版，第 428 页。

② 左卫民等：《简易刑事程序研究》，法律出版社 2005 年版，第 202 页。

③ 2004 年昌平区法院的自诉案件只有一件适用了简易程序，其余都是公诉案件。见郭志媛、张建英：《关于刑事简易程序的调研报告》，载《诉讼法研究》第 11 卷，第 314 页。左卫民教授在西南地区的调研也显示了适用简易程序的自诉案件非常少，S 省省会城市的 W 区法院 2001 年只有 2 件，占全部适用简易程序的案件数的 0.6%，而 S 省省会城市的 P 县级市法院没有一件自诉案件适用简易程序。

调查的结果也与人们通常的认识不相一致，自诉案件似乎相对简单，刑事诉讼法也引导自诉案件适用简易程序，而司法实际运作的情况却不是这样，这不能不引起人们的注意。有学者认为在适用简易程序的刑事案件中，绝大多数为公诉案件。这跟自诉案件的被告人供认有罪的比例较小，跟最高法院的司法解释又要求简易程序的适用必须以被告人认罪为前提有着密切的联系。[①]

10. 法官的案件负担与适用简易程序的相关性

总体来说，适用简易程序的案件数也在增加，法官的案件负担逐年增大，是一个事实。[②] 但与通常人们认为的不一样，法官的案件负担加重不一定是适用简易程序审理案件的重要原因，法官的案件负担与适用该程序没有线性函数关系即无绝对的相关性。[③]

11. 简易程序对效率追求的有限性

审判前期限与审判期限不成比例。设置简易程序处理轻微的刑事案件，是在审判阶段通过缩短审理期限简化庭审的环节来达到追求效率的目的的。但庭审的期限缩短只是一个方面，也许更重要的是解决对适用该程序的被告人的羁押率高的问题，才能切中要害。实证调研的情况显示，被告人在审判前普遍被

---

① 陈瑞华：《刑事诉讼的前沿问题》，中国人民大学出版社 2000 年第 1 版，第 425 页。

② 丰台区法院法官的案件负担：2000 年到 2004 年，年人均案件数分别是 134.1 件、184.4 件、183.3 件、201.9 件、202.9 件，法官的案件负担是逐年增加的。昌平区法院法官的案件负担也出现逐年加重的情况。见郭志媛、张建英：《关于刑事简易程序的调研报告》，载《诉讼法研究》第 11 卷，第 306 页、第 308 页。1997 年上半年至 2004 年上半年，S 省省会城市的县级市 P 市法院法官的案件负担变化不大，总体上还有下降，降幅为 3%。S 省省会城市的 W 区法院法官的案件负担：1997 年上半年、1998 年、1999 年、2000 年、2001 年、2002 年的法官案件负担人均数分别为 82.25 件、132.25 件、132.8 件、160.4 件、138.33 件、170.67 件。见左卫民等：《简易刑事程序研究》，法律出版社 2005 年版，第 166—169 页。

③ 1997 上半年至 2004 年上半年，S 省省会城市的县级市 P 市法院法官的案件负担变化不大，总体上还有下降。见左卫民等：《简易刑事程序研究》，法律出版社 2005 年版，第 166—169 页。

羁押。① 影响审判前的期限的因素还有移送案卷的习惯性做法的问题，这也是调查中发现的问题。公安机关向检察院移送案卷、检察院向法院移送案卷都是分批进行的，每一次攒够 10 件以上才移送。公安机关的侦查人员在案件侦查终结后把案卷交给内勤，公诉人把决定起诉到法院的案卷也交给内勤，内勤统一移送案卷，而内勤为图工作的便利，一般都是集中移送案卷，这对延长审判前的期限也起到了推波助澜的作用。②

　　审判前的期限与审判期限这个差距不是简易程序本身能够承载的问题，单纯解决审理期限仅仅是一个方面的问题。下面表格反映的是丰台区法院 2002 年、2003 年、2004 年三年随机抽样的 30 个适用简易程序审理的案件被告人的审判前的期限和审判期限及羁押情况：

表二③

	审判前的期限平均时间	审判期限的平均时间	30 个案件涉及的人数	羁押人数及百分比
2002 年	88.3 天	11.1 天	34 人	28 人；82.4%
2003 年	103.4 天	9.2 天	33 人	29 人；87.9%
2004 年	111.3 天	12.4 天	43 人	41 人；95.3%

　　庭审非常简单，但庭审前的工作并不简易。2006 年的调查显示，开一个简易庭仅仅需要 5 到 10 分钟，甚至有的法官仅仅需要 2 分钟。④ 而 1997 年调

---

　　① 对昌平区法院 2002 年、2003 年适用简易程序的各 30 个案件的随机抽样研究发现，2002 年的 30 个案件中共涉及 38 人，30 人被羁押，羁押率为 78.9%，每个被告人平均在审判前的期限（从犯罪嫌疑人被采取强制措施到移送审查起诉的时间）是 89.15 天，而平均审判的期限是 12.73 天。2003 年的 30 个案件中共涉及 35 人，27 人被羁押，羁押率为 77.1%，每个被告人平均在审判前的期限是 80.3 天，而平均审判的期限是 12.3 天。这 60 个案件 73 个被告人中单处罚金的共有 8 个被告人，这 8 人平均在审判前的期限是 80 天，其中 4 人被羁押。见郭志媛、张建英：《关于刑事简易程序的调研报告》，载《诉讼法研究》第 11 卷，第 332—336 页。

　　② 郭志媛、张建英：《关于刑事简易程序的调研报告》，载《诉讼法研究》第 11 卷，第 342 页。

　　③ 见郭志媛、张建英：《关于刑事简易程序的调研报告》，载《诉讼法研究》第 11 卷。

　　④ 艾建国等：《轻刑视野中的刑事司法政策与诉讼机制》，载《宽严相济刑事政策与和谐社会——以"检察实践为主要视角"理论研讨会论文集》2006 年 11 月 9—10 日，北京师范大学，第 156 页。

查北京市基层法院的结果显示，运用简易程序审理案件大都不超过 30 分钟。某区法院审结的 10 件适用简易程序的案件，平均庭审时间仅为 22 分钟。[①] 但庭审前需要做大量的工作：权利告知、阅卷、确定开庭日期、拟定刑期等等，原因是起诉书记载简略，没有照顾到简易程序庭审时检察官不出庭的情况，辩护人的比例低、庭审前没有证据开示的制度、简易程序适用的范围宽泛，从判处单处附加刑、管制、拘役、直至 3 年有期徒刑的案件，法官仅仅依靠庭审无法达到充分了解案情，如只关注程序，不区分具体个案，仅仅通过查明被告人是否自愿认罪、控辩双方无异议就作出判决，可能会导致司法不公。[②]

（二）　简易程序存在问题之制度性解决

设置简易程序就是通过对一些相对不复杂的案件的审理，对案件进行繁简分流，简化程序，缩短诉讼时间；减轻当事人的诉讼负担，从而有效充分地利用有限的诉讼资源，合理配置司法资源，使法院可以集中精力审理那些被告人不认罪和疑难复杂的案件，降低诉讼成本，实现诉讼效率。

1. 简易程序适用的学理解决办法

以往适用简易程序出现的一系列问题，既有立法本身的问题，也有司法操作的问题。完善简易程序具体包括以下方案：扩大适用案件的范围；公诉人应该出庭支持公诉，同时保障更多的被告人有辩护人的帮助；明确量刑激励措施；赋予被告人程序启动权；创立新程序的问题如处罚令程序、快速移送程序；配套制度的问题如刑事附带民事问题、审判委员会的问题、证据开示的问题、自诉制度的问题、与普通程序简易审的衔接问题等；解决审前羁押问题；改变案件管理的习惯；审判组织的创新；革新公检法的考评办法等。

具体还应该：其一，设立专门的办理简易程序案件的审判组织，避免交叉办案带来的迟延。如海淀区法院在 2002 年初建立了一个独任庭，专门负责审理简易程序的案件，"一审多助多书"的独任审判组织模式。[③] 其二，完善权利告知制度，检察官和法官在审查起诉阶段、法庭审理阶段要明确地告诉犯罪嫌疑人、被告人如果认罪就可获得从轻处罚；保障被告人的辩护权，简易程序

---

① 陈瑞华：《刑事诉讼的前沿问题》，中国人民大学出版社 2000 年第 1 版，第 428 页。

② 艾建国等：《轻刑视野中的刑事司法政策与诉讼机制》，载《宽严相济刑事政策与和谐社会——以"检察实践为主要视角"理论研讨会论文集》2006 年 11 月 9—10 日，北京师范大学，第 156 页。

③ 《刑事简易程序独任审判庭模式运行研究》，载《法律适用》2002 年第 12 期，第 52 页。

尤其要做到被告人能够得到律师的帮助，扩大指定辩护的范围，可以由立法规定所有适用简易程序审理的被告人都应该有辩护人的参与。其三，公诉人应该在简易程序中出庭支持公诉，以保障法官的中立，彻底贯彻不告不理的原则。公诉人出庭能使控辩双方的对抗进行运作，确保案件的终局性，减少上诉的可能性。不能仅仅局限于检察院立案监督的案件和其他检察院认为应该出庭支持公诉的案件。检察院委派专人出席简易程序的庭审也不失为一个好办法。① 其四，加强量刑研究，尽量统一量刑标准。

2．2012年法律法规的具体规定

其一，扩大了适用简易程序的案件范围

删掉了1996年刑事诉讼法"对依法可能判处三年以下有期徒刑、拘役、管制、单处罚金的公诉案件"的规定，这样就为基层人民法院管辖的案件适用该程序打下了基础。

被告人承认自己所犯罪行，对指控的犯罪事实没有异议的案件可以适用该程序。这类案件一般说来，只要被告人认罪，事实就很清楚，证据简单充分，法院审理相对容易。

为避免以前只从量刑角度考虑适用该程序的弊端，忽视案件本身的社会危害性和社会影响以及被告人自身的认知能力等问题，明确规定了四类案件不适用该程序，这四类案件分别为：被告人是盲、聋、哑人，或者是尚未完全丧失辨认或者控制自己行为能力的精神病人的；有重大社会影响的；共同犯罪案件中部分被告人不认罪或者对适用简易程序有异议的；其他不宜适用简易程序审理的。② 2012最高院刑诉法解释第290条又增加三项：共同犯罪案件中部分被告人不认罪或者对适用简易程序有异议的；辩护人作无罪辩护的；被告人认罪但经审查认为可能不构成犯罪的。

根据2012最高院刑诉法解释第270条，对自诉案件，符合简易程序适用条件的，可以适用简易程序审理。

其二，适用简易程序的选择权

被告人对适用简易程序没有异议的。这就充分重视被告人的程序选择权，保证被告人充分行使诉讼权利。人民检察院在提起公诉的时候，可以建议人民法院适用简易程序，受诉法院斟酌安排，不像以前适用该程序还要经过检察院

---

① 艾建国等：《轻刑视野中的刑事司法政策与诉讼机制》，载《宽严相济刑事政策与和谐社会——"以检察实践为主要视角"理论研讨会论文集》2006年11月9—10日，北京师范大学，第167页。

② 2012年刑事诉讼法第209条。

的同意。

在适用简易程序审理案件时，审判人员应当当庭询问被告人对指控的犯罪事实的意见，告知被告人适用简易程序审理的法律规定，确认被告人是否同意适用简易程序审理。①

其三，保证被告人的辩护权

适用简易程序审理的案件，被告人有辩护人的，应当通知其出庭。② 对符合法律援助条件的，人民法院应当告知被告人及其近亲属可以申请法律援助。③

其四，简化庭审审理程序

关于公开审判，适用简易程序审理的案件，人民法院应当在开庭三日前，将开庭的时间、地点通知人民检察院、自诉人、被告人、辩护人，也可以通知其他诉讼参与人。通知可以采用简便方式，但应当记录在案。④

关于审判组织，不再像 1996 年刑事诉讼法那样规定，由审判员一人独任审判。而是既可以组成合议庭，也可以是独任庭。对可能判处三年有期徒刑以下刑罚的，可以组成合议庭进行审判，也可以由审判员一人独任审判；对可能判处的有期徒刑超过三年的，应当组成合议庭进行审判。适用简易程序独任审判过程中，发现对被告人可能判处的有期徒刑超过三年的，应当转由合议庭审理。⑤

适用简易程序审理公诉案件，人民检察院应当派员出席法庭。

关于简化庭审问题，适用简易程序审理案件，不受第一审程序关于送达期限、讯问被告人、询问证人、询问鉴定人、出示证据、法庭辩论程序规定的限制。⑥ 公诉人可以摘要宣读起诉书；公诉人、辩护人、审判人员对被告人的讯问、发问可以简化或者省略；对控辩双方无异议的证据，可以仅就证据的名称及所证明的事项作出说明；对控辩双方有异议，或者法庭认为有必要调查核实的证据，应当出示，并进行质证；控辩双方对与定罪量刑有关的事实、证据没有异议的，法庭审理可以直接围绕罪名确定和量刑问题进行。⑦ 适用简易程序审理的案件，经审判人员许可，被告人及其辩护人可以同公诉人、自诉人及其

---

① 2012 年刑事诉讼法第 211 条；2012 最高院刑诉法解释第 294 条。

② 2012 年刑事诉讼法第 210 条。

③ 2012 最高院刑诉法解释第 293 条、第 291 条。

④ 2012 最高院刑诉法解释第 292 条。

⑤ 2012 最高院刑诉法解释第 296 条。

⑥ 2012 年刑事诉讼法第 213 条。

⑦ 2012 最高院刑诉法解释第 295 条。

诉讼代理人互相辩论。①

　　但在判决宣告前应当听取被告人的最后陈述意见。②

　　适用简易程序审理案件，一般应当当庭宣判。③ 人民法院应当在受理后二十日以内审结；对可能判处的有期徒刑超过三年的，可以延长至一个半月。

　　其五，转为普通程序的问题

　　人民法院在审理过程中，发现不宜适用简易程序的，应当按照 2012 年刑事诉讼法第三编第二章第一节或者第二节的规定重新审理。遇到下列情况就转为普通程序审理：被告人的行为可能不构成犯罪的；被告人可能不负刑事责任的；被告人当庭对起诉指控的犯罪事实予以否认的；案件事实不清、证据不足的；不应当或者不宜适用简易程序的其他情形。转为普通程序审理的案件，审理期限应当从决定转为普通程序之日起计算。

四、认罪协商制度之经济分析

　　认罪协商，我国大陆俗称辩诉交易，实际上是一种检察官与辩护方进行的认罪谈判。谈判的内容包括：检察官降格起诉，被告人就检察官所期望的次级罪名认罪，控辩双方的谈判一经法官批准即产生定罪效力。如果法官拒绝接受，该案件将按普通程序进行审判。而认罪协商类似于民事诉讼的和解，双方当事人就被告人的罪与刑进行协商，法官参考协商内容作出判决与科刑，对于案件细节法官没有必要去调查清楚。④

　　美国的"辩诉交易"的诉讼程序经常被人们误解。它应当更为精确地被称为一个有罪答辩并打"折扣"的体系。辩诉交易体系是在认罪求刑的基础上，在刑罚上打折扣，而非对其放弃行使诉讼权利的奖赏。⑤ 从起诉之后、开庭审判之前的阶段，甚至在逮捕之后一直到审判终结之前都可以进行辩诉交易。辩诉交易不仅适用于轻罪案件，而且也适用于包括一级谋杀案在内的重大刑事案件，只要被告人的有罪答辩是"自愿的"和"理智的"。

---

①　2012 年刑事诉讼法第 212 条。

②　2012 年刑事诉讼法第 213 条。

③　2012 最高院刑诉法解释第 297 条。

④　王兆鹏：《台湾地区刑事司法的发展趋势》，载中国诉讼法律网 2006 年 7 月 27 日 8：51，该文系作者 2006 年 6 月 25 日在中国政法大学学院路校区的演讲稿。

⑤　宋冰编：《读本：美国与德国的司法制度及司法程序》，中国政法大学出版社 1998 年第 1 版，第 344—346 页。

（一）认罪协商的制度变迁史略——以美国为例

在中世纪的欧洲，有罪供述是极不寻常的，普通法法庭对任何形式的有罪答辩均持否定态度，特别是认罪协商，法官也不鼓励通常认为符合自愿性的有罪答辩。直到 19 世纪后 25 年，在许多案件中，当被告人最初试图进行有罪答辩，法庭会劝说被告人耐心等待接受审判。在普通法的发育期以及此后的若干世纪，法庭不愿接受认罪协商的原因：答辩不可置信、英国重罪被告人没有律师代表他们进行诉讼、死刑是适用于每一重罪的法定刑罚，有罪答辩无异于自杀。到了美国内战以后，在美国上诉法庭的报告中才开始出现辩诉交易案件。[①]

19 世纪末 20 世纪初，辩诉交易的影响才越来越大。到 20 世纪 20 年代，美国许多州和城市刑事法院表现了对有罪答辩的过分依赖。有罪答辩率得到了实质性提高，辩诉交易在不同的司法区已经日常化了。下表可一目了然地看出当时重罪判决是多么仰赖于有罪答辩。

表三[②]

芝加哥	底特律	丹佛	洛杉矶	匹斯堡	圣路易斯
85%	78%	76%	81%	74%	84%

在弗吉尼亚州的城市司法辖区，1917 年所有判决的一半是经过有罪答辩后形成的，10 年后就达到了三分之二。1916 年和 1927 年相比，佐治亚州的城市轻罪法庭有罪答辩的数量增加了 3 倍。在 1888 年的纽海文，在所有重罪判决中，75% 是在有罪答辩后作出的；到了 1921 年，这个数字就变成了 90%。在纽约，1839 年 25% 的有罪判决来源于有罪答辩；到 1849 年，有罪答辩率上升到 45%，20 世纪 20 年代这个数字翻新为 90%。[③] 在联邦法院，1908 年只有 50% 的判决是经过有罪答辩后作出的，过了 8 年，这个数字就是 72% 了，1925 年，这个数字变为 90%。20 世纪 20 年代辩诉交易的 90% 的高比率已经

---

① 1749 年，美国就存在明示的辩诉交易了。参见［美］爱伦·豪切斯泰勒·斯黛丽：《美国刑事法院诉讼程序》，陈卫东、徐美君译，中国人民大学出版社 2002 年版，第 413 页。

② ［美］阿尔伯特·W. 阿尔斯楚勒：《辩诉交易及其历史》，张建伟译，载陈光中主编：《诉讼法论丛》第 9 卷。亦可参见张建伟：《司法竞技主义》，北京大学出版社 2005 年版，第 351 页以下的论述。

③ 转引自杨正万：《辩诉交易问题研究》，贵州人民出版社 2002 年版，第 194—199 页。

不能为辩诉交易率的戏剧性增长留下悬念了。① 但在 1958 年上诉到美国联邦最高法院的一起案件表明，辩诉交易的合法性还是深受怀疑的。② 到了 1967 年，美国律师协会声明说：如果适当的运作，辩诉交易是相当有价值的做法。"几十年来答辩交易一直在被广泛运用，但几乎都偷偷摸摸。……二战以后，答辩交易最终成为学者讨论和考察的对象，初级上诉法院渐渐面对答辩谈判的现实。"到了 1970 年，法律的正当程序革命接近尾声，美国联邦最高法院通过布雷迪诉合众国一案最终确认了辩诉交易的正当性。在圣多贝诉纽约州一案中，美国联邦最高法院把其说成"司法管理的一个基本因素"，如能正确适用之，就应鼓励。③ 1971 年美国联邦最高法院通过桑托拜洛诉纽约一案进一步批准了辩诉交易的做法。④ 1974 年修订的《联邦刑事诉讼规则》第 4 章第 11 条明确了辩诉交易的程序，辩诉交易最终修成正果，登上了法律的大雅之堂。

美国只有 10% 的被告人是经过正规审判程序处理的，90% 的被告人则是通过辩诉交易定罪判刑的。⑤ 1990 年，纽约市犯重罪而被逮捕的 118000 人次，只有 4000 人是按正式程序开庭审理的，仅占全部案件的 7.41%；⑥ 犯轻罪而被逮捕的达 158000 人次，但纽约市只有 300 个法官，500 检察官，1000 名律师。300 个法官要处理 118000 人次的重罪案件实在有困难，没有足够的人力、物力。结果仅重罪刑事案件，1990 年就有 64000 人在侦查阶段作了交易处理，余下按重罪起诉到法院的 54000 人（54.24%）中，按辩诉交易解决的占 83.33%，因证据不足撤销案件的占 9.24%，按正式程序开庭审判的占 7.4%（4000 人）。⑦ 适用比率相当高，辩诉交易在美国已蔚然成风，"有罪答辩而非审判是我们这个社会定罪的重要方式"。⑧

---

① See Douglas D. guidorizzi: Should We Really "Ban." Plea Bargaining ? The Core Concern of Plea Bargaining Critics, Emory Law Journal, Volume 47, 1998.

② 转引自杨正万：《辩诉交易问题研究》，贵州人民出版社 2002 年版，第 194—199 页。

③ ［美］彼得·伦斯特洛母编：《美国法律词典》，贺卫方等译，中国政法大学出版社 1998 年版，第 191 页。

④ 宋英辉、李哲：《辩诉交易制度之评介与思考》，载陈光中主编：《辩诉交易在中国》，中国检察出版社 2003 年版，第 225 页。另见［美］爱伦·豪切斯泰勒·斯黛丽：《美国刑事法院诉讼程序》，陈卫东、徐美君译，中国人民大学出版社 2002 年版，第 289 页。

⑤ 陈光中主编：《中国刑事诉讼程序研究》，法律出版社 1993 年版，第 549 页。

⑥ 参见《美国联邦刑事诉讼规则和证据规则》，卞建林译，中国政法大学出版社 1998 年版，第 10 页。

⑦ ［美］唐纳德·纽曼：《辩诉交易》，载《外国法学研究》1994 年第 3 期、第 4 期。

⑧ 转引自左卫民、周长军：《刑事诉讼的理念》，法律出版社 1999 年版，第 164 页。

　　美国的辩诉交易能够在当事人主义的诉讼中最终成为一项常规合法的做法，也经过了一个多世纪的风风雨雨，最终被接受是源于陪审团的高成本、对抗制诉讼的结果对控辩双方的不确定性、尊重被告人自认的选择等因素。

（二）辩诉交易盛行之原因分析

　　高犯罪率使犯罪案件增加，案件积压，诉讼程序繁复重叠、对被告人的权利"过分"保护，辩诉交易就是为了应付不断增长的案件数量，缓解司法资源的不足而成为一项不可替代的选择。辩诉交易盛行说明控辩双方容易达成共识，其奥妙在于对抗制存在的缺陷。陪审团审判与职业法官审判相比，陪审员是司法理性不足的法律门外汉，他们有时过于依赖直觉，容易被控辩双方在庭审中的表现和辩论技巧所蒙蔽，控方仅依靠确实充分的证据是不够的，举证辩论缺乏娴熟的法庭经验也不会胜出，这样的例子不胜枚举。[①] 在实行职权主义诉讼的大陆法系国家，职业法官不会迷失在控辩双方的法庭伎俩的迷雾中。为了避免陪审团审判结果的不可预测性，控辩两方接纳可以接受的协议就是明智的举措。趋利避害的经济人心理促使美国检察官只有在那些审判有困难的案件中，才会屈尊为获取有罪答辩而与被告人及其辩护律师作交易。[②] 同样的理由，只有当被告人万分确信自己将被陪审团认定为无罪时才会坚持在法庭上见高低一争分晓而不做有罪供述。

　　被告人放弃审判的权利换来的是检察官的降低起诉指控，不仅体现在被告人被以较轻的罪名定罪，也体现在被告人获得实实在在的较轻的刑罚上。检察官也由此了结一桩刑案，成绩簿上又多了一笔，法官也是顺水推舟批准认罪协商的结果。这是多赢的结果，省力不费钱，惠而不费，何乐而不为！

　　美国联邦最高法院通过一系列判例确认了一些规则：辩诉交易要符合正当程序的要求，辩诉交易就是合宪法的。譬如被告人获得了律师的帮助，被告人的认罪答辩是自愿的明智的，犯罪事实是真实的客观的。[③] 如果被告人表示了服罪的愿望，法官必须使自己确信，该认罪求刑是被告人在自觉自愿且有事实基础之上作出的。因此，法官必须保证被告人理解了指控，知道其在放弃被公开审理的权利而且承认有罪。大多数司法管辖区都要求有这样一个认罪，或有

---

① 可参阅张建伟在《司法竞技主义》一书第 381 页中所举的两个例子。
② 《辩诉交易及其历史》，张建伟译，载陈光中主编：《诉讼法论丛》第 9 卷。
③ 孙谦等主编：《检察改革·检察理论与实践专家对话录》，法律出版社 2002 年版，第 239 页。

一个明确的司法裁决以认定存在着使人相信被告人犯罪的事实基础。① 由于联邦法院视量刑为司法的功能，故联邦检察官不能向被告人作出特定刑罚的承诺。法官有拒绝该协议的自由裁量权，如果法院拒绝，则被告人可以收回有罪答辩。无论是辩诉交易这个事实，还是引向辩诉交易而进行的商讨，在后来的审理中都不能被用来反对被告人。如果法官接受了该协议，被告人将获得被承诺的条件。美国联邦最高法院也主张，如果被告人受到检察官宽大承诺的引诱而表示服罪，检察官不应当违背诺言。②

对于大多数表示服罪的被告人而言，不存在所谓的"协议"，是被告人接受了一个缩短刑期或减轻指控的提议，因而使被告人在其所处情形下，免予可能会遭受的最严厉的惩罚。美国联邦系统的一些司法管辖区有就指控达成"协议"的传统，即检察官取消最严厉的指控，被告人对较轻的指控表示服罪。在其他一些司法管辖区（例如纽约市），法官明确地在判决上打折扣。比如被告人会获得这样的承诺，即如果他或她表示服罪，其最高刑期为 5 年，最低刑期为 3 年；被告人也会被告知，如果经法庭审讯后被判有罪，其将面临的刑期最高为 15 年，最低为 10 年。

在辩诉交易实践中，检察官在指控时的让步有以下三种：以"较轻之罪"交换，即降格指控。起诉之罪有时含有另一刑期较轻之罪的构成要件，协商后，被告人同意就较轻刑期认罪，检察官同意不追究原起诉之较重之罪。这是从被告人角度看来最为划算的交易；以"罪数"交换，检察官以数个罪名起诉后，协商后被告人同意就一罪或数罪认罪，而检察官请求法院驳回起诉的其他罪名；检察官及被告人以"刑期"交换，被告人承诺向法院为有罪答辩的声明，检察官则向法院推荐对被告人较轻的刑期。③ 通常，检察官许诺作出上述一种或多种形式的让步之后，被告人只要接受，可以就比其实际犯罪行为以及检察官的证据所能证明的指控都要轻的罪行作有罪答辩，辩诉交易即大功告成，法官对双方的"辩诉协议"加以认可后，案件就无需再进入审判程序而终结。④

---

① 宋冰编：《读本：美国与德国的司法制度及司法程序》，中国政法大学出版社 1998 年第 1 版，第 344—346 页。

② 宋冰编：《读本：美国与德国的司法制度及司法程序》，中国政法大学出版社 1998 年第 1 版，第 344—346 页。

③ 王兆鹏：《美国刑事诉讼法》，北京大学出版社 2005 年版，第 536 页以下。

④ 左卫民、周长军：《刑事诉讼的理念》，法律出版社 1999 年版，第 162 页。

（三） 辩诉交易的经济性

英国、美国对刑事诉讼的资源投入也是有限度的，面对犯罪增多、案件积压的现状，解决诉讼迟延也是无法回避的问题。由于英美国家的主流思想认为，"权力导致腐败，绝对的权力导致绝对的腐败"，[①] 即权力天然具有腐败专制的倾向，需要制约权力，这就决定了英美国家不可能采取通过扩大法官自由裁量权、弱化被告人程序权利的方式来加快诉讼进程，而着力于在普通的诉讼程序之外另栽新枝，开发新型的、更具有效的诉讼程序，以之作为普通程序的补充，甚至在特定条件下取代普通程序。

有人认为，刑事诉讼中的辩诉交易，其一否定了被告人的审判程序保护权，其二减少了科刑。但以法经济学的理论而言，这种评判不具有任何说服力。[②] 因为倘若刑事案件的双方当事人不能从辩诉交易中获取比通过审判更多的收益，那么其中任何一方都会要求法庭正式审判，刑事被告人放弃其有权在审判时取得的程序保护权是应该得到补偿的。又假定检察官的起诉预算是固定的，允许辩诉交易，平均刑期就可能比不允许辩诉交易时重，因为检察官可以用辩诉交易节约的资源准备一个辩诉交易失败时更有力的案件。这就意味着辩诉交易对被告人整体是不利的。根据帕累托原理，辩诉交易就应被禁止。这样看来禁止辩诉交易，刑事被告人的处境会得到改善，检察官的处境也将得到改善。

如果允许辩诉交易，检察官和被告人都知道辩诉交易对被告人整体是不利的情况，那么他们在交易时就会提出更优惠的条件。被告人认可服罪而不是诉诸法院审判，而且被告人一旦服罪即可减轻处罚。那么大多数有罪的被告人都会服罪，从而检察官既可以节约审判过程中的成本又可以节约辩诉交易的成本。如果大多数被告人在事实上都是有罪的，其最终节约的成本就是一个很可观的量，那么刑事被告人的处境会得到改善，检察官的处境也将得到改善。实际情况可能是诉诸审判获得的刑期会较重些，但有时也会被宣布无罪。

用谈判的方法处理案件要比审判节省成本，所以才产生了辩诉交易。影响辩诉交易发生率的主要因素：谈判和诉讼的相对成本、诉讼结果的不确定性程度、参与诉讼的各方的态度。由于审判的成本要比辩诉交易的成本高，如果不允许辩诉交易，审理犯罪案件的费用就会有所增长。而这些成本的主要部分现

---

① ［英］阿克顿：《自由与权力》，侯健等译，商务印书馆 2001 年版，第 342 页。

② ［美］理查德·A. 波斯纳：《法律的经济分析》（下），蒋兆康译，林毅夫校，中国大百科全书出版社 1997 年版，第 732 页。

在是由政府和慈善性私人律师（这意味着至少部分由他们的付款委托人承担）而不是由刑事被告人本人所承担的，那么政府的财政负担和慈善性私人律师的负担就会增加。

假设辩诉交易是不合理的，更多的案件诉诸法庭，且增加法官的数量，虽然法官越多越可能加快审理案件的速度，而且审理速度的加快可能会影响被告人和起诉人的利益关系，从而也会影响交易的条件，由于法官不直接参加辩诉交易的运作过程，法官数量的增加并不可能影响辩诉交易的数量。①

就直觉而言，给贫困被告人指定辩护律师的规定可能会降低辩诉交易的比例，但这种直觉与经济理论是不相吻合的。② 虽然没有律师为之辩护的被告人在其选择诉诸法庭时将会前景不佳，但这只意味着他将接受比有律师辩护情况下更长的协议刑期。向贫困者提供辩护律师会促进辩诉交易，因为辩护律师比无律师援助的被告人能更准确地估计审判的大概结果。

如果禁止辩诉交易，且法官数量不再增加——即如果刑事审判的需求增加几倍而供给却不增加（除非停止民事案件的审理）——其结果只能是刑事审判候审时间的大幅度增加。被保释人的预期处罚成本就会遽然下降，而审判前一直被羁押之人的预期处罚成本就会增加（除非他们能成功地证明，延迟审判侵害了他们及时受审的宪法权利）。尽管平均刑罚并不会由于其是不是达成辩诉交易协议还是经过审判而受影响，但由于审判判决的刑罚要比协议刑罚更容易造成无罪开释或极严厉的刑罚，所以其科刑的变化幅度就会扩大，这就会对预期处罚成本产生附加的风险。

通过辩诉交易来确定指控，迅速而低成本地处理了绝大部分刑事案件，③避免了审判羁押阶段的拖延所造成的不良影响；保护了公众免受即使在审前保释阶段也有可能再犯新罪之人的侵害；缩短了从指控到定罪处罚的时间，使得有罪的被告人被监禁，也有更大的可能回归社会。

辩诉交易的支持者和为辩诉交易制度辩护的人认为：当被告人犯罪事实清楚时，对刑事审判体系而言，昂贵的事实调查纯属浪费。审判结果的不确定性使案件的双方达成妥协是明智的。毕竟，无辜的人承担着经审理被错判有罪的

---

① ［美］理查德·A. 波斯纳：《法律的经济分析》（下），蒋兆康译，林毅夫校，中国大百科全书出版社1997年版，第732页。

② ［美］理查德·A. 波斯纳：《法律的经济分析》（下），蒋兆康译，林毅夫校，中国大百科全书出版社1997年版，第733页。

③ ［美］麦高伟主编：《英国刑事司法程序》，姚永吉等译，法律出版社2003年版，第322页。

风险，而犯罪的被告人可能被错误地无罪开释。① 辩诉交易制度带来的某些"混乱"是自由和法律程序的代价，设计这个制度的目的是公平地起诉人民而不是为了控制蔓延的犯罪。②

检察官的态度：检察官支持辩诉交易，理由之一是资源问题，检察官办公室的人员资源配备，只够支持少数案件走完正式的庭审程序。理由之二是避免定罪的不确定性，辩诉交易的案件肯定以有罪判决而告终，这对检察官而言，是有利的。检察官深知无论案情多么不利于被告人，在陪审团审判的情况之下，都存在错误地无罪开释被告人的风险。

法官的态度：由于法官超负荷地承审案件，法院也支持辩诉交易。法院只可能解决悬而未决案件中的一小部分，尤其是由于陪审团审理的不可操纵性。进而言之，由于对一个法官的衡量，也部分取决于其办案的绩效，法官于是也鼓励当事人去"私了"。

辩护律师的态度：受任命的和私人聘请的辩护律师也都很愿意庭外解决。如检察官和法官一样，公共辩护人长期超负荷工作，而且人员配备短缺。这些代理人承担案件众多，只能为一小部分贫困被告人提供充分的抗辩。法院任命的律师面临每一案件收费上限的限制，因而，坐视刑事案件的拖延，违背其经济利益。同样地，私人聘请的律师一般预先收费，不管其当事人是否上庭，他们都能获得同样（或差不多）的费用，甚至要比审判赚的钱多。③

被告人的态度：即使总存在经审理被无罪开释的机会，但被告人仍表示服罪，其主要原因是，被告人意识到，如果经审理被判决有罪，他将有受到最严厉惩罚的风险。实际上，辩诉交易制度基于这样的理解：审判后定罪所受的惩罚比基于服罪而定罪所受的惩罚会更严厉。据统计，纽约市的被告人经由审判所受的宣告刑通常比接受协商的宣告刑重136%。④ 被告人表示服罪的一些额外原因有：认罪将迅速结束案件；而选择庭审可能意味着更长时间的审前羁押；要求较轻的指控可能避免其或其亲属的房屋或汽车被没收；请求轻罪将避免被认定为重罪而带来的后果（不能获得某些许可证、无资格从事某些职业、失去选举权、对外国人而言将被驱逐出境）；避免在将来被作为惯犯指控的依据；认罪将使被告人的家庭不受监视或者不必要作为证人参与审理；一些被告

---

① 宋冰编：《读本：美国与德国的司法制度及司法程序》，中国政法大学出版社1998年第1版，第344—346页。

② 转引自张建伟：《司法竞技主义》，北京大学出版社2005年版，第363页。

③ 王兆鹏：《美国刑事诉讼法》，北京大学出版社2005年版，第542页。

④ 转引自王兆鹏：《美国刑事诉讼法》，北京大学出版社2005年版，第537页。

人希望减轻受害人因被盘问带来的痛苦和侮辱（如家庭暴力案件中被告人熟悉受害人，希望获得他或她的宽恕或希望将来和解）。

但反对的声音也不绝于耳：一方面，辩诉交易允许有罪的人逃脱对其罪行的完全惩罚，因为一些指控被终止刑罚或被减轻；另一方面，这一制度又可以使无罪的人为了避免严厉的刑罚而选择有罪答辩。"我相信在美国的刑事诉讼制度中，认罪协商制度（即辩诉交易）是最具有破坏性、最不能实现正义的制度。"[1] 这种处理案件的方式就像在市场上买东西，双方都可以讨价还价，买方卖方各出一个价，再协商成一个价。这就是美国刑事司法制度在最坏情况下的运行方式。[2] 有罪答辩的非理性也备受责难，是年轻的缺乏经验的检察官处理案件而不是法庭处理案件，再加上检察官隐藏着自己的职业利益动机来与被告人及其辩护人进行协商，很难让人们相信交易的目的是为了公共利益。

警察的职责是打击犯罪，维护治安。警察最先接触到犯罪，他们看到被害人的痛苦、违法者的暴力等等，当警察看到检察官为了获取有罪供述而减少指控，或者看到法官排除认罪的证据，或者看到缓刑执行官每个月只花几分钟监督被释放者，警察的不满是自然的。检察官内心认为被害人即使得到了赔偿，他们也总是期望对被告人不饶恕，加重对被告人的惩罚是被告人应得的报应。所以检察官即使征求被害人的意见也不会不坚持自己的主见。被害人的利益在辩诉交易的过程中往往被忽视，这会使被害人及其家属感到沮丧。

被告人的利益是否就完全被保护了，也未必。法官必须确信，认罪求刑是被告人在自觉自愿且有事实基础之上作出的。但如何衡量"认罪"是"自愿"的？被告人为了得到量刑的好处而放弃审判时的程序保护的权利，必须在没有威胁恐吓的情况下才如此，而在认罪协商中，被告人所处的威胁环境确实是司空见惯的事情。认罪协商的过程是不透明的，是在没有记录的暗箱中操作的，检察官经常在不经意间恐吓被告人要以较重的罪名将其起诉，从而达到迫使被告人作认罪来换取较轻的刑罚，这就好比工于心计的精明的商贩先要高价再给与折扣一样，有经验的检察官正是因为掌握的证据不足，才虚张声势地利诱被告人，这其实是违反不得强迫自证其罪原则的，是不经法的正当程序不得剥夺任何人的生命自由财产的违宪行为（美国联邦宪法第五修正案）。法官也会因为被告人不接受认罪协商协议而坚持严格的审判程序而不快，一旦陪审团裁决其有罪，那么法官就会从重量刑，可谓"被告人浪费了我的时间，我也要耽

---

① ［美］亚伦·德萧维奇：《最好的辩护》，李贞莹、郭静美译，南海出版公司2002年版，第8页。

② 转引自张建伟：《司法竞技主义》，北京大学出版社2005年版，第351页。

误他的时间",一报还一报,公平的对价。要是在允许法官参与认罪协商的情形下,被告人不会不顾虑不接受法官建议的后果。美国的被告人幸运地拥有律师帮助的权利,但给与公设辩护律师的待遇不高,其为被告人谋利的兴趣难能高昂,再说律师也不愿意弄僵和检察官法官的关系,① 被告人的权利就在冠冕堂皇的好制度上打了折扣。② 美国的认罪协商制度已成为美国刑事司法实务的主流,除了扼腕慨叹就只有无奈了。但是也有余音,阿拉斯加州在 1975 年就已经取消了辩诉交易制度。③

辩诉交易的批评者认为案件负担不能充分解释辩诉交易的广泛实行。因为在案件负担小的司法管辖区答辩交易也大行其道,④ 美国助理地区检察官数量的增加与案件数量的增长完全是同步的,检察官们说辩诉交易减轻了负担,不过是减少劳作的托词而已。⑤ 原本认罪协商制度希望是用于轻罪案件上,以便腾出更多的司法资源投入到重大的案件的侦查与审判,由于重大案件复杂,收集证据困难,反让检察官专拣软柿子吃,把重大案件也毫不犹豫诉诸认罪协商。有些法官也是忙于法院以外的分外之事,法官不问重罪轻罪,而偏爱认罪协商。对简单刑事案件,常采用正式审判程序进行,而对案情复杂的重大刑案,反采认罪协商方式迅速解决之也是有据可查的。⑥ 总之,即使是美国检察官和法官,也会只顾及自己的利益与愉悦而不关照实现社会正义,这也是给法经济学的理论作了"注脚"。

有些学者认为,根据美国的法律,辩诉交易适用于轻罪重罪案件,包括适用于一级谋杀案在内的重大刑事案件,换言之,对于类似于中国故意杀人犯罪的处理都可以听任被告人和检察官的私下交易,而不经过公开的法庭审理,辩诉交易是否越过了公正的底线就不能不打上一个问号。它损害了刑罚的教育功能和威慑功能,因此美国辩诉交易适用的范围应当予以更严格的限制,以提高刑事诉讼法的严肃性和刑罚功能发挥水平。⑦

---

① 王兆鹏:《美国刑事诉讼法》,北京大学出版社 2005 年版,第 542 页。

② [美] 亚伦·德萧维奇:《最好的辩护》,李贞莹、郭静美译,南海出版公司 2002 年版,第 453 页。

③ 参见张建伟:《司法竞技主义》,北京大学出版社 2005 年版,第 368 页。

④ [美] 爱伦·豪切斯泰勒·斯黛丽、南希·弗兰克:《美国刑事法院诉讼程序》,陈卫东、徐美君译,中国人民大学出版社 2002 年版,第 411 页。

⑤ 《辩诉交易及其历史》,张建伟译,载陈光中主编:《诉讼法论丛》第 9 卷。

⑥ 转引自林立:《波斯纳与法律经济分析》,上海三联书店 2004 年版,第 369 页。

⑦ 左卫民、周长军:《刑事诉讼的理念》,法律出版社 1999 年版,第 171 页。

（四）我国引进辩诉交易之分析

无论富裕的国家还是像我国这样的发展中国家，对司法资源投入小而又无损于公正和廉洁的制度，都是应该优先考虑采行的。[1] 但不能仅仅为了追求从快就将审判制度予以简化，必须考虑什么是应该简化的，什么又是不应该简化的。

我国台湾地区 2004 年通过一个新的"法律"，引入美国式的认罪协商，或称为辩诉交易。2004 年台湾有近 2000 件案件通过控辩交易来结案，2005 年有 6200 多案件系由辩诉交易解决。认罪协商把中国人根深蒂固的发现真实的观念抛在了脑后，因为没有必要对任何案件的真实发现到水落石出的程度。当然，辩诉交易也有程序措施的设计，通过程序上的保障来保护被告人的利益，避免错误裁判。[2] 我国司法实践中业已出现了辩诉交易。[3]

辩诉交易制度是当事人主义的诉讼结构的体现，程序的展开要尊重当事人特别是被告人的意愿。被告人认罪，就意味着要放弃不得自证其罪的宪法性权利，放弃法庭的公开审理，放弃质证权和辩解权。可以认为，它是美国特定的诉讼制度下的诉讼现象，其核心也是为了保护当事人的利益，也是为了避免诉讼拖延，降低诉讼成本，提高诉讼效率不得已而主动选择的一种制度。

我国的刑事审判程序从来就没有出现过美国审判程序的繁琐和低缓，即使经过了庭审方式的改革，西方的观察家尤其是美国人也惊叹我国庭审的高效快捷。[4] 我国的刑事司法制度的完善还是要以精细司法为目标，通过改革来解决粗放的刑事审判程序，达到保障查明真相维护当事人权利的目的。如果真的仿行辩诉交易制度，不得不注意到：当公正可以像在菜市场上买卖萝卜白菜一样砍价的时候，还会有多少老百姓相信法治的春天快到了！

辩诉交易是靠被告人的自愿认罪来运转的制度，要是在证据不足的情况下依靠被告人的有罪供述来定罪量刑，证据不足指控的罪名不能成立的无罪判决就无法容身，疑罪从轻就会堂而皇之地登堂入室。在"不被强迫自证其罪"的原则还在观望之际，如实回答还这么"春风得意"的时候，"大跃进式"地

---

① 张建伟：《司法竞技主义》，北京大学出版社 2005 年版，第 535 页。

② 王兆鹏：《台湾地区刑事司法的发展趋势》，载中国诉讼法律网 2006 年 7 月 27 日 8：51，该文系作者 2006 年 6 月 25 日在中国政法大学学院路校区的演讲稿。

③ 《国内诉辩交易第一案结》，载《法制日报》2002 年 4 月 19 日。2002 年 4 月 11 日，牡丹江铁路运输法院认可诉辩交易，调解被告人孟广虎赔偿被害人 4 万元，判其有期徒刑三年，缓刑三年。

④ 张建伟：《司法竞技主义》，北京大学出版社 2005 年版，第 377 页。

引入辩诉交易，被告人的处境不会恶化也不会变得更好。我国的刑事司法活动一直过分倚重口供，无口供不敢定案，侦查起诉审判都要依赖被告人的供述，需要被告人"自证其罪"，辩护律师提前介入侦查阶段困难多多，律师在场被认为妨碍侦查，法律援助资金匮乏，指定辩护范围狭小，被告人认罪案件的简易审理方式已经全面铺开，还要建构精细的正式审判制度，再仿行辩诉交易制度，不知道我国的立法和司法要以什么为价值导向。公正和效率始终是连在一起的，具有同等的效用，即使只把"效率"理解为快捷省时省力，那么正义也还是要建立在"效率"的基础上。

在刑事诉讼上实施职权主义的大陆法系地区，对于是否要引进美国法的认罪协商制度，都不能不先深思其与自身法的精神本质是否有冲突，因为法治必然是某一种基本价值哲学的反映。① 德国科隆大学 Thomas Weigend 教授坦陈："量刑判决协商的确与职权进行原则的基本精神有所冲突，理由如下：协商裁判的做成，并非以追求真实发现的善意努力作为基础，而是以假想性事实及被告人接受某种处分的意愿作为基础，审判因此变成一个没有实质内容的形式。"② 大陆法系借鉴英美的辩诉交易如意大利 1988 年引进了辩诉交易，但比较法的研究表明意大利的辩诉交易的实践运作并不理想。对于大陆法系借鉴和移植辩诉交易，与其说是大陆法系引进了辩诉交易，毋宁是辩诉交易顺应了大陆法系的理论框架和法律传统。③

我国的刑事诉讼法一贯规定，一切证据都要在庭审时当庭质证，才能作为定案的根据，没有强制的律师帮助制度，没有赋予犯罪嫌疑人或被告人沉默权，引进此制度是应该详加斟酌的。我国刑事诉讼程序正在走着一条精致化之路，而认罪协商这一制度恰恰是对普通程序的"规避"，它建立在对被告人口供倚重的基础之上，不可不察之。④ 与其着力仿行水土不服的辩诉交易，还不如研究中国本土出现的现象如自生自发的协商性司法，像北京市朝阳区检察院在轻伤害案件中，让被害人和嫌疑人进行和解，检察官促成和解，让被害人得到高额赔偿。俄罗斯刑事诉讼法典第 11 编规定的和解制度足资借鉴。有人认为中国已经出现了辩诉交易的萌芽，但这不是辩诉交易，协商性司法从其产生那一天起就不是辩诉交易，因为辩诉交易中没有被害人的参与，协商性司法，

---

① 林立：《波斯纳与法律经济分析》，上海三联书店 2005 年版，第 364 页。

② 转引自林立：《波斯纳与法律经济分析》，上海三联书店 2005 年版，第 363 页。

③ 陈瑞华：《社会科学方法的引入与诉讼法学的困境》，载中国诉讼法律网 2006 年 7 月 5 日 8：56，该文系作者 2006 年 4 月 5 日在中国政法大学学院路校区的演讲稿。

④ 张建伟：《司法竞技主义》，北京大学出版社 2005 年版，第 351 页。

离开被害人的参与就没有生命力。被害人参与进来形成和解，还能息诉，减少上访、申诉的衍生问题。何况还有两个致命的障碍阻止了中国大陆对辩诉交易的引入，一是刑事诉讼和民事诉讼如此分野导致当事人根本无法行使处分权；二是中国刑法中罪刑法定、罪刑相适应的原则也成为巨大的障碍。①

---

① 陈瑞华：《社会科学方法的引入与诉讼法学的困境》，载中国诉讼法律网 2006 年 7 月 5 日 8：56，该文系作者 2006 年 4 月 5 日在中国政法大学学院路校区的演讲稿。

第五章 第二审程序之经济分析

一、上诉审基本功能之经济分析

（一）上诉程序的功能

上诉程序系指第二审法院对因刑事诉讼的当事人或检控机关不服第一审法院作出的尚未生效的判决或裁定而提起的上诉案件，重新进行审理和裁判的诉讼程序。[①] 既包括刑事诉讼的当事人不服原审判决或裁定提起的上诉，也包括检控机关不服原审判决或裁定提起的抗诉。上诉审的功能主要有四项：纠正错误、预防错误即对将来的初审的引导作用、安抚说服、统一法律适用。[②]

上诉制度的首要目的还是防止错判，对受到不公正判决的被告人进行救济。[③] 通过上诉审，把未生效裁判的错误纠正过来，有利于降低错误成本。美国学者的一项研究报告称："美国 1973 年至 1995 年中的 5760 个死刑案件中，有 68% 的案件在重审过程中发现是误判而被推翻。"[④] 根据顾永忠博士的调查我国的错判率也很高。[⑤]

预防错误的功能对未来的第一审法院可能发生的错误起到一个引导作用。上诉审法院发现错误，可能撤销原审法院的有罪判决或变更科处的刑罚，来弥补可能造成的伤害。复审法院也可能维持、变更或明确适用于相似案件的法律，上诉审法院就给原审法院提供关于他们决定适当性的反馈性信息。通过二审程序，上诉审法院将正确适用法律的信息传达给其管辖区内所有法院和诉讼参加者。第二审法院的这种监督作用对于司法制度来说，其重要性至少等同于

---

① 陈光中主编：《刑事诉讼法》，北京大学出版社、高等教育出版社 2002 年版，第 324 页。

② 顾永忠：《刑事上诉程序研究》，中国人民公安大学出版社 2003 年版，第 12 页以下。

③ 彭勃：《日本刑事诉讼法通论》，中国政法大学出版社 2002 年版，第 369 页。

④ 《美国六成死刑判决为误判》，载《检察日报》2000 年 6 月 14 日第 4 版。

⑤ 顾永忠：《刑事上诉程序研究》，中国人民公安大学出版社 2003 年版，第 13 页。

在纠正影响个人的错误方面所起的作用。① 第一审法院通过对第二审法院的审判，知道这些被纠正的案件的问题，在其以后的审判中就会避免此类错误，减少错判误判。② 对第一审案件中的被告人和检控方而言，他们比较第一审裁判的结果和其他同样的案件的结果大致一样，被告人及其家属体会到个案的公正性，预期到上诉至第二审法院的结局也极有可能是维持原判，那么他们也就会在更大程度上服从第一审的裁判，从而起到降低上诉案件的比例。这对于降低未来的第二审法院的诉讼成本是有重要作用的。

就上诉案件而言，尽管存在不少错判或误判，但维持原审判决还是多数。2001 年，我国所有上诉案件（包括了刑事案件）中 54% 维持了原判。③ 但是被告人及其亲属知道这样的结果为何还上诉，这是可以得到解释的。既然被告人有上诉的权利，不管上诉人的动机如何，他们行使这个权利就是合理的，就合乎了经济人的思维，为了自己的利益，人们穷尽可能的手段来达到自己的目的，是无可厚非的，何况法律还有这样鼓励性的规定。

被告人及其亲属也许不关心别人是否得到了公正待遇，但对于自己的个案是十分关注的。他们会和类似的案件的结果进行比较，一旦发现其中对他们有利的因素，他们就想通过上诉程序得到他们认为应该得到的公正。而上诉审法院也正好借此机会在整体上把握公正尺度，体现法律适用上的平等。被告人及其亲属通过上诉程序的审理，即使维持了原判，他们也又一次得到了说服，原审的结论是适当的，他们从内心深处得到了慰藉，心理上得到了满足，有利于被告人服从裁判。④ 就像接受了一项商业服务一样，付出了成本，花费了时间精力，也享受了服务，觉得物有所值。当然，被告人能够接受初审判决而放弃上诉，对于缓解上诉审法院的案件压力，减少各方诉讼投入的成本自然益处多多。但这要从提高初审的审判质量着手，通过完善上诉程序来解决。

上诉程序的统一法律适用的功能，可以从法律普遍性的经济学意蕴来说明。普遍性的法律实行的是类的调整，舍弃个性而取其共性。法律越具有普遍性，司法活动就越具有效率。司法机关不必因人司法、因事司法，使司法程序得到简化统一能产生效率。法律为获得效率价值而取得的普遍性使其区别于因

---

① ［美］爱伦·豪切斯泰勒·斯黛丽：《美国刑事法院诉讼程序》，陈卫东、徐美君译，中国人民大学出版社 2002 年版，第 16 页。

② 宋英辉、李忠诚主编：《刑事程序功能研究》，中国人民公安大学出版社 2004 年版，第 414 页。

③ 《中国法律年鉴》2001 年。

④ 宋英辉、李忠诚主编：《刑事程序功能研究》，中国人民公安大学出版社 2004 年版，第 411 页。

人因事适用、只适用一次的具体命令，法律的适用对象为一切人或不特定的人，可适用多次。效率的对立面为个别化，法律规定越个别化，它就越繁复，其适用越缺乏效率。①

（二）上诉程序的经济分析

法律程序的运行要消耗资源，多一个程序就会多消耗一些司法资源。如果初审程序能够解决一切问题，普通救济程序和特殊救济程序就可以省却掉。但人类囿于自身理性的不足，刑事诉讼如果就只有一个初审程序，很难避免错判和误判。从实现公正的角度而言，多一道程序就更有可能为实现公正加上一道保险。"对公民的荣誉、财富、生命与自由越重视，诉讼程序也就越多。"②

上诉程序是在第一审程序终结以后设立的又一个程序，设立上诉程序必然会延缓最终结案的时间，加剧了法院资源紧张状况，增加了诉讼当事人的诉讼支出。③ 为了实现公正，就要耗费更多的司法资源，权衡诉讼经济问题和实现公正问题也是设立上诉程序不可回避的两难问题。

上诉程序运行，毫无悬念，国家要相应地投入一定的资源，当事人尤其是被告人也要投入资源。被告人为了自己的利益愿意投入资源寻求公正境遇，国家投入资源保证的就不仅仅是被告人个人的公正，而是"所有人的公正"，所以国家投入资源来保障上诉程序的运行是理所应当的事情，值得注意的是，要尽量降低投入，提高诉讼效率。

1. 审判组织

在上诉程序中，一般主要采用合议制审判案件，但又有两种形式：

其一，完全由法官组成合议庭审理上诉案件，如法国上诉法院的轻罪上诉庭，由 1 名审判长和 2 名法官组成合议庭；美国联邦上诉法院和州上诉法院一般是由 3 名职业法官组成合议庭，有时是上诉法院全体法官"满席裁判"；日本的高等法院、英国的上诉法院由 3 名法官组成合议庭。我国大陆的第二审法院审判上诉抗诉案件的合议庭是由 3 名至 5 名审判员组成。

其二，由法官和非法官（陪审员）组成合议庭审理上诉案件，以德国最为典型。如德国州法院的上诉庭有小审判庭和大审判庭两种。审理不服地方法

---

① 徐国栋：《法律诸价值及其冲突》，载《法律科学》1992 年第 1 期。
② ［法］孟德斯鸠：《论法的精神》（上），张雁深译，商务印书馆 1978 年版，第 75 页。
③ ［美］戴安·五德：《上诉法院与上诉法官的作用》，载宋冰编：《程序、正义与现代化——外国法学家在华演讲录》，中国政法大学出版社 1998 年版，第 159 页。

院独任法官的判决而上诉的案件由 1 名职业法官和 2 名非职业法官组成的小审判庭负责，审理不服地方法院陪审法庭的判决而上诉的案件由 3 名职业法官和 2 名非职业法官组成的大审判庭负责。较之在第一审审判还能采用独任制而言，上诉审在审判组织上，法院就要多投入司法资源，全部由法官组成的合议庭的审判成本要高于由陪审员和法官共同组成的合议庭的审判成本。上（抗）诉的案件越多，诉讼投入就越大，所以，提高初审的质量能起到节省司法资源的作用。

2. 审理方式

第二审的审级结构的立法例包括事后审查制、续审制及复审制。

事后审查制，乃本于法律审之角度，事后审查原审之判决及其诉讼程序有无违误，又分为法律审查、事实与法律审查两类。如我国台湾地区的"刑事诉讼法"规定的第三审程序就采事后审查制。

续审制，则属事实审兼法律审，第二审继续第一审之审判，因此在第一审所为之诉讼行为，在第二审亦有效力。

复审制，虽亦为事实审兼法律审，但应为完全而重复之审理，可谓是完整的"第二个事实审"或者说是"第二个第一审"，因此有别于续审制。复审制的特点是第二审法院应于上诉范围内，重新就事实和法律做全面的审查。我国台湾地区的"刑事诉讼法"规定的第二审就是复审制，第二审法院应就原审判决经上诉之部分，为完全重复之审理，关于事实认定、法律适用、刑罚量定，皆与第一审法院同其职权。[①]

从诉讼经济的角度来看，复审制要求对所有的证据方法重新调查，要再次大量消耗有限的司法资源，也给诉讼参与者造成相当的负担。就事实认定而言，第二审较第一审处于更为不利的位置，因为案件系属于第二审时，通常与案发当时已有一段时间，证人的记忆逐渐模糊，案发现场可能早已沧海桑田，因为明知还有一次重新审查的机会，可能造成第一审法官之懈怠。续审制对原审已经调查的证据，在上诉审不必再行调查，原审的诉讼在上诉审仍有效力，比较符合诉讼经济原则，但是又违反直接审理原则。[②] 事后审查制不允许当事人在上诉审中提出新事实或新证据，仅依原卷宗证物，审查原审判决有无违误，较之续审制及复审制更有节省司法资源的优势。我国的第二审属于复审制，但又采用全面审查的原则，二审采用全面审查原则要比采用有限审查原则

---

①　林钰雄：《刑事诉讼法》（下册），中国人民大学出版社 2005 年版，第 239 页。

②　王兆鹏：《当事人进行主义之刑事诉讼》，台北元照出版有限公司 2004 年版，第 253 页。

耗费更多的资源，显然就更不经济。

二、我国二审程序的突出问题及其经济分析

（一）两审终审的审级制度的变相消解

我国的审级制度实行两审终审制，从表面上看，审判效率很高，但从现实中审判监督程序的运行来看，"终审不终"成为司空见惯的现象，已经造成了司法资源的巨大浪费。重新审视和建构我国的审级制度，已经成为一个现实问题。

上下级法院之间在审判活动中的相互关系要遵从司法独立的原则，上诉法院与原审法院必须相互独立，分别作出裁判。"法院之所以设置不同的审级，不是要建立一种上级控制下级的机制。固然，上级法院可以改变下级法院的判决，但这只是为司法判决增加一道审核程序，使得相关决策更加审慎，减少错误"。① 相互独立的审级制约和把关，能有效防止和减少错判和误判的发生。

在审级关系上，我国有把上下级法院的关系视为行政隶属关系的惯习。在审判业务上，上下级法院之间存在请示汇报关系，一般在中级以上法院的审判业务部门如刑庭内设有综合组，专门负责解答处理下级法院就有关个案的请示汇报，而下级法院在日常审判工作中也会把其审理的一些个案在作出裁判之前上报到其上级法院。不仅如此，有的上级法院在下级法院没有向其请示汇报的情况下，主动要求下级法院就某个案件的审理情况向其报告。② 更有甚者，上下级法院一起组成专案组共同办案。③ 这种上下级法院的工作方式不为当事人所了解，类似于一种潜规则，而正是这种不为刑事诉讼法所规定的规则，却实实在在地发挥着专长。这种工作机制，违背了设立审级制度、规定上诉程序的立法初衷，侵害了上诉人的上诉权，导致被告人的上诉权名存实亡。下级法院的法官不能独立办案，上级法院的法官经提前介入，先入为主，彻底消解了两审终审制。我国法院的这种工作模式长期以来很有"市场"，一个理由是抵挡地方某些官员对案件处理的干预，而事实上既然依靠上级法院的批示来处理案件能挡住当地实权派的干预，那么当地的实权派再寻求他的上级实权派的干预又当如何？另一个理由是，认为下级法院尤其是基层法院的法官素质低，依靠中级法院以上的法院的法官的素质来提升案件的质量，减少错误裁判的发生

---

① 贺卫方：《司法的理念与制度》，中国政法大学出版社 1998 年版，第 131 页。
② 顾永忠：《刑事上诉程序研究》，中国人民公安大学出版社 2003 年版，第 53 页。
③ 陈瑞华：《刑事审判原理论》，北京大学出版社 2003 年第 2 版，第 157 页。

率，这种说法更是没有依据。

把两审终审制度变相地转变为一审终审制度，是不是就能够节省诉讼资源的投入呢？也未必如此。请示汇报等指示意见，无疑会拉长案件的处理时间，即使在审理时限内完成，也是要拖后处理的。请示汇报等候指示意见，也要花费下级法院和上级法院负责处理案件法官的时间和精力，上级法院又专门设立机构人员来处理，也要投入成本。也许，能够节省的只是对上诉案件的处理成本，一审案件的处理已经掺和了二审法官的意见，上诉就只是走形式走过场，第二审法院不用再过多的耗费诉讼资源来处理这种上诉的案件，所以不开庭就是十分好理解的事情。但是，被告人及其亲属确实不明就里，还要投入成本进行上诉，有时还要聘请律师，而被告人的这些投入显然是没有任何回报的，只投入而没有产出，浪费了被告人的资财、时间和精力。这种浪费完全是因为这种不正常的上下级法院关系，没有遵循司法独立的基本诉讼原则所致。

（二）上诉不加刑原则之经济学意义

1. 上诉不加刑原则的经济分析

被告人通过刑事审判的收益无非是获得有罪和无罪的结果，如果是有罪的结果，很显然被告人希望得到的处罚越轻越好。所以，被告人在初审判决以后，都会想到通过上诉得到一个满意的结果，从心理上讲是不愿意主动放弃这个机会的，但经过审判程序最终确定被告人的刑事责任，进而最终确定对被告人的刑罚，对被告人而言，上诉是有一定的风险的。如果没有上诉不加刑这个原则，被告人对于上诉就会心有余悸。如果仅仅为了节省诉讼程序的运作成本，减少国家对程序的经济投入，也许没有这个原则会更好，但是对国家社会利益与个人利益要予以全面的考量，不能为了实现对被告人的制裁而不顾及其他的社会利益，人类社会文明的进步也许就体现于此。一项法律制度的建立与实施，常常呈现利弊交叉的问题。任何法治都要付出代价，上诉不加刑原则亦是如此。为了保护被告人的利益，就要牺牲一定的社会利益，法律的其他弊端同法律制度的基本性质有着不可分割的联系，可以被视为一个铜板的两个面，有光的地方，就有阴影，与灵活性完美结合在一起的法律制度才是真正的伟大的制度。权衡利弊得失，为了实现上诉审的功能，对于上诉不加刑的原则要做比较宽泛的理解，对于不利于被告人的不利变更要从严掌握。

2. 上诉不加刑原则在域外的适用

上诉不加刑原则是随着历史条件的发展变化而逐渐确立完善起来的。只有被告人一方的上诉不能加重其刑罚，对源于被告人自己或来自检控方专为被告人利益提出的上诉，也不能加重其刑罚；除了不能加重刑罚，也不得变更适用更重的法律和罪名。

目前各国刑事诉讼法对上诉不加刑原则的适用范围，一般包括以下几点：由被告人提起或者其代理人、辩护人提起，或者检察官为被告人利益提起上诉的案件；实行两审终审制的是指第二审，实行三审终审制的包括第二审和第三审；经第二审或第三审审理，裁定发回重新审判的案件；未上诉的共同被告人。如《德国刑事诉讼法典》第331条第1款规定："仅由被告人，或者为了他的利益由检察院或者他的法定代理人提出了上告的时候，对于判决在法律对行为的处分种类、刑度方面，不允许作不利于被告人的变更。"① 《日本刑事诉讼法》第402条规定："对于由被告人提起控诉或者为被告人的利益而提起控诉的案件，不得宣告重于原判决的刑罚。"② 《俄罗斯联邦刑事诉讼法典》第360条之3规定："在按照第二上诉程序审理案件时，法庭有权减轻对被判刑人的刑罚或者适用关于较轻犯罪的刑事法律，而无权加重刑罚以及适用关于更重的刑事法律。"同时，该法典第383条规定了例外："只有在检察长提出抗诉或自诉人、被害人或其代理人上诉认为刑事判决处刑过轻时，才能认定第一审法院的刑事判决或第一审法院判决不公正，并以必须判处更重刑罚为由撤销原判。"③

上诉不加刑的原则在具体执行中，各国的做法并不完全相同，都有一些特殊的规定：一是对被告人可以增加不属于刑罚性质的其他措施，如《德国刑事诉讼法典》第331条第2款规定："前款规定（指不利于被告人的变更），不与移送精神病院、戒瘾所的命令相抵触。"又如不妨碍增加被告人诉讼费用的负担等。二是在不加重原判决刑罚的情况下，对被告人可以重新认定罪名、适用较重的法条。据日本判例规定，控诉审法院可以认定比原判决对被告人不利的事实，改定罪名。例如，一审法院以窃盗罪宣告被告人2年徒刑（日本刑法第235条规定，犯窃盗罪，处10年以下惩役），控诉审法院可以改定为强盗罪，但不能以强盗罪的法定刑处刑（日本刑法第236条规定，犯强盗罪，处5年以上有期惩役），只能维持2年徒刑而不得加重刑罚。④

---

① 《德国刑事诉讼法典》，李昌珂译，中国政法大学出版社1995年版。

② 《日本刑事诉讼法》，宋英辉译，中国政法大学出版社2000年版。

③ 《俄罗斯刑事诉讼法典》（新版），黄道秀译，中国政法大学出版社2006年版。

④ ［日］山口守一：《日本刑事诉讼法》，刘迪等译，法律出版社2000年版，第312页；［日］松尾浩也：《日本刑事诉讼法》（下卷），张凌译，中国人民大学出版社2005年版，第257页。

控诉方有权针对初审判决提出不利于被告人的上（抗）诉，可以加重处罚或作出不利变更的规定。《法国刑事诉讼法典》第 515 条第 1 款规定："对检察院提出的上诉，法庭可以维持原判，也可以在有利或不利被告人方面宣告全部或部分地撤销原判。"①

部分案件不适用上诉不加刑原则。如英国对治安法院审判的上诉案件。刑事法院在审理不服治安法院的上诉案件时，可以行使治安法院的权力。这就是说，刑事法院有权重新作出判决，给予任何惩罚，不论是否重于或轻于治安法院所给予的惩罚，但必须是下级法院有权给予的惩罚。②

3. 我国适用上诉不加刑原则存在的突出问题

第一，根据 1998 最高院刑诉法解释第 257 条第 1 款之（二）之规定，"原判认定事实清楚、证据充分，只是认定的罪名不当的，在不加重原判刑罚的情况下，可以改变罪名"。2012 最高院刑诉法解释第 325 条第 1 款之（二）之规定，措辞有变化，但实质内容仍然一样，没有作出修改。③

改变罪名其实也隐含着对被告人的评价，尤其由一个轻罪罪名变为一个重罪罪名时更是如此，这种变更实际上也是变相地违反了上诉不加刑的原则。被告人要是以量刑过重提出上诉，没有对罪名问题提出上诉，二审法院不顾及被告人上诉请求的范围，另行作出被告人没有提出而对其不利的改判，不告不理的原则就没有被遵守，裁判者中立也就无从体现。

第二，在数罪并罚的案件中，被告人只对数罪中的若干罪提出了上诉，对其他罪没有提出上诉，这种情形法律并没有明确的规定是否适用上诉不加刑的原则。如果按照全面审理的原则，在审理此类案件中，发现提出上诉的罪没有问题，而没有提出上诉的罪明显轻判，对此就可能发生加重处罚或发回重审的问题，直接加重处罚有违上诉不加刑的原则，发回重审也会发生加重处罚的情况。因此，对于这种情形即使不改变全面审理的原则，也应该按照上诉不加刑的原则处理，不作出不利于被告人的变更。如果以后依据有限审理的原则处理二审案件，这个问题就不会出现。

第三，检察机关为了被告人的利益提出抗诉是否也应适用上诉不加刑的原则？现行刑事诉讼法应该说是赋予了检察机关为被告人的利益而提起抗诉的权

---

① 《法国刑事诉讼法典》，余叔通、谢朝华译，中国政法大学出版社 1997 年版。

② ［英］麦高伟等主编：《英国刑事司法程序》，姚永吉等译，法律出版社 2003 年版，第 439 页。

③ 2012 最高院刑诉法解释第 325 条第 1 款之（二）：原判事实清楚，证据确实、充分，只是认定的罪名不当的，可以改变罪名，但不得加重刑罚。

力，"地方各级人民检察院认为本级人民法院第一审的判决、裁定确有错误的时候，应当向上一级人民法院提出抗诉"。① "第一审的判决、裁定确有错误"当然包括一审判决对被告人不应当作出的重判或者在认定事实或适用法律上对被告人不利的其他错判，但是现行刑事诉讼法关于上诉不加刑原则的规定，没有将这种情况包括进去。② "人民检察院提出抗诉或者自诉人提出上诉的案件，不受上诉不加刑的限制"，③ 所以出现"检察院或自诉人，即使是意图为减轻被告人的刑罚而提出抗诉、上诉，一审法院仍可根据实际情况加重刑罚，不受上诉不加刑的限制"这样的理解就不足为怪了。④ 此外，对于再审的案件，一般不得加重原审被告人的刑罚。但人民检察院抗诉可以不受"上诉不加刑"的拘束。⑤

在司法实践中，当检察院为被告人的利益提出抗诉，二审法院如果发现原判过轻就可以加重被告人的处罚。应该说这样处理不符合上诉不加刑的本意。

第四，对一审判处的刑罚畸轻的上诉案件，禁止撤销原判，直接加重被告人的刑罚或者适用附加刑，也不得以事实不清、证据不足为由发回一审法院重审。却又规定："必须依法改判的，应当在第二审判决、裁定生效后，按照审判监督程序重新审判。"⑥ 这与直接加刑或发回重审变相加刑本质上没有区别，反而徒增司法资源的重复消耗，还彻底消解程序的独立价值。若是这类案件被告人不提出上诉，检察机关也不抗诉，不知二审法院又当如何发现。所以，这个司法解释的条款应当结合再审程序的完善，予以废止。但是 2012 最高院刑诉法解释第 325 条之（七），仍旧没有修改之。

第五，有的案件最初由基层法院管辖，经过审理，基层法院作出了判决，而又明显属于轻判，被告人提出上诉后，二审法院能否以管辖不当、程序违法为由，撤销原判，提高审级，重新按照第一审程序判决，加重对被告人的刑罚。如果这样做了，那么这种做法明显是由于法院管辖不当出现的问题却由被告人买单的不正常情况。任何人不能从自己的不当行为中得到利益，法院也概莫能外，二审法院如果真的认为原审法院管辖不当，程序违法，也只能通过纠正程序问题而不能通过否定原审法院的判决，主动对被告人进行再次追诉。

① 1996 年刑事诉讼法第 181 条之规定；2012 年刑事诉讼法第 217 条之规定。

② 顾永忠：《刑事上诉程序研究》，中国人民公安大学出版社 2003 年版，第 86 页。

③ 1996 年刑事诉讼法第 190 条第 2 款；1998 最高院刑诉法解释第 257 条第 2 款；2012 年刑事诉讼法第 226 条第 2 款。

④ 柯葛壮：《上诉不加刑原则新探》，载《政治与法律》1987 年第 1 期。

⑤ 2012 最高院刑诉法解释第 386 条之规定。

⑥ 1998 最高院刑诉法解释第 257 条第 1 款之（五）。

（三）二审开庭审理

开庭审理，所有诉讼参加人对案件的事实、证据和法律适用问题能够发表意见，提出质疑，展开辩论，有利于审判人员全面了解案件事实，正确认定证据和适用法律，对案件作出公正的裁判。开庭审理方式优于不开庭审理的方式。

上诉审进行开庭审理是实现上诉审功能的一个必要条件，公正的确要以看得见的方式来实现。笔者始终认为没有实现公正，也就没有效率可言。被告人在内心深处对生效的裁判不满意，有抵触情绪，审判的目的不能说达到了。既然设立了上诉程序来安抚被告人，就没有必要再为了节省不开庭的费用而留下遗憾。

上诉程序的审理方式是否应该全部开庭审理？世界各国的上诉程序中根据情况分别对待，开庭审理与不开庭审理两种方式并存。理想的做法是，对于确实需要开庭审理的上诉案件，就采用开庭审理的方式。从降低司法资源的投入的角度来看，不开庭审理而采用书面审理的方式要比开庭审理节省司法资源，也减少当事人的投入。[①] 为什么这些主要的国家还坚持开庭审理刑事上诉案件，是不是这些国家的经济实力较为雄厚舍得花钱？这只是其中的一个原因。以美国的情况来看，美国联邦上诉法院平均33%的上诉案件不进行口头辩论就作出判决，在某些联邦巡回区上诉法院多达35%—65%的刑事上诉案件没有口头辩论就作出了裁判，这种趋势在美国国内也受到了批评。[②]

日本的控诉审和上告审都采用开庭审理的方式。俄罗斯的刑事二审程序，不论是作为中间程序的第一审程序还是作为终审程序的第二审上诉程序，都采用开庭审理的方式。法国上诉法院采用开庭审理的方式、德国的第二审程序不管是上告审还是上诉审，也都采用开庭审理的方式。[③] 在德国，第二审程序包括事实和法律在内的全面救济仅仅体现在地方法院审理的案件上，对这部分案件，州法院的小刑事法庭或大刑事法庭要依据直接、言词原则重新进行审理和

---

① 宋英辉、李忠诚主编：《刑事程序功能研究》，中国人民公安大学出版社2004年版，第420页。

② ［美］爱伦·豪切斯泰勒·斯黛丽：《美国刑事法院诉讼程序》，陈卫东、徐美君译，中国人民大学出版社2002年版，第607页。

③ 顾永忠：《刑事上诉程序研究》，中国人民公安大学出版社2003年版，第156页、第160页、第162页。

裁判；而对于州法院和州高等法院作出的一审判决，则不得就事实问题再行争论。①

英国刑事法院对不服治安法院判决的上诉案件，采取重新审理的方式进行，刑事法院要以"对整个案件全部重新审理的方式进行，将传唤原审证人出庭（也可以传唤新的证人），而且，要在此听取法庭辩论……第二审法庭将作出维持原审判决、撤销定罪判决或者变更量刑（包括提高刑期，但必须在原审法院原本可以科加的最高刑期以下量刑）等判决"。② 但对于其他大多数上诉案件一般不再开庭审理，比如上诉法院受理的不服刑事法院判决的上诉案件。上诉法院审理上诉案件采用审查的方式进行，在多数情况下是听取控辩双方律师的法律主张，不再审理案件事实。③ 美国上诉法院的审判方式多数采用书面审理和书面审与口头辩论相结合的方式。在美国联邦第七巡回上诉法院约有三分之二的案件都进行口头辩论。④

根据我国 1996 年刑事诉讼法第 187 条规定，二审案件以开庭为原则，不开庭为例外。但是以往的做法也许颠倒了，不开庭成了常规做法。从实践来看，我国第二审程序中实行不开庭审理的案件，在全部二审案件中所占的比重在 95% 以上。⑤

对案件事实清楚的，可以不开庭审理，抗诉案件则一律开庭审理。是否开庭审理，取决于启动二审程序的主体身份，也就是说，在司法实践中主要有两种审理方式，即开庭审理方式、书面调查讯问式的不开庭审理方式。⑥

对于开庭审理与否规定的很有弹性，至于在不开庭审理情况下，采取什么程序，现行刑事诉讼法没有明确的规定。即使是开庭审理的案件，也只是规定参照第一审的程序，如何参照，语焉不详。

---

① ［德］克劳斯·罗科信：《刑事诉讼法》（第 24 版），吴丽琪译，法律出版社 2003 年版，第 500 页；［德］魏根特：《德国刑事诉讼程序》，岳礼玲等译，中国政法大学出版社 2004 年版，第 221 页。

② Steve Uglow, Criminal Justice, Sweet &Maxwell (1995), p. 150.

③ ［英］麦高伟等主编：《英国刑事司法程序》，姚永吉等译，法律出版社 2003 年版，第 439 页。

④ ［美］爱伦·豪切斯泰勒·斯黛丽：《美国刑事法院诉讼程序》，陈卫东、徐美君译，中国人民大学出版社 2002 年版，第 607 页。

⑤ 转引自宋英辉、李忠诚主编：《刑事程序功能研究》，中国人民公安大学出版社 2004 年版，第 419 页。

⑥ 陈光中主编：《刑事诉讼法》，北京大学出版社、高等教育出版社 2002 年版，第 329 页。

对二审案件实行不开庭审理，或许的确有助于节省办案时间和省却因开庭审理而需要花费的人力、物力和财力投入，这对目前司法资源还不能为开庭审理提供充分保证条件的现实情况下，无疑具有其合理的理由。①

在第二审程序中广泛采取的不开庭审理方式带有过渡性质，随着客观物质条件的不断改善、司法资源的不断宽裕和合理配置，这一审理方式应当被开庭审理方式所取代。② 顾永忠博士对开庭审理和不开庭审理的情形作了概括。③

根据1996年刑事诉讼法第187条的规定，仍然坚持开庭审理，但"对于合议庭经过阅卷，讯问被告人、听取其他当事人、辩护人、诉讼代理人的意见，对事实清楚的，可以不开庭审理"。对人民检察院抗诉的案件，第二审人民法院仍然逢抗必开庭审理，言外之意，对于其他上诉人上诉的案件就可以酌情考虑是否开庭审理。2012年刑事诉讼法第223条好在增加了应当开庭的几种情形：被告人、自诉人及其法定代理人对第一审认定的事实、证据提出异议，可能影响定罪量刑的上诉案件；被告人被判处死刑的上诉案件；其他应当开庭的案件。

第二审人民法院决定不开庭审理的，应当讯问被告人，听取其他当事人、辩护人、诉讼代理人的意见。合议庭全体成员应当阅卷，必要时应当提交书面阅卷意见。但是不开庭审理，检察院就无需出庭，这显然忽略了检察院的作用。

此外，对于开庭的地点作了符合诉讼经济原则的规定，第二审人民法院开庭审理上诉、抗诉案件，可以到案件发生地或者原审人民法院所在地进行。就近开庭审理，便于二审法院了解案情，方便当事人应诉，可以在一定程度上节省人力、物力资源。

---

① 宋英辉、李忠诚主编：《刑事程序功能研究》，中国人民公安大学出版社2004年版，第419页。

② 宋英辉、李忠诚主编：《刑事程序功能研究》，中国人民公安大学出版社2004年版，第421页。

③ 顾永忠：《刑事上诉程序研究》，中国人民公安大学出版社2003年版，第196页。应当开庭审理的情形：单纯对事实认定提出异议的；基于事实认定问题而对适用法律定性提出异议的；基于事实认定问题而对适用法律量刑提出异议的；所提出的异议既有应当开庭审理的情形，又有可以不开庭审理的情形的。可以不开庭审理的情形：对事实认定不持异议但对适用法律定性提出异议的；对事实认定小持异议但对适用法律量刑提出异议的；对第一审人民法院审理案件违反法律规定的诉讼程序提出异议的。

（四）二审审理范围

上级法院在对原审判决或裁定重新进行审查时，是否受上诉或者抗诉范围的限制，对此有两种不同的主张和做法，在理论上表述为全面审查和有限审查两种原则。[①]

所谓有限审查原则是指在第二审程序中，法院应当在上诉或者抗诉的范围内对案件进行审查，然后对案件作出裁判。[②] 依据该原则，第二审法院不必突破上诉或者抗诉的范围对案件进行全面审查，而是针对上诉或者抗诉的请求和理由进行审理。由于上诉人和抗诉机关的要求是具体的，审判人员的审理目标也是明确的，这种有针对性的审理比在全面审查原则下没有明确指向的审理，在运作程序上是有的放矢，最后的裁判结果也能切中要点，也较为契合刑事诉讼经济原则。

上诉程序的审理范围，即审理上诉案件是否受上诉或者抗诉范围的限制？如果上诉程序不受上诉或者抗诉范围的限制，则在第二审程序中相应就要更多地投入司法资源。相反，如果按照上诉或者抗诉范围进行审理，则遵循了不告不理的原则，保持了法院的中立态度，也体现了追求诉讼经济的一面。目前世界上绝大多数国家，不论是英美法系的国家还是大陆法系的国家，在上诉程序的设计上，都将上诉程序的审理范围限制在上诉或抗诉的范围之内，即实行有限审查。[③]

第二审人民法院应当就第一审判决认定的事实和适用法律进行全面审查，不受上诉或者抗诉范围的限制。共同犯罪的案件只有部分被告人上诉的，应当对全案进行审查一并处理。[④] 详言之，对第二审法院审判的上诉、抗诉案件，不仅对上诉、抗诉部分进行审理，对没有上诉、抗诉部分也要进行审理，还要对审判活动是否遵守了诉讼程序进行审理。对共同犯罪的案件，不仅要审理提出上诉的被告人的部分，也要审理没有提出上诉的被告人的部分；即使上诉人在上诉审理期间已死亡，其他被告人没有上诉，也应当对案件进行审理，审理后已经死亡的上诉人不构成犯罪的，应当宣告无罪；审理后已经死亡的上诉人

[①]　陈光中主编：《中国刑事诉讼程序研究》，法律出版社 1993 年版，第 256 页。

[②]　陈卫东、李奋飞：《刑事二审"全面审查原则"的理性反思》，载《中国人民大学学报》2001 年第 2 期。

[③]　陈卫东、李奋飞：《刑事二审"全面审查原则"的理性反思》，载《中国人民大学学报》2001 年第 2 期。

[④]　1996 年刑事诉讼法第 186 条之规定；2012 年刑事诉讼法第 222 条之规定。

构成犯罪的，应当宣告终止审理，对其他同案被告人仍应作出判决或裁定。①
对于附带民事诉讼部分提出上诉的，不仅要审理附带民事诉讼部分，也要审理
刑事诉讼部分。②

我国二审的审理范围是采全面审查原则的。学者们认为全面审查原则的好
处是：体现我国刑事诉讼的实事求是、有错必纠方针；切实保护当事人的权
利，体现对人民高度负责的精神。③ 利于全面、彻底地纠正第一审判决在认定
事实和适用法律上存在的错误；利于加强上级法院审判人员的责任心，也能够
促使下级法院审判人员增强责任感，力求提高办案质量。④ 更具体的原因是，
我国刑事证据规则不健全，裁判文书说理不充分，审判质量差强人意；一些当
事人素质不高，又不具备法律常识，不能针对案件存在的关键性问题提出上诉
请求和理由。在此情况下，如果第二审法院仅仅针对上诉、抗诉的请求和理由
进行审理，就有可能导致案件实际存在的问题无法被发现，无从纠正第一审裁
判的错误，二审不实行全案审理，很有可能导致二审流于形式，不能发挥二审
应有的作用。鉴于我国的实际情况，第二审实行全案审理仍然是非常必要的，
具有一定的现实性。

二审程序的实际运作是大量的不开庭审理。之所以如此，正是担心全面审
理没有这么多的人力物力和时间的投入。如果贯彻有限审理的原则，审理的范
围确定化，审判人员不必追求全面审查而担心增加工作的负担，可以集中时间
和精力针对上（抗）诉的理由进行审理，如果再能够区分法律问题和事实问
题，对开庭审理的案件有了明确的预期，反而能够提高二审开庭审理的比率。

但在上诉审程序中，法官审理争端双方没有异议的部分，虽然有可能降低
错误成本，但多余的审查不仅浪费了二审法院宝贵的时间、人力、物力等，也
使得二审裁判因无法及时作出而背离程序正义的基本要求。

上诉人与抗诉机关更多地从自身角度提出上诉或抗诉，上诉人大多不通晓
法律，不能反映一审判决中存在的全部问题。而按照经济人的预设，上诉人才
是自己利益的最好维护者，对当事人没有异议的部分不予审查，即使存在错误
的可能，但其道德成本却是较低的。⑤

---

① 1998 最高院刑诉法解释第 248 条。
② 1998 最高院刑诉法解释第 249 条。
③ 陈光中主编：《刑事诉讼法》，北京大学出版社、高等教育出版社 2002 年版，第
329 页。
④ 吴磊：《我国上诉审程序的特点》，载《政治与法律》1986 年第 2 期。
⑤ 陈卫东、李奋飞：《刑事二审"全面审查原则"的理性反思》，载《中国人民大学
学报》2001 年第 2 期。

我国上诉程序的审理范围源于苏联的立法例，仍然是"第二审人民法院应当就第一审判决认定的事实和适用法律进行全面审查，不受上诉和抗诉范围的限制"，这与其刑事诉讼法典第 332 条的规定如出一辙。① 而现行的《俄罗斯联邦刑事诉讼法典》第 360 条之二已经变更规定为："按照第一上诉程序或第二上诉程序审理刑事案件的法院，在检查法院裁判是否合法、是否根据充分和是否公正时，仅针对法院裁判中被提出上诉和抗诉的部分。……"但同时也规定了"如果在审理刑事案件时确定了涉及该案中其他被判刑人或被宣告无罪人的利益的情况而对之并未提出上诉或抗诉，则刑事案件也要针对这些人的情况进行审查。在这种情况下，不允许恶化他们的状况"。② 所以，我国要克服路径依赖的思维，与时偕行，变更全面审查为有限审查。

为了能够使二审从全面审理走向有限审理，可以对上诉的理由进行区分和明确，如德国的第二审（即德国的上告，对事实和法律问题都要进行审理）要说明上告的理由，只对原判决要求撤销变更的部分进行审查。如果在提起上告时没有说明上告的事项或没有说明理由，就视为对原判决的全部内容要求被撤销或变更，从而进行全面的审理。③ 但是即使在德国也有人批评当前的一般上诉制度有浪费和重复的倾向，批评者认为，稀缺的司法资源被一个只要一方当事人要求甚至不提出任何理由就给予全新的审判制度浪费了。对发生在距离犯罪时间更远的几个月后的新的审判能更好地查明事实这一点也持怀疑态度。当然要大规模废除一般上诉要以对法律错误的上诉能够提供足够的扩大司法审查的范围为前提。④

如果把事实问题和法律问题加以区分，如德国对法律问题进行第三审，那么绝对的上诉理由就可以明确地予以列举。《德国刑事诉讼法典》第 318 条就对第三审的绝对上诉理由的八种情形进行了列举：（1）违反了关于通知的规定；及时并按规定形式提出了法院组成不符合规定的异议，异议被疏忽或被驳回；未按照第 222 条 a 第 2 款中断审判，审查法庭组成；或者法院根据第 222 条 a 第 2 款第二句的规定进行审查认定自己的组成不符合规定后，仍按这个组成作出裁判、裁定。（2）依法不得执行审判职务的法官、陪审员参与了判决。（3）因为偏袒之虞法官、陪审员被要求回避时，申请或者被准予或者被错误

---

① 顾永忠：《刑事上诉程序研究》，中国人民公安大学出版社 2003 版，第 51 页。

② 《俄罗斯刑事诉讼法典》（新版），黄道秀译，中国政法大学出版社 2006 年版。

③ 《德国刑事诉讼法典》第 317 条。

④ ［德］魏根特：《德国刑事诉讼程序》，岳礼玲等译，中国政法大学出版社 2004 年版，第 222 页。

地驳回后，该法官、陪审员参与了判决。（4）法院错误地认为自己有管辖权。（5）在检察院或者依法应当在场的人员缺席情形下进行了审判。（6）判决是在违反了程序公开性原则和言词审理原则基础上作出的。（7）判决没有说明判决理由，或者没有在第275条第一款第二、四句的期限内将判决理由装存案卷。（8）在某个裁判具有重要性的问题上，法院以裁定错误地限制了辩护。同时在第344条还对要说明上诉的理由作出了规定，上诉人应当说明他在何范围内对原判决不服，在何范围内申请撤销、变更原判决（上诉申请），并要说明申请理由。说明理由时，必须表明是因为违反程序方面的法律规范情况，还是因为违反其他方面的法律规范情况而对原判决声明不服。如果是程序方面的情况，必须提出表明瑕疵的事实。

（五）不周全的上（抗）诉的期限

1. 1996年刑诉法规定的上（抗）诉期限

合理的期限是节省有限法律资源的好途径。法定的上诉期限一般都比较短，例如，德国和俄罗斯的上诉期限为7日，日本的上诉期限为10日和14日，我国分别为15日和10日。根据我国1996年刑事诉讼法第183条规定，不服判决的抗诉的期限从收到判决书的第二日起为10日。究竟是以检察机关实际收到判决书的第二日作为10日的起算时间，还是以被害人实际收到判决书的第二日作为10日之起算时间，立法没有明确规定。如果被害人及其法定代理人在检察机关之后收到判决书，等到被害人一方向检察机关提出抗诉请求时，检察机关提出抗诉的10日期限已过。实践中还发生过有的案件的被害人及其法定代理人在外地，其收到判决书后再赶往检察机关所在地提出抗诉请求时，已经错过了规定时间，而法律又没有规定被害人及其法定代理人的抗诉请求可以通过其他方式告知检察机关。

检察院的实际工作流程是：对被害人及其法定代理人提出的抗诉请求，检察机关在给予答复前，先由案件承办人对一审判决进行审查，填写刑事判决、裁定审查表，提出处理意见，而后再层报审查起诉部门负责人和分管的副检察长审核，对于需要提出抗诉的还需要经过检察委员会讨论决定，并制作抗诉书等。没有顾及检察院的实际的工作方式，要求检察机关在短短的5日之内完成一系列工作，使检察机关作出抗诉与否的决定过于仓促。

2. 1996年刑诉法及相关司法解释规定的审结期限

法律和司法解释中有关法院在二审中的办案时间的规定具体包括：人民法院在二审中的办案期限和人民法院在二审中的办案时间的起算。根据1996年刑事诉讼法第 196 条的规定，第二审人民法院受理上诉、抗诉案件，应当在一个月以内审结，至迟不得超过一个半月，特殊情况下可以经过特定程序再延长一个月。根据司法解释，最高人民法院对自己受理的上诉、抗诉案件，有权决定具体审限。人民法院在二审中的办案时间的起算是第二审人民法院应当在收到第一审人民法院移送的上（抗）诉材料及案卷材料后的 5 日内立案，第二审人民法院的审理期限从立案次日起计算。① 所以人民法院在二审中的办案时间应理解为：自第二审人民法院收到第一审人民法院移送的上（抗）诉材料及案卷材料后的第六日起，如案件不是应当由最高人民法院审理的，那么第二审人民法院必须在一个月或一个半月或两个半月内将案件审结，否则构成程序违法。

3. 检察机关的阅卷期限问题

1996 年刑事诉讼法和 1998 最高院刑诉法解释对检察机关参加二审程序的规定具体包括：根据刑事诉讼法第 187 条、第 188 条规定，对第二审人民法院决定开庭审理的第二审案件，同级检察机关都必须派员出庭；第二审人民法院必须在开庭 10 日以前通知检察机关查阅案卷。那么，检察机关参加二审案件的工作表现为接受第二审人民法院的阅卷通知、查阅一审案卷并接受开庭通知、派员出席第二审法庭。其中，接受第二审人民法院的阅卷通知，是检察机关参与第二审程序的第一步。根据刑事诉讼法第 188 条规定，检察机关参加二审案件办理工作的起算时间是第二审人民法院必须在开庭 10 日以前通知人民检察院查阅案卷。那么，检察机关办理二审案件工作的起算日期，是从接到第二审人民法院在开庭 10 日以前的阅卷通知之日。

关于检察机关的阅卷时间，第二审人民法院只有在受理二审案件后，才可能书面通知检察机关查阅一审案卷。因此，检察机关的阅卷时间，实际上是第二审人民法院办理第二审案件的审限的一部分，并且从刑事诉讼法的条文规定本身来看，这一阅卷时间至少有 10 日。根据法律和司法解释关于二审中的办案期限的规定，可以得出这样一个结论：检察机关在二审中没有独立的办案时间，其办案活动所占用的时间实际上是第二审人民法院的审限。而实际的情况却不是这样的，因为人民法院对依法开庭审理的第二审公诉案件，自开庭 10 日以前向检察机关发出阅卷通知的第二日起，检察机关查阅案卷超过 7 日后的期限，不计入第二审审理期限。② 刑事案件二审期间，检察院查阅案卷超过七

① 《关于严格执行案件审理期限制度的若干规定》（2000 年 9 月 14 日最高人民法院审判委员会第 1130 次会议通过并于同年 9 月 28 日起施行）。

② 1998 最高院刑诉法解释第 267 条规定。

日后的时间，不计入人民法院对案件的审理期限。[①]

4. 对上（抗）诉期限、阅卷期限和审结期限的分析

综上可以得出，最高人民法院通过发布司法解释，一方面将检察机关查阅一审案卷的时间限定为 7 日，另一方面将检察机关查阅一审案卷超过 7 日后的时间从第二审审理期限中予以扣除。最高人民法院的这一司法解释是从维护法院办案时间的角度出发而对刑事诉讼法关于第二审案件审理期限的规定的突破。这一规定本身给司法实践的导向而言，直接导致了检察机关办理二审案件在时间上的不受限制性。换言之，检察机关获得了无限期办理二审案件的时间，因为检察机关可以通过超过 7 日阅卷的方式，使第二审人民法院的审理期限发生"中断"，至于这种"中断"会持续多长时间，刑事诉讼法和相关司法解释均未予以规定，因此，对这一时间的掌握完全取决于实际办理案件的检察机关。

刑事诉讼法在设计第二审程序时，仅对第二审法院办案期限进行规定，而未给予检察机关独立的办案时间，这与其对第二审程序的功能设计是不相符合的。因为在我国第二审程序实行的是全面审理，由于检察机关相对独立的级别设置，对一审中的检察机关办理的案件，二审中的检察机关是不可能完全知晓的，因而如同一审中的检察机关办理案件时需要法定的审查起诉期限一样，二审中的检察机关在办理二审案件时同样需要审查上诉或抗诉的期限。没有审查上诉或抗诉的期限，二审中的检察机关是难以全面掌握案情和充分行使检察职能的，而这势必会直接影响到第二审程序功能的实现。

1998 最高院司法解释规定给予检察机关 7 日阅卷时间，一方面与 1996 年刑事诉讼法规定的至少 10 日不符，另一方面也与检察实际工作情况存在冲突。譬如，对某些疑难重大复杂的案件，尤其是抗诉案件，仅给检察机关 7 日的阅卷时间显然是不够的。因为在这一期间内，检察机关要查阅全部卷宗材料，按照 1998 年《人民检察院刑事诉讼规则》的相关规定对原审被告人进行提讯、复核主要证据等，并在此基础上形成对案件的书面审查意见（即二审案件结案报告），制作讯问被告人、询问被害人、证人、鉴定人和出示、宣读、播放证据计划，拟写答辩提纲，形成二审出庭意见；同时，案件的具体承办人在办理案件时，还要严格依照最高人民检察院关于刑事案件的办理流程的规定和各个检察院自己制定的与此相关的制度管理性规定开展工作，如对案件进行逐级

[①] 《关于严格执行案件审理期限制度的若干规定》（2000 年 9 月 14 日最高人民法院审判委员会第 1130 次会议通过并于同年 9 月 28 日起施行）。

汇报，对抗诉案件向检委会作专门报告等。

针对检察机关阅卷时间超过 7 日的实际情况，最高人民法院司法解释将超过的日期排除在二审法院的办案期限之外，将案件无限期地"流放"和"搁置"于二审检察机关。这一做法给诉讼参与人尤其是诉讼当事人带来的影响而言，其最明显也最恶劣的后果是造成了对原审在押被告人的无限期"合法羁押"。例如，检察机关办理案件多长时间，那么自一审时即被羁押在看守所里的被告人就得在里面"等待"多长时间，并且无法援引任何法律依据来要求对这种羁押措施予以撤销或变更。这种无限期的"合法羁押"对被告人的伤害是巨大的，与刑事诉讼程序保障诉讼参与人尤其是诉讼当事人的权利的宗旨是背离的。这种无限期的"合法羁押"对刑事司法正义性的伤害要远远大于实践中其他超期羁押的情况。因为它不仅仅直接伤害了诉讼当事人，同时也伤害了法律的正义性，动摇了公众对司法关怀的信心。

针对检察机关在二审中的办案时间的现状及相应分析，可以得出这样的结论：由于刑事诉讼法在检察机关二审办案时间上的立法疏漏，出于方便司法实践的考虑，最高人民法院通过司法解释对这一疏漏进行了一定程度上的弥补，但这一弥补之举无异于通过制造一个更大的麻烦来解决先前存在的麻烦，旧病未除又添新恙，给司法实践带来了新的、更大的困惑。

为此，立法应对检察机关在二审中的办案时间规定一个妥善的解决方案，一方面应当废止最高人民法院关于该问题的解释，同时检察机关应当将因立法和司法缺陷给诉讼参与人尤其是诉讼当事人造成的不必要损害减至最小程度。当然，从根本上解决这个问题，还应当从立法上对此作出明确规定，根据案件情况，确定出检察机关在第二审程序中审查案件所需要的时间。

5. 2012 年新的法律规定对上（抗）诉、审结期限的解决

2012 年刑事诉讼法第 219 条对上诉、抗诉的期限没有作出修改。但对审结期限作了适当延长，由以前的一个半月延长至两个月。对于可能判处死刑的案件或者附带民事诉讼的案件，或者以及有第 156 条规定情形①之一的，经相当于省级的高级人民法院批准或者决定，可以延长二个月；因特殊情况还需要延长的，报请最高人民法院批准。最高人民法院受理上诉、抗诉案件的审理期限，由最高人民法院决定。

关于检察院的阅卷期限，二审法院一旦决定开庭审理就应及时通知检察院

---

① 2012 年刑事诉讼法第 156 条规定的四种情形：交通十分不便的边远地区的重大复杂案件；重大的犯罪集团案件；流窜作案的重大复杂案件；犯罪涉及面广，取证困难的重大复杂案件。

阅卷，检察院要在一个月之内完成阅卷，而且这个阅卷时间不计入二审法院的审理期限。这初步解决了阅卷期限问题，但同时相对延长了审结的期限。

（六）重复追诉的诉讼不经济问题

我国刑事诉讼中的被告人面临重复追诉的现实性，不仅是使被告人要加大诉讼成本的投入，检察院和法院也不得不相应地追加投入，造成诉讼不经济的问题。重复追诉本身也是把被告人置于双重危险的境地，违反了一事不再理或禁止双重危险的原则。

第二审程序涉及重复追诉问题的环节主要有四个：一是检察机关有权对一审法院所作的无罪判决提出抗诉；二是第二审法院按照"全面审查"原则进行审判引发的重复审判问题；三是对原审判决认定的罪名加以改变；四是对"事实不清、证据不足"的案件发回原审法院重新审判。[1] 以下就这四个问题进行分析：

1. 检察院抗诉引发的重复追诉问题

由于现行刑事诉讼法对检察机关的抗诉没有施加理由上的限制，只要检察院一方主观认为事实和适用法律确有错误就启动抗诉，这也使得检察机关可以对几乎所有无罪判决提出抗诉。检察机关对未生效的一审判决提出抗诉而引发重新审判，使被告人面临双重被追诉的危险。再由于现行刑事诉讼法规定了一旦检察机关对一审法院的无罪判决提出抗诉，二审法院必须以开庭的方式进行重新审判。而被告人提起上诉后，二审法院经过简单的审查卷宗和讯问被告人之后，如果认为案件事实清楚、证据充分的，就可以直接作出裁判，可以不再进行开庭审判。[2] 且不说这种以身份地位决定二审是否开庭审理的合理性问题，单就抗诉必然引发法院开庭审理而言，就要产生司法资源的投入问题。如果坚持平等对待的程序原则，对于检察院抗诉的案件，法院也可针对具体情况，采用调查讯问不开庭审理的方式，如此能够降低法院的诉讼投入。

2. 全面审查原则

全面审查原则也会使被告人受到重复的追诉，面临受到双重追究的危险，也会造成诉讼不经济。在那些只有被告人提出上诉的案件中，法院的全面审查

---

① 陈瑞华：《问题与主义之间——刑事诉讼基本问题研究》，中国人民大学出版社2003年版，第339页。

② 1996年刑事诉讼法第187条；2012年刑事诉讼法第223条；2012最高院刑诉法解释第324条。

直接造成被告人面临的"双重危险"。而在那些检察机关提出抗诉的案件中,检察机关发动了对被告人的"重复追诉",被告人的同一行为在受到检察机关提起公诉和法院的初审之后,还要继续受到检察机关的继续追诉(二审抗诉)和第二审法院的继续追诉(上诉、抗诉范围之外的全面审查)。[①] 第二审法院审理案件不受上诉和抗诉范围的限制,共同犯罪的案件,只有部分被告人提出上诉或者检察机关只对部分被告人的判决提出抗诉的,第二审法院应当对全案进行审查和判决。[②] 对于原审法院所作的判决,被告人只对其中部分内容提出上诉,检察机关只对部分内容提出抗诉的,第二审法院却要对全案事实和法律问题进行审查。对于原审判决的事实认定部分,被告人没有提出异议,检察机关也没有不同意见,双方的上诉和抗诉所涉及的焦点在于判决的法律适用问题,第二审法院重新审查事实认定问题就是在重复劳动,法律的这种规定不是从诉讼经济的角度来考虑问题的。

3. 二审法院重新变更罪名问题引发的重复追诉问题

二审程序中法院重新变更罪名问题引发的重复追诉问题,进而引发了诉讼不经济问题。第二审法院经过重新审判,对"原判认定事实清楚、证据充分,只是认定的罪名不当的,在不加重原判刑罚的情况下,可以改变罪名"。[③] 改变罪名其实也隐含着对被告人的评价,尤其由一个轻罪罪名变为一个重罪罪名更是如此,这种变更实际上也是变相地违反了上诉不加刑的原则,同时也违反了不告不理、控审分离的原则。第二审法院可以将检察机关起诉书中指控的罪名加以改变,还可以将一审法院所作判决中认定的罪名直接变更,从而强加给被告人一个未经起诉、未经一审审判、未经上诉或抗诉也未经二审法院重新审判的新罪名。这也导致被告人因同一行为受到二审法院的主动审查,被告人由此将面临多次重复被追究的危险。

4. 以事实不清为根据的发回重审问题

不区分情况而发回重审,显然要再一次花费有限的法律资源来对同一案件进行处理。而如果是二审法院能改判的就直接改判而不是采用发回重审的方式,就能避免再重新进行另一次的第一审程序,也就再次避免上(抗)诉的可能,这是能够降低再次产生诉讼成本的问题。

---

① 陈瑞华:《问题与主义之间——刑事诉讼基本问题研究》,中国人民大学出版社 2003 年版,第 341 页。

② 1996 年刑事诉讼法第 186 条;2012 年刑事诉讼法第 222 条。

③ 1998 最高院刑诉法解释第 257 条;2012 最高院刑诉法解释第 325 条。

在我国的司法实践中，也有一种不成文的"潜规则"：二审法院作出发回重新审判的裁定的同时，经常会提出一份指导一审法院"补充调查"的书面意见。二审法院以"事实不清、证据不足"为由，将案件发回重新审判，还有着明显的责令一审法院补充调查的意味。而大量的案例也显示，二审法院遇有原审判决"事实不清、证据不足"的，经常引导原一审法院重新审判，并在量刑上作从轻处理，如该判死刑的改判死缓，该判死缓的改判无期徒刑等。二审法院不考虑将那些没有达到证明标准的案件改为无罪判决，而是争取判处被告人有罪，丧失了法院的中立立场。

案件"事实不清、证据不足"，说明公诉人没有将自己提出的指控证明到法定的证明标准，不能证明被告人有罪，法院就应该作出有利于被告人的无罪判决，而不必再次发回重审。二审法院面对"事实不清、证据不足"的一审判决，本来就应裁判一审法院作出了违法判决，但是二审法院反将案件发回原审法院重新审判，以至于使被告人的行为再次受到一审法院的审判，再次受到检察机关的追诉，被告人面临两次甚至多次被追究的危险。原一审法院经过重新审判后，还根据同样的证据和事实，反复多次对被告人作出有罪判决；原提起公诉的检察机关也可以根据大体相同的证据和事实，对被告人反复地重新提起公诉。再加上 2013 年以前这种发回重新审判没有任何次数上的限制，那么诉讼不经济的问题就结伴而至。2012 年刑事诉讼法第 225 条对一审"事实不清、证据不足"裁定发回重审的案件，又经上诉或抗诉的，二审法院应当作出裁判，而不再允许再次发回重新审判。

三、我国普通救济程序之重构

重新构建我国刑事诉讼普通救济程序，除上述论及的具体问题外，在制度框架上拟应做如下设计：重大案件实行三审终审制，建立三审终审制度应当与死刑复核程序的改造结合起来考虑，对死刑案件实行三审终审。

同时，上诉审区分事实审和法律审，除死刑案件以外，其他三审终审的案件，第三审原则上为法律审。

对于死刑案件的裁判，应当实行强制上诉。具体可以参照日本的做法，如日本刑事诉讼法第 360 条之二规定，对判处死刑、无期惩役或无期监禁的判决的上诉，不受前二条规定的限制，不得放弃。

上诉审的重心，应当限于抗诉和上诉的范围，但也不应绝对化，尤其是对法律问题适用错误，可以全面审查。

建立上诉审查和准许制度。为减轻最高人民法院的案件压力，可以借鉴英美法系和大陆法系国家的做法，实行有条件的上诉审查和准许制度。

向最高人民法院提起的第三审抗诉或者上诉，实行上诉审查和准许制度，但对死刑、无期徒刑裁判上诉的、为被告人利益抗诉的除外；向其他法院提出的第三审抗诉或者上诉，不受限制。

在重新构建我国刑事诉讼普通救济程序的同时，应当改造我国审判监督程序，将两者的重构问题结合起来统筹考虑。

第六章 再审程序之经济分析

一、经济分析再审程序的重要性

在法经济学看来，降低诉讼程序的运行成本和错误的司法裁判的成本是诉讼制度的目的，即要求诉讼程序尽可能地降低直接成本和错误成本。但是，人类司法实践的经验表明，不论设立多么周详的诉讼程序，总有某些司法错误无法避免，即便通过上诉程序也难以完全得到纠正，还要设置再审程序来纠正这些被英国学者称为的"残留的错误"。①

错误的裁判的危害性直接侵害了被判刑人的权利和利益，且不说无罪之人被裁判为有罪的情况，即使对有罪之人的重判也是对被判刑人的极大伤害，由此减损了被判刑人的诉讼收益。对国家的诉讼收益而言，因为没有能够正确地实施法律，影响了通过法律对社会的治理。国家和当事人在诉讼中投入了必要的资源，却产生了错误的结果，这显然是没有取得程序的绩效。

虽然再审程序还要再次耗费宝贵的司法资源，但是为了实现实体公正和程序公正，付出这些代价还是值得的。

法院的裁判即使已经生效，仍然可能存在一定的错误，有些错误与认定的事实有关，有些错误与审判程序或适用的法律有关。这些错误的裁判涉及的问题往往关系到整个司法制度的基础。为了纠正生效裁判存在的错误，现代法治国家普遍设立了相应的程序，由于这种程序的特殊性和例外性，通常称为非常救济程序，启动该程序要依据法定的程序和法律严格限定的事由。既判力理论要求对法院所作的生效裁判，基于法的安定性的考虑，不应该再争论不休。刑事诉讼必须尽其可能透过程序及裁判结果，向被告人、被害人及社会大众宣告系争的刑事案件在法律上已经尘埃落定。但是，裁判如果存在重大错误而不予纠正，刑事程序所追求的法的和平性难以实现，如果不区别情况，一律不允许

---

① ［德］Hans‐Joerg Albrecht、岳礼玲：《欧洲再审制度之比较及经验借鉴》，载陈光中主编：《刑事再审程序与人权保障》，北京大学出版社 2005 年版，第 215 页。

救济其错误，难免有悖于实现实体公正和程序公正的目的。权衡利弊得失，对于正确的生效裁判予以维护，对于确有错误的生效裁判予以纠正，寻求法安定性与诉讼公正的契合，实现刑事诉讼追求实体、法治秩序和法的和平性之目的，设置再审程序实有必要。①

法治本身是需要成本的社会治理活动。对有利于保障社会秩序、促进和谐稳定、维护公民权利的重要性而言，投入资源就是必要的，不能认为是浪费行为。但要在投入资源的过程中，树立成本意识，让投入的资源发挥更大的作用，不能不计成本不惜代价，既然如此，设立的再审制度更要坚决反对浪费资源的行径。

二、西方主要国家的再审程序对效率的追求

在英国法中，如果当事人认为自己是司法误判的受害人，而又无权动用正规的上诉程序时，可以申请刑事案件审查委员会将案件转交上诉法院并要求其重新审查案件。② 截至 2004 年 7 月 31 日，向刑事案件审查委员会提出申请的案件有 6954 件，其中 240 件被提交到上诉法院，上诉法院对 133 个案件撤销了有罪判决。③

在美国，根据被告人申请，法庭可以批准对被告人重新审判。以发现新的证据为由申请重新审判，只能在作出最终判决后两年内提出。以其他理由申请重审，应当在裁决有罪后 7 日内或者在 7 日期限内法庭可能确定的更短时间内提出。④

《德国刑事诉讼法典》第四编规定了对于确定判决结束的再审程序，对于确定判决适用法令错误，则适用宪法诉愿程序予以救济。2000 年，德国的初级法院和地区法院共受理 2859 件再审申请，但是重新审判的案件很少，因为达不到有说服力的新证据的要求。2001 年，初级法院申请再审的案件中有1615 件作出了有利于被判刑人的判决，有 831 件作出了不利于被告人的判决。在地区法院有 185 件案件申请有利于被判刑人的再审，只有 37 件申请不利于被告人的再审，这个数字远小于初级法院的数字，这可能是缘于地区法院受理

---

① 林钰雄：《刑事诉讼法》（上册），中国人民大学出版社 2005 年版，第 6 页以下。

② 在《1995 年刑事上诉法》之前，是申请内政大臣将案件转交上诉法院。参见程味秋等译：《英国刑事诉讼法（选编）》，中国政法大学出版社 2001 年版，第 77—78 页。

③ ［英］麦克·麦康维尔：《刑事案件的再审：英格兰及威尔士的经验》，郭志媛译，载陈光中主编：《刑事再审程序与人权保障》，北京大学出版社 2005 年版，第 25 页。

④ 参见《美国联邦刑事诉讼规则》第 33 条之规定。

的一审案件通常都是严重的刑事案件。①

法国刑事诉讼法典纠正生效裁判错误的程序有向最高法院申请再审和为法律之利益向最高法院提出上诉两种。前者是纠正事实认定上的错误，后者针对法律上的错误进行审查纠正。为法律之利益向最高法院提出上诉，又有两类：为法律之利益向最高法院提出上诉和依据掌玺官的命令向最高法院提出取消原判的申请。为法律之利益向最高法院提出上诉对各当事人并无任何影响，而依据司法部长的命令提出的"取消申请"，可能给被判刑人带来利益，经宣告无罪的被告人的地位不因宣告其无罪判决被取消而发生任何改变，但为法律利益和被判刑人的利益取消判刑判决则是有利于被判刑人的。② 法国最高法院是唯一有权行使审判监督职能的司法机关。根据法国最高法院刑事判决再审委员会的统计，自 1989 年 6 月 23 日到 2003 年 6 月，法国最高法院共受理刑事再审申请 1842 件，其中已经审结了 1760 件，在审结的案件中，有 52 件进入再审程序，经过再审，有 31 件撤销原判，20 件维持原判，还有 1 件尚在处理之中。2002 年，法国最高法院共受理刑事再审申请 142 件，驳回再审申请 47 件，有 3 件提起再审。③

日本刑事诉讼法典规定了再审程序和非常上告程序。再审程序是为了被告人的利益，对宣告有罪的确定判决、对认定事实不当予以补救的非常救济程序。非常上告程序是在判决确定后，以该判决违反法令为由而采取的补救措施，其目的在于统一解释法令，而不是对具体案件进行补救。④

三、我国再审程序存在的诉讼不经济问题及其解决

再审程序在我国现行刑事诉讼法中是以审判监督程序的面目出现的，是刑事诉讼的特殊救济程序，系指对于已经发生法律效力的裁判，以认定事实或者适用法律确有错误为理由，请求和提起重新审判的救济程序。

---

① 转引自岳礼玲：《德国刑事再审制度及我国改革之借鉴》，载陈光中主编：《刑事再审程序与人权保障》，北京大学出版社 2005 年版，第 109 页。

② 参见［法］卡斯东·斯特法尼等：《法国刑事诉讼法精义》，罗结珍译，中国政法大学出版社 1998 年版，第 862—867 页。

③ 转引自刘新魁：《法国刑事再审制度研究》，载陈光中主编：《刑事再审程序与人权保障》，北京大学出版社 2005 年版，第 95 页。

④ 宋英辉：《日本刑事诉讼法简介》，载《日本刑事诉讼法》，宋英辉译，中国政法大学出版社 2000 年版，第 22—23 页。

（一） 关于再审申诉的规定

1. 关于申诉主体

1996 年刑事诉讼法第 203 条将申诉主体限定为当事人及其法定代理人、近亲属（2012 年刑事诉讼法第 241 条仍旧如此规定），但近亲属还是稍显模糊。问题是申诉主体的规定没有主次顺序，等级不明确，在实践中可能导致不必要的冲突。若当事人或其法定代理人与其近亲属数人同时申诉，有关机关没有合适的理由拒绝哪一个申诉主体。再若被害人的近亲属基于自己或家庭方面的考虑提出了申诉，而被害人基于其名誉、前途或者与被定罪人的关系等因素考虑，没有申诉且不希望甚至反对其近亲属申诉，有关机关也不好取舍。如果有先后顺序效力等级的明确规定就能避免这个问题。

2012 年刑事诉讼法第 241 条仍旧没有考虑到案外人的申诉问题，2012 最高院刑诉法解释第 371 条第 2 款之规定补充了这一点，案外人认为已经发生法律效力的判决、裁定侵害其合法权益，提出申诉的，人民法院应当审查处理。

根据德国刑事诉讼法典的规定，不利于受有罪判决人的再审申请权属于检察官；而有利于受有罪判决人的再审申请权除检察官以外，还包括受有罪判决人；如受有罪判决人已经死亡，《德国刑事诉讼法典》第 361 条则规定："（一）处罚已经执行或者受有罪判决人已经死亡，均不阻却提请申请再审。（二）在死亡情况中，死者的配偶、直系和旁系亲属以及兄弟姐妹均有权申请再审。"

《法国刑事诉讼法典》第 623 条规定了三类人有权提起再审之诉：司法部长；被判罪人，如无行为能力人，由其法定代理；在被判罪人死亡或被宣告死亡以后，由其配偶、儿女、父母及其全部继承人或全额继承人，或其明示委托者。

《日本刑事诉讼法》第 439 条规定的再审请求权人是：第 1 款的规定为：一、检察官；二、受有罪宣判的人；三、受有罪宣判的人的法定代理人及保佐人；四、受有罪宣判的人死亡或处于心神丧失的状态时，其配偶、直系亲属及兄弟姐妹。第 2 款的规定为：依据第 435 条第 7 项或第 436 条第 2 项规定的事由而请求再审，如果该职务系受有罪宣判的人使之所犯时，应由检察官提出。

《俄罗斯刑事诉讼法典》第 402 条第 1 款规定：犯罪嫌疑人、刑事被告人、被判刑人、被宣告无罪的人、他们的辩护人或法定代理人、被害人、他的代理人以及检察长对已经发生法律效力的法院刑事判决、裁定和裁决有权依照本章规定的程序申请再审。我国台湾地区"刑事诉讼法"第 427 条规定：为受判决人之利益声请再审，得由下列各人为之：一、管辖法院之检察官；二、受判决人；三、受判决人之法定代理人或配偶；四、受判决人已死亡者，其配偶、直系血亲、三亲等内之旁系血亲、二亲等内之姻亲或家长、家属。

2. 申诉管辖及申诉次数的模糊性

申诉多、申诉难、反复申诉和缠诉现象严重，除了生效裁判的质量不高和司法不公的问题外，与立法关于再审规定的粗疏也很有关系。上面已谈到主体次序不明是个原因，而申诉管辖不明，也无次数的限制又是一个例证。

根据1996年刑事诉讼法第203条规定（与2012年刑事诉讼法第241条内容相同），当事人及其法定代理人、近亲属，对已经发生法律效力的判决、裁定，既可以向人民法院申诉，也可以向人民检察院申诉。这种规定在实践中派生出许多问题：申诉人向不同级别的人民法院、人民检察院申诉，造成一案多个申诉、越级申诉、长期申诉、重复申诉等问题；由于法律没有规定法院和检察院受理申诉的具体分工，导致办案机关受理申诉后可不作认真审查即转交其他机关，使案件得不到及时处理；由于没有明确的级别与部门管辖的分工，导致不同机关对申诉互相推诿，致使申诉者申诉无门，滋生不满情绪。这不仅困扰着检察机关和审判机关，乃至成为一个被广为关注的社会老大难问题。

有关的司法解释试图弥补1996年刑事诉讼法的不足，但是司法解释又各为其主，也有不协调之处，值得商榷的地方也不少。

解读1998最高院刑诉法解释第298条规定，对于受理、审查申诉一般由作出发生法律效力的判决、裁定的人民法院进行。直接向上级法院申诉的，上级法院可分不同情况进行处理，如没有经过作出生效的裁判的法院审查处理，可交原终审人民法院审查，如果案件疑难、复杂、重大的或者已经过作出生效的裁判的法院处理了还坚持申诉，上级法院可以直接受理、审查。[1] 第300条规定，二审法院对不服本院维持一审法院裁判的申诉，可交一审法院审查，含有处理意见的审查报告报二审法院审定。[2] 对死刑核准案件的申诉，可以由原核准的人民法院直接处理，也可以交由原审人民法院审查，把含有处理意见的审查报告上报原核准的法院审定。[3]

申诉人对驳回申诉不服的，可以向上一级人民法院申诉。经两级人民法院处理后又提出申诉的，如果没有新的充分理由，人民法院可以不再受理。[4]

1996年刑事诉讼法并没有限制当事人申诉的机关级别和次数，用司法解释的形式限制当事人等申诉权的行使是否妥当，其有效性就受到质疑，而规定

---

[1]　1998最高院刑诉法解释第298条之规定。
[2]　1998最高院刑诉法解释第300条之规定。
[3]　1998最高院刑诉法解释第301条之规定；2012最高院刑诉法解释第374条之规定。
[4]　1998最高院刑诉法解释第303条规定。

经两级人民法院处理后又提出申诉，如果无新的充分的理由，人民法院可以不再受理，是否合理？规定原终审人民法院受理申诉，能进行有效审查否？①

2012 最高院刑诉法解释试图对此予以明确细化，使这个问题更具有可操作性。其第 373 条明确规定：确立了申诉由终审人民法院审查处理的原则性规定。对第二审法院裁定准许撤回上诉的案件，申诉人对第一审判决提出申诉的，可以由第一审法院审查处理。上一级法院对未经终审法院审查处理的申诉，如果案件疑难、复杂、重大的，也可以直接审查处理。对未经终审法院及其上一级法院审查处理，直接向上级法院申诉的，上级法院可以告知申诉人向下级法院提出。② 对死刑案件的申诉，其第 374 条规定可由原核准的法院直接审查处理，也可以交由原审法院审查。原审法院应当把含有处理意见的审查报告，层报原核准的法院审查处理。③

根据 2012 最高院刑诉法解释第 377 条规定，申诉人对驳回申诉不服的，可以向上一级人民法院申诉。上一级人民法院经审查认为申诉不符合刑事诉讼法第 242 条和本解释第 375 条第二款规定的，应当说服申诉人撤回申诉；对仍然坚持申诉的，应当驳回或者通知不予重新审判。

2012 年刑事诉讼法及其最高院所作的解释，总结了以往的经验，明确了终审法院处理申诉的法律地位，各申诉主体到终审法院提起申诉，解决了申诉人到处申诉的问题；申诉人也无需担心终审法院推诿，上一级法院既可以直接处理一些申诉案件，也可以接受终审法院驳回申诉的案件，只要经过终审法院和上一级法院处理的申诉，申诉人就应当接受，不能再到处申诉。这样的明确规定，既有利于申诉人，也有利于法院，都能起到节省资源的作用。

3. 申诉的形式和申诉的理由均不具体

（1）关于申诉形式

1996 年刑事诉讼法没有具体规定提出申诉时应当使用何种形式，那么申诉可以采用书面或口头两种形式。尽管有关规定要求当事人等申诉应当提出申

---

① 除了认识等方面的原因外，我国某些法院管理制度也不利于促使原终审人民法院对申诉进行有效审查。我国法院实行错案、违法审判责任追究制。由于该制度的存在，法官在办案中宁可超期或先请示，也要力求准确，以免承担责任。但是，一旦案子定了，基于同样的目的，他们不希望自己办的案件被改判。这种制度增大了原终审人民法院受理申诉后进行有效审查的难度。此外，"法院院长检讨制"旨在督促人民法院院长严格管理法官队伍，但它从另一个方面增大了以院长为主任的审判委员会纠正本院错案的难度。

② 2012 最高院刑诉法解释第 373 条之规定。

③ 1998 最高院刑诉法解释第 301 条之规定；2012 最高院刑诉法解释第 374 条之规定。

诉书，但由于刑事诉讼法没有规定，导致申诉形式不一，各机关处理的方式也不统一。另外，如何对待使用其他方式如电子邮件、电传、录音录像等提出的申诉，也缺乏相应的规定。

2012 最高院刑诉法解释第 327 条明确规定了申诉人向法院申诉应当提交的材料清单，不再接收口头申诉，人民法院应当告知申诉人提交的申诉材料不全，经法院告诉后申诉人拒绝补充必要材料且无正当理由的，法院将不予审查。这就堵死了以往申诉形式不统一的问题，也从程序上堵住了随意申诉的问题。

（2）关于申诉理由

1996 年刑事诉讼法第 203 条没有规定申诉人申诉必须提出的理由，申诉理由规定得不明确不具体，自然就造成不管是何种理由，不管是否符合形式要件，只要申诉就可能进入被审查的范围。

1996 年刑事诉讼法第 204 条规定了因申诉而重审的四种情形，[①] 但这是针对法院决定重新审判而言的，不是针对申诉人的，所以不能认为是判断申诉是否应予审查处理的标准。[②] 即使姑且认为是再审的理由，既没有区分是否有利于不利于被判决人的错误，也没有区分错误的程度是根本性错误、严重性错误还是一般性错误或是可以容忍的小错误，这就必然引发只要是存在错误就可以合法申诉，造成提起再审和改判的标准无从把握。[③]

德国是典型的严格区分有利于和不利于被告人再审的国家，对于不利于被告人的再审理由严加限制。我国台湾地区、奥地利、丹麦、芬兰等国也是这样的立法例。法国式的再审制度，再审仅限于为受到有罪判决的被告人的利益，采用这种立法例的国家还有葡萄牙、西班牙、意大利、比利时、荷兰等。[④]

2012 年刑事诉讼法第 242 条增加了因"违反法律规定的诉讼程序，可能影响公正审判的"申诉理由；有新的证据证明原判决、裁定认定的事实确有错误，但没能影响定罪量刑的则不再重新审判；依法应当予以排除的证据没有

---

① 1996 年刑事诉讼法第 204 条规定：当事人及其法定代理人、近亲属的申诉符合下列情形之一的，人民法院应当重新审判：（一）有新的证据证明原判决、裁定认定的事实确有错误的；（二）据以定罪量刑的证据不确实、不充分或者证明案件事实的主要证据之间存在矛盾的；（三）原判决、裁定适用法律确有错误的；（四）审判人员在审理该案件的时候，有贪污受贿，徇私舞弊，枉法裁判行为的。

② 宋英辉、李忠诚：《刑事程序功能研究》，中国人民公安大学出版社 2004 年版，第 479 页。

③ 陈光中主编：《刑事再审程序与人权保障》，北京大学出版社 2005 年版，第 197 页。

④ 孙长永：《探索正当程序——比较刑事诉讼法专论》，中国法制出版社 2005 年版，第 732 页。

排除应当重新审判。2012 最高院刑诉法解释第 375 条对申诉成立的理由予以明确细化，增加了"主要事实依据被依法变更或者撤销的、认定罪名错误的、量刑明显不当的、违反法律关于溯及力规定的"四项理由，但仍然没有从根本上解决上面提及的那些问题。

4. 关于申诉期限与审理期限

（1）申诉期限

1996 年刑事诉讼法没有规定提出申诉的期限，根据申诉的不同情况规定的不同期限也没有具体化。申诉人对任何时间的确定判决、裁定都可以申诉，造成了申诉案件大量积压的状况。1996 年刑事诉讼法对人民法院、人民检察院接受申诉后审查处理的期限也没有作出明确规定。

人民检察院对申诉材料进行审查后，分别情况作出如下处理：或移送有管辖权的机关或部门；或报批后立案；或制作申诉不立案复查通知书。自人民检察院收到申诉到审查后作出处理决定的期限没有规定，应在立案后三个月内办结的规定，具体期限不能确定。①

我国审查申诉，通常是有关机关决定审查后，进行调卷、审阅案卷材料，再制作报告和进行评议，最后由有关负责人批准。这种处理方式基本上是一种行政性的处理模式，没有体现诉讼的特点。由于程序及其处理结果的封闭性和不透明性，当事人的意见不能当面陈述，办案人员作出何种处理，当事人并不清楚，所以即使处理是正确的，有的当事人仍不满意，不愿接受处理结果，造成重复申诉、缠诉问题。

2012 年刑事诉讼法对处理申诉案件的期限仍然没有作出规定，2012 最高院刑诉法解释第 375 条规定，对立案审查的申诉案件，应当在三个月内作出决定，至迟不得超过六个月。

（2）审理期限

1996 年刑事诉讼法第 207 条规定了再审案件的审理期限，应当在作出提审、再审决定之日起三个月以内审结，需要延长期限的也不得超过六个月。2012 年刑事诉讼法也是如此规定的。1998 最高院刑诉法解释第 302 条规定了人民法院受理申诉后应当在三个月内作出决定，至迟不得超过六个月。② 这对及时办理申诉案件、提高审判监督程序的工作效率具有积极意义。但是上述规定在理解上易生歧义，导致申诉审查的拖延。

---

① 宋英辉、李忠诚：《刑事程序功能研究》，中国人民公安大学出版社 2004 年版，第 480 页。

② 1998 最高院刑诉法解释第 302 条。

鉴于逢抗必接受，2012 年刑事诉讼法规定，法院应当在收到抗诉书后一个月内决定立案与否。一旦决定再审，就按上面的期限办理。2012 最高院刑诉法解释第 381 条规定，对原判事实不清、证据不足，包括有新的证据证明原判可能有错误，需要指令下级人民法院再审的，应当在立案之日起一个月内作出决定，并将指令再审决定书送达抗诉的人民检察院。

5. 对申诉人委托的律师的定位

根据现行律师法第 28 条规定，律师可以代理各类诉讼案件的申诉。但是律师接受委托代理刑事申诉，法律没有明确其诉讼地位。接受委托代理刑事申诉的律师诉讼地位不明确，其权利、义务就无从谈起，因此难以有效进行诉讼活动，也难以有效维护当事人的权利。

我国 1996 年和 2012 年刑事诉讼法均没有规定申诉人委托律师权及应享有的权利和应承担的义务。1998 最高院刑诉法解释和 1998《人民检察院刑事诉讼规则（试行）》对此均没有明确。2012 最高院刑诉法解释第 371 条第 3 款终于规定，申诉可以委托律师代为进行。

《德国刑事诉讼法典》第 364 条 a 和 b 规定了律师参与再审审判程序和再审准备的情形。根据案件涉及的事实和法律问题的复杂性，负责在再审程序中作出裁判的法院认为有辩护人参与之必要时，可以应申请为受有罪判决人指定一名再审程序的辩护人；负责在再审程序中作出裁判的法院可以依申请为没有辩护人的受有罪判决人在再审准备期间指定一名辩护人，只要符合下面的三种情形之一即可：其一，有足够的事实方面依据，认为进行一定的调查可以得出有理由准许申请再审的事实、证据；其二，根据案件、法律情况的复杂性，认为有辩护人参加之必要；其三，受有罪判决人无能力自己花钱委托辩护人，同时又不使维持自己、家庭生活的必要费用不受影响的。

《法国刑事诉讼法典》第 625 条之一还规定，复核申请人可以由一名律师或者一名在律师公会注册的普通律师充当代理人或提供协助。《日本刑事诉讼法》第 440 条就规定了检察官以外的人申请再审时，可以选任辩护人，这项选任在作出再审判决之前一直有效。

（二）提起审判监督程序存在的诉讼不经济问题

1. 提起审判监督程序的理由

根据 1996 年刑事诉讼法第 204 条规定了因申诉，法院启动审判监督程序的四种情形。第 205 条规定了法院和检察院主动提起再审的理由，均为已经发生法律效力的判决和裁定，在认定事实上或者适用法律上确有错误。

　　但提起审判监督程序的理由没有包括严重违反诉讼程序的情况，有人认为适用法律有错误应包括程序上的错误，有人则持否定态度。由于我国有"重实体、轻程序"的惯习，适用法律有错误长期以来仅仅被认为是确定依据的实体法律规范不正确，并不包括违反诉讼程序的情形，刑事诉讼法第 189 条规定就体现了这点。① 第 189 条中"适用法律有错误"不包括违反诉讼程序的情形。因为刑事诉讼法第 191 条专门规定第一审人民法院有违反该条列举的诉讼程序的情形的，应当裁定撤销原判，发回原审人民法院重新审判。② 2012 年刑事诉讼法第 242 条增加了因"违反法律规定的诉讼程序，可能影响公正审判的"申诉理由。

　　从司法实践来看，程序性违法一般也没有作为提起审判监督程序的理由，这表明我国没有将违反诉讼程序作为适用法律有错误来对待，这既是现实情况，也能从法律的规定中猜读出来，所以诉讼程序违法是否应当成为提起审判监督程序的理由需要认真对待。确定裁判应当具有既判力，审判监督程序也不宜轻易启动，但如果诉讼程序严重违法，其裁判的合法性就要打折扣，裁判的正确性也就会受到怀疑，保障人权就无法很好地得到落实。

　　在提起再审程序理由方面还有一个问题，一般均区分有利于被告人的再审和不利于被告人的再审，且禁止不利于被告人的再审，不论是采德国式再审模式的立法例还是采法国式模式的立法例都明确回答了这个问题。即使是在允许启动不利于被告人的再审的国家，对于不利于被告人的再审的启动，也是严格限制的。有利被告人是现代刑事诉讼的一个基本理念，在刑事诉讼程序中，被告人和政府相比是一个弱者，程序的结果对被告人有利，政府不能从自己的错误中获得利益，如果政府能够重新对被告人追诉，那么政府就可以从首次起诉中掌握被告人一方的有利的辩护理由，同时又知道了自己的软肋所在，并从中

---

　　① 1996 年刑事诉讼法第 189 条规定："第二审人民法院对不服第一审判决的上诉、抗诉案件，经过审理后，应当按照下列情形分别处理：（一）原判决认定事实和适用法律正确、量刑适当的，应当裁定驳回上诉或者抗诉，维持原判；（二）原判决认定事实没有错误，但适用法律有错误，或者量刑不当的，应当改判；（三）原判决事实不清楚或者证据不足的，可以在查清事实后改判；也可以裁定撤销原判，发回原审人民法院重新审判。"

　　② 1996 年刑事诉讼法第 191 条规定："第二审人民法院发现第一审人民法院的审理有下列违反法律规定的诉讼程序的情形之一的，应当裁定撤销原判，发回原审人民法院重新审判：（一）违反本法有关公开审判的规定的；（二）违反回避制度的；（三）剥夺或者限制了当事人的法定诉讼权利，可能影响公正审判的；（四）审判组织的组成不合法的；（五）其他违反法律规定的诉讼程序，可能影响公正审判的。"

获取利益。① 因此，国家必须承担在追诉犯罪时让被追诉人占了便宜的后果，这是有利被告人原则的体现。

我国刑事诉讼法没有区分有利于被告人和不利于被告人的情形，只要确定裁判有错误，不论是否对被告人有利，都可以提起审判监督程序。根据一事不再理原则或禁止双重危险理论，确定裁判的再审在适用法律上即使对被告人有利，其责任也不应当由被告人承担而对其予以再次审判；同时，被告人已经受到确定裁判规定的处罚，有的在执行甚至已经执行完毕，如果动辄启动再审程序，法的安定性就难以维护。所以，立法要明确有利于被判决人的再审理由，严格限制不利于被判决人的再审理由。对于程序违法的理由同样要给予充分的重视，严重的违反程序要有提起再审的机会。

根据《法国刑事诉讼法典》第 622 条的规定，再审只适用于已经确定判决宣告犯重罪或轻罪的案件，但对于宣告无罪或免诉的判决、违警罪的判决以及最高法院刑事庭的判决，不得申请再审。凡是属于再审范围内的有罪判决，属于四种情形之一的均可向最高法院申请再审。这四种情形分别是：在判处杀人罪以后，有足够的证据证明所认定的被杀害的人仍然存活；在判决一项重罪或轻罪以后，对同一案件事实又作出另一新的裁定或判决，对另一被告人定罪判刑，而这两个判决不能统一并存，其矛盾证明其中有一名被判罪人是无辜的；在定罪以后，证人之一被追诉并被判定对被告人犯有伪证罪；因此，在新的审理中被判罪的证人，不得再行作证；在定罪以后，以提供或揭发出原判决法院在审理时所不知悉的新的事实或证据，足以对被判罪人是否有罪产生怀疑。② 这里所谓的"新的事实或证据"，判例做了扩大解释，不仅包括有罪判决确定之后发生的事实或新出现的证据，也包括原审时已经存在但原审法院所不曾知悉的事实或证人撤回被用作定罪依据的证词等情况。③

《日本刑事诉讼法》第 435 条和第 436 条规定了再审可以针对已经确定的有罪判决，也可以针对驳回控诉或上告的确定判决，只是二者的理由不尽相同。对宣告有罪的确定判决，有下列情形之一的，可以为了被告人的利益，申请再审：（1）作为原判决的证据的书证或物证，已经确定判决证明为伪造的或编造的；（2）作为原判决的证据的证言、鉴定、口译或笔译，已经确定判

---

①　[美] 伟恩·R. 拉费弗、杰罗德·H. 伊斯雷尔、南西·J. 金：《刑事诉讼法》（下），卞建林等译，中国政法大学出版社 2003 年版，第 1276 页。

②　《法国刑事诉讼法典》第 622 条。

③　[法] 卡斯东·斯特法尼等：《法国刑事诉讼法精义》（下），罗结珍译，中国政法大学出版社 1998 年版，第 869 页。

决证明为虚伪的；（3）诬告受有罪宣告的人的犯罪已经确定判决得到证明的，但以其受有罪宣告系受诬告所致为限；（4）作为原判决的证据的裁判，已经确定判决变更的；（5）因侵害专利、实用新型、发明权、商标权之罪而宣告有罪的案件，该项权利已经确定无效或者作出了宣告无效的判决的；（6）发现了确实的新证据，足以认为对受有罪宣告的人应当宣告无罪或免诉，对被判刑的人应当宣告免除刑罚或者应当认定轻于原判决确定之罪的；（7）参与判决的法官、参与制作成为原判决证据的书证的法官、参与制作成为原判决证据的文书或者进行成为原判决证据的陈述的检察官、检察事务官或司法警察职员，已经确定判决证明其因为该被告案件犯有与职务有关的犯罪的，但在作出原判决之前已经对法官、检察官、检察事务官或司法警察职员提起公诉的，则以作出原判决的法庭当时不知道这一事实为限。只有符合上述（1）（2）（7）项情形之一时，才能为了受判决人的利益请求再审。

日本法和法国法规定的再审理由都限于事实认定错误，至于生效判决在适用法律上的错误，则通过专门的"非常上诉程序"纠正。德国不存在"非常上诉程序"，其再审主要用于纠正确定判决在事实认定方面的错误，但在特定情形下也用于纠正确定判决在适用法律方面的错误；即使针对确定判决的事实认定问题，德国也允许提起不利于被告人的再审。《德国刑事诉讼法典》第359条、第362条规定了7项再审的理由：（1）在法庭审判中作为证据使用的书证是伪造或变造的；（2）证人、鉴定人犯有故意或过失违反宣誓义务或者故意作出虚假陈述之罪，已经确定判决的；（3）参与原审裁判的法官、陪审员在与该案有关的问题上犯有违反职务义务的罪行，已经确定判决的；（4）作为刑事判决依据的民事判决已经为另一生效判决撤销的；（5）发现新事实、新证据，根据这些事实或证据，或者将它们与以前收集的证据结合起来，有理由宣告被告人无罪或者适用较轻的刑罚或完全不同的矫正及保安处分的；（6）作为原判决依据的法律的解释被宪法法院宣布为违反宪法或者无效，或者原判决对法律的解释被宪法法院宣布为违反宪法的；（7）被判决无罪的被告人在法庭上或在法庭外作出了可信的自白的。[①] 上述（1）（2）（3）这三项理由适用于提起有利于和不利于受有罪判决人的再审，（4）（5）（6）这三项只能提起有利于受有罪判决人的再审，第（7）项只能提起不利于受有罪判决人的再审。可见德国法严格限制提起再审的理由，不能依据新事实新证据提起不利于受有罪判决人的再审，也不得以原判决适用法律上有错误为由提起不利于被告人的再审。

---

① 《德国刑事诉讼法典》第359条、第362条和《德国宪法法院法》第79条之规定。

2. 关于提起的主体

根据 1996 年刑事诉讼法第 205 条第 1 款和第 2 款之规定（2012 年刑事诉讼法第 243 条与此相同），人民法院有权自行提起审判监督程序。[1] 应当说，刑事诉讼法规定人民法院有权自行提起审判监督程序，对于及时发现和有效纠正确定裁判的错误是有利的。但是，由于我国没有区分有利于被告人的再审和不利于被告人的再审，由作为审判机关的人民法院主动启动不利于被告人的审判监督程序，是否妥当，这个问题很值得思考，这既涉及一事不再理原则、禁止双重追诉原则、控审分离原则等刑事诉讼原则问题，也涉及审判机关的基本职能问题。法院在没有诉讼当事人申请的前提下，自行启动再审程序这在世界上不同法律制度下都是罕见的。任何再审的提起，都应建立在"诉"的存在和提出的前提之下，无利益则无诉讼，法院作为诉讼的发起者与其所担负的审判职责是相冲突的。[2] 中国承继大陆法系的传统，法院带有职权主义的特征，负有发现真实之责任，但其发现事实真相的努力不是运用在发动再审上，而应该用于对再审案件的审判中。[3]

由于人民法院承载了启动再审程序的职能，这与检察机关的职能交叉，申诉管辖混乱局面由此而生。在司法实践中，虽然给申诉人增加了申诉的途径，但法院和检察院都陷入接受审查申诉的繁琐工作之中，由于不堪重负，两机关不免相互推诿，使申诉人来回奔波，疲于奔命，由此出现多头申诉、重复申诉、缠诉的问题，但是申诉人还感到申诉无门，对法院和检察院都不满意。

法院若是放弃启动再审，只专注于再审审判的工作，就可以从这项出力不讨好的工作中解脱出来，也就减少了工作负担，减少了在这项工作上的资源投入，降低了审判成本。这还遵循了不告不理原则，符合诉讼的内在规律，也减少了社会大众对法院的不满情绪，提高了司法的公信力。其实，圈占的权力越多，并不意味着就显示自己的权威更大，更能得到重视，有权力就有责任就有压力。

当然，法院如果主动从提起再审的工作中退出，检察院的工作负担就会增加，相应地就要增加诉讼的投入，但这是检察院的职责所在，义不容辞。其实，在我国的司法实践中，检察机关行使再审抗诉权是十分谨慎的，次数也不

---

[1]　1996 年刑事诉讼法第 205 条第 1 款和第 2 款之规定。

[2]　陈瑞华：《中国刑事再审程序的出路》，载沈德咏主编：《最新再审司法解释适用与再审改革研究》，人民出版社 2003 年版，第 193 页。

[3]　Hans - Joerg Albercht、岳礼玲：《欧洲再审制度之比较及经验借鉴》，载陈光中主编：《刑事再审程序与人权保障》，北京大学出版社 2005 年版，第 228 页。

多。如北京市昌平区法院自 2000 年到 2004 年就没有受理过检察院再审抗诉的案件。北京法院系统自 2000 年到 2003 年检察院再审抗诉案件也仅有 6 件。①这样看来或许也能够解决申诉管辖交叉的难题，也有利于遏制原来申诉制度下产生的弊端。至于学者们担心的法院在审判中发现的新事实新证据，当事人无从知道，检察院也不一定知道或即使知道也不一定抗诉的问题，保留法院主动提起再审的权限或法院只限于启动有利于被判决人的情况，完全可以通过另外的渠道解决，如法院自行发现的生效判决可能存在的错误应当告知检察院或当事人，由检察机关确定是否启动再审程序。②

3. 关于提起审判监督程序的期限问题

最高人民法院《关于规范人民法院再审立案的若干意见（试行）》（2002年 11 月 1 日实施）第 10 条对申诉的期限作出了规定，人民法院对刑事案件的申诉人在刑罚执行完毕后两年内提出的申诉，应当受理；超过两年提出申诉，具有下列情形之一的，应当受理：可能对原审被告人宣告无罪的；原审被告人在本条规定的期限内向人民法院提出申诉，人民法院未受理的；属于疑难、复杂、重大案件的。不符合前款规定的，人民法院不予受理。③ 我国并不限制对被告人不利的再审，这样规定的两年期限还值得商榷。

欧洲国家的法学界和立法机关都普遍认为再审程序是在穷尽了普通救济程序之后的特殊救济程序，很难预知新证据、新事实等情况出现的时间，因此不可能限制提出申诉的时间。④ 在禁止不利于被告人的再审的国家，并不规定提起再审的期限。例如法国、日本就没有申诉期限的限制。在区分有利于和不利于被判决人的情形的国家如俄罗斯，对因新的情况或新发现的情况有利于被判决人而再审也无期限的限制。至于不利于被判决人的判决则规定在新发现情况之日起 1 年内，才能提起。⑤

对于有利于被判决人的申请再审，包括可能改判无罪或减轻处罚的再审申诉，其申诉期限不应该受到限制。对不利于被判决人的再审申诉，限制在生效

---

① 陈光中主编：《刑事再审程序与人权保障》，北京大学出版社 2005 年版，第 210 页。

② 赵永红、吴祥义：《加强和完善检察机关在刑事审判监督程序中的职能》，载陈光中主编：《刑事再审程序与人权保障》，北京大学出版社 2005 年版，第 277 页。

③ 最高人民法院《关于规范人民法院再审立案的若干意见（试行）》（2002 年 11 月 1 日实施）第 10 条。

④ Hans – Joerg Albercht、岳礼玲：《欧洲再审制度之比较及经验借鉴》，载陈光中主编：《刑事再审程序与人权保障》，北京大学出版社 2005 年版，第 220 页。

⑤ 《俄罗斯刑事诉讼法典》第 414 条之 3。

判决 2 年内，倒是很有必要。①

4. 关于再审法院管辖问题

我国再审管辖法院起于基层法院，门槛低，每个法院都可以审理再审案件。② 即使是 2012 最高院刑诉法解释第 373 条由终审人民法院对申诉审查处理；2012 年刑事诉讼法第 244 条、第 245 条，也还未彻底解决这个问题。

再审案件的审理是各级法院的工作任务，会使再审次数难于控制，这显然不利于有限司法资源的合理配置。在我国现行的法院工作机制下，法官独立的司法原则没有真正确立，很难达致司法公正。由本院自己来纠正自己的错误，也有违回避制度的要求，即使再审的结果是公正的，当事人也不会心悦诚服，尤其是因为法官枉法裁判而引起的再审，故难以达到预期的法律效果。

再审法院的级别管辖，从国外的立法例来看，大致有三种情况：

其一，由作出原生效裁判的法院管辖或其另一同级法院管辖。日本是由作出原生效裁判的法院管辖。德国对于发回重审的案件，在审查再审申诉理由的法院作出再审理由成立，重新审判的决定的同时，会同时裁定指定与原审法院同级别的另一法院重新审理该案件。我国澳门的刑事再审也由原审法院管辖。我国台湾地区"刑事讼诉法"第 426 条规定：声请再审，由判决之原审法院管辖。判决之一部曾经上诉，一部未经上诉，对于各该部分均声请再审，而经第二审法院就其在上诉审确定之部分为开始再审之裁定者，其对于在第一审确定之部分声请再审，亦应由第二审法院管辖之。

其二，由原一审或原审法院的上级法院管辖。意大利是由一审判决或处罚令的法院所在辖区的上诉法院受理再审。俄罗斯对于检察长因新的情况或新发现的情况作出必须恢复刑事诉讼的结论并移送的案件，有管辖权的法院或审判组织应高于作出原判决、裁定或决定的法院或审判组织一个级别，或对之有一

---

① 《关于我国刑事审判监督程序改革的建议书》，载陈光中主编：《刑事再审程序与人权保障》，北京大学出版社 2005 年版，第 191 页。

② 1996 年刑事诉讼法第 205 条：各级人民法院院长对本院已经发生法律效力的判决和裁定，如果发现在认定事实上或者在适用法律上确有错误，必须提交审判委员会处理。最高人民法院对各级人民法院已经发生法律效力的判决和裁定，上级人民法院对下级人民法院已经发生法律效力的判决和裁定，如果发现确有错误，有权提审或者指令下级人民法院再审。最高人民检察院对各级人民法院已经发生法律效力的判决和裁定，上级人民检察院对下级人民法院已经发生法律效力的判决和裁定，如果发现确有错误，有权按照审判监督程序向同级人民法院提出抗诉。人民检察院抗诉的案件，接受抗诉的人民法院应当组成合议庭重新审理，对于原判决事实不清楚或者证据不足的，可以指令下级人民法院再审。2012 年刑事诉讼法第 243 条与之相同。

定的监督职能。①

　　其三，由最高法院管辖或由专门组织管辖。在区分事实审和法律审的国家，针对法律适用错误提起的再审均由最高法院或级别较高的法院直接管辖，以实现统一适用法律之功能。如《日本刑事诉讼法》第 455 条规定：总检察长应当向最高法院提出非常上告，同时提交记载理由的申请书。法国的再审由最高法院管辖，英国则设立刑事案件审查委员会专门审理再审声请。

　　在我国，除最高人民法院作出的生效裁判以外，接受再审申请的法院应为作出生效判决裁定的原审法院的上级法院，同一法院不能对本院作出的生效裁判决定提起再审，这是总括的原则。具体应规定，有利于原审被告人的再审申请，应由作出生效判决裁定的原审法院的上级法院受理，不利于原审被告人的再审申请，可以考虑由省一级的高级法院受理。②

（三）关于审判监督程序的程序适用的不经济问题

　　在审判监督程序具体程序的适用上的问题，刑事诉讼法规定得不完善，易发歧义，有的规定则又有悖诉讼原理。1996 年刑事诉讼法第 206 条是针对提起审判监督程序的案件如何适用审判程序的规定，③ 应当说，该条规定的含义是非常明确的。但是，这些规定在实施中却存在着问题：

　　譬如对于人民检察院按照审判监督程序进行抗诉的案件，如果抗诉是针对第一审裁判的，接受抗诉的人民法院应适用何种程序审判？由于审判监督程序中的抗诉除最高人民检察院抗诉最高人民法院的裁判是向同级法院提出外，其他抗诉都是上级人民检察院向原审法院的上一级法院提出的，如果适用第一审程序，显然欠妥；如果适用第二审程序，所作的判决、裁定即为终审的判决、裁定，有关当事人就不能上诉，在裁判变更对被告人不利的情况下，实际上变成了一审终审，就剥夺了被告人的上诉权。

　　又如，在依照审判监督程序重新审判案件时要求完全按照原审判程序进行，有的没有必要，如真正犯罪人已定罪，原受有罪判决人显然为无辜时，应径行宣告无罪而无需开庭审理；有的根本不可能，如原出庭的被害人、被告人

---

　　① 《俄罗斯刑事诉讼法典》第 417 条。

　　② 张毅：《禁止双重危险规则与中国再审制度改革论纲》，载陈光中主编：《刑事再审程序与人权保障》，北京大学出版社 2005 年版，第 252 页。

　　③ 1996 年刑事诉讼法第 206 条："人民法院按照审判监督程序重新审判的案件，应当另行组成合议庭进行。如果原来是第一审案件，应当依照第一审程序进行审判，所作的判决、裁定，可以上诉、抗诉；如果原来是第二审案件，或者是上级人民法院提审的案件，应当依照第二审程序进行审判，所作的判决、裁定，是终审的判决、裁定。"

已死亡或因患病无法出庭等。

再如，第二审程序应当遵守上诉不加刑原则，人民法院在审判监督程序中依照第二审程序重新审判案件，是否应当遵循上诉不加刑原则，法律没有明文规定。

此外，还有在依照审判监督程序重新审理案件时，如何适用审判公开原则的问题。

对上述问题，2012 年刑诉法和 2012 最高院刑诉法解释只是部分解决了问题：

根据 2012 年刑事诉讼法第 245 条，人民法院按照审判监督程序重新审判的案件，由原审人民法院审理的，应当另行组成合议庭进行。人民法院开庭审理的再审案件，同级人民检察院应当派员出席法庭。

根据 2012 最高院刑诉法解释第 383 条，依照审判监督程序重新审判的案件，人民法院应当重点针对申诉、抗诉和决定再审的理由进行审理。必要时，应当对原判决、裁定认定的事实、证据和适用法律进行全面审查。根据该解释第 385 条，开庭审理的再审案件，再审决定书或者抗诉书只针对部分原审被告人，其他同案原审被告人不出庭不影响审理的，可以不出庭参加诉讼。根据该解释第 384 条第 3 款，对原审被告人、原审自诉人已经死亡或者丧失行为能力的再审案件，可以不开庭审理。根据该解释第 386 条规定，除人民检察院抗诉的以外，再审一般不得加重原审被告人的刑罚。再审决定书或者抗诉书只针对部分原审被告人的，不得加重其他同案原审被告人的刑罚。

（四）再审的审理模式之经济分析

再审的审理模式从世界范围看，主要有三种方式：一是不区分事实问题和法律问题的错误，都采用同一种程序，典型的国家就是我国大陆。二是区分纠正事实认定错误的救济程序与纠正法律适用错误的程序，采用这个模式的国家较多，如法国、日本。三是不将事实审和法律审判作出明确区分，但在具体审理中采用不同的程序来纠正已经生效裁判中的事实认定错误和法律适用错误，以德国最为典型，德国的再审程序以纠正事实错误为重点，单纯的法律问题则通过宪法法院甚至通过向欧洲人权法院的申诉来解决。英美法系的再审制度不系统，但在审理模式上对事实错误和法律错误进行了区分，陪审团审判的制度就决定了事实和法律区分的必要性和重要性，因此，基于事实错误进行的再审和基于法律错误进行的再审必然就相应地按照不同的程序来处理。

学者们对我国是否区分事实审和法律审有争论，主流的观点认为不宜区分，理由是多年的传统做法已经形成了路径依赖，也被讲究实际的审判人员广为接受，另外事实和法律问题也不好截然区分。但再审案件主要采取开庭审理的方式。对存在事实分歧、可能作出结果不利于被判决人的再审和检察院抗诉的案件开庭审理，仅仅因法律适用错误包括程序违法的情形的再审也可以采用不开庭审理方式。① 持这种观点的学者较为认同 2001 年最高人民法院《关于刑事再审案件开庭审理程序的具体规定》中的第 5 条和第 6 条的规定。②

再审案件的具体处理结果，各国规定无非包括三种情况：驳回申诉或抗诉维持原判；撤销原判发回重审；撤销原判直接改判。但是这些国家关于作出每一种处理结果所依据的具体情形的规定也各有特点，也许对我国完善再审案件的处理机制会有所帮助。

法国对因法律问题提起的撤销之诉，如果最高法院刑事审判庭经审理认为，向其提出撤销之诉没有依据，原审判决并不存在违反法律的问题，或者原审判决虽有法律上的错误，并且即使没有发生这些错误，被判刑人仍然会受到判决中科处的相同刑罚或者更重的刑罚，最高法院刑事审判庭应该作出"驳回申诉"的判决。这样的处理结果是比较节省资源的。但是在多数情况下，最高法院会作出"撤销原判发回重审"的判决，这是因为审理撤销之诉的最高法院刑事审判庭不审理事实问题，不能就案件的实体重新进行审理，因此不能作出裁判替代被其撤销的原判决，所以只能在全部或部分撤销原审判决后，将案件发回重审。在部分撤销原判的情况下，负责重审的法院一般仅仅在最高法院裁判、决定限定的范围内受理案件，针对移送判决指明的争议点作出裁判。但是如果最高法院作出的是全部撤销原判发回重审的决定，则不受到限

---

① 《关于我国刑事审判监督程序改革的建议书》，载陈光中主编：《刑事再审程序与人权保障》，北京大学出版社 2005 年版，第 194 页；郭志媛：《完善刑事再审审理程序的几点建议》，载陈光中主编：《刑事再审程序与人权保障》，北京大学出版社 2005 年版，第 314 页。

② 2001 年最高人民法院《关于刑事再审案件开庭审理程序的具体规定》第五条：人民法院审理下列再审案件，应当依法开庭审理：（一）依照第一审程序审理的；（二）依照第二审程序需要对事实或者证据进行审理的；（三）人民检察院按照审判监督程序提出抗诉的；（四）可能对原审被告人（原审上诉人）加重刑罚的；（五）有其他应当开庭审理情形的。第六条：下列再审案件可以不开庭审理：（一）原判决、裁定认定事实清楚，证据确实、充分，但适用法律错误，量刑畸重的；（二）1979 年《中华人民共和国刑事诉讼法》施行以前裁判的；（三）原审被告人（原审上诉人）、原审自诉人已经死亡或者丧失刑事责任能力的；（四）原审被告人（原审上诉人）在交通十分不便的边远地区监狱服刑，提押到庭确有困难的；但人民检察院提出抗诉的，人民法院应征得人民检察院的同意；（五）人民法院按照审判监督程序决定再审，按本规定第九条第（四）项规定，经两次通知，人民检察院不派员出庭的。

制，负责重审的法院可以不理会最高法院刑事审判庭的意见，通过自己的审理独立作出裁判，负责重审的法院作出的判决可以与最高法院刑事审判庭的意见一致，也可以完全相反，但是再审改判不得违反上诉不加刑的原则。① 但是对于以下案件，最高法院也可以作出"撤销原判不发回重审"的判决：（1）受到追诉的事实不构成犯罪；（2）受到追诉的犯罪已经完成公诉时效或已经获得大赦；（3）案件不需要进行审判；（4）最高法院能够在原审法院的裁判、决定中找到事实上的依据，从而能够直接适用法律规则；（5）如果对原审裁判、决定只是取消一部分即可，其他部分可以完整保留，最高法院也可经"删除途径"部分撤销原判，不将案件发回重审；（6）在重审的法院对案件重审后第二次作出的判决与第一次判决理由相同而被撤销的情况下，如果通过判决中认定的事实可以直接作出决定，最高法院大法庭也可以对案件作出撤销原判，不将案件发回重审的判决。同样，法国在再审之诉中，再审法庭可以"撤销原判，发回重审"，也可撤销原判，不将案件发回重审。再审法庭如果认为可以进行新的对席审判，应作出撤销原判发回重审的判决，将被告人发往与作出被撤销裁判法院同级的另一同类法院。再审法庭如果作出发回重审的判决之后发现受移送法院不可能进行新的对席审判，应检察机关的要求，就可收回对受移送法院的指定，自行对案件进行裁判。在不可能进行重新对席审判，尤其当一名或数名被判刑人死亡、精神错乱、抗传、缺席、受到大赦，或者不负刑事责任、免负刑事责任以及完成诉讼时效或刑罚时效的情况下，均应作出撤销原判不发回重审的判决，由再审法庭直接对案件作出实体裁判。

又如在俄罗斯的刑事诉讼中，监督审法庭就申诉或抗诉进行审理时，可以驳回上诉或抗诉维持原判，或撤销原判把案件移交主管法院重新审理，或对原裁判作出变更。② 此外，对于检察长因新的情况或新发现的情况作出必须恢复刑事诉讼的结论并移送的案件，有管辖权的法院或审判组织审理后，可以作出：撤销原法院的刑事判决、裁定或决定并发回重审，或者撤销原法院的刑事判决、裁定或决定并终止诉讼，或者驳回检察长的结论。③

再如，在德国刑事诉讼中，针对有利于被判刑人的再审，判决无论在罪名或刑罚方面都不能作出不利于被判刑人的变更。对于无罪的判决，如果被判刑人死亡或者法院经审查认为证据充分，并经检察院同意可以不进行法庭审理程

---

① 《法国刑事诉讼法典》第 624 条。

② 《俄罗斯刑事诉讼法典》第 408 条。

③ 《俄罗斯刑事诉讼法典》第 458 条、第 459 条。

序，但是确实获得无罪判决，再审申请人可申请将再审结果在联邦公报上发布。① 意大利的再审程序基本是参照上诉程序进行，但是如果法院驳回改判要求，法官会判决提出该要求的人支付诉讼费用。②

　　再审案件经过重新审理后，应当按照下列情形分别处理：原判决、裁定认定事实和适用法律正确、量刑适当的，应当裁定驳回申诉或者抗诉，维持原判决、裁定；原判决、裁定定罪准确、量刑适当，但在认定事实、适用法律等方面有瑕疵的，应当裁定纠正并维持原判决、裁定；原判决、裁定认定事实没有错误，但适用法律错误，或者量刑不当的，应当撤销原判决、裁定，依法改判；依照第二审程序审理的案件，原判决、裁定事实不清或者证据不足的，可以在查清事实后改判，也可以裁定撤销原判，发回原审人民法院重新审判。原判决、裁定事实不清或者证据不足，经审理事实已经查清的，应当根据查清的事实依法裁判；事实仍无法查清，证据不足，不能认定被告人有罪的，应当撤销原判决、裁定，判决宣告被告人无罪。③

　　人民法院按照审判监督程序重新审判的案件，如果由原审法院审理，应当另行组成合议庭进行。如果原来是第一审案件，应当依照第一审程序进行审判，所作的判决、裁定，可以上诉、抗诉；如果原来是第二审案件，或者是上级人民法院提审的案件，应当依照第二审程序进行审判，所作的判决、裁定，是终审的判决、裁定。④

　　值得注意的是，按照第二审程序审理的案件，原判决、裁定认定事实不清或者证据不足的，可以在查清事实后改判，不应裁定撤销原判，发回原审人民法院重新审判，因为原审已经进行了两次审理，为避免拖延诉讼，进行再审的法院应自行调查，并在重大事实查清的基础上直接改判为宜。

　　关于"证据不足的无罪判决"的变更问题。对于证据不足的无罪判决，⑤如果人民检察院在证据不足的无罪判决生效后，发现了新的事实、新的证据，可以重新起诉，人民法院应当受理。⑥ 该条规定的实质，就是以起诉书否决人

---

① 《德国刑事诉讼法典》第 317 条第 1、2、4 款。

② 《意大利刑事诉讼法典》第 637 条第 1 款。

③ 2012 最高院刑诉法解释第 389 条之规定。

④ 1996 年刑事诉讼法第 206 条；2012 年刑事诉讼法第 195 条。

⑤ 1996 年刑事诉讼法第 162 条第 3 项规定："证据不足，不能认定被告人有罪的，应当作出证据不足、指控的犯罪不能成立的无罪判决。"

⑥ 1998 最高院刑诉法解释第 117 条第 3 项规定："对于根据刑事诉讼法第 162 条第（三）项规定宣告被告人无罪，人民检察院依据新的事实、证据材料重新起诉的，人民法院应当予以受理。"2012 最高院刑诉法解释第 181 条第 1 款之（三）之规定。

民法院已生效的无罪判决的效力，这不仅与确定裁判既判力的诉讼原理相抵触，而且也与现行刑事诉讼法相违背。退一步讲，即使将此种情况作为确定裁判确有错误的情形之一，也不应当由人民检察院重新起诉。① 因为根据刑事诉讼法规定，发现已经发生法律效力的判决、裁定在认定事实上或者适用法律上确有错误的，应当依照审判监督程序纠正，而不是重新起诉。如果重新设计我国再审程序的理由，此种情形不应作为提起再审的理由。

对于再审，也要借鉴德国、日本、法国、我国澳门地区的立法例，② 遵守再审不加刑的原则。我国只是规定了上诉不加刑的原则，除少数情况外，应该贯彻再审有利于被告人的理念，彻底确立再审不加刑的原则，即使是检察院抗诉的，也概莫能外。

此外，还应参考法国、德国、日本等国家的经验，撤销原审判决改判时，如涉及实体问题，就应该按照有利于和不利于被判决人的情形作出不同的处理；如程序违法但不涉及实体，则就程序问题作出改判并阐述理由的，来张扬程序的独立价值。同时限制改判的次数，即使最高人民法院原则上也只能有一次机会，如果发现被错判有罪的新问题，具有充分理由的，只有最高人民法院可以重复改判或指令下级法院再审改判。

---

① 关于在人民法院作出的证据不足的无罪判决生效后，发现了新的事实、新的证据，是否属于生效裁判确有错误，学术界有分歧。否定的观点认为，在人民检察院提出的有罪证据不足的情况下，人民法院根据案件事实，依照刑事诉讼法的规定作出无罪判决，属于正确且合法的判决，不能认为其属于认定事实错误或者适用法律不当。

② 《德国刑事诉讼法典》第 373 条第 2 款；《日本刑事诉讼法》第 452 条；《澳门刑事诉讼法典》第 399 条；《法国刑事诉讼法典》第 625 条。

余　论

　　用经济学的理论和方法对刑事审判程序进行研究，存在一系列困难，毕竟刑事审判程序是个法律问题，好在法律程序作为一种制度，也讲求科学性，一个节约司法资源的审判程序人们是不会弃之如敝屣的。但一些刑事审判程序涉及的问题很显然不必采用经济分析的方法，明眼人也能看出它能节省经济资源，但是即使某个做法真的是降低诉讼成本的捷径，有时却又不能够拿来即用，这是源于程序本身还有一个正当性的问题即正义权衡问题，经济学背后还有正义。① 尽管笔者论证正义之中蕴涵着效率，效率之中体现着正义，但这仅仅是个人的浅见，这种认识是否经得起细致的推敲，是否能够让人们从直觉上感到有理有据，还得颇费时日。

　　坦率地讲，既然人类借助于审判程序来处理刑事案件，不用抛硬币的方式来决定是非曲直，而且还试图找到一种更符合最低公正限度的程序，那么在市场经济社会里，选择节约司法资源的程序，就是一种可以受到青睐的值得尝试的路径。如果效率也是程序法不能回避而且是应该追求的价值目标，那么程序的某一结果或者是有效率的，或者是没有效率的，那么我们考虑诉讼经济，就不是俗不可奈的可有可无的登不上大雅之堂的事情，也就不必要遮遮掩掩欲盖弥彰。何况刑事审判程序真的是既会得出正确的裁判，也会得出错误的裁判，把程序评定为导出正确结果的程序和导出错误结果的程序是司法实践的现实。经济分析方法确信品质良好的程序既能降低直接成本又能避免错误成本，这样的程序的伦理成本才会更低廉。当然，倘若案件只有正确结果，不存在错误成本，就要求直接成本最小化，但还是不能不开庭审判而作出一个裁判。② 因此，我们设计审判程序应当考虑合理配置有限的司法资源，降低诉讼成本，提高诉讼收益，达到实现诉讼效率的目的。

---

　　① Richard A. Posner, Economic Aanlysis of law, China Social Sciences Publishing House, 1999, p. 27.

　　② Michael D. Bayles, Principles of Law, D. Reidel Publishing Company, 1987, p. 21.

　　经济学不仅可以解释刑事司法制度，而且可以为改善刑事司法制度提供伦理指导；即使它只能解释很少的刑事司法规则，对刑事诉讼程序的建构的道德指导不能令人满意，或者甚至它对程序的分析几乎没有解释和改进的功能，但它还是具有智识上的迷人之处，故人们还不应该对其视而不见充耳不闻。对刑事司法程序的经济分析至今还没能做到解释每一项重要的原则、规则、制度和结果，这是事实。但是到目前为止，刑事诉讼的经济分析理论同其他社会科学如人类学、社会学、心理学、政治学对刑事诉讼的分析理论相比，也是最有希望的理论，起码也和这些理论对刑事诉讼的分析相媲美。

　　经济分析方法对刑事审判程序的研究还具有方法论上的意义，从这样的视角来分析研究诉讼程序，有助于刑事诉讼法学研究范式的多元化，即使不能让人耳目一新，也能给经济学帝国主义寻找一块可以栖息的殖民地块。如果真的能够促进刑事诉讼法学研究方法的多维性发展和研究视角的转换，那正是笔者所希冀的，尽管这或许是可欲求而不可苛求的美事。普适的放之四海而皆准的东西总是太少，最终不是胃口而是观念才能让人满足，已经成熟的各种理论迎合了人们渴望确定性和业已存在于每一个人心灵中的恬静感觉，然而确定性一般说来是个桃花源式的幻觉，而心灵的恬静也非人之天命。故对于法律的理性研究而言，过去的一定要过去而且永不再来，"未来则是属于研究统计学和精通经济学的人"。①

　　一沙一界，一尘一劫，轻轻微笑一万遍。

---

　　① Oliver Wendell Holmes, The Path of The Law, Harvarrd Law Review 10 (1897), pp. 457 – 478.

主要参考文献

一、**刑事诉讼法典部分**（按作者姓氏拼音字母顺序排列，下同）

1. 《澳门刑事诉讼法典》，澳门政府法律翻译办公室译，法律出版社 1997 年版。

2. 《美国联邦刑事诉讼规则和证据规则》，卞建林译，中国政法大学出版社 1996 年版。

3. 《德国刑事诉讼法典》，李昌珂译，中国政法大学出版社 1995 年版。

4. 《美国联邦诉讼规则》，李昌林译，载《刑事诉讼前沿研究》第 2 卷，中国检察出版社 2004 年版。

5. 《美国联邦证据规则》，李昌林译，载《刑事诉讼前沿研究》第 4 卷，中国检察出版社 2005 年版。

6. 《意大利刑事诉讼法典》，黄风译，中国政法大学出版社 1994 年版。

7. 《俄罗斯刑事诉讼法典》（新版），黄道秀译，中国政法大学出版社 2006 年版。

8. 《韩国刑事诉讼法》，马相哲译，中国政法大学出版社 2004 年版。

9. 《英国刑事诉讼法（选编）》，〔英〕迈克·麦康维尔、岳礼玲选编，中国政法大学出版社 2001 年版。

10. 《日本刑事诉讼法》，宋英辉译，中国政法大学出版社 2000 年版。

11. 《法国刑事诉讼法典》，余叔通、谢朝华译，中国政法大学出版社 1997 年版。

12. 《澳大利亚联邦刑事检控指南》，周长军、宋燕敏译，载《刑事诉讼前沿研究》第 2 卷，中国检察出版社 2004 年版。

13. 中国台湾地区"刑事诉讼法"，2003 年 2 月 6 日修正，载《诉讼法研究》第 5 卷，中国检察出版社 2003 年版。

二、**刑事诉讼法学中文译著**

1. 〔美〕爱伦·豪切斯泰勒·斯黛丽：《美国刑事法院诉讼程序》，陈卫东、徐美君译，中国人民大学出版社 2002 年版。

2. ［法］卡斯东·斯特法尼等：《法国刑事诉讼法精义》，罗结珍译，中国政法大学出版社 1998 年版。

3. ［德］克劳斯·罗科信：《刑事诉讼法》（第 24 版），吴丽琪译，法律出版社 2003 年版。

4. ［英］麦高伟等主编：《英国刑事司法程序》，姚永吉等译，法律出版社 2003 年版。

5. ［美］米尔伊安·R. 达玛什卡：《司法和国家权力的多种面孔——比较视野中的法律程序》，中国政法大学出版社 2004 年版。

6. ［日］山口守一：《日本刑事诉讼法》，刘迪等译，法律出版社 2000 年版。

7. ［日］松尾浩也：《日本刑事诉讼法》，张凌译，中国人民大学出版社 2005 年版。

8. ［德］魏根特：《德国刑事诉讼程序》，岳礼玲等译，中国政法大学出版社 2004 年版。

9. ［美］《美国联邦地区法院刑事诉讼流程》，徐卉译，法律出版社 2003 年版。

10. ［英］《所有人的正义——英国司法改革报告》，中国检察出版社 2003 年版。

三、有关国家和地区刑事诉讼法学的中文著作

1. 陈光中主编：《21 世纪域外刑事诉讼立法最新发展》，中国政法大学出版社 2004 年版。

2. 李义冠：《美国刑事审判制度》，法律出版社 1999 年版。

3. 柯葛壮：《刑事诉讼法比较》，福建人民出版社 1999 年版。

4. 林钰雄：《刑事诉讼法》，中国人民大学出版社 2005 年版。

5. 宋英辉等：《外国刑事诉讼法》，法律出版社 2005 年版。

6. 宋冰编：《读本：美国与德国的司法制度及司法程序》，中国政法大学出版社 1998 年版。

7. 王兆鹏：《美国刑事诉讼法》，北京大学出版社 2005 年版。

8. 王兆鹏：《当事人进行主义之刑事诉讼》，台北元照出版有限公司 2004 年版。

9. 孙谦、郑成良主编：《有关国家司法改革的理念与经验》，法律出版社 2002 年版。

10. 甄贞主编：《香港刑事诉讼法》，河南人民出版社 1997 年版。

11. 周士敏：《澳门刑事诉讼制度论》，国家行政学院出版社 2001 年版。

12. 周伟主编:《中国大陆与台、港、澳刑事诉讼法比较研究》,中国人民公安大学出版社 2001 年版。

13. 余文景:《英国刑事证据法漫谈》,香港大块出版公司 1984 年第 2 版。

四、刑事诉讼法学中文著作

1. 陈光中等主编:《联合国刑事司法准则与中国刑事法制》,法律出版社 1998 年版。

2. 陈光中等主编:《刑事一审程序与人权保障》,中国政法大学出版社 2006 年版。

3. 陈光中等主编:《刑事再审程序与人权保障》,中国政法大学出版社 2005 年版。

4. 陈光中主编:《刑事诉讼法实施问题研究》,中国法制出版社 2000 年版。

5. 陈光中主编:《〈公民权利和政治权利国际公约〉与我国刑事诉讼》,商务印书馆 2005 年版。

6. 陈光中等主编:《中国司法制度的基础理论专题研究》,北京大学出版社 2006 年版。

7. 陈光中主编:《辩诉交易在中国》,中国检察出版社 2003 年版。

8. 陈瑞华:《问题与主义之间——刑事诉讼基本问题研究》,中国人民大学出版社 2003 年版。

9. 陈瑞华:《刑事诉讼的前沿问题》,中国人民大学出版社 2005 年第 2 版;陈瑞华:《刑事诉讼的前沿问题》,中国人民大学出版社 2000 年第 1 版。

10. 陈瑞华:《程序性制裁理论》,中国法制出版社 2005 年版。

11. 陈瑞华主编:《未决羁押制度的实证研究》,北京大学出版社 2004 年版。

12. 陈瑞华:《刑事审判原理论》,北京大学出版社 2003 年第 2 版。

13. 陈卫东:《刑事诉讼法实施问题调研报告》,中国方正出版社 2001 年版。

14. 樊崇义主编:《刑事诉讼法实施问题与对策研究》,中国人民公安大学出版社 2001 年版。

15. 樊崇义主编:《诉讼法学研究》第 1 卷,中国检察出版社 2002 年版。

16. 樊崇义等:《刑事诉讼法修改专题报告》,中国人民公安大学出版社 2004 年版。

17. 樊崇义、夏红编:《正当程序文献选编》,中国人民公安大学出版社 2004 年版。

18. 樊崇义主编：《诉讼原理》，法律出版社 2003 年版。

19. 宫晓冰主编：《中国法律援助制度培训教程》，中国检察出版社 2002 年版。

20. 马贵翔：《刑事诉讼结构的效率改造》，中国人民公安大学出版社 2004 年版。

21. 龙宗智：《刑事庭审制度研究》，中国政法大学出版社 2001 年版。

22. 孙长永：《侦查权与人权——比较法考察》，中国方正出版社 2000 年版。

23. 青锋：《中国律师法律制度论纲》，中国法制出版社 1997 年版。

24. 青锋：《刑事诉讼法论文选萃》，中国法制出版社 2004 年版。

25. 孙长永：《探索正当程序——比较刑事诉讼法专论》，中国法制出版社 2005 年版。

26. 宋英辉：《刑事诉讼目的论》，中国人民公安大学出版社 1995 年版。

27. 宋英辉、吴宏耀：《刑事审判前程序研究》，中国政法大学出版社 2002 年版。

28. 宋英辉：《刑事诉讼原理导论》，法律出版社 2003 年版。

29. 宋英辉等：《刑事诉讼原理》，法律出版社 2003 年版。

30. 宋英辉、李忠诚：《刑事程序功能研究》，中国人民公安大学出版社 2004 年版。

31. 谭世贵主编：《中国司法原理》，高等教育出版社 2004 年版。

32. 王利明：《司法改革研究》，法律出版社 2001 年版。

33. 王敏远：《刑事司法理论与实践探讨》，中国政法大学出版社 1999 年版。

34. 吴卫军：《刑事司法的理念与制度》，中国检察出版社 2004 年版。

35. 杨宇冠：《人权法》，中国人民公安大学出版社 2003 年版。

36. 叶青：《中国审判制度研究》，上海社会科学院出版社 2002 年版。

37. 叶青主编：《中国律师制度研究》，上海社会科学院出版社 2005 年版。

38. 张建伟：《刑事司法体制原理》，中国人民公安大学出版社 2002 年版。

39. 张建伟：《刑事司法——多元价值与制度配置》，人民法院出版社 2003 年版。

40. 张建伟：《司法竞技主义》，北京大学出版社 2005 年版。

41. 周伟主编：《刑事法研究新视角》，中国政法大学出版社 2000 年版。

42. 左卫民等：《刑事诉讼的理念》，法律出版社 2002 年版。

43. 左卫民等：《简易刑事程序研究》，法律出版社 2005 年版。

五、法经济学的中文译著

1.〔美〕大卫·D.弗里德曼：《经济学语境下的法律规则》，杨欣欣译，法律出版社 2004 年版。

2.〔美〕道格拉斯·G.拜尔等：《法律的博弈分析》，严旭阳译，法律出版社 1999 年版。

3.〔美〕盖多·卡拉布雷西、菲利普·伯比特：《悲剧性选择》，徐品飞等译，北京大学出版社 2005 年版。

4.〔美〕戈登·塔洛克、詹姆斯·M.布坎南：《同意的计算》，陈光金译，中国社会科学出版社 2000 年版。

5.〔美〕杰佛瑞·布伦南、詹姆斯·M.布坎南：《宪政经济学》，冯可利等译，中国社会科学出版社 2004 年版。

6.〔美〕理查德·A.波斯纳：《法律的经济分析》，蒋兆康译，林毅夫校，中国大百科全书出版社 1997 年版。

7.〔美〕理查德·A.波斯纳：《证据法的经济分析》，徐昕等译，中国法制出版社 2001 年版。

8.〔美〕理查德·A.波斯纳：《证据法的经济分析》，徐昕译，中国法制出版社 2004 年版。

9.〔美〕理查德·A.波斯纳：《正义/司法的经济学》，苏力译，中国政法大学出版社 2002 年版。

10.〔美〕理查德·A.波斯纳：《法律理论的前沿》，武欣、凌斌译，中国政法大学出版社 2003 年版。

11.〔美〕理查德·A.波斯纳：《法理学问题》，苏力译，中国政法大学出版社 2002 年版；〔美〕理查德·A.波斯纳：《法理学问题》，苏力译，中国政法大学出版社 1994 年版。

12.〔美〕理查德·A.波斯纳：《联邦法院——挑战与改革》，邓海平译，中国政法大学出版社 2001 年版。

13.〔美〕理查德·A.波斯纳：《道德和法律理论的疑问》，苏力译，中国政法大学出版社 2001 年版。

14.〔美〕理查德·A.波斯纳：《超越法律》，苏力译，中国政法大学出版社 2002 年版。

15.〔美〕罗宾·保罗·麦乐怡：《法与经济学》，孙潮译，浙江人民出版社 1999 年版。

16.〔美〕罗伯特·考特、托马斯·尤伦：《法和经济学》，施少华等译，张军审校，上海财经大学出版社 2002 年版；〔美〕罗伯特·考特、托马斯·

尤伦:《法和经济学》,张军等译,上海三联书店、上海人民出版社 1994 年版。

17. [美] 迈克尔·D. 贝勒斯:《程序正义——向个人的分配》,邓海平译,高等教育出版社 2005 年版。

18. [美] 迈克尔·D. 贝勒斯:《法律的原则——一个规范的分析》,张文显等译,中国大百科全书出版社 1996 年版。

19. [美] 威廉·兰德斯、理查德·A. 波斯纳:《侵权法的经济结构》,王强、杨媛译,北京大学出版社 2005 年版。

20. [美] 尼古拉斯·麦考罗、斯蒂文·G. 曼德姆:《经济学与法律》,朱慧、吴晓露、潘晓松译,史晋川审校,法律出版社 2005 年版。

21. [美] 斯蒂文·萨维尔:《事故法的经济分析》,翟继光译,北京大学出版社 2004 年版。

22. [美] 乌戈·马太:《比较法律经济学》,沈宗灵译,张建伟审校,北京大学出版社 2005 年版。

23. [美] 道格拉斯·G. 拜尔等:《法律的博弈分析》,严旭阳译,法律出版社 1999 年版。

六、法经济学的中文著作

1. 陈昌柏:《知识产权经济学》,北京大学出版社 2003 年版。

2. 陈国富:《法经济学》,经济科学出版社 2005 年版。

3. 陈朴生:《刑事经济学》,台北正中书局印行,中华民国 64 年版。

4. 陈舜:《权利及其维护》,中国政法大学出版社 1999 年版。

5. 陈正云:《刑法的经济分析》,中国法制出版社 1997 年版。

6. 高德步:《产权与增长:论法律制度的效率》,中国人民大学出版社 2000 年版。

7. 李文健:《刑事诉讼效率论》,中国政法大学出版社 1999 年版。

8. 林俊益:《程序正义与诉讼经济》,台北元照出版有限公司 2002 年版。

9. 吕忠梅等:《经济法的法学与法经济学分析》,中国检察出版社 1998 年版。

10. 彭汉英:《财产法的经济分析》,中国人民大学出版社 2000 年版。

11. 钱弘道:《经济分析法学》,法律出版社 2003 年版。

12. 曲振涛:《法经济学》,中国发展出版社 2005 年版。

13. 徐昕:《私力救济》,中国政法大学出版社 2005 年版。

14. 王成:《侵权损害赔偿的经济分析》,中国人民大学出版社 2002 年版。

15. 王文宇:《民商法理论与经济分析》,中国政法大学出版社 2002 年版。

16. 张建伟:《转型、变法与比较法律经济学》,北京大学出版社 2004

年版。

17. 周林彬：《法律经济学论纲》，北京大学出版社 1998 年版。

18. 周林彬：《物权法新论——一种法律经济分析的观点》，北京大学出版社 2002 年版。

19. 张乃根：《法经济学——经济学视野里的法律现象》，中国政法大学出版社 2003 年版。

20. 魏建：《法经济学：分析基础与分析范式》，人民出版社 2007 年版。

七、经济学著作

（一）经济学中文译著

1. ［印度］阿马蒂亚·森：《伦理学与经济学》，王宇、王文玉译，商务印书馆 2003 年版。

2. ［美］阿瑟·奥肯：《平等与效率》，王奔洲等译，华夏出版社 1999 年第 2 版。

3. ［美］保罗·A. 萨缪尔森、威廉·D. 诺德豪斯：《经济学》第 12 版，中国发展出版社 1992 年版。

4. ［美］E. 曼斯菲尔德：《微观经济学——理论与应用》，钱国荣等译，中国金融出版社 1992 年版。

5. ［美］道格拉斯·C. 诺斯：《经济史上的结构和变革》，厉以平译，上海三联书店 1994 年版。

6. ［美］罗伯特·吉本斯：《博弈论基础》，高峰译，魏玉根校，中国社会科学出版社 1999 年版。

7. ［美］罗纳德·哈里·科斯：《厂商、市场与法律》，陈坤铭、李华夏译，台北远东出版公司民国 84 年（1995 年）初版。

8. ［美］罗纳德·哈里·科斯等：《财产权利与制度变迁》，刘守英等译，上海三联书店、上海人民出版社 1994 年版。

9. ［美］罗纳德·哈里·科斯等：《论生产的制度结构》，盛洪、陈郁等译，商务印书馆 2002 年版。

10. ［德］柯武刚、史漫飞：《制度经济学》，韩朝华译，商务印书馆 2000 年版。

11. ［英］F. A. 冯·哈耶克：《个人主义与经济秩序》，贾湛等译，施炜校，北京经济学院出版社 1989 年版。

12. ［美］肯尼思·J. 阿罗：《信息经济学》，何宝玉等译，北京经济学院出版社 1989 年版。

13. ［美］肯尼思·约瑟夫·阿罗：《社会选择：个性与多准则》，钱晓敏等译，首都经贸大学出版社 2000 年版。

14. ［英］F. A. 冯·哈耶克：《通往奴役之路》，王明毅等译，中国社会科学出版社 1997 年版。

15. ［美］加里·S. 贝克尔：《人类行为的经济分析》，王业宇、陈琪译，上海人民出版社 1995 年版。

16. ［美］加里·S. 贝克尔：《家庭经济分析》，彭松建译，华夏出版社 1987 年版。

17. ［美］迈克尔·A. 迪屈武：《交易成本经济学》，王铁生、葛立成译，经济科学出版社 1999 年版。

18. ［日］青木昌彦：《比较制度分析》，周黎安译，上海远东出版社 2001 年版。

19. ［美］斯坦利·费希尔、鲁迪格·唐布什：《经济学》，中国财政经济出版社 1989 年版。

20. ［美］Y. 巴泽尔：《产权的经济分析》，费方域、段毅才译，上海三联书店、上海人民出版社 1997 年版。

21. ［美］詹姆斯·M. 布坎南：《财产与自由》，韩旭译，中国社会科学出版社 2002 年版。

22. ［美］詹姆斯·M. 布坎南：《自由、市场和国家》，吴良健等译，北京经济学院出版社 1988 年版。

23. ［美］詹姆斯·M. 布坎南、戈登·塔洛克：《同意的计算》，陈光金译，中国社会科学出版社 2000 年版。

（二）经济学中文著作

1. 樊纲：《市场机制与经济效率》，上海三联书店 1992 年版。

2. 干学平、易宪容等：《现代经济学入门》，经济科学出版社 1998 年版。

3. 高鸿业：《西方经济学》，中国经济出版社 1996 年版。

4. 贺卫：《寻租经济学》，中国发展出版社 1999 年版。

5. 黄有光：《效率、公平与公共政策》，社会科学文献出版社 2003 年版。

6. 厉以宁、秦宛顺：《现代西方经济学概论》，北京大学出版社 1983 年版。

7. 刘伟、李风圣：《产权通论》，北京出版社 1998 年版。

8. 平新乔等主编：《斯蒂格利茨〈经济学〉第 2 版导读》，中国人民大学出版社 2001 年版。

9. 孙宽平主编：《转轨、规制与制度选择》，社会科学文献出版社 2004 年版。

10. 谢识予编著：《经济博弈论》（第 2 版），复旦大学出版社 2002 年版。

11. 汪丁丁、韦森、姚洋：《制度经济学三人谈》，北京大学出版社 2005 年版。

12. 姚洋：《制度与效率：与诺斯对话》，四川人民出版社 2002 年版。

13. 张东辉等：《西方经济学》，山东大学出版社 1996 年版。

14. 张维迎：《博弈论与信息经济学》，上海人民出版社、上海三联书店 1996 年版。

15. 张五常：《经济解释》，商务印书馆 2000 年版。

八、其他著作

1. ［德］伯恩哈德·格罗斯菲尔德：《比较法的力量与弱点》，孙世彦、姚建宗译，清华大学出版社 2002 年版。

2. ［美］罗纳德·德沃金：《认真对待权利》，信春鹰、吴玉章译，中国大百科全书出版社 1998 年版。

3. ［美］戈尔丁：《法律哲学》，齐海滨译，三联书店 1987 年版。

4. ［美］罗纳德·德沃金：《原则问题》，张国清译，江苏人民出版社 2005 年版。

5. ［美］H. W. 埃尔曼：《比较法律文化》，贺卫方、高鸿钧译，清华大学出版社 2002 年版。

6. ［美］罗科斯·庞德：《法律史解释》，邓正来译，中国法制出版社 2002 年 12 版。

7. ［美］伯尔曼：《法律与宗教》，梁治平译，中国政法大学出版社 2003 年版。

8. ［美］唐纳德·J. 布莱克：《法律的运作行为》，唐越、苏力译，中国政法大学出版社 2004 年版。

9. ［美］唐纳德·J. 布莱克：《社会学视野中的司法》，郭星华等译，法律出版社 2002 年版。

10. ［美］约翰·罗尔斯：《作为公平的正义——正义新论》，姚大志译，上海三联书店 2002 年版。

11. ［日］棚濑孝雄：《纠纷的解决与审判制度》，王亚新译，中国政法大学出版社 1994 年版。

12. 瞿同祖：《瞿同祖法学论文集》，中国政法大学出版社 1998 年版。

13. 苏力：《法治及其本土资源》，中国政法大学出版社 1996 年版。

14. 朱景文：《比较法社会学的框架和方法》，中国人民大学出版社 2001 年版。

15. 肖建国：《民事诉讼程序价值论》，中国人民大学出版社 2000 年版。

16. 杨仁寿：《法学方法论》，中国政法大学出版社 1999 年版。

九、中文论文部分

1. ［意］阿德尔默·马纳：《意大利刑事司法制度》，程味秋、魏晓娜译，载中国诉讼法律网 2002 年 8 月 8 日。

2. ［法］Jean–Claude Marin：《法国刑事审前程序的新发展》，2006 年 10 月 19 日在中国政法大学学院路校区的演讲稿。

3. 白建军：《论法律的实证分析》，载北京大学法学院编：《价值共识与法律合意》，法律出版社 2002 年版。

4. 卞建林：《直接言词原则与庭审方式改革》，载《中国法学》1995 年第 6 期。

5. 卞建林：《起诉效力与审判范围》，载《诉讼法学新探》，中国法制出版社 2000 年版。

6. 柏春：《落实"收支两条线"的重要意义及应注意的问题》，载《人民司法》1998 年第 7 期。

7. 陈光中、郑旭、赵燕等：《英国司法制度改革考察报告》，载陈光中主编：《中国司法制度的基础理论专题研究》，北京大学出版社 2005 年版。

8. 陈光中：《刑事诉讼法再修改的若干问题》，2006 年 11 月 6 日在中国政法大学学院路校区的演讲稿，载中国诉讼法律网。

9. 陈光中：《刑事诉讼中的效率价值》，载《诉讼法学研究》第 1 卷。

10. 陈卫东等：《公诉的价值冲突与衡平论略》，载《诉讼法学、诉讼制度》2002 年第 1 期。

11. 《赴广州市和东莞市关于一审程序的调研报告》，载陈光中等主编：《刑事一审程序与人权保障》，中国政法大学出版社 2006 年版。

12. 陈光中等：《赴云南省部分地区关于刑事法律援助的调研报告》，载《诉讼法论丛》第 10 卷。

13. 陈光中等：《关于广东省法院贯彻执行〈广东省再审诉讼暂行规定〉的调研报告》，中国法学会诉讼法学研究会 2005 年年会论文。

14. 陈卫东等：《刑事诉讼中的司法资源配置》，载《中国法学》2000 年第 6 期。

15. 陈卫东、李奋飞：《对我国刑事公诉方式改革的一种思考》，载《国家检察官学院学报》，2003 年第 2 期。

16. 陈瑞华：《刑事诉讼法学研究范式的反思》，载《政法论坛》2005 年第 5 期。

17. 顾培东：《效益：当代法律的一个基本价值目标》，载《中国法学》1992 年第 3 期。

18. 丁利：《新制度理论简说：政治学法学理论的新发展》，载《北大法律评论》1999 年第 3 卷第 2 辑。

19. 董治良：《云南省关于刑事再审程序改革研讨的情况和思考》，载陈光中等主编：《刑事再审程序与人权保障》，中国政法大学出版社 2005 年版。

20. 李可书：《论刑事诉讼的效率——经济学视角的法哲学分析》，载《延安大学学报》（社会科学版）2003 年第 4 期。

21. 程军伟、邢晓东：《刑事再审程序的法理分析——兼论刑事诉讼效率与公正》，载《法律科学》2002 年第 5 期。

22. 樊崇义：《公正与效率的辩证统一》，载《人民日报》2001 年 2 月 21 日第 11 版。

23. 樊崇义：《普通程序被告人认罪案件简化审》，载《新世纪检察》2003 年 7 月。

24. 方流芳：《民事诉讼收费考》，载《中国社会科学》1999 年第 3 期。

25. 付子堂：《对利益问题的法律解释》，载《法学家》2001 年第 2 期。

26. 付子堂：《法律的行为激励功能论析》，载《法律科学》1999 年第 6 期。

27. 公丕祥：《法律利益的概念分析》，载《南京社会科学》1993 年第 2 期。

28. 胡建萍：《审判委员会制度运作现状调查及思考》，载樊崇义主编：《诉讼法研究》第 3 卷。

29. 胡卫星：《论法律效率》，载《中国法学》1992 年第 3 期。

30. 牟道媛：《谈诉讼经济原则》，载《政治与法律》1998 年第 5 期。

31. 冯玉军：《法律的交易成本分析》，载《法制与社会发展》2001 年第 6 期。

32. 冯玉军：《法经济学范式的知识基础研究》，载《中国人民大学学报》2005 年第 4 期。

33. 公丕祥：《关于审判质量效率评估体系的初步思考》，载《审判研究》，法律出版社 2006 年版。

34. 郭云忠等：《群体诉讼的起诉成本分析》，载《国家检察官学院学报》2001 年第 11 期。

35. 郭志媛、张建英：《关于刑事简易程序赴德调研报告》，载《诉讼法研究》第 11 卷。

36. ［西班牙］华金·马丁·卡尼韦利：《西班牙刑事司法制度》，程味秋、魏晓娜译，载中国诉讼法律网 2002 年 8 月 8 日。

37. 黄文平：《法律行为的经济学分析》，载《上海经济研究》1999 年第 12 期。

38. 金磊：《从刑事诉讼的效率价值谈我国刑事诉讼简易程序》，载《内蒙古农业大学学报》（社会科学版）2004 年第 1 期。

39. 姜小川、陈永生：《国外陪审团制的起源与变革》，载中国诉讼法律网 2002 年 8 月 8 日。

40. 李晓斌：《审判效率如何能有大幅度提高》，载《法学》1998 年第 10 期。

41. 李晓明、辛军：《诉讼效益：公正与效率的最佳平衡点》，载《中国刑事法杂志》2004 年第 1 期。

42. 李文健：《转型时期的刑诉法学及其价值论》，载《法学研究》第 19 卷第 4 期（总第 111 期）。

43. 李文健：《刑事诉讼费用制度刍议》，载《诉讼法学论丛》第 2 卷。

44. 李艳华、潘爱仙：《论司法效益》，载《法商研究》1997 年第 3 期。

45. 李忠诚：《中国法学会诉讼法学研究会 2001 年年会综述》，载《中国法学》2002 年第 1 期。

46. 刘小青、张立新：《不起诉法律适用中存在的问题及原因分析》，载《人民检察》2005 年第 10 期。

47. 刘根菊：《确立中国式辩诉交易之探讨》，载《政法论坛》2000 年第 4 期。

48. 刘金友：《客观真实与内心确信——谈我国诉讼证明的标准》，载《政法论坛》2001 年第 6 期。

49. 陆华明：《试论经济分析法学的应用》，载《法制日报》2002 年 10 月 17 日。

50. 刘英明：《全新视角 成功方法——波斯纳〈证据法的经济分析〉评介绍》，载《证据法论坛》第 5 卷。

51. 孟威、陈旭楠：《基于经济学视角对刑事诉讼效率的分析》，载《经济论坛》2006 年第 22 期。

52. 欧爱民：《审判成本转嫁偏高的成因与对策》，载《法制与经济》1998 年第 3 期。

53. ［荷兰］Prof. Hans de Doelder：《荷兰刑事诉讼的发展》，2006 年 10 月 9 日在中国政法大学学院路校区的演讲稿。

54. 钱弘道:《执行改革的经济分析》,载《中国司法评论》2002 年第 3 期。

55. 钱弘道:《法学研究方法的一场革命》,载《中国社会科学学院院报》2002 年第 6 期。

56. 钱弘道:《法律经济学和中国法律改革、未来中国法学》,载《法律科学》2002 年第 4 期。

57. 钱弘道:《论司法效率》,载《中国法学》2002 年第 4 期。

58. 桑本谦:《对证明责任分配的经济学分析》,载郑永流主编:《法哲学与社会学论丛》(四),中国政法大学出版社 2001 年版。

59. [日] 松尾浩也:《日本刑事诉讼法修改的动向》,载中国诉讼法律网 2004 年 9 月 22 日。

60. 宋英辉:《刑事案件庭审前准备程序研究》,载《政法论坛》2002 年第 2 期。

61. 宋英辉、吴宏耀、雷小政:《证据法学基本问题之反思》,载《法学研究》2005 年第 6 期。

62. 宋英辉:《浅谈刑事审判效率》,载中国诉讼法律网 2002 年 8 月 8 日。

63. 宋英辉:《关于日本刑诉法及司法实务的几个问题》,载中国诉讼法律网 2002 年 8 月 8 日。

64. 肖建国:《民事诉讼费用的法理分析》,载章武生等:《司法现代化与民事诉讼制度的建构》,法律出版社 2000 年第 1 版。

65. 谢晓尧:《惩罚性赔偿:一个激励的观点》,载《学术研究》2004 年第 6 期。

66. 徐昕:《程序经济的实证与分析》,载《比较法研究》2001 年第 4 期。

67. 周菁、王超:《刑事证据法学研究的回溯与反思——兼论研究方法的转型》,载《中外法学》2004 年第 3 期。

68. 左卫民:《刑事诉讼的经济分析》,载《法学研究》2005 年第 4 期。

69. 《关于英国刑罚体系和量刑制度的考察报告》,载中国诉讼法律网 2002 年 8 月 8 日。

70. 王如铁、王艳华:《诉讼成本论》,载《法商研究》1995 年第 6 期。

71. 王兆鹏:《台湾地区刑事司法的发展趋势》,2006 年 6 月 25 日在中国政法大学学院路校区的演讲稿。

72. 翁齐斌:《法院乱收费何时关闸》,载《中国律师》1997 年第 12 期。

73. 王晨光:《办案效率与法院内部运行体制的改革》,载《法学》1998 年第 10 期。

74. 王亚新：《围绕审判的资源获取与分配》，载《北大法律评论》1999年第 2 卷第 1 辑。

75. 吴杰：《民事诉讼机制改革与完善的法律经济分析》，载《政治与法律》2000 年第 2 期。

76. 杨宇冠：《中国确立非法证据排除规则若干问题研究》，载《诉讼法学研究》第 3 卷。

77. 詹坤木：《刑法经济分析方法思辩》，载《现代法学》2000 年第 6 期。

78. 张正德：《刑事诉讼法价值评析》，载《中国法学》1997 年第 4 期。

79. 郑戈：《法治的可能性及其限度——公共选择理论的法学寓意及其意义》，载《价值共识与法律合意》，法律出版社 2002 年版。

80.《中国简易程序之实证调查》，载左卫民：《简易刑事程序研究》，中国政法大学出版社 2005 年版。

81. 左卫民、马静华：《刑事证人出庭率：一种基于实证研究的理论阐述》，载《中国法学》2005 年第 6 期。

十、英文著作和英文论文部分

1. Aharon Barak, Judicial Discretion, Yale University Press, 1989.

2. Avery Wiener Katz, Foundations of The Approach to Law, Law Press China, 2005.

3. Cass R. Sunstein, Behavioral Law and Economics, Cambridge University Press, 2000.

4. Christopher B. Mueller, lard C. Kirkpatrick, Evidence Under the Rules: Text, Cases, and Problems, CITIC Publishing House, 2003.

5. Dean John Champion, Research Methods for Criminal Justice and Criminology, Third Edition, Pearson Education, Inc., Upper Saddle River, New Jersey, 2006.

6. Floyd Feeney, Police Clearances, A Poor Way To Measure The Impact of Miranda on The Police Rutgers Law Journal Vol. 32: 1.

7. Jeanne M. Woods , Comparative Approaches To Economic, Social and Cultural Rights, China University of Political Science and Law, Fall 2004.

8. Jeanne M. Woods, American Constitution Law, China University of Political Science and Law, Fall 2004.

9. Jeffrey L. Harrison, Law and Economics, 2nd Edition, Law Press China, 2004.

10. Joshua Dressler, Understanding Criminal Procedure, 3nd Edition, Matthew Bender & Company Inc., 2002.

11. Livingston, Comprehensive Criminal Procedure, CITIC Publishing House, 2003.

12. Robert M. Bloom, Mark S. Brodin: Criminal Procedure (Third Edition) China Fangzheng Press, 2003.

13. RonaldJay. Allen, William J. Stuntz, Joseph L. Hoffmann, Debra Steven · L · Emanuel: Criminal Procedure, CITIC Publishing House, 2003.

14. Jerold H. Israel, Wayne R. Lafave, Criminal Procedure, Law Press China, 1999.

15. Richard A. Posner, Economic Aanlysis of law, China Social Sciences Publishing House, 1999.

后　记

本书是在笔者博士论文的基础上修改成书的。

在博士论文的写作过程中，从选题、拟订写作纲要、论文修改到最后定稿，笔者的博士研究生导师宋英辉教授都给予了精心的指导。也非常感谢在博士论文开题过程中，陈光中教授等各位老师给予的重要指导及意见！同时也真诚地感谢论文匿名评审的各位老师给予的指导意见。

参加论文博士答辩的卞建林教授、周士敏教授、顾永忠教授、最高人民检察院的李忠诚博士，还有已故的上海交通大学法学院的周伟教授都对论文给予了积极评价，同时也提出了许多中肯宝贵的修改建议，借此次成书出版之际，根据各位老师的意见，对论文做了进一步的修改。

在写作博士论文期间，师弟郑好博士帮助笔者反复揣摩论文写作框架，给予笔者诸多启发。学妹胡昱、学弟蔡国华为笔者收集整理了很多资料。学弟向青松在阅读了笔者的论文草稿后，不仅帮笔者发现错别字和不通顺的语句，同时还提出了良好的修改建议。学妹胡昱通读论文并做了认真仔细的校对工作。尤其是师弟雷小政博士，更是不辞辛苦，对笔者的论文初稿进行了仔细的阅读，提出了诸多有见地的修改建议，让笔者的论文增色许多。学妹卫荣华对论文摘要的英文翻译给予了无私帮助。

该书的部分内容，得到一些期刊和出版物的厚爱，得以论文的形式先期予以发表，如"刑事二审程序若干突出问题的法经济学解析"刊登在《审判研究》2011 年第 2 辑、"刑事诉讼模式的比较法经济学分析"刊登在《华北电力大学学报》（社会科学版）2009 年第 6 期、"简论诉讼效率与程序公正之契合"刊登在《黑龙江社会科学》2009 年第 3 期、"议价买卖的正义——认罪协商制度之经济分析"刊登在《中国诉讼法判解》第 6 卷、"刑事诉讼程序价值的成本收益分析"刊登在《临沂师范学院学报》2008 年第 5 期、"刑事审判诸原则之经济学解析"刊登在《审判研究》2008 年第 4 辑、"普通程序简易审的通融变异"被收录在《深化刑事司法改革的理论与实践》（刑事诉讼法学研究会文集 2009 年卷）、"证人出庭作证的困境与出路"被收录在《建言献策：刑事诉讼法再修改》（刑事诉讼法学研究会文集 2010 年卷）。

此外，笔者还有幸参与了卞建林教授主持的《现代司法理念研究》课题的研究工作，使笔者有机会对"司法效率理念"作了进一步的思考和探讨。

在攻读博士学位期间，因参加导师宋英辉教授的实证课题的研究，有机会到浙江省永康市进行调查研究，得到永康市各界的大力支持，特别感谢永康市人民法院和永康市人民检察院、永康市公安局的大力帮助，让笔者对诉讼经济问题有了更直接的感受和更深入的理解！在永康市工作期间，接触到了很多涉嫌犯罪的未成年人及其亲属，他们都给笔者留下了很深的印象，他们促使笔者思考了很多涉及博士论文的问题。几年过去了，接触到的那些未成年人均已成年，衷心期望他们都已经拥有了美好的未来！

应用经济学的理论和方法研究程序经济问题，笔者深感功力不够，很难把法经济学的理论和方法运用的得心应手，对法律问题进行法经济学的解析往往不能达到令人满意的程度，诚如老师们指出的那样，存在分析不透彻的问题，实证资料尚需补充等等诸如此类的问题，还有待于做出更深入的探讨和研究，这也是笔者将来的重要研究课题。还望读到拙作的各位专家学者给予更多的指导和帮助。

笔者能够研究诉讼经济问题，得益于本科所学的经济学专业，在此感谢山东大学经济系的老师们的教诲！

在写作博士论文的过程中，参阅了许多学者的学术成果，从中得益多多，尽管在引注中都尽可能地做了列示，但挂一漏万，肯定还有遗漏部分，诚望海涵！

在中国政法大学研究生院六年的求学生涯里，老师们的教诲和启发，将会永远铭记。除了老师，还有许多同学都给予了各种各样的帮助，特别是白雅丽博士、李春燕博士、张真理博士、王克玉博士、邓宇博士、钟玮珩博士、邓建中博士、曾志平博士、彭玲博士、李岚博士、李静博士、刘蕾博士、李袁婕博士、罗海敏博士、葛琳博士、黄新民博士、高向武博士、刘召博士、张曙博士、田心则博士、奚玮博士、江显和博士等。诸多朋友都为笔者攻读博士学位贡献了力量，如青岛的王树斋先生、上海的杜庆广先生及其夫人曾庆霞女士、郑州的曹书瑜先生、苏州的孙成东先生等，对他们的无私帮助笔者将谨记心间。最后，笔者也最应该感谢岳父岳母大人、父亲母亲大人、贤妻与爱女！

承蒙中国检察出版社的厚爱，使笔者的论文能够成书出版。在此诚挚地感谢安斌编审，也无比感谢为本书付出辛勤劳动的马力珍主任及其他编辑。

刘晓东

2014 年 6 月 4 日

图书在版编目（CIP）数据

刑事审判程序的经济分析／刘晓东著．—北京：中国检察出版社，2014.6

（检察新探索丛书）

ISBN 978 - 7 - 5102 - 1182 - 9

Ⅰ.①刑⋯ Ⅱ.①刘⋯ Ⅲ.①刑事诉讼 - 审判 - 经济分析 Ⅳ.①D915.318.2

中国版本图书馆 CIP 数据核字（2014）第 074200 号

刑事审判程序的经济分析

刘晓东　著

出版发行：中国检察出版社

社　　址：北京市石景山区香山南路 111 号 （100144）

网　　址：中国检察出版社 （www.zgjccbs.com）

电　　话：(010)68650028(编辑)　68650015(发行)　68636518(门市)

经　　销：新华书店

印　　刷：三河市西华印务有限公司

开　　本：720 mm×960 mm　16 开

印　　张：18.5 印张

字　　数：336 千字

版　　次：2014 年 6 月第一版　　2014 年 6 月第一次印刷

书　　号：ISBN 978 - 7 - 5102 - 1182 - 9

定　　价：48.00 元